中欧陆家嘴国际金融研究院
中东欧经济研究所

中东欧经济研究报告 2019—2020

RESEARCH REPORT

ON CENTRAL AND EASTERN EUROPEAN ECONOMY 2019—2020

主 编 姜建清 副主编 盛松成 陈 进

中国金融出版社

责任编辑：张菊香
责任校对：李俊英
责任印制：张也男

图书在版编目（CIP）数据

中东欧经济研究报告 2019—2020/姜建清主编 .—北京：中国金融出版社，2020. 12
ISBN 978 -7 -5220 -0932 -2

Ⅰ. ①中… Ⅱ. ①姜… Ⅲ. ①欧洲经济—研究报告—2019—2020 Ⅳ. ①F15

中国版本图书馆 CIP 数据核字（2020）第 240346 号

中东欧经济研究报告 2019—2020
ZHONGDONG'OU JINGJI YANJIU BAOGAO 2019—2020

出版发行 中国金融出版社
社址 北京市丰台区益泽路 2 号
市场开发部 （010）66024766，63805472，63439533（传真）
网 上 书 店 http：//www. chinafph. com （010）66024766，63372837（传真）
读者服务部 （010）66070833，62568380
邮编 100071
经销 新华书店
印刷 保利达印务有限公司
尺寸 185 毫米×260 毫米
印张 24. 25
字数 445 千
版次 2020 年 12 月第 1 版
印次 2020 年 12 月第 1 次印刷
定价 88. 00 元
ISBN 978 -7 -5220 -0932 -2
如出现印装错误本社负责调换 联系电话（010）63263947
编辑部邮箱：jiaocaiyibu@ 126. com

前　言

《中东欧经济研究报告 2019—2020》是由中欧陆家嘴国际金融研究院、中东欧经济研究所和中国—中东欧基金的投资管理机构世福资本管理有限公司合作完成，是继《中东欧经济研究报告 2017》和《中东欧经济研究报告 2018—2019》之后完成的第三版报告。在中国—中东欧合作机制的发展进程中，2019 年是具有重要意义的一年。2019 年是新中国成立 70 周年，同时也是中国与部分中东欧国家建交 70 周年。70 年来，中国同中东欧国家的双边关系经受住了时间和国际形势的考验，取得了丰硕成果。得益于 2012 年设立的中国—中东欧合作机制（“16 + 1合作”），近年来中国同中东欧国家的合作稳中有进、稳中有新，积极势头不断显现。特别是在 2019 年 4 月 12 日，第八次中国—中东欧国家领导人会晤期间，希腊被接纳为该机制的新成员。随着希腊的加入，“16 + 1 合作”随之升级为“17 + 1 合作”，开启了中欧合作和中国—中东欧合作的新起点。

《中东欧经济研究报告 2019—2020》架构仍然分为三篇，依序为：第一篇“中东欧 17 国经济发展回顾与展望”；第二篇“中欧合作框架下的‘17 + 1 合作’”；第三篇“中东欧 17 国国别分析”。作为研究中东欧经济的系列丛书之一，《中东欧经济研究报告 2019—2020》在此前建立特色的基础上一以贯之。本书保持其作为中东欧经济研究年度文献的资料属性，持续更新了在 2018—2019 年期间中东欧国家各项宏观经济指标以及中国—中东欧合作在产业、贸易、投资、金融和基础设施建设等领域的最新数据和动态，可作为中东欧经济年鉴比较收录。

基于前两版研究报告的方法和思路，《中东欧经济研究报告 2019—2020》第一章将沿用既往的分组类比分析法，将中东欧 17 国分为四组，分别是维谢格拉德四国、波罗的海三国、东南欧五国和西巴尔干五国。新加入的希腊归类到此前的“东南欧四国”，更新之后即为“东南欧五国”。如此分组是基于以下几点理由：（1）从中东欧—欧盟国家传统分类方式来看，维谢格拉德四国和波罗的海三国均已得到国际上的普遍承认：维谢格拉德四国（波兰、捷克、匈牙利和斯洛伐克）是欧洲重要的次区域组织，同世界主要国家和地区组织建立了多种级别和形式的对话合作机制，其成员国均加入了欧盟和北约；波罗的海三国（爱沙尼亚、拉脱维亚和立陶宛）位于欧洲北部，其地理和历史均具有很大的相似性，且三国建立了国家元首、政府首脑和部长级定期会晤机制，在重大外交活动中采取统一行动。总体来看，希腊更符合“东南欧四国”的国际定位。（2）从地理位置来看，希腊与“东南欧四国”的保加利亚、罗马尼亚、斯洛文尼亚和克罗地亚一样，均位于欧洲大陆最南边。同时，这 5 个国家均属于巴尔干地区重要国家，希腊位于巴尔干半岛最南端，保加利亚与罗马尼亚位于巴尔干半岛东北边，而斯洛文尼亚和克罗地亚则在巴尔干半岛的西北边。（3）从经济层面来看，虽然中东欧地区国家经济发展具有多样性，很难将其分门别类，但希腊与该地区的东南欧四国相对接近，如 2017 年和 2018 年希腊按购买力平价（PPP）衡量的人均 GDP 均为 67（欧盟 28 国均值 = 100），东南欧四国的均值分别为 64.3 和 65.5，而维谢格拉德四国和波罗的海三国在上述两年的人均 GDP 都在 75 以上。

《中东欧经济研究报告 2019—2020》依然通过多个视角来剖析中东欧 17 国经济发展。从整体视角来看，本书分析梳理了中东欧四个次区域在过去两年的宏观经济表现、重点领域发展共性和特性，跟踪更新了中国—中东欧合作在产业、贸易、投资、金融以及基建领域的最新数据和动态，动态对比了在中欧合作背景下，中国—中东欧与中国—欧盟发达国家在产业、贸易、投资、金融等领域的合作近况。从国别视角来看，本书重点关注在过去两年中东欧各国的宏观经济环境、国家经济发展战略、重大经济方针政策、重要政治事件和外交活动，以及中国与中东欧 17 国双边经贸合作的最新统计数据。

围绕全球宏观经济大环境，《中东欧经济研究报告 2019—2020》同样兼顾中东欧 17 国经济研究的广度和深度。基于全球价值链参与度（GVC Participation）、增加值（Value Added）等经济模型，第二章第三节详细梳理了中东欧国家在全球价值链时代的参与近况与升级机遇。作为上述价值链研究的引申深化分析，第二章第四节深度剖析了中东欧国家汽车制造业在全球价值链中的定位、欧盟汽车制造业对中东欧汽车价值链的影响以及后疫情时代中东欧汽车制造业的发展机会。此外，本书在以往的基础上进一步加强其研究属性。新版报告推出共计 19 个专题。与前两版报告有所不同的是，上述专题被分为两大类——“信息专题”和“研究专题”。其中，11 个“信息专题”侧重于信息和经济理论、模型介绍；8 个“研究专题”则针对中东欧各领域进行扩展研究分析，如数字产业、金融科技、旅游业等。

在 2019 年和 2020 年交际之时，突如其来并迅速席卷全球的新冠肺炎疫情让我们面临前所未有的局面。随着各国经济活动的停滞，整个世界陷入“大封锁”状态，全球经济在原本持续放缓的基础上更是雪上加霜。在这次全球大流行病危机中，没有一国能独善其身，无论是发达经济体还是新兴经济体，都陷入严重的衰退之中。在此背景下，《中东欧经济研究报告 2019—2020》第二章侧重展望了中东欧 17 国在疫情爆发之后的经济前景；结合国际货币基金组织因此次疫情而特别建立的“应对新冠肺炎疫情政策追踪”（Policy Responses to COVID－19）网络平台，第三篇国别分析还梳理了中东欧 17 国为应对疫情所实施的财政政策、货币政策、宏观政策以及各国如何重启经济。

不可否认，此次疫情加速了“百年未有之大变局”的演变过程。面对如此严峻的挑战，多边合作和双边合作对全球经济健康复苏至关重要。作为中欧合作框架下最重要的合作平台之一，中国与中东欧国家的合作在后疫情时代更应秉承既往成绩和优势，以“17＋1 合作”为载体，实现更快、更有效的经济复苏，共同克服这场危机。

目　　录

第三篇　中东欧 17 国国别分析

图目录

表目录

信息专题目录

研究专题目录

第一篇

中东欧17国经济发展回顾与展望

第一章　中东欧17国经济宏观回顾

第一节　宏观经济近况

2019年，贸易政策的不确定性、地缘政治的紧张局势持续拖累了全球经济活动，但随着英国正式退欧、中美贸易第一阶段协议达成，全球经济增速在年底出现触底的迹象，这基本符合了我们2018年的预期。就全年来看，尽管就业岗位继续增加，失业率已处于历史最低水平，但核心消费者价格通胀保持低迷，以美国为主的发达经济体增速普遍放缓；多数新兴市场经济体经济活动更加低迷，拉低了金属和能源价格，抑制了总体通胀水平。另一方面，受益于稳健的消费者支出，服务业景气仍保持在扩张区间，有助于维持紧张的劳动力市场、较低的失业水平、温和上涨的工资水平。

发达经济体和新兴市场经济体的金融条件总体保持宽松。大型发达经济体的股市在2019年第三季度继续上涨；核心主权债收益率从9月的低点回升；新兴市场经济体的证券投资流入（尤其是债券基金流入）增强。2019年9月到2020年1月初的货币波动反映了风险情绪的普遍上升以及贸易紧张局势的减弱：美元和日元贬值幅度约为2%，人民币升值幅度约为1.5%；变动最显著的是英镑的升值（自2019年9月以来升值4%），原因是市场认为英国“无协议退出欧盟”的风险下降。

在上述世界经济背景下，2019年中东欧地区的宏观经济总体维持强劲增长，并呈现以下几个特点：一是公共债务处于下降趋势，政府支出总体上已基本得到控制；二是营商环境持续改善，但歧视性监管实践可能会导致高昂的沉没成本，不利于吸引投资（如匈牙利和波兰）；三是各国并没有因为贸易保护主义的影响而排斥全球化，欧盟的贸易政策仍然适用，但外商直接投资（FDI）保护主义倾向越来越明显。

根据三个国际综合排名，可以观察中东欧17国经济在全球和欧洲范围内的相对发展水平（见表1－1）。

第一，根据《2019全球竞争力报告》，中东欧17国的竞争力在全球141个国家中平均排名维持在前1/3。例如，波罗的海三国以稳定的宏观经济环境、成熟的基础设施建设、较高水平的劳动力技能和充沛的商业活力给中东欧地区带来大量资本流入；其卫生健康领域的竞争力落后于中东欧平均水平；相比维谢格拉德四国而言，其劳动力市场的竞争力缺乏可持续性。

第二，随着全球经济增长模式逐渐转向可持续性发展，各经济体倾向于向低碳经济转型。人力资本更强、基础设施更发达、创新能力更强的国家更可能采用绿色能源组合，长期来看更具竞争力。根据《2019可持续发展指数》（SDG *Index and Dashboards Report* 2019），捷克和爱沙尼亚是进入全球前10名的中东欧国家。

第三，根据《2019自由晴雨表指数（欧洲）》①（*The Freedom Barometer Index*），在欧洲内部②，中东欧地区有9个国家的经济自由度高于欧洲平均水平。波罗的海国家最高，爱沙尼亚和立陶宛分别排名第7位和第8位（但由于缺乏体制改革，国有企业普遍压缩民营企业的利润，排名较2018年有所下降）。捷克、保加利亚、罗马尼亚、阿尔巴尼亚、北马其顿属于“中等自由度”国家。其中，阿尔巴尼亚被认为是2019年欧洲表现最出色的国家之一，它已经通过实施实质性的结构调整，过渡到更加开放和灵活的经济体系；尤其是收入增长和减少贫困方面的进展良好，竞争性贸易制度得到了相对有效的监管框架的支持，鼓励了私营部门的发展。

表1－1　　2018—2019年中东欧17国综合排名

国家/地区	全球竞争力排名		可持续发展排名		经济自由度排名（欧洲）	
	2018年	2019年	2018年	2019年	2018年	2019年
波兰	37	37	32	29	24	29
匈牙利	48	47	26	25	32	35
捷克	29	32	13	7	11	9
斯洛伐克	41	42	24	27	33	31
爱沙尼亚	32	31	16	10	4	7
立陶宛	40	39	36	32	7	8

① 综合政治、法治、经济等三方面的表现进行评价，由德国弗里德里希·瑙曼基金会（Friedrich Naumann Foundation）发布。更多信息请参考：http：//freedombarometer. org/files/download/Freedom _ Barometer _ Europe _ 2019. pdf。

② 包括俄罗斯等转型经济体，共45个国家。

续表

国家/地区	全球竞争力排名		可持续发展排名		经济自由度排名（欧洲）	
	2018年	2019年	2018年	2019年	2018年	2019年
拉脱维亚	42	41	27	24	13	12
罗马尼亚	52	51	44	42	14	10
保加利亚	51	49	34	36	21	19
克罗地亚	68	63	21	22	41	29
斯洛文尼亚	35	35	8	12	37	36
希腊	57	59	48	50	44	43
塞尔维亚	65	72	40	44	35	38
波黑	91	92	71	69	38	39
阿尔巴尼亚	76	81	62	60	18	16
北马其顿	84	82	—	70	8	20
黑山	71	73	69	87	31	22
维谢格拉德四国	38.8	39.5	23.8	22.0	25.0	26.0
波罗的海三国	38.0	37.0	26.3	22.0	8.0	9.0
东南欧五国	52.6	51.4	31.0	32.4	31.4	27.4
西巴尔干五国	77.4	80.0	60.5	66.0	26.0	27.0
中东欧17国	54.1	54.5	35.7	38.0	24.2	23.7

注："—"表示暂无数据。

资料来源：《2019全球竞争力报告》（*The Global Competitiveness Report* 2019）、《2019可持续发展指数》（*SDG Index and Dashboards Report* 2019）①、《2019自由晴雨表指数》②（*The Freedom Barometer Index* 2019）。

一、国民经济核算

2018—2019年，欧盟经济增长大幅下滑，至2019年第四季度同比仅增长1.2%，创下自2013年以来的最低水平。中东欧17国实际经济增长均超过欧盟平均水平，是名副其实的欧洲新兴经济体（见表1－2、图1－1和图1－2）。

总体上，中东欧地区经济增长主要得益于快速的工资增长使居民消费增长，但净出口需求也普遍受到受外部环境的拖累。欧元区经济放缓和德国经济的彻底萎缩，对多数中东欧国家的外贸造成了压力，但内部仍存在明显分化。西巴尔干五国经济继续扩张，尤其是塞尔维亚获得了自2008年第三季度以来最强劲的GDP增长，包括家庭消费、政府支出和净出口在内都进一步增长。而东南欧五国经济普遍放缓1个百分点左右，主要原因有三个方面：一是家庭消费和公共支出

① 由SDSN与贝塔斯曼基金会（Bertelsmann Foundation）联合发布。

② 更多信息请参考：http：//freedombarometer. org/files/download/Freedom _ Barometer _ Europe _ 2019. pdf。

增长较慢；二是工业特别是制造业放缓，出口前景不佳导致企业推迟或缩减资本支出，汽车制造业的一些大型项目面临欧洲需求骤降的威胁；三是尽管长期企业贷款的支持力度有所增强，房地产市场也在周期后期出现飙升，但投资进入 2019 年第三季度后便开始减速，且不太可能复苏。

表 1－2　　2018—2019 年中东欧 17 国 GDP 增速　　单位：%

国家/地区	2019 年				2019 年	2018 年
	Q1	Q2	Q3	Q4		
波兰	4.8	4.6	3.9	3.2	4.0	5.1
匈牙利	5.3	4.9	5.0	4.5	4.9	5.1
捷克	2.7	2.6	2.4	1.8	2.4	3.0
斯洛伐克	3.8	2.2	1.3	2.0	2.3	4.0
爱沙尼亚	5.0	3.8	4.8	3.9	3.9	4.8
立陶宛	4.2	3.8	3.8	3.8	3.9	3.6
拉脱维亚	3.1	2.0	2.9	1.0	2.2	4.6
罗马尼亚	5.0	4.4	3.0	4.3	4.0	4.0
保加利亚	3.8	3.5	3.2	3.1	3.5	3.1
克罗地亚	3.9	2.4	2.9	2.5	3.0	2.6
斯洛文尼亚	3.3	2.5	2.4	1.7	2.6	4.1
希腊	1.6	2.8	2.3	1.0	1.9	1.9
塞尔维亚	2.6	2.9	4.8	6.2	4.0	4.4
波黑	2.9	2.7	2.6	—	2.7	3.6
阿尔巴尼亚	2.6	2.5	3.8	—	2.6	4.1
北马其顿	3.8	3.4	3.6	3.4	3.4	2.7
黑山	3.0	3.2	4.7	3.1	3.3	5.1
维谢格拉德四国	4.2	3.6	3.2	2.9	3.4	4.3
波罗的海三国	4.1	3.2	3.8	2.9	3.3	4.3
东南欧五国	3.5	3.1	2.8	2.5	3.0	3.1
西巴尔干五国	3.0	2.9	3.9	4.2	3.2	4.0
中东欧 17 国	3.7	3.2	3.4	3.1	3.2	3.9
欧盟 28 国	1.7	1.4	1.5	1.2	1.5	2.1

注：“—”表示暂无数据。

资料来源：中东欧各国统计局。

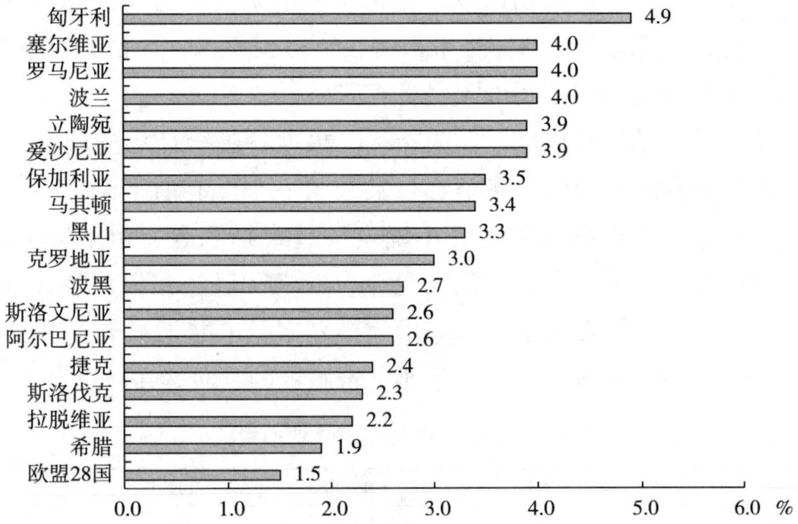

图 1－1　2019 年中东欧 17 国 GDP 增速

（资料来源：中东欧各国统计局）

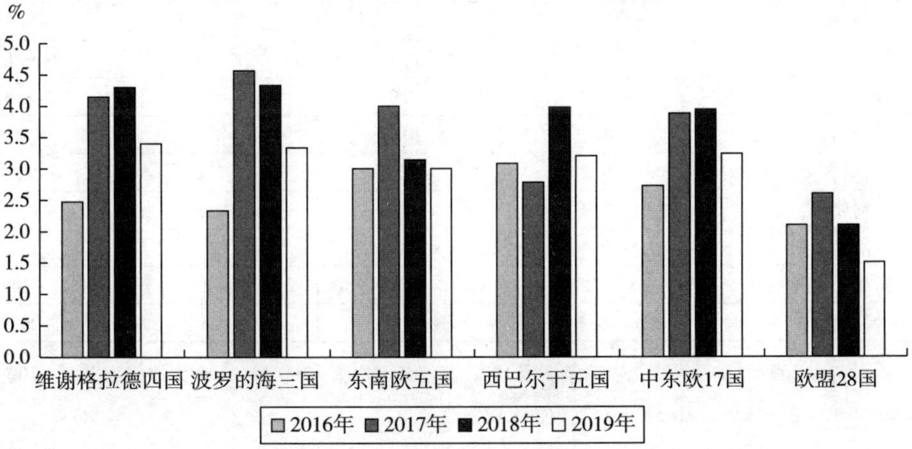

图 1－2　2016—2019 年中东欧 17 国 GDP 增速

（资料来源：中东欧各国统计局）

二、商业周期

自 2019 年 1 月底以来，虽然欧盟核心地区经济已陷入收缩①，尤其是德国和意大利作为其前两大贸易伙伴国经济增长放缓，导致中东欧国家 2019 年的出口萎

① 意大利 2018 年最后一个季度的 GDP 比第三季度下降了 0. 2%，德国 2018 年 12 月的工业生产环比下降了 0. 4%，并且是生产连续第四个月下降。

缩。但由于强劲的国内增长驱动因素，包括个人消费、零售贸易、建筑业等，以及 FDI、由欧盟基金资助项目的实施带来的投资持续流入，经济并没有急剧减速，大部分中东欧国家的商业周期仍处于经济扩张阶段。

消费者信心指数是商业周期的领先指标。根据各国统计局的调研，2019 年第四季度，大部分中东欧国家消费者信心指数较第一季度有所下降，主要体现在消费者对工作前景、个人理财和税收的不确定性越来越悲观，包括波兰、立陶宛、拉脱维亚、斯洛伐克、匈牙利、阿尔巴尼亚、斯洛文尼亚和保加利亚等国，其中保加利亚的消费者信心指数最低；部分国家消费者信心指数较年初小幅上升，包括捷克、爱沙尼亚、克罗地亚、罗马尼亚、希腊等国（见表 1－3）。

表 1－3　　2019 年中东欧 17 国消费者信心指数

国家	2019Q1	2019Q2	2019Q3	2019Q4
捷克	108	110.3	108.3	110
波兰	7.2	9.6	10.2	4.3
立陶宛	5	6	1	3
爱沙尼亚	－1.7	－0.8	－2.1	－0.1
克罗地亚	－3.4	－5.3	－3.5	－1.5
罗马尼亚	－12.6	－6.1	－7.5	－6.6
拉脱维亚	－5.9	－5.9	－3	－8.4
希腊	－30.9	－20.2	－8.4	－10
斯洛伐克	－6.2	－3.7	－7.6	－10.4
匈牙利	－8.9	－10.1	－9.8	－12.5
阿尔巴尼亚	－9.4	－11.4	－12.2	－13.6
斯洛文尼亚	－7	－4	－11	－14
保加利亚	－25.1	－25.8	－25	－23.9

注：1. 捷克以 2005 年的消费者信心为基期值 100，其他各国均从＋100 到－100 为数值范围，－100 表示极度悲观。2. 塞尔维亚、波黑、黑山和北马其顿暂无数据。

资料来源：中东欧各国统计局。

根据欧盟委员会的“商业和消费者调查”①，中东欧国家近三年经济情绪综合指标普遍高于欧盟 28 国，自 2019 年第一季度起随着欧盟指标的走弱也出现下行，其中阿尔巴尼亚、保加利亚、爱沙尼亚和斯洛伐克等国对经济的整体预期低于欧盟平均水平（见图 1－3）。

① 欧盟委员会经济和金融事务总局对欧盟和申请国的不同经济部门进行定期的统一调查。它们的对象是工业（制造业）、服务、零售贸易和建筑部门的代表以及消费者。这些调查可以对不同国家的商业周期进行比较，跟踪欧盟和欧元区以及申请国经济的发展，包括经济情绪指标、就业预期指标、行业信息指标等。更多信息请参考：https：//ec. europa. eu/info/business－economy－euro/indicators－statistics/economic－databases/business－and－consumer－surveys/download－business－and－consumer－survey－data _ en。

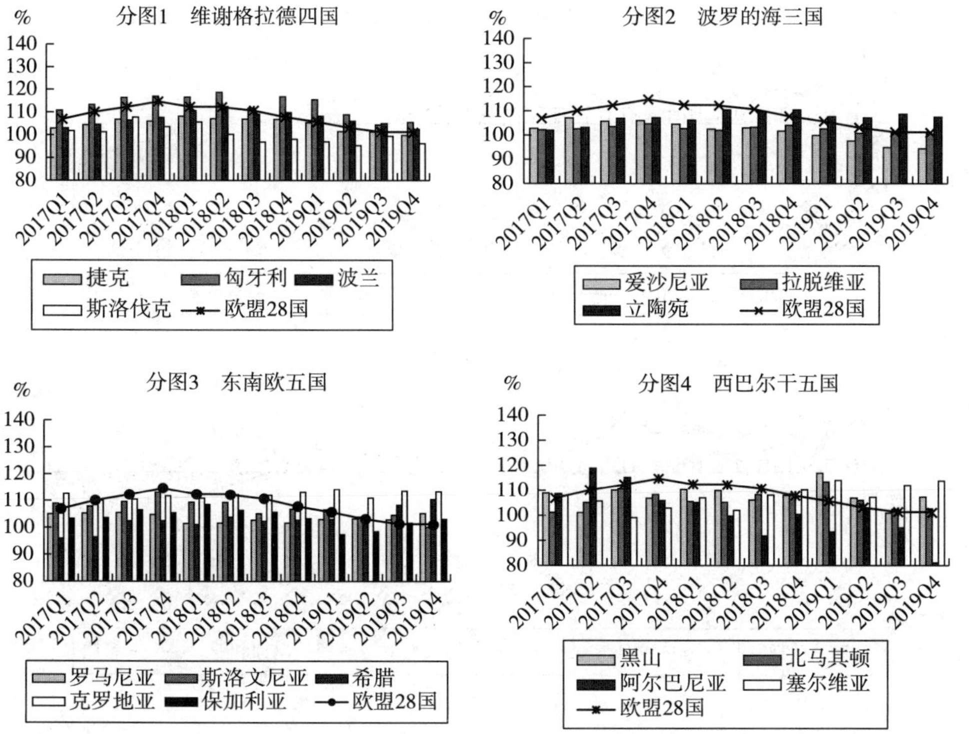

注：西巴尔干五国地区暂无波黑数据。

图 1－3　2017—2019 年中东欧 17 国经济情绪综合指标

（资料来源：欧盟委员会）

考察工业生产指数（PPI）增长率，可以发现中东欧国家也同步出现下行，这意味着经济活动正在以缓慢的速度萎缩，中东欧已处于经济扩张的后期（见图 1－4）。PPI 同比增速也验证了这一结论（见表 1－4）。2017—2019 年，中东

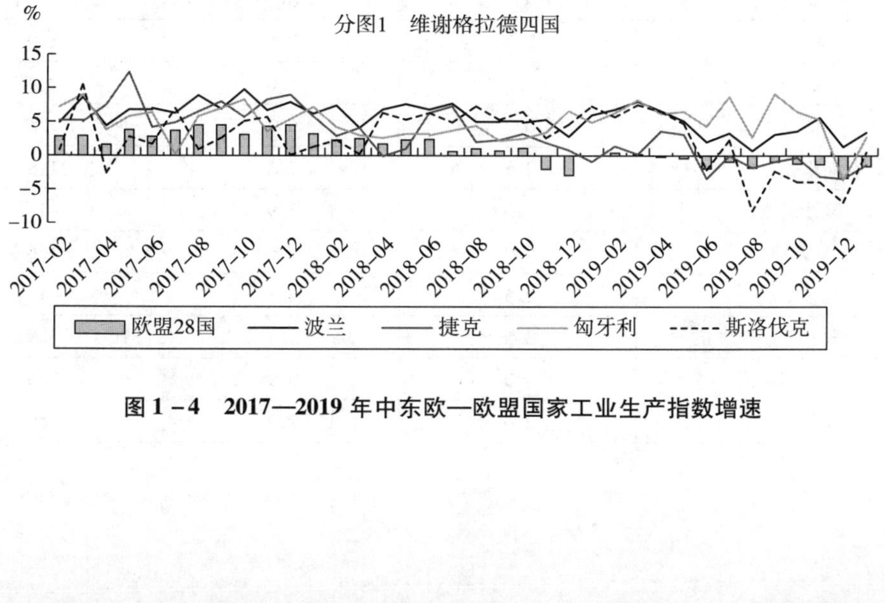

图 1－4　2017—2019 年中东欧—欧盟国家工业生产指数增速

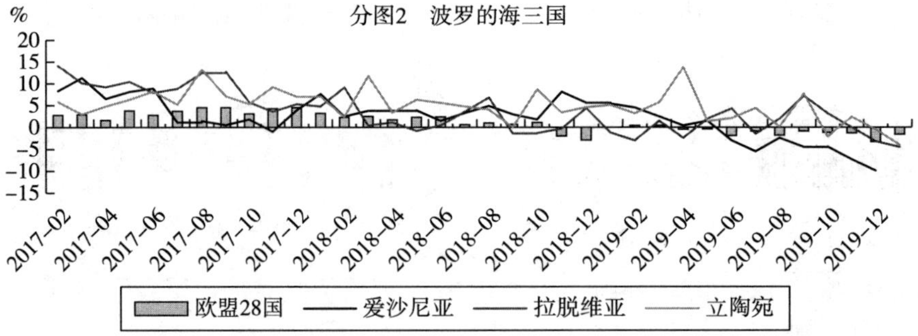

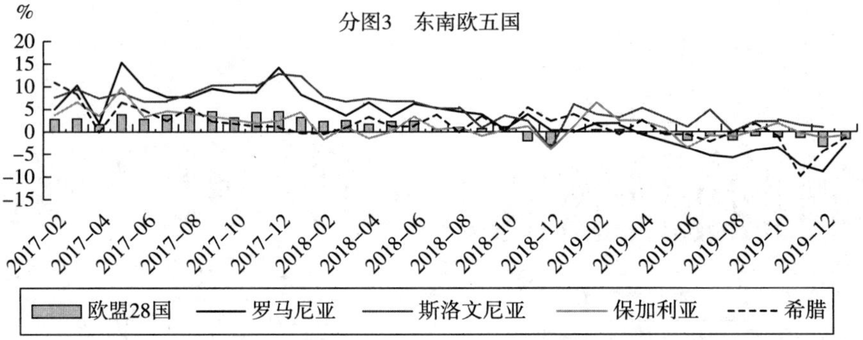

注：东南欧五国地区暂无克罗地亚数据。

图 1 – 4　2017—2019 年中东欧—欧盟国家工业生产指数增速（续）

（数据来源：欧盟统计局）

欧国家 PPI 虽然整体高于欧盟平均水平，但已确立下行趋势，尤其是波罗的海国家，2019 年出现负增长 0.2 个百分点。与此同时，希腊、罗马尼亚和保加利亚仍维持 3% 以上的高增速。

表 1 – 4　　2017—2019 年中东欧 17 国 PPI 增长率　　单位：%

国家/地区	2017 年	2018 年	2019 年
波兰	2.7	2.1	1.0
匈牙利	3.3	5.6	2.4
捷克	0.7	0.7	2.1
斯洛伐克	2.5	2.3	1.8
爱沙尼亚	3.3	3.9	–1.2
立陶宛	4.9	5.6	1.6
拉脱维亚	2.5	4.3	–1.1
罗马尼亚	3.5	5.1	3.9
保加利亚	5.0	3.9	3.5
克罗地亚	2.0	2.2	1.0

续表

国家/地区	2017 年	2018 年	2019 年
斯洛文尼亚	2.2	2.1	0.6
希腊	5.4	4.3	4.7
塞尔维亚	2.3	0.9	—
波黑	3.0	3.5	—
阿尔巴尼亚	2.6	1.7	-1.1
北马其顿	4.8	0.9	1.5
黑山	0.4	1.7	2.3
维谢格拉德四国	2.3	2.7	1.8
波罗的海三国	3.6	4.6	-0.2
东南欧五国	3.6	3.5	2.7
西巴尔干五国	2.6	1.7	0.9
中东欧 17 国	3.0	3.1	1.3
欧盟 28 国	3.0	2.9	0

注："—"表示暂无数据。

资料来源：维也纳国际经济比较研究所（wiiw），《统计手册 2019》（*Handbook of Statistics* 2019）；中东欧各国统计局。

三、价格指数

2019 年，中东欧国家通胀水平平均为 2.0%，高于欧盟平均水平 1.6%。其中，罗马尼亚和匈牙利是中东欧地区仅有的通胀率超过 3% 的国家；西巴尔干地区普遍低于 1%；东南欧地区（除希腊外）和波罗的海地区在 2% ~3%，温和的通胀反映了经济增长预期稳健（见表 1 -5）。

表 1 -5　　2017—2019 年中东欧 17 国 CPI 增长率　　单位：%

国家/地区	2017 年	2018 年	2019 年
波兰	1.6	2.0	2.1
匈牙利	2.5	2.8	3.4
捷克	2.4	2.3	2.6
斯洛伐克	1.4	2.6	2.8
爱沙尼亚	3.7	3.0	2.3
立陶宛	3.7	2.5	2.2
拉脱维亚	2.9	2.7	2.7
罗马尼亚	1.1	4.7	3.9
保加利亚	1.2	2.6	2.5

续表

国家/地区	2017 年	2018 年	2019 年
克罗地亚	1.3	1.6	0.8
斯洛文尼亚	1.6	2.1	1.7
希腊	1.1	0.8	0.8
塞尔维亚	3.0	2.1	1.7
波黑	1.2	1.4	0.6
阿尔巴尼亚	2.0	2.3	1.4
北马其顿	1.4	1.8	0.8
黑山	2.8	2.8	0.4
维谢格拉德四国	2.0	2.4	2.7
波罗的海三国	3.4	2.7	2.4
东南欧五国	1.3	2.4	1.9
西巴尔干五国	2.1	2.1	1.0
中东欧 17 国	2.2	2.4	2.0
欧盟 28 国	1.7	1.9	1.6

资料来源：维也纳国际经济比较研究所（wiiw），《统计手册 2019》（*Handbook of Statistics* 2019）；中东欧各国统计局。

由于通货膨胀导致实际利率下降，2019 年整个中东欧地区的货币紧张状况有所缓和。企业部门增加了本币借款，特别是在匈牙利。在捷克、波兰、罗马尼亚和塞尔维亚，本币利率远高于欧元利率，各国央行也没有放松货币政策，这些国家的外汇贷款增速快于本币贷款。但同时，汇率过高（本币价值过低）也打击了大型出口商的中间产品供应商，因为他们大多数是价格接受者，其生产在很大程度上依赖进口。

在商业周期接近尾声时，公共政策的效率往往会降低，中东欧也不例外。在正常情况下，在出口受到不断上升的贸易壁垒和海外需求疲弱威胁之际，政府应把重点放在提高竞争力上，但 2019 年中东欧国家政府普遍将焦点放在消费者领域，以促进信贷增长。

同时，商业周期的末期也存在房价泡沫和过度债务积累的风险，但几乎没有央行采取行动应对信贷繁荣（捷克、斯洛伐克除外）。匈牙利央行也在发放流动性，以刺激信贷，缓解投资疲软的影响。因而，在捷克和斯洛伐克以外的中东欧地区，欧元贷款快速增长，增加了企业的外汇风险，同时货币面临更大的贬值风险。

虽然 2019 年中东欧国家的通胀水平尚未见顶，但各国央行已在审视潜在的通胀目标缺口。在匈牙利、波兰和捷克，高核心通胀率和能源价格的基数效应可能会将通胀率推高至目标区间之外，而罗马尼亚的通胀率已远高于目标区间。2019 年第四季度，各国央行对即将到来的通胀飙升已作出了不同的反应。

例如，2019 年 5 月，捷克央行曾预计欧洲央行将在 2019 年底前将存款利率降至零。相反，欧洲央行将利率下调至 -0.5%，并重启量化宽松，导致欧元区的货币环境大为宽松。再如，匈牙利央行更倾向于关注核心通胀，而忽视年底前整体通胀可能上升的情况，以及需要抵消由欧盟资助项目的前期支出和对高收益零售债券的强劲需求所导致的流动性紧缩，所以仍是通过低利率和向银行提供流动性来实行刺激性的货币政策。又如，罗马尼亚央行实行实际货币升值和负实际利率（但名义利率较高）的货币条件的组合，不利于稳定通胀或支持本币贷款（见表 1-6）。

表 1-6　　2016—2019 年中东欧非欧元区国家央行利率　　单位：%

国家	2016 年	2017 年	2018 年	2019 年
罗马尼亚	1.75	1.75	2.50	2.50
克罗地亚	3.00	3.00	3.00	3.00
塞尔维亚	4.00	3.50	3.00	2.30
波黑	0.00	0.00	0.00	0.00
阿尔巴尼亚	1.25	1.25	1.00	1.00
北马其顿	3.75	3.25	2.50	2.25
黑山	6.74	6.16	5.75	5.45
波兰	1.50	1.50	1.50	1.50
匈牙利	0.90	0.90	0.90	0.90
捷克	0.05	0.50	1.75	2.00
保加利亚	0.00	0.00	0.00	0.00

资料来源：维也纳国际经济比较研究所（wiiw）。

四、劳动力市场

2018—2019 年，中东欧国家的劳动力市场普遍收紧，失业率继续小幅下行。从绝对值看，捷克维持低于 3% 的失业率，达到充分就业水平；维谢格拉德四国和波罗的海三国均低于欧盟平均失业率；希腊及西巴尔干地区失业率仍高达两位数；塞尔维亚、阿尔巴尼亚延续了多年的下降趋势，分别从 2018 年同期的 13.5% 和 12.7% 下降至 2019 年第四季度的 9.7% 和 11.6%，均创下历史新低（见表 1-7）。

表 1－7　　2019 年中东欧 17 国失业率　　单位：%

国家/地区	2019 年				
	Q1	Q2	Q3	Q4	全年
波兰	5.9	5.3	5.1	5.2	3.5
匈牙利	3.6	3.3	3.5	3.3	3.4
捷克	3.0	2.6	2.7	2.9	2.0
斯洛伐克	5.0	5.0	5.0	4.9	5.8
爱沙尼亚	4.7	5.1	3.9	4.1	4.4
立陶宛	9.0	8.0	8.0	8.7	6.3
拉脱维亚	6.9	6.4	6.0	6.0	6.5
罗马尼亚	3.9	3.8	4.0	4.0	3.9
保加利亚	5.9	5.2	5.3	5.9	4.3
克罗地亚	8.9	6.7	6.7	7.9	6.5
希腊	18.1	17.1	16.8	16.3	4.6
斯洛文尼亚	7.9	7.3	7.2	7.7	17.1
塞尔维亚	12.1	10.3	9.5	9.7	10.7
波黑	34.0	33.0	32.9	32.6	15.7
阿尔巴尼亚	12.6	12.0	11.8	11.6	11.3
北马其顿	17.8	17.5	17.1	16.6	17.0
黑山	16.6	15.2	14.5	16.2	14.8
维谢格拉德四国	4.4	4.1	6.1	4.1	4.7
波罗的海三国	6.9	6.5	6.0	6.3	5.7
东南欧五国	8.9	8.0	8.0	8.4	7.3
西巴尔干五国	18.6	17.6	17.2	17.3	13.9
中东欧 17 国	9.7	9.0	9.3	9.0	7.9
欧盟 28 国	6.4	6.3	6.3	6.2	6.3

资料来源：维也纳国际经济比较研究所（wiiw），《统计手册 2019》（*Handbook of Statistics* 2019）；中东欧各国统计局。

虽然部分行业（尤其是建筑行业）的劳动力短缺状况已经有所缓解，但劳动力普遍短缺持续推动工资上行，实际工资涨幅普遍达到 5%，西巴尔干地区也创纪录地出现 4% 的增长（见表 1－8）。以塞尔维亚每月 160 小时的工作时间为例，在 2018 年每月最低工资为 24848 第纳尔（约合 211 欧元），2019 年 2 月起提高为 33264 第纳尔（约合 283 欧元），2020 年 1 月起提高为 37056 第纳尔（约合 315 欧元）。[1] 各国提高最低工资不仅是为了解决生活成本大幅上涨的问题，更重要的是阻止人口流出，尤其是降低公共部门的流失率。

表 1－8　　2017—2019 年中东欧 17 国实际工资增长率　　单位：%

国家/地区	2017 年	2018 年	2019 年
波兰	3.5	5.5	5.0
匈牙利	10.3	8.3	7.7
捷克	4.1	5.3	4.3
斯洛伐克	3.3	3.6	5.1
爱沙尼亚	3.5	3.5	4.0
立陶宛	4.7	6.5	6.0
拉脱维亚	4.5	6.0	5.0
罗马尼亚	13.2	8.0	8.8
保加利亚	7.2	6.4	7.8
克罗地亚	2.8	3.3	3.0
斯洛文尼亚	1.3	1.7	2.7
希腊	－0.7	0.6	—
塞尔维亚	0.9	3.9	7.8
波黑	0.8	1.7	3.7
阿尔巴尼亚	1.0	1.3	4.5
北马其顿	1.2	4.2	4.0
黑山	－1.1	－2.6	0.6
维谢格拉德四国	5.3	5.7	5.5
波罗的海三国	4.2	5.3	5.0
东南欧五国	4.8	4.0	5.6
西巴尔干五国	0.6	1.7	4.1
中东欧 17 国	3.7	4.2	5.1
欧盟 28 国	3.5	5.5	5.0

资料来源：维也纳国际经济比较研究所（wiiw），《统计手册 2019》（*Handbook of Statistics* 2019）。

2019 年，欧盟 28 国各产业（不包括农业和公共行政部门）的平均单位劳动力成本约为 28.2 欧元，与中东欧 17 国平均水平差异显著：每小时劳动力成本最低的是保加利亚（6.0 欧元），其后是罗马尼亚（7.7 欧元）、立陶宛（9.4 欧元）、匈牙利和拉脱维亚（9.9 欧元）（见表 1－9）。

---

① 更多信息请参考：https：//wageindicator. org/salary/minimum－wage/serbia。

表 1－9　　2018—2019 年中东欧—欧盟 12 国劳动力成本　　单位：欧元/小时

国家/地区	2018 年	2019 年	2019 年各产业				
			商业	工业	建筑业	服务业	教育、医疗、艺术创作、娱乐
波兰	10.1	10.7	10.4	10.5	10.1	10.5	11.5
匈牙利	9.2	9.9	10.7	10.8	8.3	10.9	7.9
捷克	12.6	13.5	13.6	13.6	12.1	13.8	13.3
斯洛伐克	11.6	12.5	12.7	13.1	10.3	12.6	12.1
爱沙尼亚	12.4	13.4	13.5	12.9	14.6	13.6	13.2
立陶宛	9.0	9.4	9.5	9.3	8.4	9.8	9.0
拉脱维亚	9.3	9.9	10.4	9.8	10.4	10.6	8.7
罗马尼亚	7.0	7.7	7.3	6.9	6.1	7.9	9.5
保加利亚	5.4	6.0	6.0	5.7	4.7	6.4	6.2
克罗地亚	10.8	11.1	11.1	10.5	9.9	11.6	11.3
斯洛文尼亚	18.1	19.0	19.2	19.2	15.3	19.6	18.7
希腊	16.0	16.4	16.6	16.9	10.3	17.0	15.7
维谢格拉德四国	10.9	11.7	11.9	12.0	10.2	12.0	11.2
波罗的海三国	10.2	10.9	11.1	10.7	11.1	11.3	10.3
东南欧五国	11.5	12.0	12.0	11.8	9.3	12.5	12.3
欧盟 28 国	27.4	28.2	27.8	28.2	25.6	27.8	29.5

资料来源：欧盟统计局。

分产业看，欧盟的工业单位劳动力成本为 28.2 欧元，建筑业为 25.6 欧元，商业和服务业均为 27.8 欧元。中东欧 17 国中，商业、工业、建筑业和服务业的单位劳动力成本最高的均是斯洛文尼亚（分别为 19.2 欧元、19.2 欧元、15.3 欧元和 19.6 欧元），但均显著低于欧盟平均水平。

除了工资支出、税收减免和补贴，中东欧国家企业还需支付非工资成本[①]。2019 年，整个经济的非工资成本占总劳动力成本的比例在欧盟平均为 23.7%。在中东欧国家，立陶宛低至 5.3%，捷克和斯洛伐克高达约 27%（见图 1－5）。

五、公共财政

在许多国家，货币宽松政策是通过财政宽松政策实现的。由于波兰、罗马尼亚和斯洛伐克即将在 2020 年进行选举，2019 年的财政支出大幅增加，其结构性

① 劳动力成本包括工资和非工资成本（如雇主的社会贡献）。

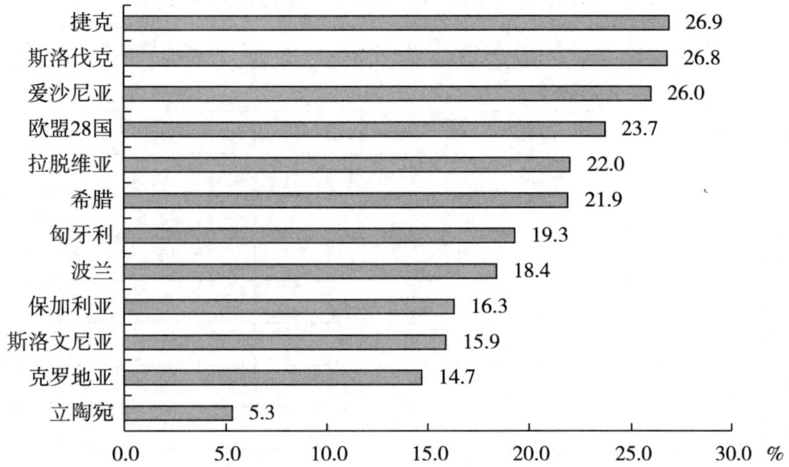

注：中东欧—欧盟地区暂无罗马尼亚的数据。

图 1－5　2019 年中东欧—欧盟地区非工资劳动力成本比例

（资料来源：欧盟统计局）

预算赤字将超过 GDP 的 3%。尤其是对养老金和工资的额外支出以及转移性支出的增加，大大限制了政府在经济下滑明显的情况下采取行动的空间，甚至对克罗地亚和保加利亚等近年来实施了谨慎财政政策的国家也产生了影响。特别是新的养老金法①，可能使罗马尼亚②成为当前经济周期中第一个被降级的中东欧国家。为了缓解发债压力并确保评级上调，克罗地亚、匈牙利、塞尔维亚、斯洛伐克和斯洛文尼亚也缺乏增加预算赤字的空间。

值得注意的是希腊，其国家预算在 2019 年录得 49.6 亿欧元的基本盈余，占 GDP 的 2.4%，高于 44 亿美元的预算盈余目标和 2018 年 9100 万欧元的基本盈余。但自欧债危机以来，希腊多年来一直处于亏损状态，近两年，债务超过 GDP 的状况仍在恶化。2019 年，希腊政府债务占 GDP 比重为 176.6%，位于中东欧地区首位，在国际上仅次于日本。

但中东欧国家的杠杆率仍远低于发达国家。2019 年，中东欧 17 国平均公共债务占 GDP 的比重进一步降低至 50.9%，欧盟 28 国达 84.2%，欧元区是 96%（见表 1－10）。

---

① 根据新的养老金法，用于计算个人养老金的基准在 2019 年 9 月提高；而根据现行规定，应于 1 月提高。因此，新的养老金法将减轻罗马尼亚政府 2019 年的财政负担，同时对养老金领取者不利（与执政联盟的不断承诺相比，是不公平的），但这可能并不会违反任何宪法规定。与 2019 年的预估水平相比，新的养老金法将使罗马尼亚的养老金支出增加 84 亿列伊（约合 18 亿欧元）。在接下来的几年里，影响将会大大增加。更多信息请参考：http：//china－ceec.com/lmny/2019/0107/19110.html。

② 更多分析请参考本书第二章第二节。

表 1－10　　2018—2019 年中东欧 17 国财政平衡与政府债务率　　单位：%

国家/地区	财政平衡（占 GDP 的比重）		政府债务率（占 GDP 的比重）	
	2018 年	2019 年	2018 年	2019 年
波兰	－0.2	－1.2	48.9	47.0
匈牙利	－2.3	－1.7	70.2	69.1
捷克	1.1	0.6	32.6	30.3
斯洛伐克	－1.1	－1.2	49.4	48.2
爱沙尼亚	－0.6	－0.3	8.4	8.3
立陶宛	0.6	0.1	34.1	36.0
拉脱维亚	－0.7	－0.8	36.4	36.0
罗马尼亚	－3.0	－4.0	35.0	37.0
保加利亚	1.8	－1.5	22.3	20.5
克罗地亚	0.3	0.3	74.8	71.3
斯洛文尼亚	0.8	0.2	70.4	68
希腊	1.0	2.4	181.2	176.6
塞尔维亚	0.6	0.7	53.7	52.0
波黑	2.3	1.0	34.2	31.7
阿尔巴尼亚	－1.6	－1.9	67.9	67.5
北马其顿	－1.1	－1.8	48.4	47.0
黑山	－2.9	－2.3	70.1	69.0
维谢格拉德四国	－0.6	－0.9	50.3	48.7
波罗的海三国	－0.2	－0.3	26.3	26.8
东南欧五国	0.2	－1.0	76.7	74.7
西巴尔干五国	－0.5	－0.9	54.9	53.4
中东欧 17 国	－0.3	－0.8	52.0	50.9
欧盟 28 国	－0.7	—	80.4	84.2

注：“—”表示暂无数据。

资料来源：维也纳国际经济比较研究所（wiiw），《统计手册 2019》（*Handbook of Statistics* 2019）。

六、国际收支

中东欧国家长期以来维持经常账户赤字状态，贸易开放度高，在全球贸易中的参与程度大于其在全球生产中的份额。随着近两年世界经济增长的放缓，中东欧国家普遍呈现经常账户赤字扩大（或盈余缩窄）的趋势（见表 1－11）。维谢格拉德四国、波罗的海三国的经常项目普遍接近平衡，尤其是捷克、匈牙利、立陶宛和拉脱维亚，这为它们的资本和金融账户平衡提供了空间。

表 1-11　　2016—2019 年中东欧 17 国国际收支平衡表：经常账户　　单位：亿欧元

国家/地区	2016 年	2017 年	2018 年	2019 年
波兰	-22.40	7.06	-50.48	59.02
匈牙利	70.15	39.58	-7.17	-3.59
捷克	27.44	19.52	6.28	-1.33
斯洛伐克	-17.56	-16.90	-23.71	-27.74
爱沙尼亚	4.25	7.51	5.16	4.71
立陶宛	-3.00	3.71	1.31	2.33
拉脱维亚	4.03	1.91	-1.98	-1.05
罗马尼亚	-34.96	-62.98	-89.61	-104.78
保加利亚	12.44	33.68	30.02	59.01
克罗地亚	11.97	19.45	9.70	14.10
斯洛文尼亚	22.24	30.77	25.93	31.59
希腊	-30.49	-34.06	-52.32	-25.72
塞尔维亚	-13.17	-20.49	-22.23	-28.50
波黑	-7.11	-7.54	6.33	-9.10
阿尔巴尼亚	-8.12	-8.66	-8.66	-10.50
北马其顿	-2.76	-1.03	-0.15	-0.80
黑山	-6.42	-6.91	-7.93	-8.00
维谢格拉德四国	57.63	49.26	-75.08	26.36
波罗的海三国	5.28	13.12	4.49	5.99
东南欧五国	11.69	20.93	-23.96	-0.08
西巴尔干五国	-37.57	-44.62	-32.64	-56.90
中东欧 17 国	6.54	4.63	-179.51	-50.35

资料来源：维也纳国际经济比较研究所（wiiw），《统计手册 2019》（*Handbook of Statistics* 2019）。

但少数国家在 2019 年出现不同的情况：波兰的货物贸易顺差主要是由于汽车零部件、汽车电池、乘用车、鞋类、服装和电脑的海外销售贡献，服务贸易顺差则受益于交通运输和旅游；保加利亚虽然受到欧洲供应链中断、欧盟经济脆弱以及工业部门表现低迷的影响，进出口同时下降，但仍然是中东欧 17 国里经常项目盈余占比 GDP 最大的国家，达 9.9%（见表 1-12 和表 1-13）。

表 1-12　　2016—2019 年中东欧 17 国经常账户占 GDP 比重　　单位：%

国家/地区	2016 年	2017 年	2018 年	2019 年
波兰	-0.5	0.1	-1.0	1.1
匈牙利	6.1	3.2	-0.4	-0.3
捷克	1.6	1.1	0.3	-0.1

续表

国家/地区	2016 年	2017 年	2018 年	2019 年
斯洛伐克	-2.2	-2.0	-2.5	-2.9
爱沙尼亚	2.0	3.2	1.7	1.7
立陶宛	-0.8	0.9	1.6	0.5
拉脱维亚	1.6	0.7	-1.0	-0.3
罗马尼亚	-2.1	-3.2	-4.5	-4.7
保加利亚	2.6	6.4	4.6	9.9
克罗地亚	2.5	3.5	2.5	2.6
斯洛文尼亚	5.5	7.2	7.0	6.6
希腊	-1.7	-1.9	-2.8	-2.0
塞尔维亚	-2.9	-5.2	-5.2	-6.2
波黑	-4.7	-4.7	-4.2	-5.2
阿尔巴尼亚	-7.5	-7.5	-6.3	-7.6
北马其顿	-2.9	-1.0	-0.3	-0.7
黑山	-19.1	-18.9	-18.5	-16.7
维谢格拉德四国	5.0	2.4	-3.6	-2.2
波罗的海三国	2.8	4.8	2.3	1.9
东南欧五国	6.8	12.0	6.8	12.4
西巴尔干五国	-37.1	-37.3	-34.5	-36.4
中东欧 17 国	-22.5	-18.1	-29.0	-24.3
欧盟 28 国	1.4	1.3	1.3	2.0

资料来源：维也纳国际经济比较研究所（wiiw），《统计手册 2019》（*Handbook of Statistics* 2019）；中东欧各国统计局。

表 1－13　2016—2018 年中东欧 17 国国际收支平衡表：资本及金融账户 单位：亿欧元

国家/地区	资本账户平衡			金融账户平衡		
	2016 年	2017 年	2018 年	2016 年	2017 年	2018 年
波兰	44.70	58.95	104.25	13.51	-23.54	16.84
匈牙利	-0.36	12.03	34.59	35.49	17.54	11.53
捷克	19.79	17.94	5.43	43.22	44.79	5.08
斯洛伐克	16.31	7.90	12.25	-16.75	-26.44	-18.87
爱沙尼亚	2.25	2.30	3.68	3.00	8.20	7.91
立陶宛	5.69	5.02	6.68	-3.99	6.10	10.06
拉脱维亚	2.49	2.15	5.26	7.60	4.09	8.32
罗马尼亚	42.57	22.19	25.13	15.46	-32.01	-51.41
保加利亚	10.71	5.30	6.02	44.46	23.24	32.45
克罗地亚	6.67	3.08	7.29	14.89	23.66	18.42

续表

国家/地区	资本账户平衡			金融账户平衡		
	2016 年	2017 年	2018 年	2016 年	2017 年	2018 年
斯洛文尼亚	-3.03	-3.24	-2.25	11.87	20.88	25.27
希腊	10.36	9.15	3.53	-351.42	-19.49	-39.24
塞尔维亚	-0.09	0.05	-0.07	-5.35	-16.48	-16.83
波黑	1.52	1.54	1.61	-4.20	-4.05	-3.49
阿尔巴尼亚	0.66	1.22	1.04	-6.17	-9.30	-7.71
北马其顿	0.11	0.18	0.12	-2.72	-0.97	0.05
黑山	0.01	0	0	-5.61	-6.77	-6.98
维谢格拉德四国	80.43	96.82	156.52	75.47	12.35	14.58
波罗的海三国	10.43	9.47	15.62	6.61	18.39	26.29
东南欧五国	56.92	27.33	36.19	86.68	35.77	24.73
西巴尔干五国	2.21	2.99	2.70	-24.05	-37.57	-34.96
中东欧 17 国	160.35	145.76	214.56	-206.71	9.45	-8.60

资料来源：维也纳国际经济比较研究所（wiiw），《统计手册 2019》（*Handbook of Statistics* 2019）；中东欧各国统计局。

国际贸易是经常项目的主要内容，从 2018—2019 年中东欧国家贸易增速与 GDP 增速的对比来看，2018 年各国贸易增速均大幅高于 GDP 增速，而 2019 年部分国家已出现贸易增速低于 GDP 增速的现象，包括匈牙利、捷克、拉脱维亚、保加利亚和波黑（见图 1-6）。货币政策收紧、金融动荡加剧以及主要经济体对广泛交易的商品加征关税等贸易紧张局势可能是经济放缓的重要原因。

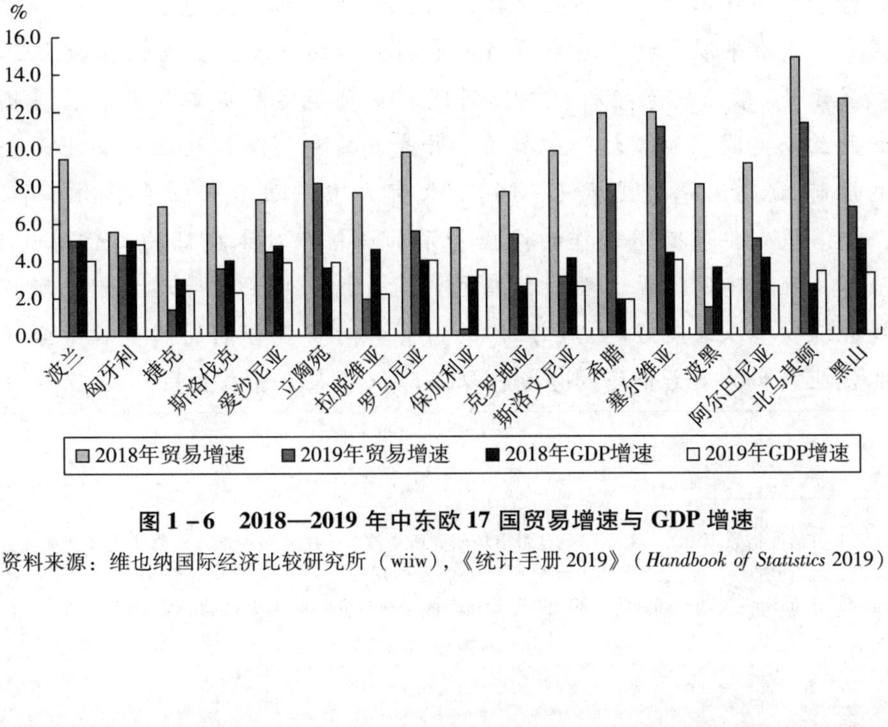

图 1-6　2018—2019 年中东欧 17 国贸易增速与 GDP 增速

［资料来源：维也纳国际经济比较研究所（wiiw），《统计手册 2019》（*Handbook of Statistics* 2019）］

研究专题 1　中东欧地区劳动力流失的博弈

二战之后，西欧国家社会保障和福利制度的“发展完善”激励了独身、同性伴侣、丁克等生活方式，传统家庭结构遭遇前所未有的挑战，生育率大大下降，人口结构加速老龄化。而在老龄化人口结构下，要想继续维持较高的生活和福利水平，只有大量引进青壮年移民劳动力。为此，欧盟在欧洲一体化框架下，为各类流动人口设置了不同的福利政策和保障制度，并随着欧盟扩容，吸引了大量中东欧国家人口。

据联合国统计，2018 年中东欧是世界上人口下降最快的地区，约有 11% 的波兰人和 9% 的捷克人在海外居住；在拉脱维亚，适龄工人数量相比 2000 年减少了 25%；罗马尼亚人口数量每年都在以 10 万人左右的速度递减。另外，近年来中东欧国家的“啃老族”数量也开始增加，使得劳动力就业人数进一步减少。

劳动力西迁的根本动力在于收入差异过大。近两年，即使实际工资增长率远高于欧盟平均水平，中东欧劳动力工资水平仍不到西欧国家的 1/3。其中一个重要原因在于法定最低工资标准的起点较低。例如，2009—2019 年，保加利亚的最低工资增长了 83%，但每小时最低工资仍只有 1.62 欧元。除此之外，2019 年同属该地区的斯洛伐克、波黑、波兰、黑山、匈牙利、罗马尼亚、拉脱维亚和阿尔巴尼亚 8 国的最低工资同样未超过每小时 3 欧元，而法国为每小时 10.03 欧元（见图 1－7）。

劳动力流失的另一个重要原因是本国就业市场不够灵活。随着全球经济的变化，劳动力市场本身正在发生变化，就业形式和劳动力也呈多样化发展，而东欧国家并没有采取多种手段来应对。最新公布的《就业灵活性指数 2020》报告数据显示[①]，根据规范招聘、工作时间、裁员规定和成本等指标，美国、日本、新西兰、英国、加拿大、爱尔兰、丹麦、捷克、保加利亚和瑞士是全球就业便利性前 10 高国家（见表 1－14）。大部分中东欧国家位于平均水平以下。例如，斯洛伐克要求夜间工作的保险费增加一倍，对休息日的工作征收 100% 的保险费，且上述保险费由雇员和雇主共同负担；波兰的劳动力市场数据是自向市场经济转型以来最好的，但严格的监管和对常规合同的高税收导致了极低的兼职就业率和劳动力市场的分割，从而降低了人力资本积累。

① 《就业灵活性指数 2020》，由立陶宛自由市场研究所与波兰公民发展论坛、斯洛伐克经济和社会研究所、保加利亚市场经济研究所、捷克经济和市场分析中心、爱沙尼亚自由主义学院合作编写，更多信息请参考：https：//www. llri. lt/wp－content/uploads/2019/12/Employment－flexibility－index2020－3. pdf。

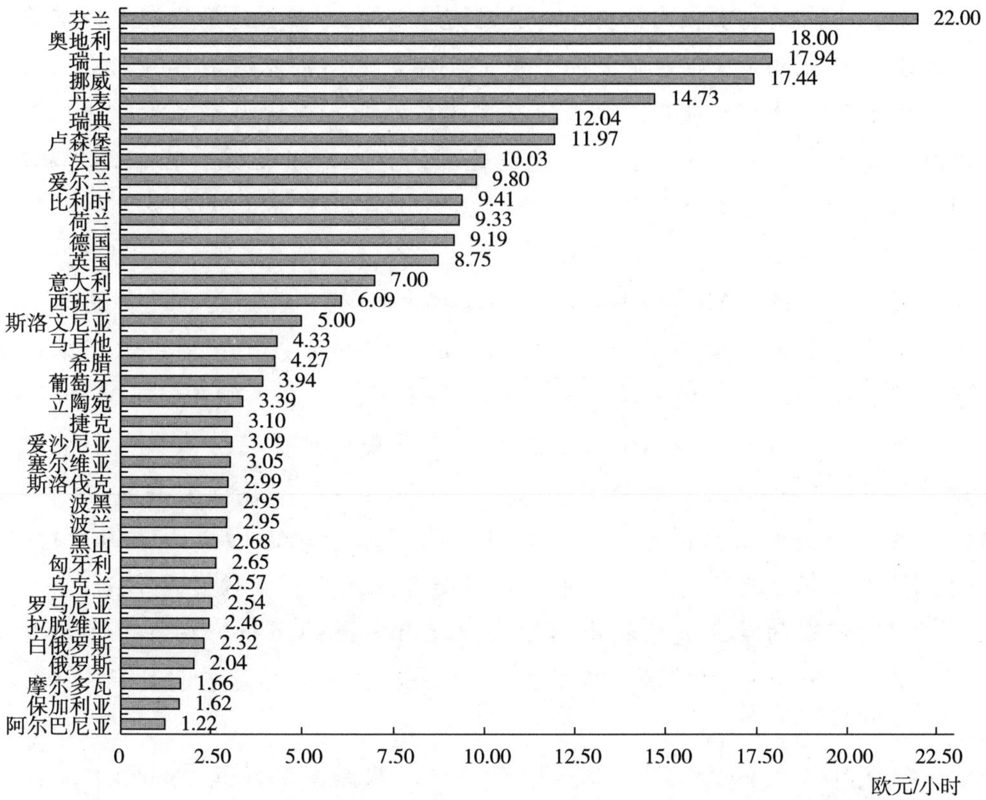

图 1－7　2019 年欧洲部分国家最低小时工资

（资料来源：WageIndicator Foundation 基金会）

表 1－14　　2019—2020 年中东欧国家就业灵活性指数排名

国家	2020 年	2019 年
捷克	8	8
保加利亚	9	9
匈牙利	12	13
立陶宛	14	15
拉脱维亚	20	20
罗马尼亚	23	23
波兰	27	30
爱沙尼亚	28	28
斯洛文尼亚	31	33
克罗地亚	33	34
斯洛伐克	36	27

数据来源：立陶宛自由市场研究所（Lithuania Free Market Institute）。

与其他中东欧国家相比，捷克的劳动力市场并没有受到严格规定的沉重压力，尤其是在裁员和雇佣规定方面，雇员和雇主之间可以达成各种形式的兼职雇佣合同。但同时，解雇正式员工的流程相当复杂，代价也很昂贵。捷克当前失业率处于历史最低水平，企业只能被迫在乌克兰和其他东部国家进行招聘。在过去三年中，平均工资上涨了 6.5%，最低工资也大幅上涨 21%，并计划在 2020 年进一步提高。

可见，中东欧国家青壮年劳动力和高技术人才不断流失的趋势意味着控制生产成本方面的难度在增加。在全球经济放缓的背景下，中东欧国家经济发展前景面临挑战，也带来越来越多的社会问题，主要体现在以下三个方面。第一，因为劳动力短缺和工资成本上升，外商直接投资趋势减缓，影响了中东欧地区在全球产业链中的分工。第二，劳动力不足给各国公共财政带来了极大压力。一些中东欧国家的养老金支出占财政的比例已与西欧国家持平，这对经济发展正在起飞阶段的中东欧国家而言会产生严重的负面影响。第三，父母迁移对子女的学业成就和身体健康状况有重大的消极影响。留守儿童患抑郁症的概率更高；对生活在跨国家庭中的女孩（尤其是农村地区的女孩）更加有害①。

为缓解日益严峻的劳动力短缺问题，中东欧国家陆续出台应对政策。首先，实施财政补贴以鼓励生育。在波兰，每名儿童每月将获得 500 兹罗提（约合 110 欧元）的补贴。在匈牙利，女性早育将获得政府的低息贷款，生育 4 个子女的女性将终身免缴个人所得税。2019 年是匈牙利“一揽子家庭补助计划”出台十周年，该计划为有子女的匈牙利家庭提供税收减免和补助津贴，目前总量已达约 2600 亿福林（约合 7.2 亿欧元），相当于匈牙利国内生产总值的 4.5%。2019 年 1 月起，匈牙利政府将祖父母也纳入享受育儿金补助的范围。此外，波兰和斯洛伐克等国正尝试向妇女提供免费或高补贴的托儿服务，让她们免去后顾之忧。

其次，吸引人才回流。中东欧国家在移民政策上普遍比较保守，通过接收外来移民增加劳动力的途径并不现实。目前，一些中东欧国家陆续出台了鼓励创业和吸引人才回流的政策，但还处在起步阶段。除了加快自身经济发展，更重要的是完善其他相关配套政策，如环境治理、子女入学和公共服务等。

① 更多信息请参考：https：//onlinelibrary.wiley.com/doi/full/10.1002/psp.2277。

第二节　产业近况

一、中东欧 17 国产业发展趋势

根据 2019 年国民生产总值增加值①数据，中东欧地区主要国家的工业份额进一步回落，延续了自 2016 年以来的下降趋势，服务业在 60% 以上的份额上进一步增加。其中，希腊的服务业份额最高，达 78.2%；最低的是捷克，为 62.4%（见图 1-8）。

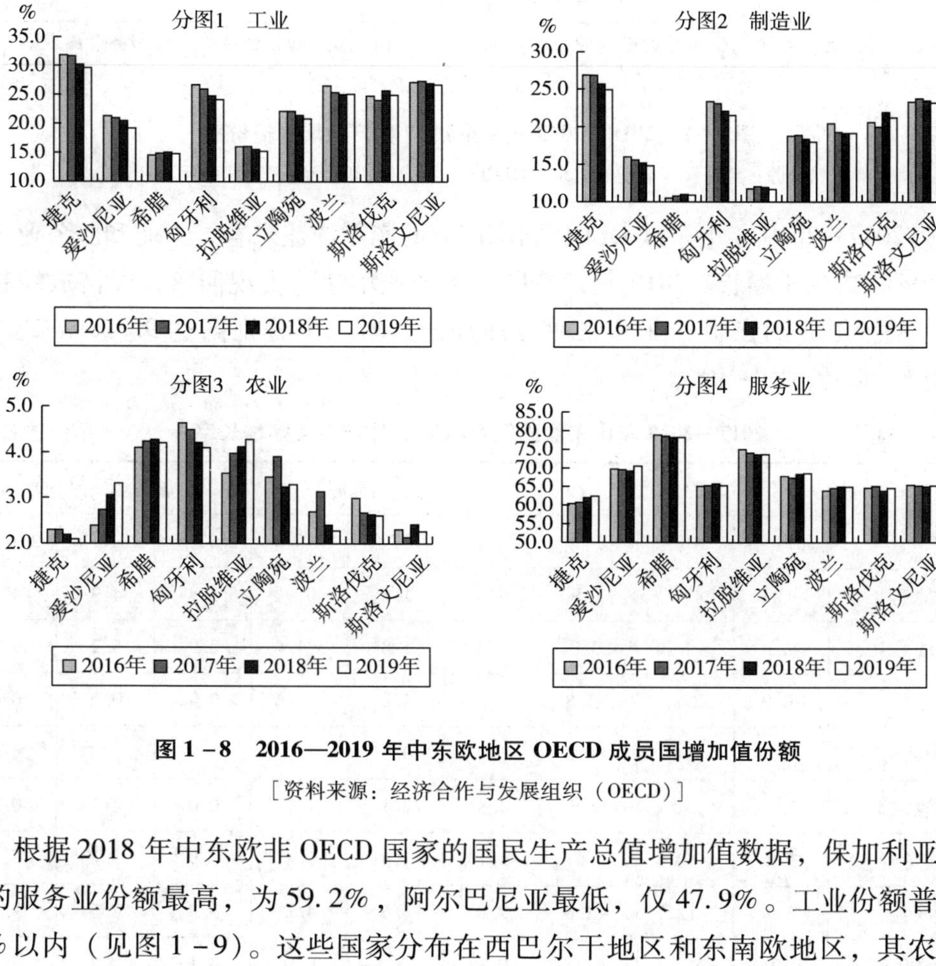

图 1-8　2016—2019 年中东欧地区 OECD 成员国增加值份额

［资料来源：经济合作与发展组织（OECD）］

根据 2018 年中东欧非 OECD 国家的国民生产总值增加值数据，保加利亚和黑山的服务业份额最高，为 59.2%，阿尔巴尼亚最低，仅 47.9%。工业份额普遍在 25% 以内（见图 1-9）。这些国家分布在西巴尔干地区和东南欧地区，其农业增

① 增加值（Value Added）反映了通过生产商品和服务产生的价值，并用产出值减去中间消费值来衡量。增加值也代表可用于劳动和资本对生产过程的贡献的收入。生产活动的增加值百分比显示了各个行业（农业、工业和服务业）创造的增加值对整体增加值的贡献。

加值份额平均为7%，是维谢格拉德四国和波罗的海三国的两倍。

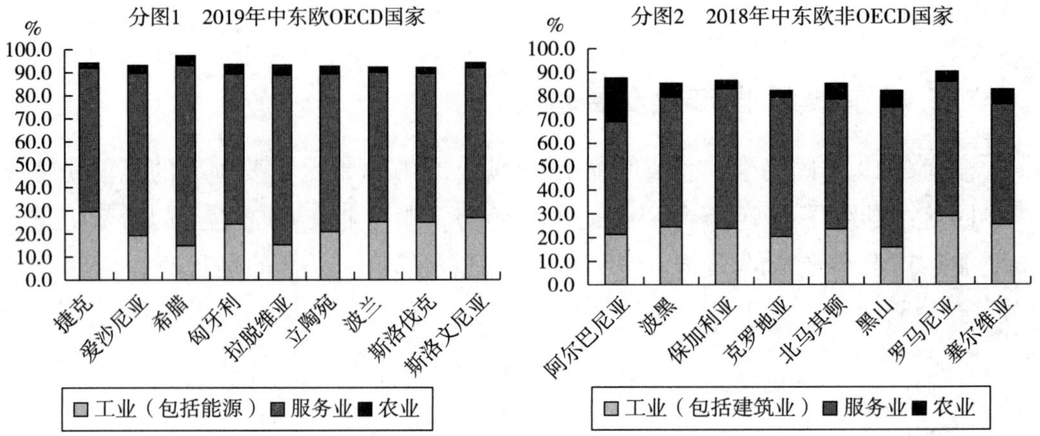

图1-9 2018—2019年中东欧17国产业增加值份额

［资料来源：经济合作与发展组织（OECD）、维也纳国际经济比较研究所（wiiw）］

从2017—2019年中东欧OECD国家产业的实际增速来看，工业和服务业普遍获得5%以内的正增长。2019年，希腊三大产业增速均出现回落，经济放缓趋势明显；爱沙尼亚则在服务业和农业方面加速，增长率分别高达9.3%和23.0%（见表1-15和图1-10）。

表1-15 2017—2019年中东欧地区OECD国家产业实际增长率 单位：%

国家	农业			工业（包括能源）			服务业（平均）		
	2017年	2018年	2019年	2017年	2018年	2019年	2017年	2018年	2019年
捷克	-3.0	4.9	1.5	9.0	1.0	0.9	3.8	4.9	4.1
爱沙尼亚	4.3	-1.2	23.0	7.6	5.8	-1.6	8.9	5.2	9.3
希腊	10.0	2.9	-1.8	3.6	1.8	-0.6	0.4	0.0	0.0
匈牙利	-6.7	4.8	-0.3	3.2	0.5	5.0	6.9	8.0	5.8
拉脱维亚	5.1	2.0	12.8	4.8	0.1	1.0	0.0	4.1	0.6
立陶宛	0.0	-10.4	6.6	5.1	2.9	3.4	3.9	5.2	3.7
波兰	2.5	-12.7	-1.6	2.5	4.6	4.2	5.3	7.5	4.4
斯洛伐克	-10.4	8.9	4.3	0.8	13.1	0.0	3.1	3.8	3.1
斯洛文尼亚	-2.6	12.5	-4.7	7.7	3.6	2.9	3.8	3.3	2.3

资料来源：经济合作与发展组织（OECD）。

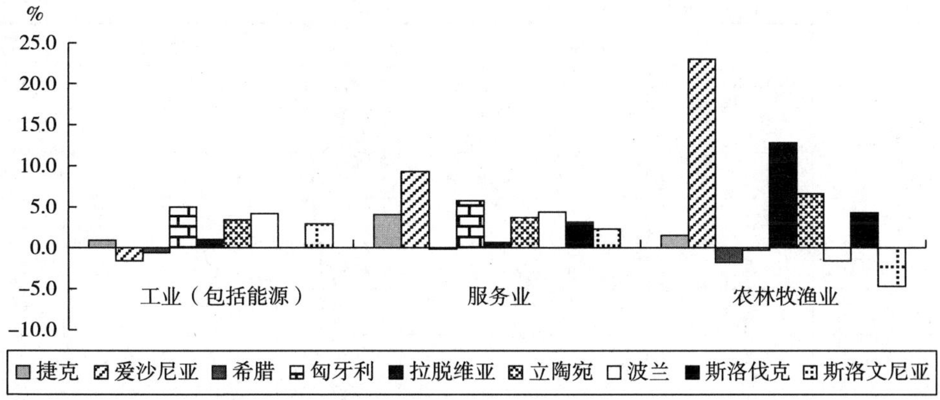

图 1－10　2019 年中东欧地区 OECD 国家产业实际增速

［资料来源：经济合作与发展组织（OECD）］

二、中东欧 17 国产业发展近况

2016—2019 年，按照 OECD 对服务业的分类，中东欧国家在两大类服务业的增加值份额较大：一类是批发和零售业、修理业、运输和仓储业、住宿和餐饮业，占比 20% ~25%；另一类是公共行政、国防、教育、医疗和社会服务，占比 15% ~20%（见表 1－16）。

表 1－16　　2016—2019 年中东欧地区 OECD 国家服务业增加值份额　　单位：%

国家	批发和零售业、修理业、运输和仓储业、住宿和餐饮业				信息和通信业			
	2016 年	2017 年	2018 年	2019 年	2016 年	2017 年	2018 年	2019 年
捷克	18.6	18.9	19.2	18.9	5.2	5.3	5.5	5.8
爱沙尼亚	22.2	21.9	21.0	20.6	5.6	6.0	6.2	7.4
希腊	23.4	24.3	25.1	25.5	3.5	3.5	3.5	3.5
匈牙利	18.5	18.3	19.0	19.4	4.9	5.0	5.0	4.8
拉脱维亚	25.6	25.3	24.9	24.3	4.9	5.2	5.7	5.8
立陶宛	31.5	31.6	31.9	31.6	3.6	3.6	3.8	3.7
波兰	25.1	25.7	26.0	26.5	4.1	4.1	4.3	4.1
斯洛伐克	18.7	18.9	19.5	19.0	4.9	5.0	4.7	4.8
斯洛文尼亚	20.7	20.9	21.1	21.0	4.0	4.0	3.9	3.9

续表

国家	金融和保险业				房地产业			
	2016 年	2017 年	2018 年	2019 年	2016 年	2017 年	2018 年	2019 年
捷克	4. 2	4. 0	3. 9	3. 8	8. 5	8. 6	8. 7	8. 9
爱沙尼亚	4. 0	4. 0	4. 0	4. 4	10. 6	10. 6	10. 6	10. 3
希腊	4. 5	4. 1	3. 6	3. 3	17. 5	17. 1	16. 3	16. 1
匈牙利	3. 5	3. 7	3. 6	3. 3	8. 1	8. 0	7. 9	8. 0
拉脱维亚	4. 8	3. 9	3. 6	3. 2	12. 8	12. 4	12. 4	12. 4
立陶宛	2. 2	2. 0	2. 3	2. 3	6. 9	6. 7	6. 6	6. 2
波兰	4. 4	4. 4	4. 2	4. 2	5. 2	4. 9	4. 8	4. 8
斯洛伐克	3. 1	2. 8	3. 1	3. 3	9. 8	10. 2	9. 8	10. 0
斯洛文尼亚	3. 9	3. 8	3. 8	3. 8	7. 7	7. 5	7. 4	7. 4

国家	专业、科学和技术服务				公共行政、国防、教育、医疗和社会服务			
	2016 年	2017 年	2018 年	2019 年	2016 年	2017 年	2018 年	2019 年
捷克	6. 8	6. 8	6. 9	7. 0	14. 8	15. 0	15. 5	15. 8
爱沙尼亚	8. 7	8. 9	9. 0	9. 4	16. 2	15. 8	15. 9	16. 1
希腊	5. 1	5. 2	5. 4	5. 5	20. 6	20. 3	20. 3	20. 1
匈牙利	9. 5	9. 9	10. 3	10. 4	17. 7	17. 5	17. 1	16. 5
拉脱维亚	7. 7	7. 7	7. 8	8. 3	16. 2	16. 4	16. 2	16. 6
立陶宛	6. 8	7. 0	7. 2	7. 5	14. 5	14. 1	14. 5	14. 9
波兰	7. 9	8. 5	8. 8	8. 8	14. 8	14. 6	14. 6	14. 4
斯洛伐克	9. 9	10. 1	10. 1	10. 2	14. 5	14. 5	14. 4	15. 2
斯洛文尼亚	9. 9	10. 2	10. 3	10. 4	16. 6	16. 3	16. 1	16. 4

国家	其他服务业				服务业总和			
	2016 年	2017 年	2018 年	2019 年	2016 年	2017 年	2018 年	2019 年
捷克	2. 3	2. 2	2. 2	2. 2	60. 4	60. 7	62. 0	62. 4
爱沙尼亚	2. 5	2. 5	2. 4	2. 3	69. 7	69. 6	69. 2	70. 6
希腊	4. 2	4. 1	4. 1	4. 2	78. 9	78. 6	78. 2	78. 2
匈牙利	2. 9	3. 0	2. 9	2. 9	65. 1	65. 3	65. 7	65. 3
拉脱维亚	3. 0	3. 2	3. 0	3. 1	75. 0	74. 1	73. 6	73. 7
立陶宛	2. 3	2. 3	2. 2	2. 2	67. 8	67. 3	68. 4	68. 6
波兰	2. 3	2. 2	2. 2	2. 2	63. 8	64. 5	64. 9	64. 9
斯洛伐克	3. 7	3. 6	2. 1	2. 1	64. 6	65. 0	63. 8	64. 5
斯洛文尼亚	2. 6	2. 5	2. 4	2. 5	65. 4	65. 2	64. 9	65. 2

资料来源：经济合作与发展组织（OECD）。

2019 年，这些服务业分项的实际增速普遍为正，尤其是爱沙尼亚在信息和通信业上出现 22% 的高增长；而希腊和拉脱维亚的金融和保险业分别出现 8% 和 8.8% 的跌幅（见图 1－11）。

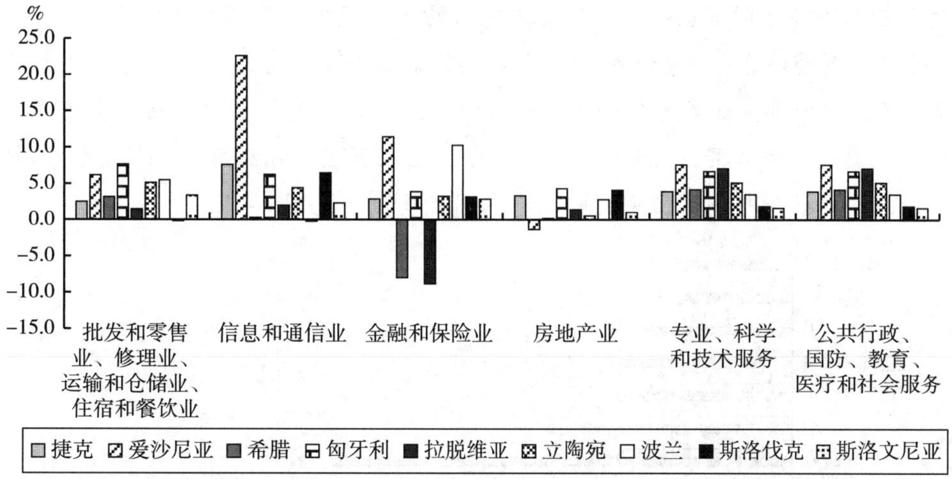

图 1－11　2019 年中东欧地区 OECD 国家主要服务业实际增速

［资料来源：经济合作与发展组织（OECD）］

研究专题 2　中东欧地区数字产业发展

数字产业是经济可持续发展的关键领域。智能电网、电子商务、汽车共享、3D 打印等数字技术与现代材料相结合，形成环境边际成本递减的优势。但如果管理不善，数字经济可能加剧经济社会发展不平等和不可持续。根据《2019 可持续发展指数》（SDG *Index and Dashboards Report* 2019），中东欧地区在数字产业、数字基础设施和数字技术创新领域与其他地区都存在明显差异。

第一，与中国相比，中东欧国家缺乏大型的、具有国际竞争力的信息技术公司。

第二，与欧盟其他国家相比，中东欧国家的私营企业并没有真正大规模地应用数字技术。根据毕马威（PwC）2019 年的调研①，许多公司没有投入足够的资金，大多数公司（55%）计划在未来 5 年内，将不到 3% 的总投资用于数字化；

① 毕马威（PwC）2019 年调研所指的中东欧地区包括波兰、匈牙利、捷克、斯洛伐克、爱沙尼亚、立陶宛、拉脱维亚、罗马尼亚、保加利亚、斯洛文尼亚、克罗地亚、俄罗斯、乌克兰、格鲁吉亚和摩尔多瓦 15 国。更多信息请参考：https：//www. pwc. com/gx/en/entrepreneurial－and－private－companies/emea－private－business－survey/cee－epbs－report. pdf。

只有23%（略高于1/5）的私营企业计划将其投资的5%以上用于数字化。而在技术更先进的西欧，如斯堪的纳维亚地区，这一比例为39%。服务行业尤为突出，只有28%的受访者表示将把5%以上的投资用于数字化，相比之下，用于建筑和建设的投资占15%。在国家层面上，斯洛文尼亚的计划投资率最高，31%的私营企业对数字化的投资超过5%。总体而言，许多私营企业并没有真正认可数字技术带来的变革规模，即使那些业务与数字技术相关的企业，在“基本八项”技术［人工智能（AI）、机器人、物联网、区块链、3D打印、无人驾驶、增强现实（AR）、虚拟现实（VR）］的设想与实际使用之间也存在明显差距（见图1－12）。

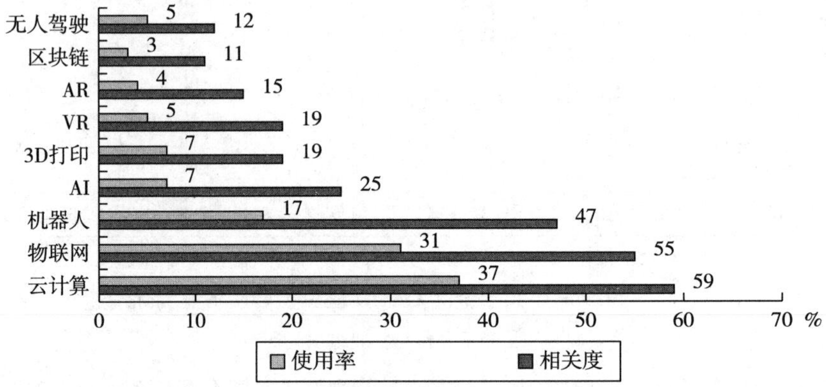

图1－12　2019年中东欧地区数字技术相关性与使用率的差异

［资料来源：毕马威（PwC）］

第三，中东欧国家内部的差异也很明显。不同国家对八项技术的认可度分歧较大。罗马尼亚企业家几乎全面认可，这可能受益于对软件程序员个人收入零税率的推动，该国具有一个充满活力的数字技术生态系统，包括初创企业、加速器和融资中心等。在物联网技术上，保加利亚企业最为认可，其次是克罗地亚和罗马尼亚。机器人在捷克和波兰的公司看来是最重要的，原因在于制造业约占波兰GDP的1/4，而自动化是重要关注点，机器人在波兰的重要性不足为奇（见表1－17）。

表1－17　　2019年中东欧地区对数字技术相关性的认可度

人工智能（AI）		增强现实（AR）		区块链		无人驾驶	
国家/地区	相关性（%）	国家	相关性（%）	国家	相关性（%）	国家	相关性（%）
罗马尼亚	48.8	罗马尼亚	39.6	罗马尼亚	25.6	罗马尼亚	27.9
波罗的海三国	29.8	克罗地亚	25.0	斯洛伐克	12.9	捷克	18.2
		斯洛伐克	16.1	波兰	12.7	波罗的海三国	12.8

续表

物联网		机器人		虚拟现实（VR）		3D 打印	
国家/地区	相关性（%）	国家	相关性（%）	国家	相关性（%）	国家	相关性（%）
保加利亚	86.5	捷克	63.6	罗马尼亚	39.5	罗马尼亚	37.2
克罗地亚	62.5	波兰	61.9	波兰	22.7	斯洛伐克	32.3
罗马尼亚	60.5	罗马尼亚	60.5	保加利亚	21.3	捷克	20.3

资料来源：毕马威（PwC）。

正如毕马威调研结果所显示的，中东欧 80%的私营企业通过现金流在内部为数字化提供资金，但在经济低迷时期，随着资金转向其他用途，这一比例大概率会减少。另有 21%的企业表示，它们将转向银行贷款或申请信贷额度。但 2008 年全球金融危机表明，信贷额度可能很快就会消失，经济低迷可能会导致其他领域的成本削减，从而导致用于投资数字化改造的资金减少。由于多数中东欧国家的资本市场相对不发达，只有 2%的受访者提到通过资本市场进行数字化融资。另有 7%的受访者表示会考虑私人股本或风险投资，而这是全球最低水平。相比之下，非洲、中东和西欧分别有 23.5%、15%、8.9%的公司正在考虑将私人股本作为数字化的资金来源。

值得肯定的是，在中东欧地区还是涌现出了一批善于利用数字技术的企业，其业务甚至达到国际领先水平。例如，专注于虚拟机器人自动化技术的 UiPATH，是罗马尼亚第一家独角兽公司（即成立不到 10 年但估值高达 100 亿美元的企业），引领着“自动化第一”时代，即为每个人提供一个机器人。公司提供免费和开放的培训和协作项目，通过人工智能和机器学习来帮助机器人学习新的技能。为了兑现能让数百万人享受数字时代技能的承诺，该公司的企业机器人流程自动化平台已为很多国家的政府组织实现了自动化，解决了高度重复性和令人麻木的工作内容，不仅提高了生产力，也提升了客户体验和员工工作的满意度。2018—2019 年，UiPATH 在全球范围内持续扩张，已在阿联酋、沙特阿拉伯、土耳其、德国、奥地利、法国、荷兰、西班牙、南非、意大利和希腊开设办事处，并被 Comparably 网站评为全球最理想的工作环境企业第 6 名，最理想的大型企业文化第 11 名，得到了来自 Accel、CapitalG、Credo Ventures、Earlybird 的 Digital East 基金、IVP、Kleiner Perkins、Madrona、Meritech、Seedcamp 和 Sequoia 的资金支持，总额超过 4 亿美元①。

① 更多信息请参考：http：//www.fdi.gov.cn/1800000628_5_10164_0_7.html。

第三节　贸易近况

一、中东欧国家货物贸易平衡状况

2019 年，中东欧地区国家货物贸易规模普遍正增长，但已有近半数国家的货物贸易增速大幅低于 GDP 增速，显现出货物贸易对经济增长的拖累（见表 1－18 和图 1－13）。同时，近三年的货物贸易普遍表现为顺差缩减、逆差扩大，且波动幅度较大（见表 1－19 和图 1－14）。西巴尔干地区在出口方面分化明显：波黑和阿尔巴尼亚分别出现 1.1% 和 7.0% 的回落，但北马其顿大增 13.0%。进口方面，北马其顿增长 12.0%，保加利亚同比下跌 2.0%。

表 1－18　　2017—2019 年中东欧 17 国货物贸易规模及增速

国家/地区	货物贸易出口（亿欧元）			增速（%）			货物贸易进口（亿欧元）			增速（%）		
	2017 年	2018 年	2019 年	2017 年	2018 年	2019 年	2017 年	2018 年	2019 年	2017 年	2018 年	2019 年
波兰	2019.63	2169.24	2298.54	13.8	7.4	6.0	2005.36	2217.07	2273.99	14.9	10.6	2.6
匈牙利	855.55	886.26	925.63	8.9	3.6	4.4	836.46	902.80	947.57	12.1	7.9	5.0
捷克	1292.42	1370.24	1388.15	9.5	6.0	1.3	1194.58	1285.33	1297.00	9.6	7.6	0.9
斯洛伐克	705.10	756.98	780.73	5.7	7.4	3.1	699.13	759.19	788.05	6.8	8.6	3.8
爱沙尼亚	120.29	127.20	133.36	6.5	5.7	4.8	128.66	137.20	142.27	6.8	6.6	3.7
立陶宛	227.63	245.52	260.65	16.9	7.9	6.2	248.15	273.33	282.47	16.2	10.1	3.3
拉脱维亚	116.83	126.03	126.29	10.8	7.9	0.2	139.05	149.53	151.12	11.9	7.5	1.1
罗马尼亚	571.62	618.14	630.61	9.6	8.1	2.0	693.65	766.17	804.22	12.8	10.5	5.0
保加利亚	269.50	277.44	288.76	16.6	2.9	4.1	277.16	296.02	290.04	15.1	6.8	-2.0
克罗地亚	117.07	122.40	128.30	11.4	4.6	4.8	201.52	218.82	228.70	11.2	8.6	4.5
斯洛文尼亚	284.78	311.34	320.02	14	9.3	2.8	268.99	300.05	306.69	14.7	11.5	2.2
希腊	298.52	347.33	374.43	—	16.0	7.8	502.84	547.13	589.45	—	8.8	7.7
塞尔维亚	140.66	152.38	166.00	9.8	8.3	8.9	180.64	204.83	223.00	13.4	13.4	8.9
波黑	47.76	53.27	52.70	21.3	11.5	-1.1	85.68	91.58	93.40	13.3	6.9	2.0
阿尔巴尼亚	7.97	9.86	9.17	11.7	23.7	-7.0	36.21	38.57	40.50	9.2	6.5	5.0
北马其顿	40.75	48.81	55.15	15.4	19.8	13.0	58.62	66.16	74.10	9.7	12.9	12.0
黑山	3.82	4.36	4.60	9	14.1	5.5	22.43	24.85	25.60	11.7	10.8	3.0
维谢格拉德四国	4872.70	5182.72	5393.05	—	6.4	4.1	4735.53	5164.39	5306.61	—	9.1	2.8
波罗的海三国	154.917	166.250	173.433	—	7.3	4.3	171.953	186.687	191.953	—	8.6	2.8
东南欧五国	308.298	335.329	348.424	—	8.8	3.9	388.832	425.639	443.819	—	9.5	4.3
西巴尔干五国	48.192	53.736	57.524	—	11.5	7.0	76.716	85.198	91.320	—	11.1	7.2
中东欧 17 国	5384.106	5738.035	5972.432	—	6.6	4.1	5373.031	5861.914	6033.703	—	9.1	2.9

注："—"表示暂无数据。

资料来源：维也纳国际经济比较研究所（wiiw），《统计手册 2019》（*Handbook of Statistics* 2019）；希腊统计局。

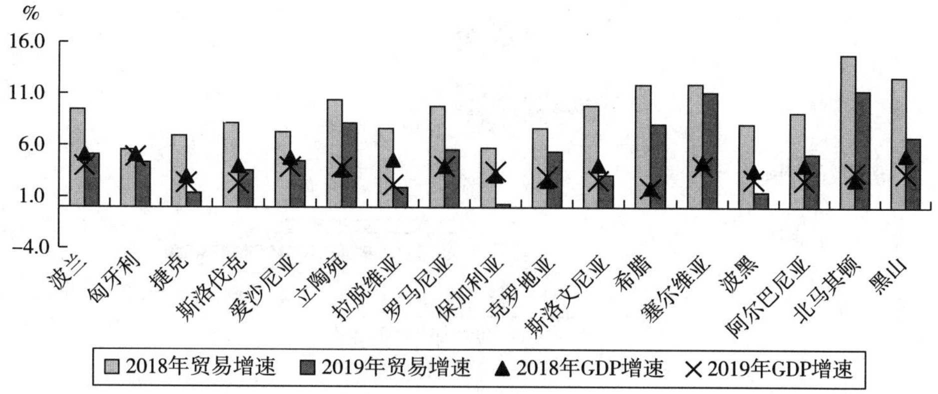

图 1－13　2018—2019 年中东欧 17 国货物贸易与 GDP 增速

［资料来源：维也纳国际经济比较研究所（wiiw），《统计手册 2019》（*Handbook of Statistics* 2019）；希腊统计局］

表 1－19　2017—2019 年中东欧 17 国货物贸易平衡及增速

国家/地区	货物贸易平衡（亿欧元）			增速（%）	
	2017 年	2018 年	2019 年	2018 年	2019 年
波兰	14.27	-47.83	24.55	-435.2	-151.3
匈牙利	19.09	-16.54	-21.94	-186.6	32.6
捷克	97.84	84.91	91.15	-13.2	7.3
斯洛伐克	5.97	-2.21	-7.32	-137.0	231.2
爱沙尼亚	-8.37	-10.00	-8.91	19.5	-10.9
立陶宛	-20.52	-27.81	-21.82	35.5	-21.5
拉脱维亚	-22.22	-23.50	-24.83	5.8	5.7
罗马尼亚	-122.03	-148.03	-173.61	21.3	17.3
保加利亚	-7.66	-18.58	-1.28	142.6	-93.1
克罗地亚	-84.45	-96.42	-100.40	14.2	4.1
斯洛文尼亚	15.79	11.29	13.33	-28.5	18.1
希腊	-204.32	-199.81	-215.02	-2.2	7.6
塞尔维亚	-39.98	-52.45	-57.00	31.2	8.7
波黑	-37.92	-38.31	-40.70	1.0	6.2
阿尔巴尼亚	-28.24	-28.71	-31.33	1.7	9.1
北马其顿	-17.87	-17.35	-18.95	-2.9	9.2
黑山	-18.61	-20.49	-21.00	10.1	2.5
维谢格拉德四国	137.17	18.33	86.44	-86.6	371.6
波罗的海三国	-17.04	-20.44	-18.52	20.0	-9.4
东南欧五国	-80.53	-90.31	-95.40	12.1	5.6
西巴尔干五国	-28.52	-31.46	-33.80	10.3	7.4
中东欧 17 国	11.08	-123.88	-61.27	-1218.5	-50.5

资料来源：维也纳国际经济比较研究所（wiiw），《统计手册 2019》（*Handbook of Statistics* 2019）；希腊统计局。

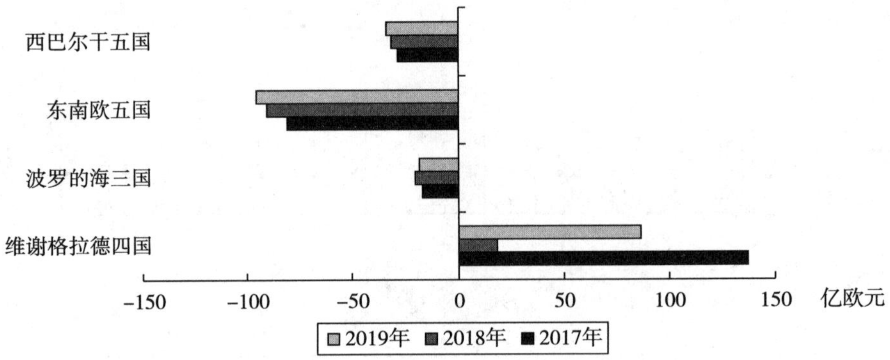

图 1－14　2017—2019 年中东欧 17 国货物贸易平衡概况

［资料来源：维也纳国际经济比较研究所（wiiw），
《统计手册 2019》（*Handbook of Statistics* 2019）；希腊统计局］

从 2018 年各国前三大进出口商品份额来看，中东欧国家仍然以产业内贸易为主要的国家货物贸易形式（见图 1－15 和图 1－16）。机械和运输设备依旧是维谢格拉德四国进出口比例最高的商品；东南欧在矿物燃料类的高贸易需求则受益于希腊的贸易比较优势。从 2018 年到 2019 年，希腊主要的进口增长商品是有机化学品（增长 40.4%）、针织或钩编织物和配件（增长 32%）、汽车（增长 8.5%）；跌幅最大的是钢铁，高达 19.3%。希腊在出口类别中增长最快的是药品，增长了 25.2%，第二是电气机械和设备类别，增长 9.8%，包括计算机在内的机械出货量为第三位，增长了 5.8%；下降最多的是矿物燃料，其中包括石油，跌幅为 12%。

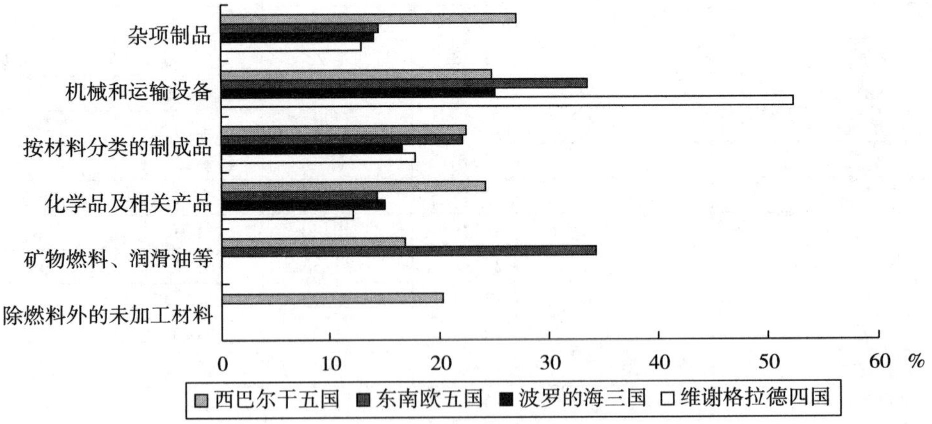

图 1－15　2018 年中东欧 17 国前三大出口商品份额

［资料来源：维也纳国际经济比较研究所（wiiw），
《统计手册 2019》（*Handbook of Statistics* 2019）；中东欧各国统计局］

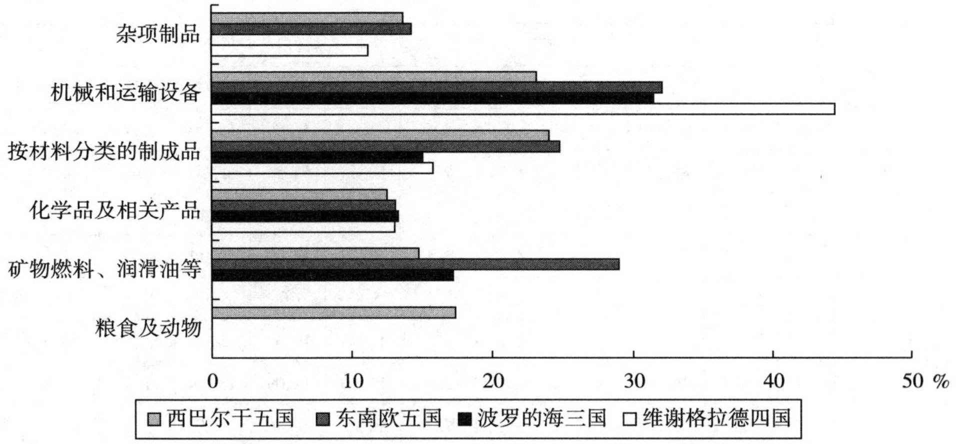

图 1－16 2018 年中东欧 17 国前三大进口商品份额

［资料来源：维也纳国际经济比较研究所（wiiw），《统计手册 2019》（*Handbook of Statistics* 2019）；中东欧各国统计局］

二、中东欧国家服务贸易平衡状况

相比于货物贸易的萎缩，中东欧国家的服务贸易成为拉动 GDP 增长的重要动力，并表现出三大特点。

第一，服务贸易增速两倍于 GDP 增速，2018 年和 2019 年分别达到 9.4% 和 6.5%。其中立陶宛和塞尔维亚在 2018 年 15% 的基础上进一步扩张，2019 年增幅接近 20%。由于保加利亚服务进口负增长（－6.7%），该国 2019 年服务贸易萎缩 2%（见表 1－20 和图 1－17）。

表 1－20 2017—2019 年中东欧 17 国服务贸易规模及增速

国家/地区	服务贸易出口（亿欧元）			增速（%）			服务贸易进口（亿欧元）			增速（%）		
	2017 年	2018 年	2019 年	2017 年	2018 年	2019 年	2017 年	2018 年	2019 年	2017 年	2018 年	2019 年
波兰	518.84	587.72	644.19	15.5	13.3	9.6	339.27	371.16	400.78	9.6	9.4	8.0
匈牙利	238.62	249.91	258.87	9.1	4.7	3.6	166.18	174.66	177.53	5.5	5.1	1.6
捷克	241.61	257.76	264.46	10.2	6.7	2.6	193.08	210.69	217.90	7.6	9.1	3.4
斯洛伐克	93.39	102.09	106.83	12.0	9.3	4.6	84.57	92.84	96.65	6.1	9.8	4.1
爱沙尼亚	60.74	66.13	69.36	10.0	8.9	4.9	42.19	46.99	49.46	7.9	11.4	5.3
立陶宛	83.49	96.78	116.79	23.0	15.9	20.7	52.90	60.18	70.93	14.5	13.8	17.9
拉脱维亚	49.64	52.68	56.28	7.9	6.1	6.8	27.02	29.72	31.20	9.5	10.0	5.0
罗马尼亚	217.30	237.91	263.23	15.1	9.5	10.6	135.44	154.31	177.71	23.1	13.9	15.2
保加利亚	82.56	91.33	92.08	2.6	10.6	0.8	52.03	55.72	51.96	12.1	7.1	－6.7

续表

国家/地区	服务贸易出口（亿欧元）			增速（%）			服务贸易进口（亿欧元）			增速（%）		
	2017 年	2018 年	2019 年	2017 年	2018 年	2019 年	2017 年	2018 年	2019 年	2017 年	2018 年	2019 年
克罗地亚	128.85	138.48	147.50	9.9	7.5	6.5	41.09	46.34	50.00	15.4	12.8	7.9
斯洛文尼亚	72.88	79.63	85.26	12.1	9.3	7.1	50.48	52.85	55.10	10.3	4.7	4.3
希腊	267.94	298.90	324.96	—	11.6	8.7	78.79	91.26	99.42	—	15.8	8.9
塞尔维亚	52.46	60.00	70.20	14.8	14.4	17.0	42.80	49.09	59.00	16.8	14.7	20.2
波黑	17.74	18.76	19.70	9.5	5.7	5.0	5.83	6.06	6.37	10.0	3.9	5.1
阿尔巴尼亚	28.56	30.73	33.20	19.2	7.6	8.0	17.74	19.62	21.00	11.0	10.6	7.0
北马其顿	14.34	15.71	16.50	3.2	9.6	5.0	10.60	12.09	13.18	1.0	14.1	9.0
黑山	13.82	15.63	17.20	10.2	13.1	10.0	5.31	6.27	7.20	9.3	18.1	14.8
维谢格拉德四国	1092.46	1197.48	1274.35	—	9.6	6.4	783.10	849.35	892.86	—	8.5	5.1
波罗的海三国	64.623	71.863	80.81	—	11.2	12.4	40.703	45.63	50.53	—	12.1	10.7
东南欧五国	153.906	169.251	182.607	—	10.0	7.9	71.565	80.096	86.839	—	11.9	8.4
西巴尔干五国	25.384	28.166	31.36	—	11.0	11.3	16.456	18.626	21.35	—	13.2	14.6
中东欧 17 国	1336.373	1466.76	1569.127	—	9.8	7.0	911.825	993.702	1051.579	—	9.0	5.8

注：“—”表示暂无数据。

资料来源：维也纳国际经济比较研究所（wiiw），《统计手册 2019》（*Handbook of Statistics* 2019）；希腊统计局。

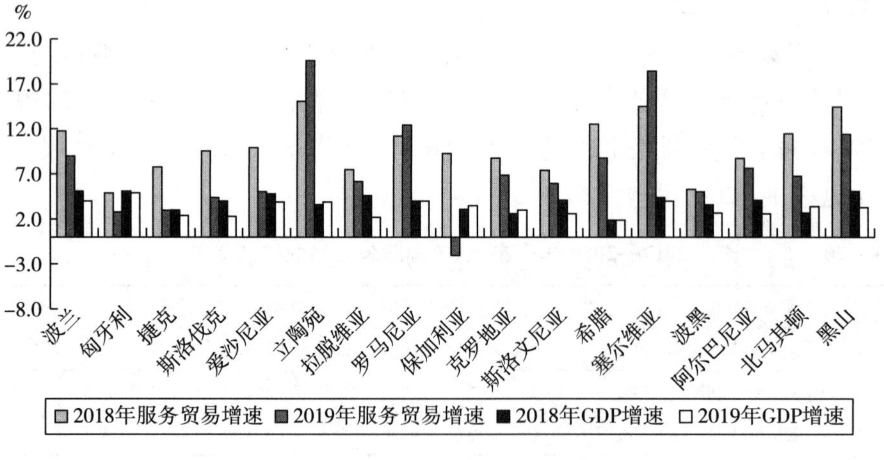

图 1－17　2018—2019 年中东欧 17 国服务贸易与 GDP 增速

［资料来源：维也纳国际经济比较研究所（wiiw），

《统计手册 2019》（*Handbook of Statistics* 2019）；希腊统计局］

第二，服务贸易顺差连年扩大，但顺差增速有所放缓。受捷克和北马其顿顺差连续两年负增长的拖累，2019 年中东欧国家平均增速从 2018 年的 11.4% 降为 9.4%。同时，从各地区的服务贸易顺差规模看，维谢格拉德四国贡献的顺差份额最大，2019 年占 73.7%（见表 1－21 和图 1－18）。

表 1－21　　　2017—2019 年中东欧 17 国服务贸易平衡及增速

国家/地区	服务贸易平衡（亿欧元）			增速（%）	
	2017 年	2018 年	2019 年	2018 年	2019 年
波兰	179.57	216.56	243.41	20.6	12.4
匈牙利	72.44	75.25	81.34	3.9	8.1
捷克	48.53	47.07	46.56	－3.0	－1.1
斯洛伐克	8.82	9.25	10.18	4.9	10.1
爱沙尼亚	18.55	19.14	19.90	3.2	4.0
立陶宛	30.59	36.60	45.86	19.6	25.3
拉脱维亚	22.62	22.96	25.08	1.5	9.2
罗马尼亚	81.86	83.60	85.52	2.1	2.3
保加利亚	30.53	35.61	40.12	16.6	12.7
克罗地亚	87.76	92.14	97.50	5.0	5.8
斯洛文尼亚	22.40	26.78	30.16	19.6	12.6
希腊	189.15	207.65	225.54	9.8	8.6
塞尔维亚	9.66	10.91	11.20	12.9	2.7
波黑	11.91	12.70	13.33	6.6	5.0
阿尔巴尼亚	10.82	11.11	12.20	2.7	9.8
北马其顿	3.74	3.62	3.32	－3.2	－8.3
黑山	8.51	9.36	10.00	10.0	6.8
维谢格拉德四国	309.36	348.13	381.49	12.5	9.6
波罗的海三国	23.92	26.23	30.28	9.7	15.4
东南欧五国	82.34	89.16	95.77	8.3	7.4
西巴尔干五国	8.93	9.54	10.01	6.9	4.9
中东欧 17 国	424.55	473.06	517.55	11.4	9.4

资料来源：维也纳国际经济比较研究所（wiiw），《统计手册 2019》（*Handbook of Statistics* 2019）；希腊统计局。

第三，从全球服务贸易发展情况看，虽然全球货物贸易萎缩，但 2018 年与货物相关的服务贸易仍然强劲扩张 10.6%，即使表现最差的运输服务贸易也有 7.1% 的增幅。[①] 运输和旅行是中东欧国家商业服务贸易进出口份额前两大类

① 但滞后效应将在 2019—2020 年体现，因为服务贸易不会受到针对商品的贸易措施的直接影响，但这些措施所产生的经济不确定性仍使企业减少对服务贸易的资本投入，使居民减少服务贸易需求。

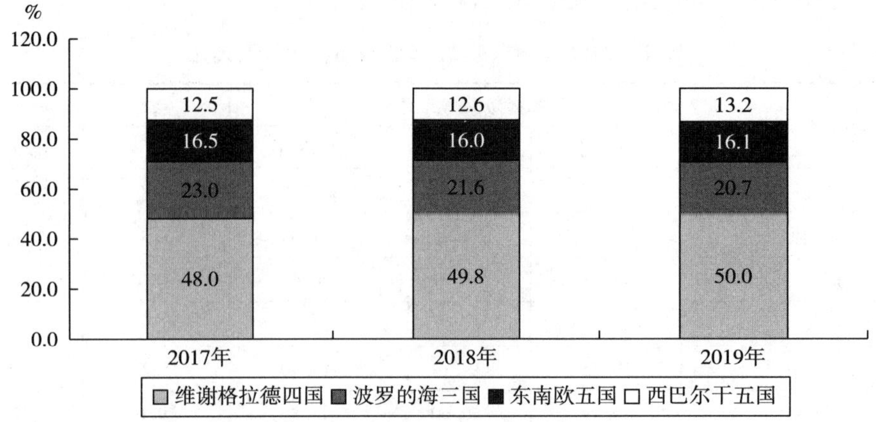

图 1－18　2017—2019 年中东欧 17 国服务贸易顺差规模份额

［资料来源：维也纳国际经济比较研究所（wiiw），《统计手册 2019》（*Handbook of Statistics* 2019）；希腊统计局］

别①，2017—2019 年出口平均份额均稳定在 30%，进口平均份额分别在 30% 和 25%。与货物相关的服务也是出口的重要组成部分，但由于近几年货物贸易的萎缩，其平均份额逐渐下降，从 2017 年的 10% 降至 2019 年的不足 8%。2019 年，中东欧国家的旅行、运输、与货物有关的服务贸易三者对顺差贡献的平均份额稳定在 40∶30∶15 这一比例（见图 1－19、表 1－22 和表 1－23）。

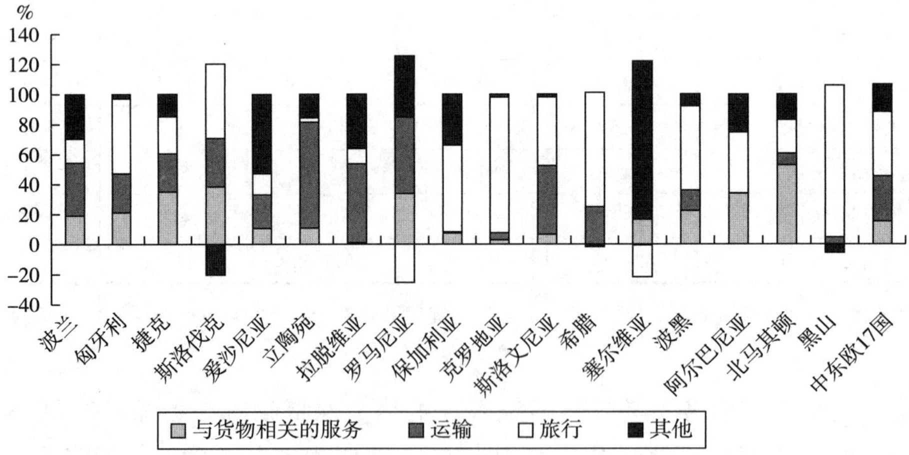

图 1－19　2019 年中东欧 17 国商业服务贸易平衡行业份额

［资料来源：世界贸易组织（WTO）］

① 从服务贸易分类上，可以分为商业服务贸易与政府服务贸易两大类，本节仅统计讨论商业服务贸易。

表 1－22　　2017—2019 年中东欧 17 国商业服务出口行业及份额　　单位：%

国家/地区	与货物相关的服务			运输			旅行			其他		
	2017 年	2018 年	2019 年	2017 年	2018 年	2019 年	2017 年	2018 年	2019 年	2017 年	2018 年	2019 年
波兰	10.2	9.7	9.4	27.0	27.9	28.4	21.7	20.3	20.2	41.1	42.1	42.0
匈牙利	10.0	10.1	9.5	24.2	25.1	25.9	23.2	23.5	25.9	42.6	41.4	38.7
捷克	10.7	10.2	10.1	23.6	24.7	24.4	25.5	24.5	24.5	40.1	40.6	41.0
斯洛伐克	5.2	6.5	7.3	28.3	28.2	28.6	27.9	26.6	28.0	38.6	38.7	36.1
爱沙尼亚	6.0	6.2	6.0	29.1	30.1	29.2	24.3	23.0	23.8	40.6	40.7	41.0
立陶宛	7.0	5.9	6.1	58.8	60.4	59.9	14.1	13.3	12.5	20.2	20.4	21.5
拉脱维亚	1.0	0.9	1.1	42.0	40.6	40.5	17.1	17.2	16.7	39.9	41.4	41.7
罗马尼亚	15.4	13.8	12.8	29.6	29.1	30.1	12.5	12.1	11.7	42.5	45.0	45.4
保加利亚	3.3	4.3	4.4	21.9	21.7	21.5	43.9	41.8	44.5	31.0	32.2	29.7
克罗地亚	3.7	3.2	2.6	8.8	8.9	7.5	69.8	68.4	73.9	17.7	19.5	16.0
斯洛文尼亚	2.6	2.9	3.6	28.5	29.4	28.8	34.8	34.0	34.7	34.2	33.8	32.9
希腊	0.4	0.4	0.4	42.8	45.0	40.1	44.1	43.3	49.9	12.6	11.3	9.6
塞尔维亚	6.1	5.7	5.0	22.6	21.2	19.8	22.6	21.9	20.5	48.6	51.1	54.7
波黑	17.9	15.8	15.0	21.7	22.3	21.2	46.4	46.8	50.2	13.9	15.1	13.6
阿尔巴尼亚	12.1	14.0	13.3	8.4	8.6	6.8	60.8	61.2	63.6	18.6	16.3	16.3
北马其顿	17.1	16.9	17.2	24.5	25.0	24.5	20.1	20.7	22.5	38.1	37.3	35.7
黑山	0.3	0.1	0.1	18.6	20.4	18.6	67.1	63.9	69.4	14.0	15.6	11.9
中东欧 17 国	8.4	8.1	7.9	29.5	30.3	29.8	30.3	29.1	31.5	34.2	34.5	33.4

资料来源：世界贸易组织（WTO）。

表 1－23　　2017—2019 年中东欧 17 国商业服务进口行业及份额　　单位：%

国家/地区	与货物相关的服务			运输			旅行			其他		
	2017 年	2018 年	2019 年	2017 年	2018 年	2019 年	2017 年	2018 年	2019 年	2017 年	2018 年	2019 年
波兰	3.5	3.6	3.5	22.9	23.4	23.9	23.2	22.3	22.9	50.5	50.7	49.7
匈牙利	5.0	4.3	4.0	23.9	25.0	25.8	13.2	12.9	14.5	57.8	57.8	55.6
捷克	5.4	4.8	4.2	23.2	23.9	24.1	25.1	24.1	24.5	46.4	47.3	47.2
斯洛伐克	3.1	3.0	3.1	26.3	28.0	28.1	25.2	24.0	25.1	45.4	44.9	43.7
爱沙尼亚	2.9	3.5	4.1	33.2	32.5	32.0	26.3	26.6	27.8	37.6	37.4	36.1
立陶宛	2.7	2.1	2.8	53.0	51.7	52.2	18.8	20.0	19.4	25.4	26.2	25.6
拉脱维亚	1.5	1.4	1.2	30.9	31.2	30.9	23.9	22.3	21.7	43.7	45.2	46.2
罗马尼亚	3.8	3.2	2.4	18.0	19.0	19.7	28.6	29.3	30.1	49.6	48.5	47.8
保加利亚	1.9	1.9	1.8	37.3	38.3	39.2	28.8	28.4	32.9	32.1	31.4	26.1
克罗地亚	2.9	2.5	1.9	15.7	14.5	14.3	29.6	31.2	33.3	51.8	51.8	50.5
斯洛文尼亚	2.2	2.0	2.0	20.1	19.4	19.4	26.7	26.7	28.7	50.9	51.9	49.8

续表

国家/地区	与货物相关的服务			运输			旅行			其他		
	2017 年	2018 年	2019 年	2017 年	2018 年	2019 年	2017 年	2018 年	2019 年	2017 年	2018 年	2019 年
希腊	2.2	2.4	2.2	61.5	62.4	60.5	12.3	12.4	14.7	24.0	22.8	22.6
塞尔维亚	2.0	2.4	2.8	26.5	25.6	23.8	28.8	28.7	28.6	42.7	43.3	44.7
波黑	0.5	0.7	0.7	37.6	39.3	35.9	38.1	36.9	38.7	24.0	23.2	24.4
阿尔巴尼亚	0.3	0.2	0.2	11.8	11.5	11.0	75.5	76.6	78.3	12.4	11.7	10.6
北马其顿	0.8	1.1	0.4	29.6	27.7	32.4	17.5	18.5	22.6	51.9	52.6	44.6
黑山	1.2	1.2	1.4	41.4	41.2	45.6	11.4	9.4	7.6	46.0	48.1	45.2
中东欧 17 国	4.7	4.3	4.4	29.9	30.4	30.7	23.9	23.5	25.0	45.3	45.0	44.2

资料来源：世界贸易组织（WTO）。

在上述顺差结构基础上，大致可将中东欧 17 国分为三类。第一类，以旅行为主导服务业，包括匈牙利、斯洛伐克、保加利亚、克罗地亚、希腊、波黑、阿尔巴尼亚、黑山；第二类，以运输为主导服务业，包括波兰、立陶宛、拉脱维亚、斯洛文尼亚、罗马尼亚；第三类，以货物贸易为核心发展服务业，包括捷克、北马其顿。

三、中东欧 17 国对欧盟市场的贸易依存

2019 年，中东欧国家与欧盟国家的出口额和进口额分别达到本国总出口额和总进口额的 65% 和 75% 以上，但较 2018 年均有小幅缩减。其中，对欧盟出口份额较大的是波黑（87.7%）、北马其顿（85.6%），较小的是希腊（42.6%）和立陶宛（52.5%）；自欧盟进口份额最大的是捷克（90.9%），较小的是黑山（5.1%）和希腊（22.7%）（见表 1－24、图 1－20、图 1－21）。

表 1－24　　2018—2019 年中东欧 17 国与欧盟贸易份额

国家/地区	出口						进口					
	总额（亿欧元）		欧盟内（亿欧元）		份额（%）		总额（亿欧元）		欧盟内（亿欧元）		份额（%）	
	2018 年	2019 年	2018 年	2019 年	2018 年	2019 年	2018 年	2019 年	2018 年	2019 年	2018 年	2019 年
波兰	2757	2943	1687	1744	61.2	59.3	2588	2675	1705	1803	65.9	67.4
匈牙利	1136	1185	759	795	66.8	67.1	1077	1125	801	844	74.3	75.0
捷克	1628	1653	1173	1183	72.1	71.6	1496	1515	1344	1377	89.8	90.9
斯洛伐克	859	888	612	629	71.2	70.9	852	885	630	623	74.0	70.4
爱沙尼亚	193	203	128	128	66.4	63.2	184	192	93	95	50.6	49.6
立陶宛	342	377	192	198	56.2	52.5	334	353	184	178	55.2	50.3
拉脱维亚	179	183	122	123	68.5	67.5	179	182	96	93	53.8	50.9
罗马尼亚	856	894	631	637	73.7	71.3	920	982	511	507	55.5	51.6

续表

国家/地区	出口						进口					
	总额（亿欧元）		欧盟内（亿欧元）		份额（%）		总额（亿欧元）		欧盟内（亿欧元）		份额（%）	
	2018年	2019年	2018年	2019年	2018年	2019年	2018年	2019年	2018年	2019年	2018年	2019年
保加利亚	369	381	206	211	56.0	55.5	352	342	183	191	52.0	55.7
克罗地亚	261	276	187	201	71.5	72.8	265	279	90	96	33.9	34.3
斯洛文尼亚	391	405	243	245	62.1	60.4	353	362	256	265	72.6	73.4
希腊	646	699	290	298	44.8	42.6	638	689	159	156	24.9	22.7
塞尔维亚	212	236	11	154	5.1	65.1	254	282	13	116	5.2	41.1
波黑	72	72	61	63	84.5	87.7	98	100	47	44	48.1	44.1
阿尔巴尼亚	41	42	32	32	78.8	75.4	58	62	18	19	30.2	30.1
北马其顿	65	72	56	61	86.2	85.6	78	87	49	53	62.9	60.6
黑山	20	22	12	13	60.4	58.1	31	33	2	2	6.0	5.1
维谢格拉德四国	6380	6667	4232	4351	66.3	65.3	6014	6199	4480	4647	74.5	75.0
波罗的海三国	3817	3927	2673	2735	70.0	69.6	3610	3716	2869	2939	79.5	79.1
东南欧五国	3023	3120	2106	2138	69.7	68.5	2866	2945	2252	2273	78.6	77.2
西巴尔干五国	1573	1650	1055	1078	67.0	65.3	1549	1612	1004	988	64.8	61.3
中东欧17国	14793	15365	10065	10301	68.0	67.0	14038	14473	10605	10846	75.5	74.9

资料来源：欧盟统计局。

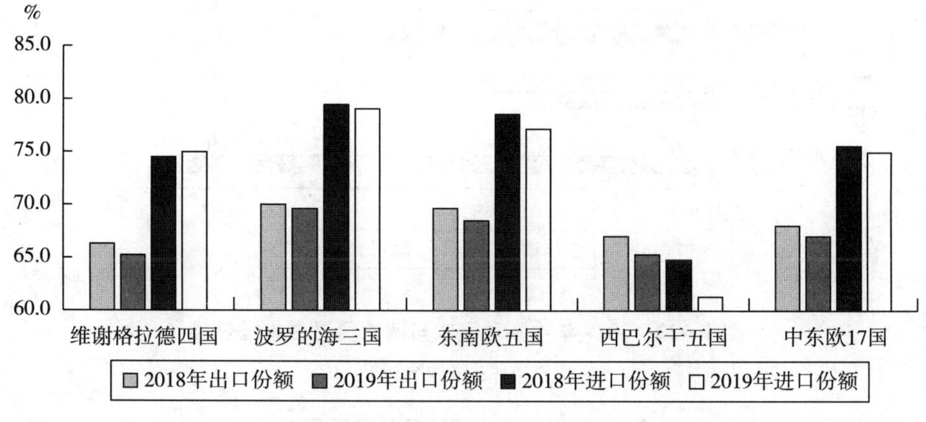

图1-20　2018—2019年中东欧17国与欧盟贸易份额

（资料来源：欧盟统计局）

按贸易伙伴国考察，可以看到如下两大特点。第一，德国是中东欧国家最主要的贸易伙伴国，2019年中东欧17国出口至德国的平均份额达到17%，从德国进口的份额达到15.7%，其中维谢格拉德四国与德国的贸易份额高达25%以上（见图1-22）；第二，除德国外，各国在地缘区域内互为主要出口伙伴，即边境贸易是中东欧国家出口的重要形式之一（见表1-25）。

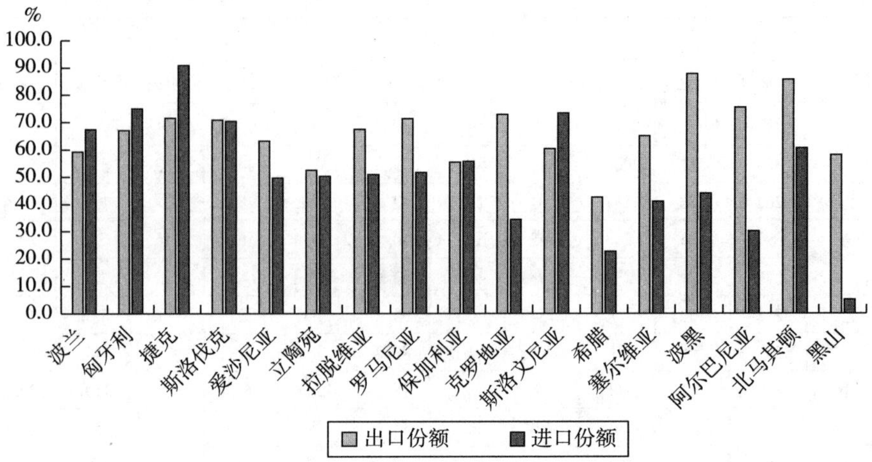

图 1－21　2019 年中东欧 17 国与欧盟贸易占本国份额

（资料来源：欧盟统计局）

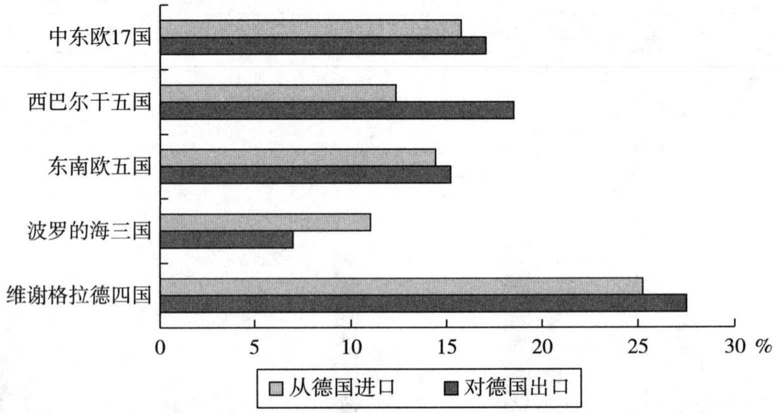

图 1－22　2019 年中东欧国家与德国贸易占本国份额

（资料来源：欧盟统计局）

表 1－25　　2019 年中东欧 17 国主要贸易伙伴国及其份额

国家	出口伙伴国						进口伙伴国					
	第一	份额（%）	第二	份额（%）	第三	份额（%）	第一	份额（%）	第二	份额（%）	第三	份额（%）
波兰	德国	28	捷克	6	英国	6	德国	27	中国	9	俄罗斯	6
匈牙利	德国	28	斯洛伐克	5	罗马尼亚	5	德国	25	中国	7	奥地利	6
捷克	德国	32	斯洛伐克	8	波兰	6	德国	29	中国	9	波兰	9
斯洛伐克	德国	22	捷克	11	波兰	8	德国	20	捷克	16	奥地利	9
爱沙尼亚	芬兰	16	瑞士	10	拉脱维亚	9	芬兰	13	德国	10	立陶宛	10

续表

国家	出口伙伴国						进口伙伴国					
	第一	份额（%）	第二	份额（%）	第三	份额（%）	第一	份额（%）	第二	份额（%）	第三	份额（%）
立陶宛	俄罗斯	14	拉脱维亚	9	波兰	8	俄罗斯	15	波兰	12	德国	12
拉脱维亚	立陶宛	16	俄罗斯	14	爱沙尼亚	11	立陶宛	17	德国	11	波兰	9
罗马尼亚	德国	23	意大利	11	法国	7	德国	20	意大利	9	匈牙利	7
保加利亚	德国	15	罗马尼亚	9	意大利	7	德国	12	俄罗斯	10	意大利	8
克罗地亚	意大利	14	德国	13	斯洛文尼亚	11	德国	15	意大利	14	斯洛文尼亚	11
斯洛文尼亚	德国	18	意大利	11	克罗地亚	8	德国	14	意大利	12	奥地利	9
希腊	意大利	11	德国	7	塞浦路斯	6	德国	11	意大利	9	伊拉克	8
塞尔维亚	意大利	12	德国	12	波黑	8	德国	13	意大利	9	中国	8
波黑	德国	15	克罗地亚	12	意大利	11	德国	12	意大利	11	塞尔维亚	11
阿尔巴尼亚	意大利	48	科索沃	9	西班牙	9	意大利	27	土耳其	8	中国	8
北马其顿	德国	47	保加利亚	5	塞尔维亚	4	德国	12	英国	10	希腊	9
黑山	塞尔维亚	23	匈牙利	12	波黑	8	塞尔维亚	19	中国	10	德国	9

注：西巴尔干五国数据为 2018 年数据。

资料来源：欧盟统计局。

第四节　投资近况

一、中东欧主要国家 FDI 近况

2019 年，由美国贸易保护主义主导的关税紧张局势和英国退欧不仅改变了世界贸易的格局，也改变了全球投资流量。根据联合国贸易和发展会议（UNCTAD）的数据，全球外国直接投资（FDI）总额降至 1.3 万亿美元，同比下降 13%，连续第三年下降[①]；整个发达国家的 FDI 减少了 25%；对英国退欧之后不确定性的担忧使得对欧洲的投资下跌 55%，达 15 年低点；美洲的下降幅度较小，美国下降了 9%，拉丁美洲和加勒比地区下降了 6%；亚洲和非洲则分别增长了 3.9% 和 11%。

在欧洲内部，由于英国退欧，其他欧盟国家获得了更多的 FDI 流入。通过对比 2016 年前后各三年的绿地项目数量，发现除英国外，大多数欧盟国家的绿地 FDI 都增加了，波兰、罗马尼亚是接收最多的国家。

① 2018 年的收缩主要是由于 2017 年 12 月《美国减税和就业法案》获得批准后，美国公司将外国收入汇回国内。

受益于税收优惠和补贴、熟练且相对廉价的劳动力、良好的生活质量以及在中东欧中心地带的优越地理位置，特别是在 2018 年初捷克政府推出的新投资签证［向投资至少 7500 万捷克克朗（约合 285 万欧元）的非欧盟居民授予居留权］①，流入捷克的 FDI 在 2019 年维持稳定。根据欧盟委员会的《经济简报》，捷克几乎 1/3 的工作岗位都是由跨国公司提供的，这一比例位于中东欧国家之首，而且 FDI 与 GDP 的比率增长了 6 倍。制造业（主要是汽车和冶金业）是外商投资捷克的主要目标，近年来还包括金融服务、批发和零售。2019 年最大的并购交易是制药和电信行业，私募股权公司 Advent International 以 19 亿欧元收购了仿制药生产商 Zentiva，沃达丰以 14 亿欧元收购了 Liberty Global 系统。

随着 GDP 的快速增长和欧洲最低的公司税（仅为 9%）的实施，匈牙利 2019 年已成为东欧地区 FDI 最大目的地。虽然在 2018 年批准某些战略部门的投资需要筛选，这可能会限制投资机会，但另一方面又采取了其他措施来减轻公司税负，如 2019 年 6 月通过法案将公司每位员工支付的社会服务缴款降低到 17.5%。匈牙利投资促进局（HIPA）表示，2018 年有 98 个项目进入匈牙利，资金总额超过 43 亿欧元，创造了 1.7 万个工作岗位。

与其他欧盟国家相比，自 2009 年以来，流入希腊的外国直接投资较危机前时期持续处于较低水平。尽管如此，2018 年的流量达到 42.5 亿美元，是 2009 年以来的最高水平。这一增长 17.9%（连续第三年增长）可被视为经济复苏的标志②。全球增长的外向战略以及与中国的经济关系为增长提供了支持。FDI 存量达到 336 亿美元，增长 3.4%（占 GDP 的 18.5%，见表 1－26 和图 1－23）。希腊的 FDI 主要来自欧盟成员国，来自欧元区的 FDI 占每年总流入的 75%～80%，瑞士、中国香港、加拿大和美国是主要的非欧盟投资者（见图 1－24）。投资主要集中在制造、信息和通信、电力和天然气、娱乐和休闲及房地产。

表 1－26　　2016—2018 年中东欧 17 国 FDI 流量与存量占 GDP 比重　　单位：%

国家/地区	流量/GDP			存量/GDP		
	2016 年	2017 年	2018 年	2016 年	2017 年	2018 年
波兰	3.3	1.7	2.4	41.8	42.6	40.3
匈牙利	3.1	2.5	4.0	66.9	61.2	62.2
捷克	5.0	3.4	3.9	65.6	67.5	65.2
斯洛伐克	0.9	2.4	1.1	55.6	53.4	56.9
爱沙尼亚	4.7	6.4	4.3	84.3	79.6	78.4

① Citizenship by investment：https：//citizenshipbyinvestment.ch/index.php/2018/02/21/new－investment－visas－in－czech－republic/，检索日期：2020 年 6 月 2 日。

② 联合国贸易和发展会议．2019 年世界投资报告［R］．2019－06.

续表

国家/地区	流量/GDP			存量/GDP		
	2016 年	2017 年	2018 年	2016 年	2017 年	2018 年
立陶宛	0. 6	1. 4	2. 0	35. 8	35. 1	37. 6
拉脱维亚	0. 6	2. 4	2. 9	53. 9	54. 0	52. 1
罗马尼亚	2. 7	2. 4	2. 6	41. 1	40. 4	40. 0
保加利亚	2. 1	2. 7	1. 0	84. 7	80. 1	76. 4
克罗地亚	3. 5	3. 6	1. 8	56. 1	56. 8	47. 2
斯洛文尼亚	2. 8	1. 6	2. 5	32. 1	31. 8	33. 1
希腊	1. 4	1. 7	1. 8	15. 6	17. 7	18. 5
塞尔维亚	5. 8	6. 5	8. 2	78. 5	80. 2	81. 2
波黑	1. 9	2. 5	2. 3	42. 9	42. 9	42. 8
阿尔巴尼亚	9. 3	8. 8	8. 5	44. 0	48. 5	54. 0
北马其顿	3. 5	1. 8	5. 7	48. 2	46. 9	49. 4
黑山	5. 2	11. 5	8. 9	110. 8	103. 9	99. 2
维谢格拉德四国	3. 1	2. 5	2. 9	57. 5	56. 2	56. 2
波罗的海三国	2. 0	3. 4	3. 1	58. 0	56. 2	56. 0
东南欧五国	2. 5	2. 4	1. 9	45. 9	45. 4	43. 0
西巴尔干五国	5. 1	6. 2	6. 7	64. 9	64. 5	65. 3
中东欧 17 国	3. 2	3. 6	3. 6	56. 6	55. 6	55. 1
欧盟 28 国	6. 5	3. 6	-2. 2	131. 8	129. 3	123. 8

资料来源：维也纳国际经济比较研究所（wiiw），《统计手册 2019》（*Handbook of Statistics* 2019）。

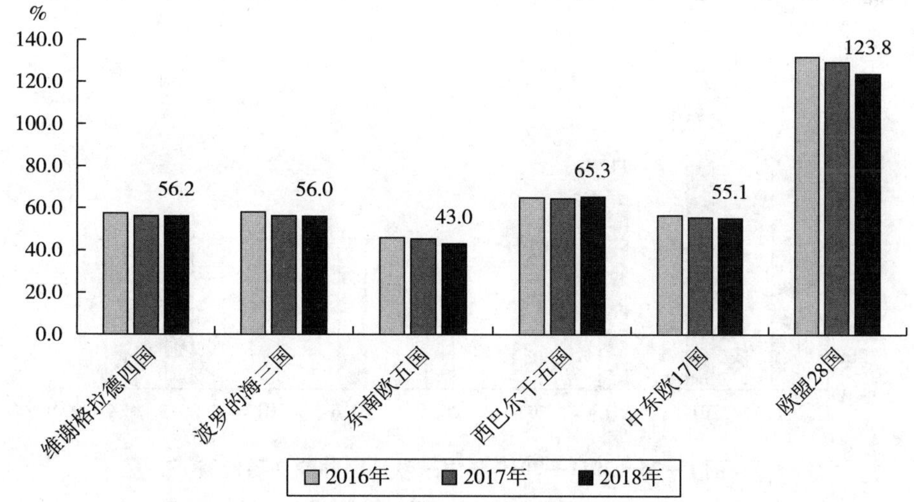

图 1－23　2016—2018 年中东欧 17 国 FDI 流量与存量占 GDP 比重

［资料来源：维也纳国际经济比较研究所（wiiw），《统计手册 2019》（*Handbook of Statistics* 2019）］

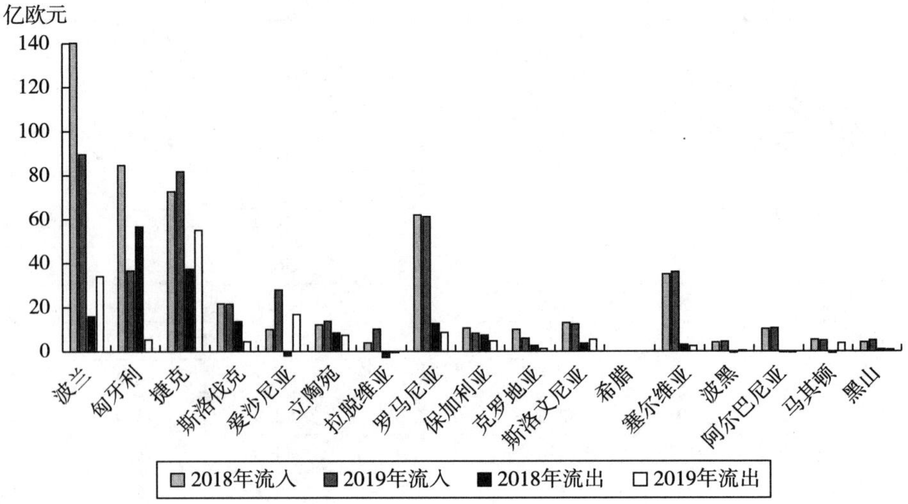

图 1－24　2018—2019 年中东欧 17 国 FDI 流量结构

［资料来源：维也纳国际经济比较研究所（wiiw），《统计手册 2019》（*Handbook of Statistics* 2019）］

二、中东欧国家企业投融资近况

2019 年，中东欧地区实体经济并购交易的规模持续扩大，主要领域涉及房地产和建筑、电信和 IT 以及制造业。2019 年欧洲的并购总值为 8832 亿欧元，中东欧 723 亿欧元，份额为 8.2%（见图 1－25）。前两大并购案交易价值均接近 20 亿

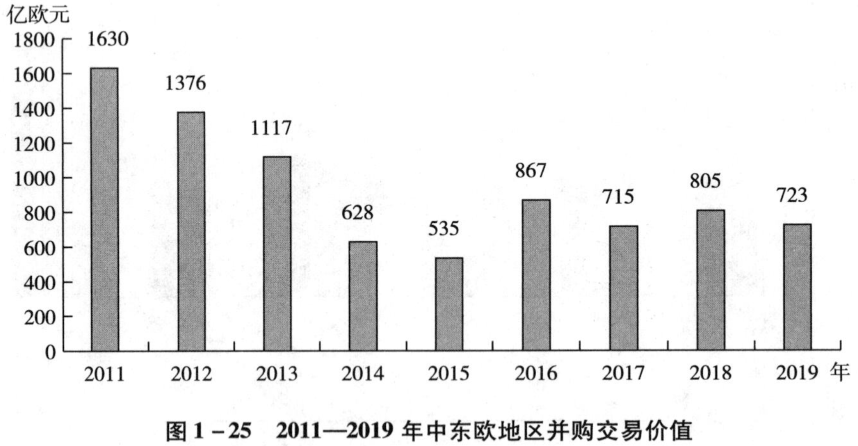

图 1－25　2011—2019 年中东欧地区并购交易价值

（资料来源：Statista 在线统计数据①）

① Statista 是一个在线统计数据门户，它提供了来自各主要市场、国家和民意调查的数据，其数据主要来自商业组织和政府机构。

欧元，分别为捷克 PPF 集团[①]与德国 CME 集团（Central European Media Enterprises）[②]，捷克 InnogyGrid 控股[③]与德国安联（Allianz）、麦格里银行集团（Macquarie Group）、英属哥伦比亚投资管理公司（见图 1－26）。

2019 年，中东欧私募股权（PE）交易以房地产和建筑行业表现最为活跃，共进行了 91 笔 PE 交易。电信、IT 和制造业紧随其后，分别完成了 57 宗和 39 宗交易。

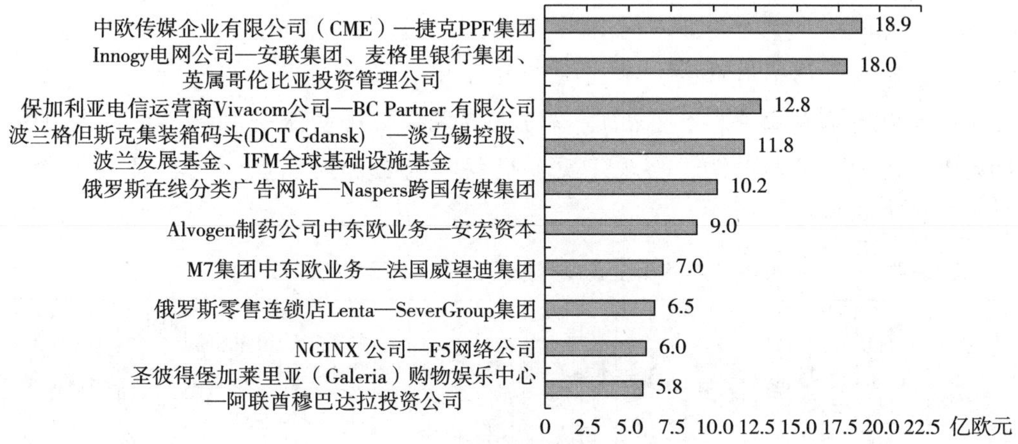

图 1－26　2019 年中东欧地区私募股权交易

（资料来源：Statista 在线统计数据）

研究专题 3　中东欧地区银行并购[④]

近年来，中东欧地区银行业盈利能力逐渐恢复，大多数国家在综合盈利能力比率方面出现了积极的变化：利润率保持高位运行，资本充足率保持稳定，不良贷款率持续下降，资产质量有所改善。尽管银行在当前的低利率环境下面临盈利能力挑战，但也增加了贷款规模。与此同时，为了提升长期效率，各大银行集团开始顺应数字化趋势，制定数字化战略，中东欧地区数字银行转型正在进行。

---

① 捷克 PPF 集团是一家私人控股的国际金融投资集团，投资于多个细分市场，如银行和金融服务、电信、机械工程、生物技术、保险、房地产和农业。

② CME 是一家经营保加利亚、捷克、罗马尼亚、斯洛伐克和斯洛文尼亚媒体的公司，在纳斯达克和布拉格证券交易所上市。更多信息请参考：https：//www. cetv－net. com/home/default. aspx。

③ 捷克天然气公用事业服务提供商，经营天然气运输的基础设施，其中包括天然气输送到西欧的运输管道，以及捷克共和国大部分地区与天然气的连接。该公司还经营着六座储气库，总储气量为 27 亿立方米。

④ Deloitte. CEE Banking Consolidation perking up. 2019－11.

除此之外，银行业的另一个普遍趋势是市场整合。由于中东欧地区大多数银行的分行数量过多，市场结构分散，市场份额较低，缺乏有效的规模经济，而且 2019 年世界经济疲软也给效率较低的银行带来更大压力，因此出售方开始通过非核心业务的退出、形成规模经济以提高效率。

2018 年，中东欧地区排名前 15 位的银行集团的资产规模占银行业资产负债表总额的近 60%。资产规模排名前三的银行集团分别是爱斯特集团(Erste)① (1075 亿欧元，在 7 个国家有业务)、比利时联合银行（KBC)②（953 亿欧元，在 4 个国家有业务）和意大利联合信贷银行（UniCredit)③（772 亿欧元，在 8 个国家有业务）(见表 1－27)。与规模较小的银行相比，这些大型银行集团通过积极参与并购，实现了更高的规模经济和盈利能力，扩大了在中东欧地区的市场份额。

表 1－27　　2018 年欧洲主要银行集团在中东欧国家的分布

银行集团	阿尔巴尼亚	波黑	保加利亚	捷克	爱沙尼亚	克罗地亚	匈牙利	立陶宛	拉脱维亚	波兰	罗马尼亚	塞尔维亚	斯洛文尼亚	斯洛伐克	乌克兰	拥有银行分支机构的国家（个）	在中东欧地区的总资产（亿欧元）	在中东欧地区占有的市场份额（%）	累计所占的市场份额（%）
Erste		8		2		3	4				1	7		1		7	1075.31	8.84	8.84
KBC			3	1			2							4		4	952.09	7.83	16.67
UniCredit		7	2	4		1	3				3	2	3			8	772.14	6.35	23.01
Raiffeisen	2	2	5	5		5	5				4			3	1	9	634.00	5.21	28.23
Société Générale	5			3						10	2	3	2			6	632.12	5.20	33.42
OTP			1			4	1				6	5		8	6	7	557.38	4.58	38.00
Santander										1						1	469.14	3.86	41.86
Intesa Sanpaolo	4					2	6				9	1	4	2		7	436.77	3.59	45.45
Commerzbank							11			2						2	357.93	2.94	48.39
ING										3						1	320.26	2.63	51.03
BNP Paribas										4					4	2	265.01	2.18	53.20
Swedbank					1			1	1							3	257.43	2.12	55.32
BCP										5						1	184.37	1.52	56.84
SEB					2			2	3							3	179.44	1.48	58.31

① 爱斯特集团，奥地利最大的银行集团之一，更多信息请参考：https://www.erstegroup。

② 比利时联合银行，比利时第二大银行，更多信息请参考：http://www.kbc.be/。

③ 意大利联合信贷银行，欧洲最大的银行集团之一，核心业务在意大利、奥地利和德国南部，更多信息请参考：https://www.unicreditgroup.eu/en.html。

续表

银行集团	阿尔巴尼亚	波黑	保加利亚	捷克	爱沙尼亚	克罗地亚	匈牙利	立陶宛	拉脱维亚	波兰	罗马尼亚	塞尔维亚	斯洛文尼亚	斯洛伐克	乌克兰	拥有银行分支机构的国家（个）	在中东欧地区的总资产（亿欧元）	在中东欧地区占有的市场份额（%）	累计所占的市场份额（%）
PPF				6												1	135.09	1.11	59.42
Citibank										6					9	2	122.29	1.00	60.50
DNB								3	2							2	114.84	0.90	63.70
Sberbank	4		9		7	10						9	6		8	7	104.62	0.90	61.30
J&T Finance Group			8											6		2	98.95	0.80	62.10
Credit Agricole										8	15	12			7	4	74.03	0.60	62.70
Eurobank		4														1	56.86	0.50	64.20
Deutsche Bank										7						1	52.76	0.40	64.60
Apollo													1			1	49.78	0.40	65.00
Schwäbisch Hall						9								7		2	48.00	0.40	65.40
Cooperative Banks										9						1	47.48	0.40	65.80

TOP 1－5　TOP 6－10　TOP 11－15

资料来源：德勤（Deloitte）。

从国家银行业集中度看，2018 年，五大银行集团占中东欧地区总资产的 65%。基于赫希曼指数（HHI）①，有 8 国银行业集中度低（HHI 低于 10%），4 国适度集中，2 国高度集中（HHI 超过 18%）（见图 1－27）。银行业高度集中的国家是立陶宛和爱沙尼亚，2018 年分别只有 7 家和 8 家获得当地许可的银行，超过 85% 的资产由前五大银行持有。集中度较低的是波兰和匈牙利，其五大银行在合并后的资产负债表中所占比例不足 50%，而 HHI 的比例也未超过 8%。

① 赫芬达尔—赫希曼指数是一种测量产业集中度的综合指数，它是指一个行业中各市场竞争主体所占行业总收入或总资产百分比的平方和，用来计量市场份额的变化，即市场中厂商规模的离散度。只要厂商合并，该指数值就会增加；只要厂商分解，该指数值就会减少。

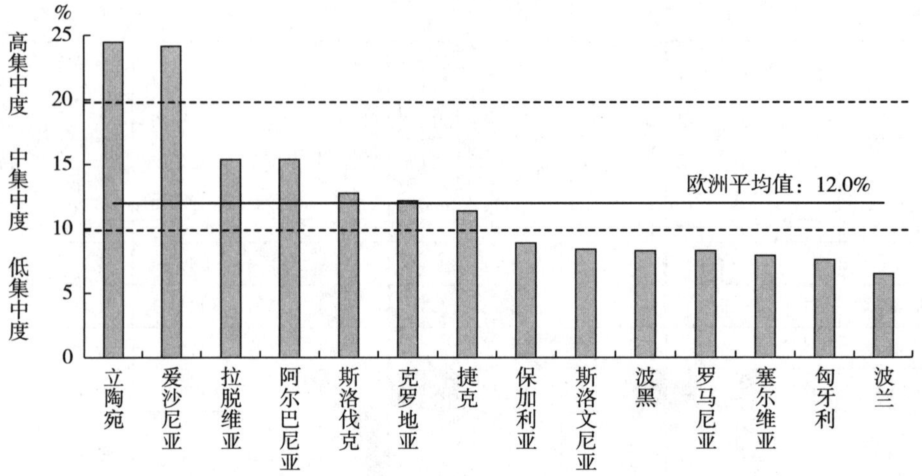

图 1 - 27　2018 年中东欧地区银行业 HHI 指数

［资料来源：德勤（Deloitte）］

总的来看，自 2015 年至 2019 年 9 月，中东欧地区交易数量前三大银行并购市场为塞尔维亚、波兰和罗马尼亚，分别进行了 11 笔、10 笔和 10 笔交易（见图 1 - 28）。其中一项重大交易是塞尔维亚第二大银行 Komercijalna Banka 的私有化。2019 年初，塞尔维亚政府与欧洲复兴开发银行和国际金融公司资本基金（IFC Capital Fund）达成协议，将购买其持有的 Komercijalna Banka 34. 58% 的股份。交易完成后，塞尔维亚政府将持有 83. 23% 的股份并将其出售。

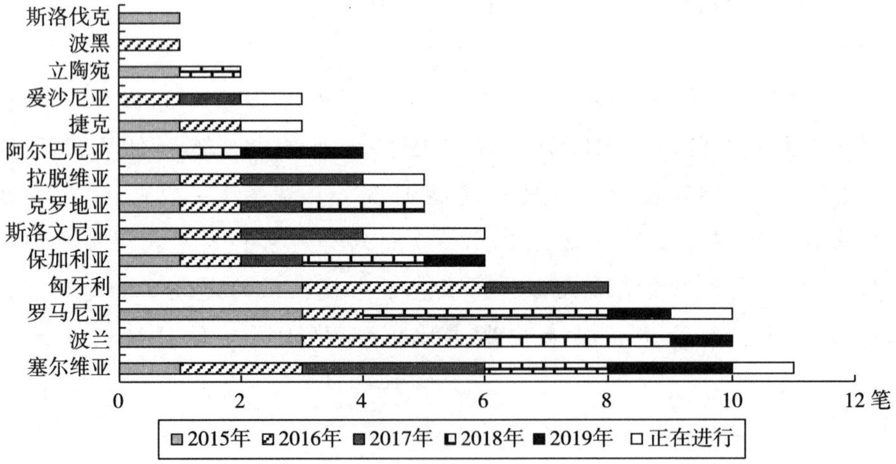

注：图中“正在进行”截至 2019 年 11 月。

图 1 - 28　2015—2019 年中东欧银行业并购交易国别分布

［资料来源：德勤（Deloitte）］

如图 1－29 所示，中东欧银行市场的并购活动与宏观经济形势紧密相连，在 2018—2019 年持续增加。在 2015—2016 年，实力较弱的银行无法应对中东欧地区不利的经济形势，推动了银行并购的高交易量；随着 2017 年宏观经济环境企稳，活跃的放贷活动、不良敞口的消除和盈利能力的提高缓解了银行盈利能力的压力，延缓了并购的迫切需要。与此同时，长期的效率提高和规模经济已经成为银行发展的重要因素，而这既可以通过收购来实现，也可以通过与金融科技合作、数字化转型来实现。收购可以提高银行的规模经济，实现协同效应，而通过金融科技，银行也可以提高其运营效率与客户满意度。因此，2017—2019 年并购数量明显回落。但随着 2020 年宏观经济环境开始恶化，许多市场份额不足 1% 或 3% 的银行可能无法实现盈利，中东欧地区银行进一步整合和数字化的动力仍然强劲。

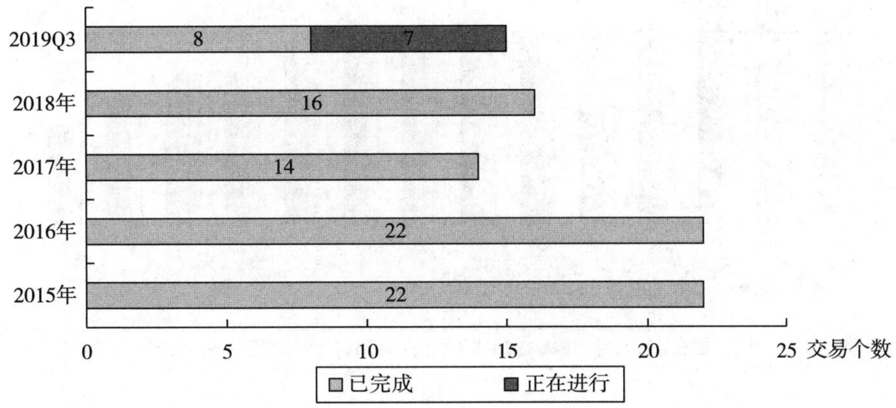

注：图中“正在进行”截至 2019 年 11 月。

图 1－29 2015—2019 年中东欧银行业并购交易量

［资料来源：德勤（Deloitte）］

第五节 金融近况

一、中东欧主要国家银行业近况

中东欧国家普遍是以银行业为主导的金融体系。受益于经济稳定增长、劳动力市场状况改善和信贷活动活跃，近两年中东欧 17 国银行业整体表现良好。

2018 年，强劲的宏观经济环境稳步推动了银行资产的增长。中东欧国家的银行总资产平均增长 10%，2018 年达到 1.2 万亿欧元。其中前两大贡献者是波兰和捷克银行业，贡献了 6330 亿欧元。

但中东欧地区银行资产增速略低于 GDP 增速，导致平均资产渗透率下降近 4 个百分点，达到 92.2%（见图 1－30）。一国银行部门的综合资产总额与名义 GDP 之间存在着很强的正相关关系。以银行渗透率为参考标准，中东欧银行业可分为三大类：罗马尼亚、保加利亚、塞尔维亚、波黑、阿尔巴尼亚属于较低渗透的群体，预期未来有较大的增长潜力；属于中等渗透的国家包括斯洛伐克、匈牙利、波兰、克罗地亚、立陶宛和拉脱维亚；斯洛文尼亚、捷克和爱沙尼亚属于高渗透国家。①

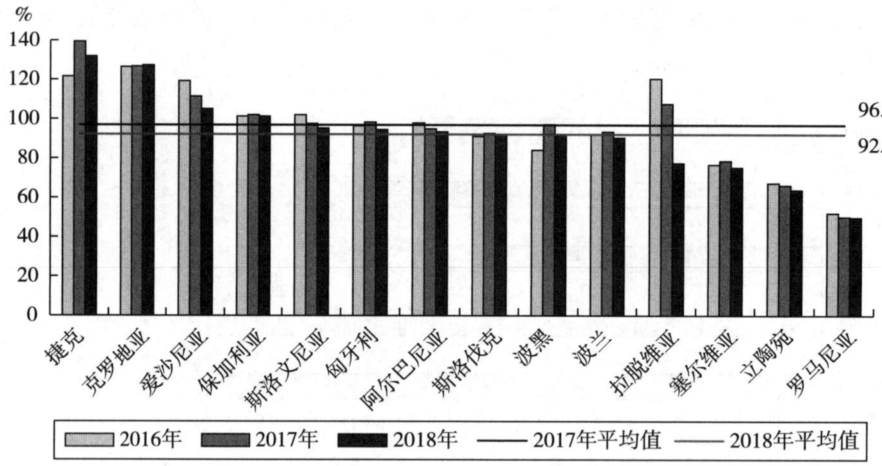

图 1－30　2016—2018 年中东欧国家银行资产占 GDP 比重

［资料来源：德勤（Deloitte）］

2018 年，中东欧国家资本充足率稳定在 20% 左右。爱沙尼亚（30%）最高，其次是塞尔维亚（22%）和拉脱维亚（22%），较低的国家是匈牙利和波黑，分别为 17.1% 和 17.5%（见图 1－31）。总体而言，中东欧银行业的资本状况良好，远高于监管规定的最低水平。

中东欧地区银行资产质量在前几年就有较大发展，2018 年进一步提高。不良贷款率维持下降的趋势，2018 年平均不良贷款率为 7.9%，比 2017 年低 0.6 个百分点；零售不良贷款率由 8.3% 降至 7.0%；企业不良贷款率由 11.8% 降至 10.4%。总不良贷款率较高的是克罗地亚（12.1%）和阿尔巴尼亚（11.8%），较低的是爱沙尼亚（0.5%）、捷克（2.7%）和斯洛文尼亚（2.7%）。

① 具体分类数据请参考：Deloitte. CEE Banking Consolidation perking up. 2019－11.

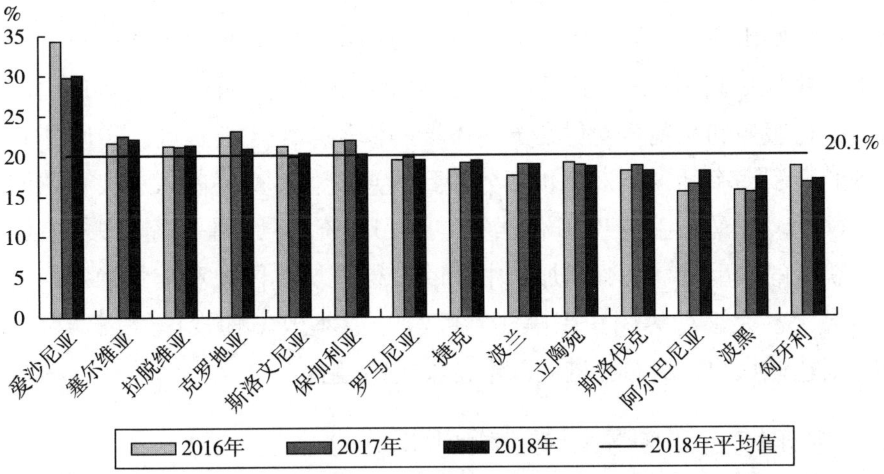

图 1－31　2016—2018 年中东欧主要国家银行业资本充足率

［资料来源：德勤（Deloitte）］

2018 年，中东欧地区国家的平均利润率都有所上升。大多数国家实现了净资产收益率（ROE）和资产回报率（ROA）的显著增长。2018 年，中东欧地区平均 ROE 为 11.3%（见图 1－32），ROA 为 1.3%。盈利能力改善的主要推动因素是强劲的放贷活动和资产质量的改善，以及拨备的逆转，预计拨备不会在未来几年支撑银行业的盈利能力。一旦净风险成本再次变为负值，银行业利润可能会更多地向中南欧地区国家倾斜。

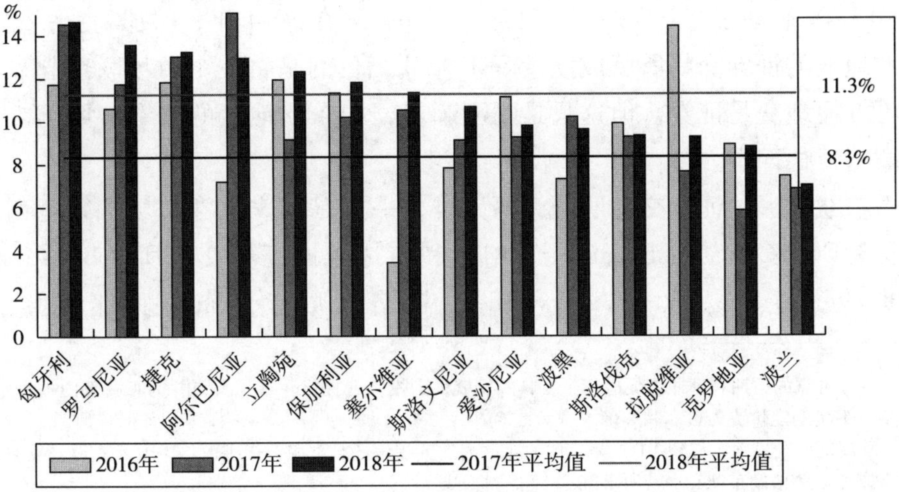

图 1－32　2016—2018 年中东欧部分国家银行业净资产收益率

［资料来源：德勤（Deloitte）］

在中东欧银行市场，ROE 与成本收入比（CIR）之间的逻辑负相关关系并不是很明显。在一些市场，尽管 CIR 比率较高，但 2018 年的利润率相对较高。一般来说，对于 CIR 比率高于 60% 的银行，从长期来看很难有竞争力。盈利能力的提高主要是由于银行服务和无现金支付在国内市场的渗透水平不断提高。2018 年，匈牙利银行市场的高利润率（14.6%）仍部分受到股息支付、交易收入和拨备调回等一次性项目的推动。罗马尼亚的 ROE 位居第二（13.6%），原因是风险成本有限，而且私营部门获得的本币贷款大幅增加。中东欧银行板块整体盈利前景稳定，为保持这一积极趋势，各大银行集团正聚焦于数字化、成本效率和规模经济。为了改善后者，银行正选择收购，从而促进地区银行市场的整合。

二、中东欧主要国家证券市场近况

相比西欧地区，中东欧国家的资本市场并不发达，私营部门尤其是西巴尔干地区的企业很少选择通过债券或 IPO 筹集资金，而是倾向于贷款。这与中东欧金融市场的流动性相关。一方面，资本市场流动性不足。例如，受益于法规与欧洲保持一致，克罗地亚作为欧盟与其他中东欧国家之间的桥梁，一直引领东南欧资本市场的发展；但克罗地亚仍然是一个以银行为中心的金融体系，萨格勒布证券交易所面临着流动性问题。另一方面，银行体系流动性过剩，导致银行间交易市场的活动水平低下，市场参与者认为短期收益率曲线并不真实①；同时，发行债券程序繁杂，在利率日益降低的时期，这与银行贷款相比根本没有竞争力。为了广泛开展投资者教育，2018 年在欧洲复兴开发银行②和普华永道的帮助下，塞尔维亚 BELEX 启动了“IPO Go!”项目。另外，早在 2014 年，保加利亚、北马其顿和克罗地亚的证券交易所就成立了 SEE Link，目的是将三个市场联系起来，使投资者更方便地交易证券。但这只是刚刚起步，中东欧地区的资本市场仍主要集中在维谢格拉德四国。

中东欧地区的证券交易所分为两大类，一类是国家证券市场，如捷克布拉格证券交易所（CEESG－Prague）③、匈牙利布达佩斯证券交易所（Budapest SE）、波兰华沙证券交易所（Warsaw SE）、斯洛文尼亚卢布尔雅那证券交易所

---

① 只有可靠的短期利率才能促进衍生工具的发展，为投资者提供套期工具，并为私营部门提供定价参考，从而使信贷工具的定价更为可靠和准确。

② 欧洲复兴开发银行（EBRD）是克罗地亚最大的金融市场教育服务提供商。2010 年在欧洲复兴开发银行的支持下成立了萨格勒布证券交易所学院。

③ 2010 年，中东欧证券交易所集团（CEESEG）成立，拥有捷克布拉格证券交易所和奥地利维也纳证券交易所的股份，但将两个市场的运作留给各自的管理层，仅为集团设定总体战略方向，并监督集团的财务状况。CEESEG 曾一度拥有匈牙利布达佩斯证券交易所和斯洛文尼亚卢布尔雅那证券交易所的股份，但这些股份于 2015 年出售。

(Ljubljana SE)[①]、克罗地亚萨格勒布交易所（Zagrab SE）、保加利亚证券交易所（Bulgarian SE）等；另一类是跨国金融集团，如纳斯达克波罗的海交易所（Nasdaqbaltic SE)[②] 等（见表 1－28）。

表 1－28　　2019 年中东欧主要证券市场年度行情

国家	主要交易所	主要股票指数	指数值（2019/12/31）	2019 年涨跌幅（%）
波兰	华沙证券交易所（Warsaw SE）	WIG	58603	1. 1
匈牙利	布达佩斯证券交易所（Budapest SE）	BUX	46141	17. 2
捷克	布拉格证券交易所（CEESG－Prague）	PX	1121	13. 7
斯洛伐克	布拉迪斯拉发证券交易所（Bratislava SE）	SKSM	350	5. 4
爱沙尼亚	塔林证券交易所（Tallinn SE）	OMX	1282	3. 2
立陶宛	维尔纽斯证券交易所（Vilnius SE）	OMX Vilnius	718	15. 8
拉脱维亚	里加证券交易所（Riga SE）	OMX Riga	1037	9. 9
罗马尼亚	布加勒斯特证券交易所（Bucharest SE）	BET	9921	29. 4
保加利亚	保加利亚证券交易所（Bulgarian SE）	SOFIX	568	－2. 1
克罗地亚	萨格勒布交易所（Zagreb SE）	CROBEX	2022	15. 7
斯洛文尼亚	卢布尔雅那证券交易所（Ljubljana SE）	SBITOP	930	15. 5
希腊	雅典证券交易所（Athens SE）	Athens General	920	52. 3
塞尔维亚	贝尔格莱德证券交易所（Belgrade SE）	BELEX15	801	5. 4
波黑	萨拉热窝证券交易所（Sarajevo SE）	SASX10	810	29. 0
北马其顿	马其顿证券交易所（Macedonia SE）	MBI 10	4608	30. 6
黑山	黑山证券交易所（Montenegro SE）	MONEX	11404	5. 3

资料来源：彭博（Bloomberg）。

上述证券交易所主要的投资者来自本国国内，国际投资者可通过其他全球化证券交易所与其的对接业务对中东欧市场进行投资[③]。证券交易所业务不仅是证券交易和上市、做市和中央证券存管等，更重要的是发布代表本国股票市场的可交易指数，用作结构性产品和衍生工具的基础工具。例如，布拉格证券交易所指数（PX）是捷克的官方指数，由布拉格证券交易所交易最活跃的蓝筹股组成，以捷克克朗计算并实时发布，成分权重每季度设置上限以确保投资组合多元化。PX

① 2019 年 12 月，卢布尔雅那证券交易所迁移到德意志交易所开发和运营的交易系统 Xetra，目标是使斯洛文尼亚市场更接近国际投资者，增加流动性并改善价格发现。更多信息请参考：http：//www. ljse. si/cgi－bin/jve. cgi？doc＝1468。

② 纳斯达克波罗的海交易所（Nasdaqbaltic SE）是全球交易所集团——纳斯达克 OMX 集团旗下的证券交易所。纳斯达克 OMX 集团是美国纳斯达克证券交易所与北欧证券交易商瑞典 OMX 公司并购后的新集团，于 2007 年 5 月 25 日宣布成立，在北欧和波罗的海地区运营着 8 个证券交易所。

③ 伦敦交易所集团、德意志交易所集团等均与中东欧证券交易所通过 Xetra 实行链接。Xetra 被 250 多家金融公司和 4800 多家股票经纪人使用，投资者可以直接从欧洲 18 个国家和部分中东欧国家（匈牙利、斯洛文尼亚和捷克）访问该系统。更多信息请参考：https：//www. deutsche－boerse. com/dbg－en/products－services/ps－technology/ps－connectivity－services/ps－connectivity－services－cee－stock－exchange－group－connectivity。

还有相应衍生指数产品，如总收益（PX－TR）指数、PX 指数期货、PX－GLOB 指数等。

与 2018 年相比，2019 年中东欧证券市场体现以下几个特点：

第一，股票市值延续增长，其中匈牙利较 2018 年增长 42.8%，波兰下跌 3.6%；股票成交额普遍放缓 10 个百分点左右，但希腊和克罗地亚分别获得 32% 和 36% 的增长（见图 1－33 和图 1－34）。

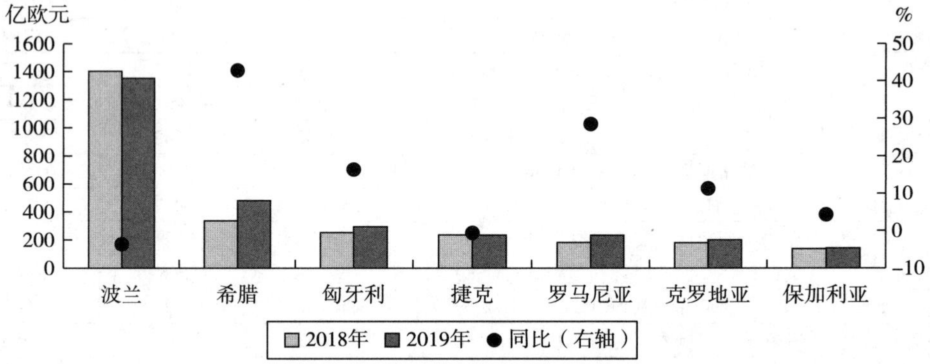

图 1－33　2018—2019 年中东欧主要证券交易所股票市值

（数据来源：FESE 数据库①）

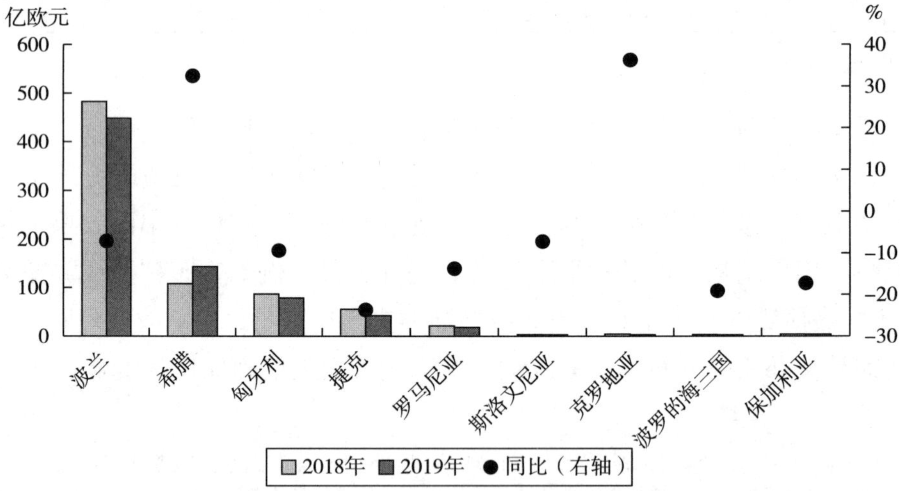

图 1－34　2018—2019 年中东欧主要证券交易所股票成交额

（资料来源：FESE 数据库②、Nasdaqbaltic 数据库③）

---

① 更多信息请参考：https：//fese.eu/statistics/。

② 更多信息请参考：https：//fese.eu/statistics/。

③ 更多信息请参考：https：//www.nasdaqbaltic.com/statistics/en/statistics。

第二，上市公司数量跌至10年来最低点。一方面，通过交易所IPO发行的新股数量仅2只，融资额仅4300万欧元，比2018年分别下跌78%和85%，占欧洲IPO数量和融资额的比重分别降至1.8%和0.2%（见表1－29）。而整个欧洲的IPO融资额和数量在2019年分别下跌47%和40%。另一方面，近两年来自欧美的私募股权公司大规模并购欧洲上市公司，掀起了私有化浪潮。由于私募股权基金有能力在任何宏观环境下调整定价模型和持仓期限，在应对市场恶化时可以采用长期策略，因此并不受经济增长放缓的影响。Refinitive 的数据显示，欧洲并购市场2018年的金融收购创下2012年来新高，其中近一半投资于上市公司，这一情况延续到2019年。

表1－29　　2018—2019年中东欧国家主要证券交易所IPO数量及融资额

国家/地区	交易所	2018年		2019年	
		IPO数量（只）	融资额（万欧元）	IPO数量（只）	融资额（万欧元）
波兰	Warsaw SE	4	6400	1	800
匈牙利	Budapest SE	1	4000	—	—
捷克	CEESG－Prague	1	100	—	—
爱沙尼亚	Nasdaq Tallinn	1	14700	1	3500
立陶宛	Nasdaq Vilnius	1	2200	—	—
塞尔维亚	Belgrade SE	1	600	—	—
中东欧		9	28000	2	4300
欧洲		204	3707900	109	2371400

注："—"表示暂无数据。

资料来源：毕马威（PwC）①。

第三，指数股票基金（ETF）的价值和交易数量总体是增长的，而债券成交情况有所恶化。

第四，衍生品交易量增加，特别是股指期权期货和商品期货的交易量增加，但在2019年第四季度出现负增长（见表1－30）。

表1－30　　2018—2019年中东欧主要证券交易所其他产品成交额

国家/地区	交易所	债券成交额			ETFs成交额		
		2018年（万欧元）	2019年（万欧元）	同比（%）	2018年（万欧元）	2019年（万欧元）	同比（%）
希腊	Athens SE	324200	800600	146.9	930	1090	17.2
罗马尼亚	Bucharest SE	0	0	0.0	70	100	42.9
匈牙利	Budapest SE	335700	213400	－36.4	240	130	－45.8

① PwC. IPO Watch Europe 2019［R］. 2019. 更多信息请参考：https：//www. pwc. co. uk/audit－assurance/assets/pdf/ipo－watch－q4－2019－annual－review. pdf。

续表

国家/地区	交易所	债券成交额			ETFs 成交额		
		2018 年（万欧元）	2019 年（万欧元）	同比（%）	2018 年（万欧元）	2019 年（万欧元）	同比（%）
保加利亚	Bulgarian SE	72900	58400	-19.9	100	70	-30.0
捷克	CEESG - Prague	665800	939500	41.1	—	—	—
波兰	Warsaw SE	0	0	0.0	3530	4070	15.3
波罗的海三国	NASDAQ Baltics	5200	2600	-49.9	1110	1560	40.5

注：“—”表示暂无数据。

资料来源：FESE 数据库[①]、Nasdaqbaltic 数据库[②]。

三、中东欧主要国家房地产市场近况

伦敦、日内瓦、巴黎和摩纳哥等城市一直是欧洲房价最高的所在地，但新兴欧洲城市并不逊色。城市是基于知识的经济增长的核心，是服务业投资的目的地。得益于西欧工业和服务业的转移，中东欧地区近年来经济增长速度快于西欧，波兰、捷克、斯洛伐克、匈牙利和罗马尼亚作为中东欧日益重要的区域经济中心，加剧了华沙、布拉格、布达佩斯、布加勒斯特、布拉迪斯拉发与上述传统的西欧城市在吸引人才和创业领域的竞争。

根据人均 GDP、互联互通的基础设施以及人力资本三项指标排名，在欧盟 20 个增长最快的城市中，中东欧有 16 个。位居第二的是布拉格，近年来该国受过教育的人口增长非常迅速；弗罗茨瓦夫位居第三，这主要得益于其较高的生产率增长。2016—2019 年，中东欧 17 国的人均 GDP 从 1.8 万欧元提高至 2.1 万欧元，占欧盟的比例从 61.7%提高至 65.5%（见图 1-35）。另一方面，中东欧国家的杠杆率远低于西欧国家。2019 年，17 国平均公共债务占 GDP 的比重进一步降低至 51%，而欧盟 28 国达 80%，欧元区是 96%；私人债务占 GDP 的比重为 80%，而欧元区为 160%。

新兴城市的崛起首先带来的就是房地产价格的上升。2018 年以来，捷克和匈牙利养老基金的活跃，波兰即将通过房地产投资信托（REIT）[③] 立法，以及设立经济特区为投资 10~15 年的投资者免税，不仅吸引了大量实体企业入住华沙、弗罗茨瓦夫和克拉科夫等大城市，也吸引了更多国际资本以高质量、收入稳定、收

① 更多信息请参考：https：//fese.eu/statistics/。

② 更多信息请参考：https：//www.nasdaqbaltic.com/statistics/en/statistics。

③ REIT 代表房地产投资信托。当投资者购买房地产投资信托基金的股票时，他们所获得的房地产中的一小部分将由一家公开上市的公司管理。更多信息请参考：https：//polandin.com/39094883/real - estate - investment - trusts - in - 2019 - senior - property - figure。

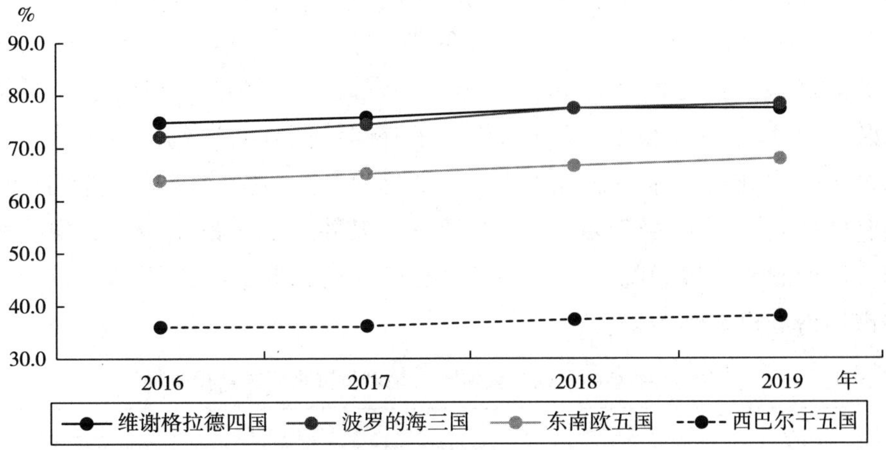

图 1-35　2016—2019 年中东欧 17 国人均 GDP 占欧盟比例

［资料来源：维也纳国际经济比较研究所（wiiw），

《统计手册 2019》（*Handbook of Statistics* 2019）；中东欧各国统计局］

益率高、资本价值低的商业地产为目标进入中东欧。2018 年 9 月，富时罗素（FTSE Russell）指数公司将波兰从“新兴”经济体升级为“发达”经济体，将华沙和其他主要城市纳入了国际投资者的视野，投资者也对以布拉格为首的捷克商业地产市场表现出浓厚的兴趣。维谢格拉德国家的首都——布达佩斯、布拉格和华沙等城市 2018—2019 年的房价指数上涨了 24%，增速全球第一，布拉迪斯拉发同期也增长了 13%（见图 1-36）。

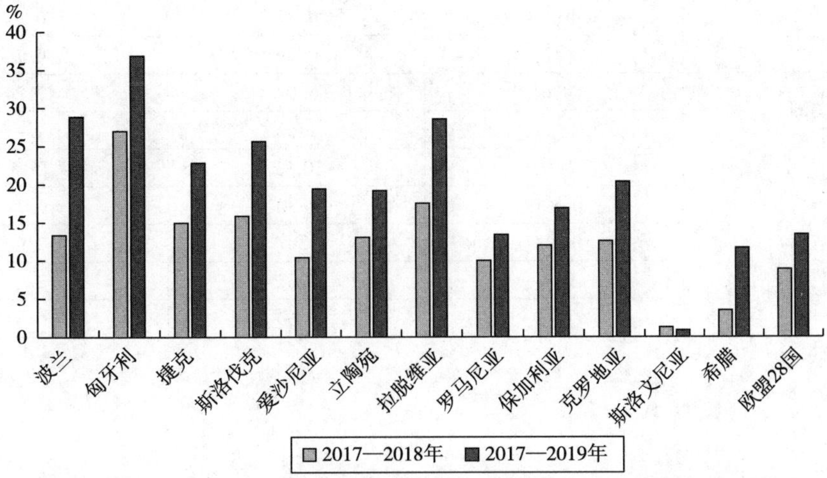

图 1-36　2017—2019 年中东欧—欧盟国家房价指数增长率

［资料来源：维也纳国际经济比较研究所（wiiw），

《统计手册 2019》（*Handbook of Statistics* 2019）；中东欧各国统计局］

2019 年上半年，对中东欧主要城市进行房地产投资的 60% 资金来自欧洲国家，其次是亚洲（27.4%）和美洲（8.6%）（见表 1 – 31）。同时，受益于产品多样性和流动性、稳定的法律和政治体系、强劲的经济增长和健康的租赁基本面，以及与西欧相比（在收益率和每平方米资本价值方面）仍然具有吸引力的价格，超过 50% 的国际资本投资在波兰①。投资的热点包括物流和工业用房产，例如自助仓储计划；写字楼市场已经扩大到华沙以外的地区枢纽城市；便利商店的房地产。诸如酒店、敬老院、学生住房、出租公寓和混合用途资产等以前的利基资产的市场份额也在逐步增长②。

表 1 – 31　　2019 年上半年中东欧主要城市房地产投资来源国及投资额

	国家	投资额（亿欧元）	占比（%）
欧洲	奥地利	10.45	14.8
	英国	6.62	9.4
	德国	5.69	8.1
	法国	4.44	6.3
	瑞士	4.15	5.9
	罗马尼亚	2.83	4.0
	希腊	1.67	2.4
	波兰	1.64	2.3
	比利时	1.36	1.9
	意大利	0.95	1.3
	匈牙利	0.80	1.1
	挪威	0.70	1.0
	捷克	0.68	1.0
	西班牙	0.37	0.5
	荷兰	0.09	0.1
美洲	美国	5.08	7.2
	加拿大	1.02	1.4
亚洲	韩国	10.92	15.5
	新加坡	4.30	6.1
	菲律宾	1.87	2.6
	印度	1.67	2.4
	日本	0.60	0.8

① Skanska. CEE Investment Report 2019 [R]. 2019.

② What's happening on the real estate market in Central and Eastern Europe?，http://europaproperty.com/news/2019/11/whate28099s-happening-on-the-real-estate-market-in-central-and-eastern-europe-6374，检索日期：2019 年 11 月 25 日。

续表

	国家	投资额（亿欧元）	占比（%）
其他	南非	1.37	1.9
	澳大利亚	1.13	1.6
	以色列	0.20	0.3

注：中东欧主要城市包括华沙、克拉科夫、弗罗茨瓦夫、罗兹、卡托维兹、波兹南、布拉格、布拉迪斯拉发、布加勒斯特和布达佩斯。

资料来源：斯堪斯卡（Skanska）①．中东欧投资报告2019（CEE *Investment Report* 2019）［R］．2019.

迄今为止，中国资本（包括港澳台）在欧洲的投资几乎都集中在伦敦市中心，并没有在中东欧房地产领域进行布局②。考虑到英国退欧给伦敦房地产带来的风险，韩国在2019年已将投资从伦敦转向其他西欧和中东欧主要城市的写字楼市场，例如将30亿欧元投资在巴黎、6.7亿欧元在维也纳、5.4亿欧元在布拉格、近4亿欧元在波兰。由于中美贸易冲突的长期化，中国应考虑扩大“一带一路”在中东欧地区房地产领域的投入。

（一）写字楼市场

在欧盟资金的大力支持下，中东欧地区的办公空间增长速度超过了交通基础设施。主要中东欧城市的办公库存总计2180万平方米，预计到2021年完工量将再增加20%，达到2650万平方米。与德国主要城市人均5平方米、荷兰人均2.6平方米、意大利人均2.4平方米和西班牙人均2平方米相比，中东欧城市的库存量仅为人均1平方米左右。如果继续维持高经济增长率，办公库存的渗透率应该会上升。中东欧地区一些大都市未来人均办公空间水平有望达到与阿姆斯特丹和巴黎相当的水平③。

在维谢格拉德四国，写字楼占2019年前三季度投资总额的60%以上，较2018年同期增长45%。四个国家首都城市的核心CBD平均租金在2017年增长了4.1%，2018年增长了5.1%。但由于经济处于充分就业状态，公司的扩张计划受到限制，在2019年第一季度至第三季度期间，租金增长已失去了一些动力。华沙录得2019年第三季最高增长率（同比增长2.1%），而布拉格和布达佩斯的租金则以约1%的较低增长率增长，布拉迪斯拉发的主要租金水平没有变化④。

① 斯堪斯卡是一家总部位于瑞典斯德哥尔摩的跨国建筑公司，是世界最大的建筑公司之一。

② 中国资本全部投资于伦敦。

③ 更多信息请参考：https：//www.skanska.pl/4a84fa/contentassets/6f039757cf75421da7922cfdac7d8de7/raport－skanska－colliers－dentons－investing－in－cee.pdf。

④ 更多信息请参考：https：//www.savills.co.uk/research_articles/229130/292579－0。

（二）住宅市场

推动住宅市场的一个重要力量是来自国内的刚需。在中东欧地区，直接拥有住房（没有抵押贷款）的比率非常高①。罗马尼亚超过 90% 的人拥有住房，克罗地亚、保加利亚、北马其顿和塞尔维亚均超过 80%，立陶宛、斯洛伐克、波兰、拉脱维亚和匈牙利均超过 70%（见图 1－37）。而在英国，这一比例仅为 27%。

然而，高住房拥有率带来了更深层次的住房挑战。因为房屋通常是作为遗产传承下来的，几代人的大家庭住在一起使得人均房屋面积大幅减少。超过 40% 的匈牙利人、斯洛伐克人、保加利亚人和罗马尼亚人生活在拥挤的环境中，而比利时、塞浦路斯和马耳他只有 5%。欧盟的调研表明，保加利亚约 39% 的房主和立陶宛约 29% 的房主无法支付维修费用，以及包括供暖在内的公用事业费用。

政府已经意识到住房负担能力的问题。许多地方已经开始通过“购房援助计划”（help to buy scheme）为首次购房者提供支持（其中包括 50 个项目），以及针对有孩子的家庭增加社会住房支出。保加利亚（2.1%）、罗马尼亚（1.5%）和匈牙利（1.1%）的社会住房和社区设施支出占 GDP 的比例较高，而欧盟平均水平为 0.6%。拉脱维亚和匈牙利也增加了社会住房的开支。但这些措施并不能缓解当前中东欧国家普遍面临的房价上涨压力。

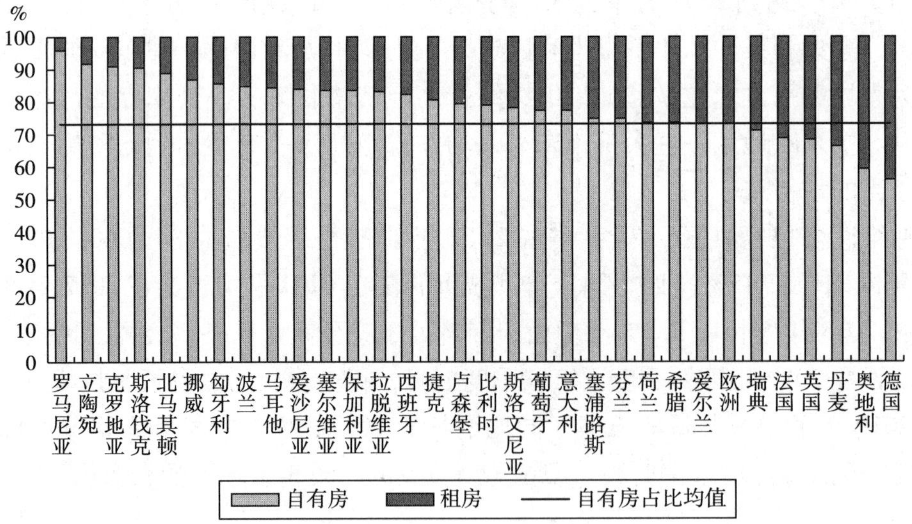

图 1－37　2019 年欧洲和中东欧主要国家人口的自有房率

［资料来源：欧盟收入和生活条件统计（EU－SILC survey）］

① Legatum Institute. Central and Eastern Europe Prosperity Report：the Lived Experience［R］. 2019－10.

研究专题4　中东欧地区银行业金融科技发展近况

由于中东欧国家利率处于历史低位，传统银行业收入面临压力。如何提高盈利能力，获得竞争优势？除了市场整合和并购活动外，提高内部效率也成为银行业关注的焦点。近年来，提高效率的主要手段是提高银行业务的数字化水平，为客户提供数字化解决方案，扩大客户范围，提高客户满意度。根据目前的市场实践，这些目标主要通过内部发展数字方案、直接投资（例如收购软件发展商）以及与金融科技公司合作这三种方式实现。

金融科技公司可以被认为是基于数字软件提供各种金融服务、通过各种新技术解决金融方案的企业。近年来，在成熟的西欧金融市场，金融科技公司已成为传统银行的挑战者。但在中东欧地区，不同的司法管辖区有不同的具体监管规定，导致金融服务市场碎片化，金融科技公司很难形成跨国业务。因此与金融科技公司合作是目前最有吸引力的方式。

表1-32　2018年西欧和中东欧17国数字普及率　单位：%

国家/地区	网络使用率（占人口的百分比）	数字支付率（占人口的百分比）
波兰	76	82
匈牙利	77	71
捷克	79	80
斯洛伐克	82	82
爱沙尼亚	88	95
立陶宛	81	66
拉脱维亚	78	84
罗马尼亚	64	47
保加利亚	32	28
克罗地亚	67	83
塞尔维亚	70	66
波黑	69	50
阿尔巴尼亚	66	29
西欧	80	80

注：在同一统计口径下暂无斯洛文尼亚、希腊、黑山和北马其顿的数据。

资料来源：笔者根据"CEE Fintech Atlas 2018"整理。

金融科技公司提供的服务可以分为六个主要领域：支付服务、市场供应、投资管理、存贷款、保险和融资。在支付领域，中东欧国家的数字普及率比传统银行业低25个百分点（约70%），而西欧的数字/传统渗透水平差异为15~20个百分点①。如果按照当前银行业的数字渗透率和传统渗透率之间的差距进行分组，爱沙尼亚、捷克、斯洛伐克、波兰和斯洛文尼亚接近或高于全球新兴市场（如中国、土耳其）的水平，可称之为中东欧“数字旗舰国家”；阿尔巴尼亚、罗马尼亚、塞尔维亚和保加利亚则是“数字追赶国家”，数字银行渗透率仅为 34%，但其年轻人对数字服务高度亲和，这是未来数字银行发挥潜力的一个有力指标。就政策引导而言，两者的区别在于，后者金融业的数字化更多的是普惠金融和机构进步的问题，而前者的数字化则是关于使用前沿技术的问题。2008—2018 年中东欧主要国家金融科技公司概况如表 1－33 所示。

表 1－33　2008—2018 年中东欧主要国家金融科技公司概况

国家	本地金融科技企业（家）	累计融资额（万欧元）
波兰	171	6400
匈牙利	39	900
捷克	87	13200
斯洛伐克	35	500
爱沙尼亚	104	6200
立陶宛	85	1800
拉脱维亚	48	2300
罗马尼亚	49	800
保加利亚	32	2800

资料来源：笔者根据“CEE Fintech Atlas 2018”整理。

（1）数字旗舰国家

对于年轻的金融科技公司来说，理想的环境是将动态的金融科技与数字开放的社会相结合。中东欧的数字旗舰国家具有这些优势。

立陶宛是欧洲对金融科技最友好国家之一。例如，央行新推出的友好政策包括远程电子许可系统，该系统将电子货币和支付机构许可证的申请过程缩短至不到 3 个月；每年举办金融科技酒店大会（FinTech Inn Conference）；财政部对金融科技初创公司提供免税期，并减免相当于研发支出三倍的公司税。②

爱沙尼亚政府对金融科技初创公司提供培训，并寻求吸引外国投资者和教育本地投资者。政府发行加密货币 Estcoin 的计划虽然在 2018 年中被搁置，但仍对 ICO 持开放支持的态度。为了改善监管，还启动了一个 ICO 专家论坛。

① 为了评估一国市场的数字成熟度，一般采用互联网结算、购物或数字支付等数字渗透率指标。

② Raiffeisen Bank International. CEE Fintech Atlas 2018［R］. 2018.

在捷克，金融科技生态的变化正在加速优化与欧盟监管和民间金融科技市场之间的协同效应，有可能创建一个透明、高效、合作的金融体系。例如，金融科技已纳入欧盟法律 PSD2① 的监管，Spendee 成为首家获得 PSD2 牌照的金融科技公司；与更为谨慎的捷克国家银行（CNB）相比，财政部在监管方面采取了更为主动和创新的方式；为了更好地连接创新者、投资者、监管机构、政策制定者和商业伙伴，捷克金融科技协会应运而生，并代表金融科技公司与国家签署官方合作备忘录，涵盖了吸引投资和人才、创建创新中心等活动。另外，政府提出的“索尼亚计划”激励主要银行通过基于银行验证的简化访问来增加数字国家门户的使用。

匈牙利国家银行是该地区第一家以监管沙箱的形式支持金融部门创新的央行。其调查数据显示，该国有 15% ~20% 的人口对金融科技解决方案感兴趣，约有 100 万消费者（约占其总人口的 10%）愿意积极使用金融科技创新。但阻碍其增长的一个障碍是对数据保护的担忧，尤其是在机器人咨询服务方面。匈牙利最大的教育机构之一布达佩斯考文纽斯大学（Corvinus University of Budapest）在其金融技术中心提供一系列的专业资格教育，包括本科和研究生学位。

在实施非接触式支付、移动支付等现代银行解决方案方面，波兰在欧洲处于领先地位。该行业面临的主要挑战有三个：第一，风险投资和股权融资活动水平相对较低；第二，缺乏单一的综合创业支持体系；第三，官方与民间金融科技企业之间的理解存在差距，虽然建立了监管沙箱，但仍对 ICO 实行禁令。

斯洛伐克在国家层面主要由财政部发挥作用。首先，为了给公共部门利益攸关者、市场参与者和其他组织之间定期交流信息和经验提供平台，设立了金融创新中心；其次，准备推出新数字税，以确保对数字商业活动在其使用国征税。

（2）数字追赶国家

数字追赶国家主要分布在西巴尔干地区和东南欧地区。其中，塞尔维亚和保加利亚分别是两个地区的领头羊。

塞尔维亚金融科技初创公司不仅数量多，而且还在全球享有名气，数家全球金融科技公司在塞尔维亚设有研发中心②。究其原因，一方面，该国拥有一

① PSD2（*The Second Payment Services Directive*），欧盟支付服务修订法案第二版，在 2018 年 1 月 13 日正式生效。相较于 2009 年的第一版本，这次的修订旨在优化现有的法案条规细则以及使新版的支付法案更契合数字网络时代的实际需求。此次更新将对欧洲各大银行及现有支付体系进行重新洗牌，PSD2 将对银行的所有用户类型生效，包括消费者和企业等。PSD2 的主要内容包括以下三点：a. 鼓励用户使用第三方服务商提供的支付产品去管理个人或企业财务状况；b. 禁止商家将付款成本转嫁给消费者；c. 对于线上消费者权益的保护力度大幅提高。

② 其中包括 NCR（一家发展转型交易技术的全球领导者）、FIS（一家国际金融服务技术和外包服务提供商）以及 eFront9（一家致力于另类投资行业的软件解决方案提供商）。

个由风险投资基金、加速器和孵化器组成的网络，为金融科技初创企业提供资金和支持；另一方面，由于本地市场潜力有限，金融科技产品大多在国际市场上销售，而国际市场需要能够应对最新趋势的前沿解决方案，因此更需要与大学联合培养人才，其最大的经济和商业学院与贝尔格莱德有限责任公司通过自建孵化器，直接支持大学成员开发的技术创新。

保加利亚首都索非亚不仅是东南欧地区，也是中东欧地区发展金融科技最快的地区之一，拥有大量初创企业和金融技术服务提供商。主要原因是其金融基础设施和素养较高，在宽带互联网速度方面，保加利亚仅次于韩国；根据2019年全球创新指数，保加利亚是世界上创新能力第二强的中高收入国家，在创新效率和成就方面，保加利亚在东南欧地区排名第一。数字支付在保加利亚的金融科技市场中占有最大的份额，预计2019年增长21%。最有前途的服务包括移动支付、P2P借贷以及数字商务。保加利亚有两家著名的种子期风险投资基金，位于欧洲十大投资加速器和风险投资基金之一。2018年成立的保加利亚金融技术协会，汇集了保加利亚领先的金融科技公司；一年一度的金融科技会议旨在展示金融科技如何重塑中东欧地区的金融服务。

但其他国家的金融技术普遍处于早期的种子融资阶段，用于支持创新和创业的国家举措相对零散。例如，在阿尔巴尼亚，软件开发公司自2019年1月起有资格享受税收减免，通过将PSD2纳入法律，中央银行有望在中期鼓励这些初创公司的发展；克罗地亚政府对IT部门的总体支持远远落后于欧盟平均水平，当地也没有金融科技生态系统或金融科技中心的激励机制；罗马尼亚则不同，本地初创企业的发展和外国金融科技公司的进入都较快，一是靠银行支持金融科技初创企业组织金融科技月之类的社区活动，二是国家计划每年资助大约1万家中小企业和金融技术企业。

该地区最大的困难是缺乏融资和人才。目前大多数金融科技初创公司要么由创始人资助，要么通过企业贷款或私人风投基金。因此，这些国家的金融科技公司发展主要是与银行开展联合项目，例如阿尔巴尼亚MPay与奥地利中央合作银行[①]合作的即时支付解决方案。波黑的萨拉热窝科技学院（SSST）、萨拉热窝大学（University of Sarajevo）经济与工商学院（Faculty of Economics and Business）和其他机构通过联合举办金融科技会议来培养金融科技人才。

① 奥地利中央合作银行创建于1927年，是奥地利规模最大的私人银行集团，总资产达939亿欧元。

研究专题5　中国—中东欧国家绿色金融合作空间

1. 全球绿色金融规则

伴随着全球应对气候变化和转向可持续发展模式，绿色金融已经从行业专业话题演变为国际主流趋势。根本原因在于：在可持续发展前提下，为维护环境效益进行融资，需要大量资金，而公共部门资金仅能满足一小部分需求。例如，为了达到《巴黎协定》2030年的目标，包括减少40%的温室气体排放，欧盟必须填补每年约1800亿欧元的投资缺口①；中国绿色产业的融资需求每年高达4000亿美元，但公共部门仅能满足15%，其余部分只能从金融市场得到解决②。

当前，国际绿色组织通过一系列具有法律约束力的国际协定（如《巴黎协定》）监督、促进各国政府实现经济转型和可持续发展的进度。至今，已有来自37个国家的98家金融机构加入“赤道原则”③；已有超过35个发行主体所发行的绿色债券获得“气候债券标准”认证；在G20杭州峰会成立绿色/可持续金融研究小组后，已有70%的成员国构建了相关战略政策框架④，并在2018年将可持续金融的相关建议写入《G20布宜诺斯艾利斯峰会公报》；在可持续银行网络（SBN）的支持下，38个新兴经济体中有22个已采用了可持续金融政策，它们代表着新兴市场中43万亿美元（86%）的银行资产⑤；占全球上市股票市场规模的70%以上的60个证券交易所与可持续证券交易所（SSE）平台合作，支持绿色与可持续企业上市融资⑥。“央行与监管机构绿色金融合作网络”（NGFS）由中国、法国、英国、德国、荷兰、瑞典、新加坡和墨西哥共8个国家的央行和金融监管机构联合成立，主要就气候与环境因素对宏观经济和金融系统的影响，以及发展绿色金融的选项进行研究。“可持续金融国际平台”共有欧盟、中国、阿根廷、加拿大、智利、印度、肯尼亚和摩洛哥8家成员⑦。2002—2019年国际主要绿色金融规则见表1-34。

---

① 更多信息请参考欧盟官网：https：//ec. europa. eu/info/business - economy - euro/banking - and - finance/green - finance _ en。

② 更多信息请参考联合国环境署官网：http：//unepinquiry. org/blogs/progress - global - green - finance - system/。

③ 更多信息请参考：https：//equator - principles. com/members - reporting/。

④ 更多信息请参考戴德梁行研究部。

⑤ 更多信息请参考国际金融公司，https：//www. ifc. org/wps/wcm/connect/227d98d4 - 13ae - 4742 - ae94 - fb248b84f0be/SBN%2BGlobal%2BProgress%2BReport _ 1010. pdf? MOD = AJPERES&CVID = mUhlWWP。

⑥ 其他主要利益相关者包括世界交易所联合会（WFE）和国际证券委员会组织（IOSCO），更多信息请参考：https：//www. unglobalcompact. org/take - action/action/sustainable - stock - exchange - initiatives。

⑦ 另有若干观察员，包括气候行动财政部长联盟、欧洲复兴开发银行、欧洲投资银行、国际证券委员会组织、金融体系绿色化网络、经济合作与发展组织，以及联合国环境规划署—金融倡议，更多信息请参考：https：//europa. eu/rapid/press - release _ QANDA - 19 - 6116 _ en. htm。

表 1 – 34　　2002—2019 年国际主要绿色金融规则

年份	制定者	规则
2002	国际金融公司和荷兰银行	赤道原则 EPS
2012	联合国	可持续证券交易所 SSE
2012	国际金融公司	可持续银行网络 SBN
2014	国际资本市场协会和国际金融公司	绿色债券原则 GBP
2015	气候债券倡议组织	气候债券标准 CBS
2016	G20	绿色金融倡议
2017	法国	绿色金融合作网络 NGFS
2017	联合国	全球金融中心城市绿色金融联盟 FC4S
2018	贷款市场协会	绿色贷款原则
2019	欧盟	可持续金融国际平台 IFSF
2019	贷款市场协会	可持续发展贷款原则

资料来源：笔者根据公开资料整理。

2. 中国绿色金融发展

根据世界银行数据，中国累计节能占全球的 58%，2018 年底单位 GDP 碳排放量下降 45.8%，提前两年实现了 2020 年应对气候变化的目标。同时，可再生能源装机容量占全球的 30%，新能源汽车保有量也占到了全球的 50%。这些成绩都与中国自上而下推动的绿色金融政策、制度密不可分。一方面，中国自 2017 年起就成为全球第二大绿色债券发行国，2019 年总计发行了 1734 亿美元的绿色债券，较 2018 年增长 31%；另一方面，从 2013 年末至 2019 年第三季度末，中国 21 家主要银行机构绿色信贷余额从 5.2 万亿元增长至 9.85 万亿元[①]，贷款余额占比已达到 10.1%，且不良率仅 0.37%，意味着绿色信贷已走向规模化发展，提供了本国 90% 的绿色资金供给[②]。

同时，中国绿色金融的双边及国际合作也进展迅速。比如中英两国通过经济与财金对话，同绿色金融工作组开展了卓有成效的双边合作；中法在两国高级别经济财金对话中写入了加强绿色金融合作的成果内容；中国金融学会绿色金融专业委员会还与欧洲投资银行（EIB）就中欧绿色债券定义趋同开展了联合研究。自 2017 年 5 月习近平主席提议促进"一带一路"沿线国家在绿色发展方面的国际合作，中国就开始提供多种多样的绿色金融项目，促进相关国家的资本流动，2017 年 10 月工商银行率先在卢森堡交易所发行了 21 亿美元的"一带一路"绿色气候债券。

① 中国人民银行．中国绿色金融发展报告（2018）［R］．2019 – 11．更多信息请参考：http：//www.pbc.gov.cn/goutongjiaoliu/113456/113469/3923316/index.html。

② 银监会披露 21 家银行绿色信贷情况，更多信息请参考：http：//www.cbrc.gov.cn，2018 年 2 月 10 日。

在资金投向的领域，2018 年，中国绿色债券前三大募集资金用途分别是清洁能源（62 亿美元）、绿色运输（51 亿美元）和污染防治（31 亿美元）；绿色贷款主要支持两种绿色项目：以节能环保为核心的项目和服务（包括节能建筑和绿色建筑）与制造生产节能产品、新能源产品和新能源汽车的项目。2018 年，绿色运输、可再生能源和清洁能源领域的项目获得了最多的绿色贷款。

3. 中东欧地区绿色金融现状

（1）中东欧地区低碳能源产业发展

中东欧国家近半数为发展中国家，一方面具有巨大的经济发展潜力，另一方面也是未来全球能源消费和温室气体排放的主要增长源。2019 年，罗马尼亚实现了中东欧地区能源部门最低的 CO_2 单位排放；作为依赖煤炭发电的国家，爱沙尼亚是其的 10 倍，波兰次之（见图 1－38）。可见，中东欧地区的零碳能源转型存在重大机遇，需要在可持续性资源利用、生态创新和环境基础设施方面进行大量投资。因此，绿色金融是中东欧经济向绿色经济过渡的关键推动力，将带来经济增长、竞争优势和成本节约，有助于实现其环境和社会目标。

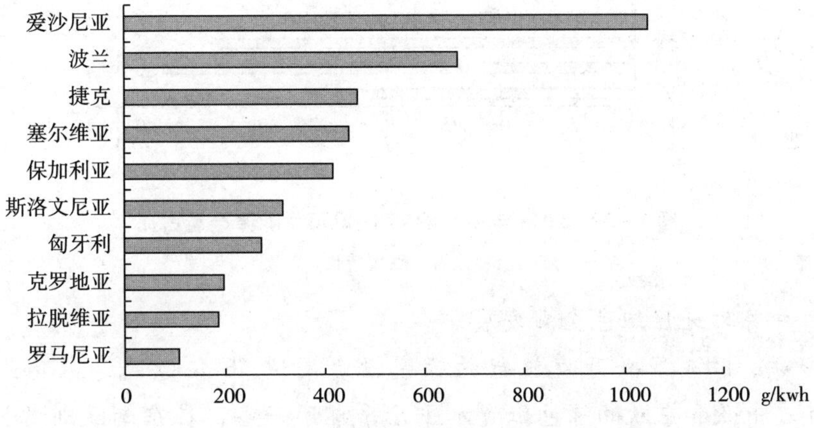

图 1－38　2019 年中东欧地区主要国家的单位发电量 CO_2 排放

（资料来源：Statista 在线统计数据）

2019 年，可再生能源[①]首次超过化石燃料成为欧洲的主要电力来源，占比达到 37.5%（见图 1－39），化石燃料占 34.3%，核能占 28.3%。其中，在可

① 可再生能源包括风能、太阳能（热能、光伏能和集中能）、水能、潮汐能、地热能、热泵捕获的环境热、生物燃料和废物的可再生部分。

再生能源的发电量中，大部分仍然来自水力发电厂，2019 年的发电量达 425.8 太瓦时（TWh）[①]。德国和英国的可再生能源发电量占总发电量的比例均达到 40%，英国煤炭发电比例已下降到 2%[②]。

2019 年，欧洲前三大低碳能源转型项目为可再生能源、绿色建筑和绿色交通，并主要集中在西欧地区，中东欧地区相关项目涉及较少。东南欧的可再生能源部门仍处于起步阶段，只有一部分几十年前建成的大型水力发电站。波兰近一年在光伏项目取得长足进步，主要得益于政治稳定、商业便利以及促进小规模拍卖的新立法。

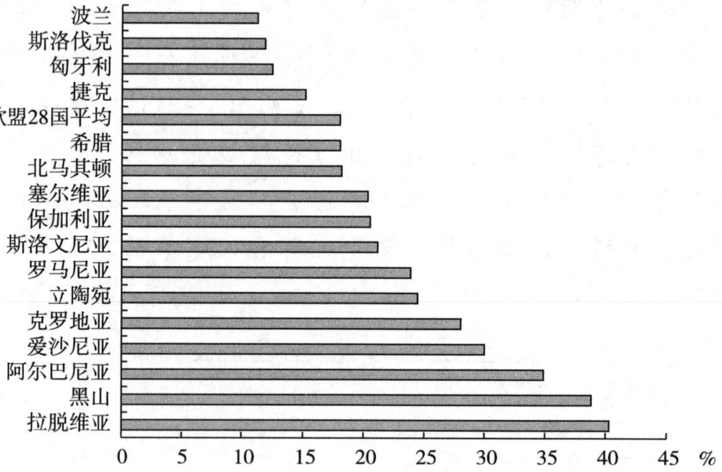

注：暂无波黑数据。

图 1－39　2018 年中东欧 17 国可再生能源产量占比

（资料来源：欧盟统计局）

（2）中东欧地区绿色金融发展

2019 年，欧洲复兴开发银行的绿色投资高达 46 亿欧元，占其业务量的 46%，其在中欧和东欧的绿色融资水平几乎翻了一番，在东南欧则增长了近三倍[③]。例如，3 月为波兰 220 兆瓦的 Potegowo 风力发电场提供了一笔高达 4800 万欧元的当地货币贷款；9 月发行了世界上首只气候适应债券。

在绿色债券方面，中东欧地区的绿色债券总量不到全球债券发行量的 1%。根据全球 40 个国家在内的大量绿色债券的排序，中东欧地区只有两个国家入

① 更多信息请参考：https：//renews. biz/57378/renewables – dominate – european – energy – mix – in – 2019/。

② 更多信息请参考：IEA，https：//www. iea. org/articles/global – co2 – emissions – in – 2019。

③ 更多信息请参考：EBRD，https：//www. ebrd. com/news/2020/ebrd – green – economy – finance – hits – 46 – per – cent – record – in – 2019. html。

榜：波兰和斯洛文尼亚分别居于第 36 位和第 39 位。同时，中东欧国家的证券交易所并不具有绿色债券细分市场[①]。

4. 中国—中东欧绿色金融合作的政策框架

英国 Z/YEN 机构自 2018 年 3 月开始通过采访调研的形式评价全球金融城市的绿色金融深度和质量。目前共 63 个样本城市，根据 4 个类别（可持续性、基础设施、人力资本、营商环境）的 132 个指标来衡量。根据 2019 年 9 月（第 4 期）的评价结果，中东欧地区入榜的金融中心只有捷克的布拉格和波兰的华沙，中国则入榜 4 个城市，分别是上海、广州、北京和深圳（见表 1－35）。布拉格是中东欧地区绿色金融的领导者，在全球范围内，其深度方面排名远远落后于中国，质量方面则略领先于北京和上海；而华沙在深度和质量方面均排名全球后 1/3。可见，中国与中东欧国家的绿色金融合作在深度方面存在广泛的互补空间。

表 1－35　　2018—2019 年中国和中东欧地区绿色金融城市排名

国家	城市	绿色金融深度		绿色金融质量	
		2018 年	2019 年	2018 年	2019 年
波兰	华沙	50	53	39	48
捷克	布拉格	43	44	23	22
中国	上海	11	11	19	28
	广州	22	17	36	39
	北京	12	19	25	25
	深圳	15	21	29	31

资料来源：Z/YEN 集团，全球绿色金融指数 4（Global Green Finance Index 4 ，GGFI 4）。

当前全球范围内至少已有 15 类绿色金融活动，绿色债券、可再生能源投资和可持续基础设施融资被认为是前三大影响力领域。

如何推动绿色金融的国际合作？主要激励来自政策和制度框架、投资者需求和气候变化等（见图 1－40）。例如，可以借鉴上海—伦敦、上海—卢森堡绿色债券双向展示的模式，建立上海与中东欧主要证券交易所展示绿色债券的联系；开拓绿色基金业务。

① 更多信息请参考：https：//www. climatebonds. net/green－bond－segments－stock－exchanges。

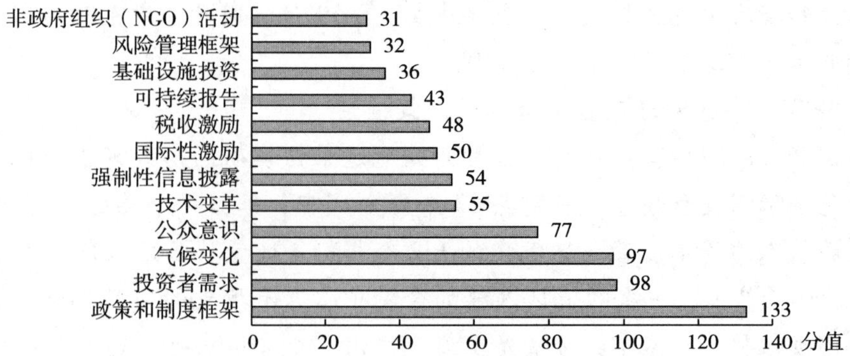

图 1－40　2019 年全球绿色金融主要推动因素

［资料来源：Z/YEN 集团，全球绿色金融指数 4（Global Green Finance Index 4，GGFI 4）］

第二章　中东欧17国经济前景展望

第一节　中东欧17国经济短期展望

一、全球宏观环境

根据国际货币基金组织（International Monetary Fund，IMF）2020年4月发布的《世界经济展望》报告，全球经济活动在2019年明显放缓，GDP增速下滑趋势明显，从发达经济地区到新兴市场和发展中地区的经济体，都承受着不同程度的宏观经济和金融压力。截至2019年底，全球经济增速仅为2.9%，这是自2007—2009年全球金融危机以来的最低水平，也是自2017年全球经济同步回升（到达3.8%）以来最严重的一次倒退（见图2－1）。

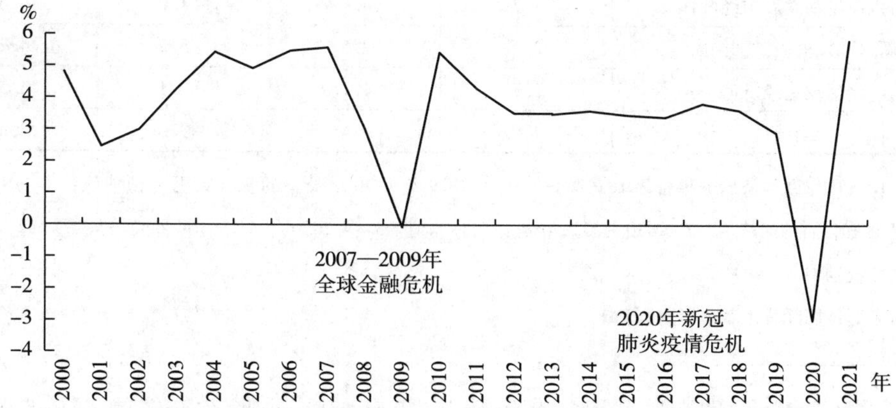

注：2020—2021年数据为预测值。

图2－1　2000—2021年全球经济增长率变化趋势

［资料来源：国际货币基金组织（IMF）］

然而，自 2020 年初以来，世界发生了巨大的变化。新冠肺炎疫情在全球范围内迅速扩散，随着各国为控制疫情而采取必要的隔离措施，整个世界陷入“大封锁”状态，不仅是全球的经济活动陷入停滞，许多国家目前面临更多其他的危机，如卫生、医疗、大宗商品价格暴跌等，这些危机以复杂的方式相互作用并放大。据 IMF 预测，假设多数国家的疫情在 2020 年第二季度达到峰值并在下半年消退，全球 GDP 增速将下降至 -3%。该值与 2019 年 10 月和 2020 年 1 月的预测相比，下调幅度非常大，分别达 6.4 个和 6.3 个百分点（见表 2-1）。这使得此次疫情成为“大萧条”以来最严重的经济衰退，严重程度远大于 2007—2009 年的全球金融危机（-0.08%）。若在 2020 年上半年各国采取的政策行动能有效防

表 2-1　2019—2021 年全球主要地区和中东欧地区经济增长预测　单位：%

地区	2019 年	2019 年 10 月 IMF 预测值	2020 年 4 月 IMF 预测值	
		2020 年	2020 年	2021 年
维谢格拉德四国	3.5	2.9	-5.1	5.2
波罗的海三国	3.5	2.8	-8.1	8.1
东南欧五国	2.9	2.9	-7.2	5.1
西巴尔干五国	3.3	3.3	-5.2	6.5
中东欧—欧盟 12 国	3.3	2.9	-6.8	5.9
中东欧 17 国	3.3	3.0	-6.4	6.1
欧洲 15 国①	1.8	1.7	-7.2	4.7
欧盟	1.7	1.6	-7.1	4.8
欧元区②	1.2	1.4	-7.5	4.7
新兴市场和发展中经济体	3.7	4.6	-1.0	6.6
新兴和发展中欧洲国家	2.1	2.5	-5.2	4.2
全球发达经济体	1.7	1.7	-6.1	4.5
全球	2.9	3.4	-3.0	5.8

注：1.《中东欧经济研究报告 2018—2019》关于 2019 年 GDP 增长率的统计数据为预估值，本书中为 IMF 2020 年 4 月修订后的最终值。2. 2020—2021 年数据为预测值。3. 从 2020 年 4 月《世界经济展望》起，英国不包括在欧盟组别中。

资料来源：国际货币基金组织（IMF）。

---

① “欧洲 15 国”包括奥地利、比利时、丹麦、芬兰、法国、德国、希腊、爱尔兰、意大利、卢森堡、荷兰、葡萄牙、西班牙、瑞典以及英国。

② “欧元区”包括奥地利、比利时、塞浦路斯、爱沙尼亚、芬兰、法国、德国、希腊、爱尔兰、意大利、拉脱维亚、立陶宛、卢森堡、马耳他、荷兰、葡萄牙、斯洛伐克、斯洛文尼亚和西班牙。这 19 个国家采用欧元为其通用货币。

止企业大面积破产、长期失业和系统性金融风险，IMF 预计 2021 年全球增长将回升到 5.8%。尽管如此，该水平仍然低于 IMF 在 2019 年 10 月对 2021 年所作出的发展预期。综上，此次新冠肺炎疫情造成的 2020 年和 2021 年全球 GDP 的累计损失可能达到 9 万亿美元左右，大于日本和德国经济之和。①

在这次全球大流行病危机中，没有一国能独善其身。发达经济体以及新兴经济体同时处于衰退之中，这种情况自“大萧条”以来首次出现。根据 IMF 预测，发达经济体 2020 年增长预期为 -6.1%。而正常增长水平远远高于发达经济体的新兴市场预计也将经历负增长，2020 年 GDP 增速为 -1.0%，若将中国排除在外，则为 -2.2%。全球 170 多个国家的人均收入预计将收缩。尽管从预测数据上来看，新兴市场和发展中地区所面临的衰退要略小于发达地区，但是它们的卫生体系普遍较为薄弱，提供支持的财政空间更为有限。到 2021 年，IMF 认为发达经济体以及新兴市场和发展中经济体都将在一定程度上复苏，GDP 增速将分别反弹至 4.5% 和 6.6%。②

在欧洲，福利体系和社会市场模式总体强健，这有助于各国政府向企业和家庭提供针对性的援助。与此同时，各国正在以创新、不寻常的方式应对危机，并相互之间进行交流学习。此外，IMF 在疫情期间组织建立了一个公共网络平台③，介绍各国如何处理它们所面临的实际问题，从而促进筛选国际最佳方案。④ 本书第三篇“中东欧 17 国国别分析”将更为详细地介绍中东欧 17 国应对新冠肺炎疫情的具体政策。

整体来看，欧洲国家受此次疫情冲击非常大，中东欧 17 国、欧洲 15 国、欧元区和欧盟经济增速在 2020 年预计将滑落至负值，分别为 -6.4%、-7.2%、-7.5% 和 -7.1%，衰退程度远高于全球平均水平（-3.0%），见表 2-1。目前可供经济预测的数据非常有限，采购经理人调查是首批能体现疫情对全球经济影响的数据之一。⑤

在新冠肺炎疫情爆发之前，以德国为首的欧洲制造大国就已经面临严峻下行

① Gita Gopinath. The Great Lockdown：Worst Economic Downturn since the Great Depression. IMF Blog，2020-04.

② Poul M. Thomsen. Europe's COVID-19 Crisis and the Fund's Response. 2020-03.

③ 详细内容请参考 IMF 网站：https：//www.imf.org/en/Topics/imf-and-covid19/Policy-Responses-to-COVID-19。

④ Gita Gopinath. The Great Lockdown：Worst Economic Downturn since the Great Depression. IMF Blog，2020-04.

⑤ 综合采购经理人指数是衡量制造业和服务业活动水平的总体指标。这一系列指数，包括制造业采购经理人指数和服务业采购经理人指数均是在 2007—2009 年经济衰退之后开始编制的。根据埃信华迈（IHS Markit）最近报告，经季节因素调整后，美国 2020 年 3 月综合采购经理人指数从 2 月的 49.6 降至 40.5，创下了该指标问世 10 年以来的最低纪录。欧元区 3 月综合采购经理人指数（经季节因素调整后）从 2 月的 51.6 降至 31.4，为 1998 年 7 月埃信华迈开始进行该调查以来的最低水平。在日本，该国的服务业活动出现了尤其显著的下降趋势，服务业采购经理人指数跌至 2007 年开始编制该系列数据以来的最低水平，而整体经济活动则创下 2011 年海啸以来的最大降幅。

风险。埃信华迈（IHS Markit）发布的制造业采购经理人指数（Manufacturing Purchasing Managers' Index，Manufacturing PMI）显示，自 2018 年 1 月起，德国制造业采购经理人指数持续回落[①]，2019 年 1 月下降至 49.7，此后下降趋势延续，且降幅进一步扩大至 9 月的 41.7，为全球金融危机以来的最差水平。虽然在 2019 年第四季度有所回升，但仍保持在 50 以下的低位。在中国和日本，制造业采购经理人指数自 2018 年 1 月开始持续下滑且在 2019 年第一季度低于临界值，表明制造业进入衰退周期。在新冠肺炎疫情爆发之后，企业生产面临巨大困难，制造业活动严重萎缩。美国、德国、日本和中国四国的制造业采购经理人指数从 2020 年初 45 ~ 50 的范围大幅下跌至 4 月的 40 左右，其中美国、德国和日本三国的制造业 PMI 在 2020 年 4 月分别仅为 36.1、34.5 和 41.9，而中国在 2020 年 2 月下跌到近几年的最低位，仅有 40.3（见图 2 -2 分图 1）。

与疲软的制造业和贸易相比，全球主要经济体的服务业在疫情爆发之前都保持着相对良好的状态。埃信华迈发布的服务业采购经理人指数（Services Purchasing Managers'Index，Services PMI）显示，2018 年初至 2019 年底，美国、德国和中国的服务业采购经理人指数虽然有整体下滑的趋势，但仍然位于枯荣界点（50）之上，表明服务业在这三个国家仍保持扩张。但由于制造业与服务业之间的差异已持续了相当长的一段时期，经济学家们担心制造业会对服务业产生溢出效应。在疫情爆发之后，与制造业相比，服务业受到了更大、更剧烈的冲击，除了中国以外，美国、德国和日本的服务业采购经理人指数已连续三个月远低于临界值之下（见图 2 -2 分图 2）。

值得欣慰的是，随着各项紧急援助政策的实施，新冠肺炎疫情在欧洲逐步得到控制，大多数国家开始为经济复苏做计划。据 IMF 预测，中东欧 17 国、欧洲 15 国、欧元区和欧盟 GDP 增速在 2021 年将反弹至 6.1%、4.7%、4.7% 和 4.8%。与此同时，IMF 认为多边合作对全球健康复苏至关重要。为了支持发展中国家的必要支出，双边债权人和国际金融机构应提供优惠融资、赠款和债务减免。主要中央银行之间互换额度的启动和设立，帮助缓解了国际流动性短缺，而且可能扩大到更多经济体。需要开展协作，防止全球化趋势出现倒退，使经济复苏不会受到生产率进一步下降的损害。[②]

---

① 汽车工业是欧盟制造业中最为重要的部门。近年来，欧盟汽车产量持续下滑的背后是一系列的结构性和周期性因素，包括欧盟制定了更为苛刻的排放政策、消费者对汽车偏好由柴油车转向汽油车以及其他替代燃料汽车、国际市场的需求下降（主要是来自中国的需求）等。本章第四节将深入分析欧盟汽车制造业对中东欧地区汽车价值链的影响。

② Gita Gopinath. The Great Lockdown: Worst Economic Downturn since the Great Depression. IMF Blog, 2020 - 04.

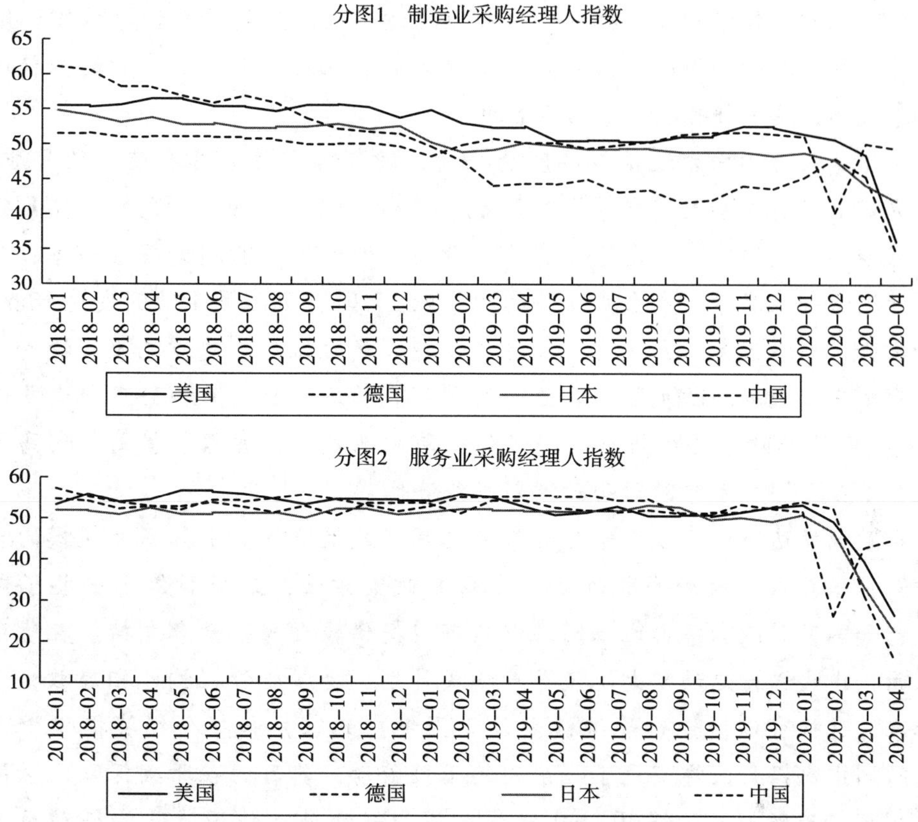

注：1. 中国 2020 年 4 月服务业 PMI 为预测值（45）；2. 采购经理人指数以 50 作为经济强弱的分界点：当指数高于 50 时，则被解释为经济较上一个月有扩张的迹象；当指数低于 50，则经济较上月有衰退的可能；当指数等于 50，说明经济较上月没有变化。

图 2 –2 2018—2020 年采购经理人指数发展趋势

［资料来源：埃信华迈（IHS Markit）］

信息专题 1 国际货币基金组织对欧洲新冠肺炎疫情危机的应对行动①

2020 年 3 月初，新冠肺炎疫情在欧洲大爆发，欧洲主要国家政府纷纷出台紧急应急措施。各国经济活动受到了非常严重的影响，其中，服务业首当其冲。根据 IMF 统计，在政府禁令下关闭的非必要服务约占产出的 1/3。这意味着，若暂不考虑这些部门对经济其他部门产生的破坏和溢出效应，每关闭一个月，年度 GDP 就会下降 3%。2020 年欧洲经济出现严重衰退几成定局。

① IMF. Europe's COVID –19 Crisis and the Fund's Response. 2020 –03.

总体来看，稳健的社会福利体系和市场运作模式对处于疫情暴风中的欧洲来说是非常有利的，但政府需要为数目庞大的企业和家庭提供有效的、针对性的紧急援助，这一任务将是非常艰巨的。

无论从政治影响力还是经济实力来看，欧洲国家普遍具有较大的异质性。为了更好地了解这些国家在寻求加强危机应对过程中所面临的约束，IMF 将欧洲国家分为三大组：欧洲发达经济体、欧盟非欧元区的欧洲新兴经济体、非欧盟的欧洲新兴经济体。本书所关注的中东欧 17 国有 7 国属于欧洲发达经济体，包括希腊、斯洛伐克、立陶宛、斯洛文尼亚、拉脱维亚、爱沙尼亚和捷克，其中仅有捷克尚未加入欧元区；波兰、匈牙利、罗马尼亚、保加利亚和克罗地亚 5 国属于欧盟非欧元区欧洲新兴经济体；阿尔巴尼亚、波黑、黑山、北马其顿和塞尔维亚 5 国属于非欧盟的欧洲新兴经济体。[①]

在欧洲发达地区，政策制定者充分利用了政策空间，实施了大规模的货币和财政扩张政策以缓解危机冲击。在财政政策方面，政府暂停了一些限制条件，例如国家财政赤字占比限制，以此可以提供较大规模紧急支持。在货币政策方面，中央银行启动了大规模资产购买计划，金融监管机构也相应放松了监管标准，这样可以使银行能继续向处于困境中的客户和整个经济提供资金支持。欧洲中央银行同样实施了一系列的干预行动，其目的在于确保欧元区的稳定机制可以为欧洲其他各国财政措施发挥积极的补充作用。这些行动至关重要，因为公共债务水平过高的国家可以在央行的干预下具备有力应对危机所需的财政政策空间。在疫情危机猛烈冲击下，稳定欧元成了重中之重。

对于欧盟非欧元区欧洲新兴经济体来说，它们尚未具备同发达经济体相同的政策空间，但是近年来这些国家付出很大努力构建政策缓冲机制，包括削减财政赤字、降低对外贸易逆差和债务比重、增强本国银行体系等，在一定程度上有助于应对此次突发危机。

值得我们特别关注的是非欧盟的欧洲新兴经济体，因为这组国家（包括所有西巴尔干五国）财政政策空间上有很大的差别。事实上，这是由于非欧盟欧洲新兴经济体都缺乏有深度的金融市场以及与欧盟的联系，而这两者对政策空间的灵活调控起着至关重要的作用。整体来看，这组国家获得外部资本的渠道有限，银行体系规模较小且欠发达，它们中的大多数很难为其政府大幅增加的财政赤字提供融资。与此同时，与其他欧盟成员国相比，非欧盟欧洲新兴经济

① 欧洲发达经济体和欧洲新兴经济体所定义的国家是按照 IMF 年度《世界经济展望》进行分类，更多信息请参考：IMF. World Economic Outlook. 2019 - 10.

体无法获得欧盟基金的支持以及更广泛的政策和制度的保护。截至2020 年 3 月 31 日，中东欧地区①的 9 个非欧盟新兴经济体②中的大多数已经通过 IMF 的快速融资工具（IMF Rapid Financing Instrument，RFI）申请紧急融资援助③。RFI 所支持的资金规模达500 亿美元，全球已有70 个国家向IMF 提出申请。此类经济援助资金拨付迅速、贷款条件低，目的是缓解新冠病毒危机造成的直接经济压力。据统计，IMF 所收到的 RFI 紧急援助申请国家数量最多，预计未来还会有更多的国家提交申请。

二、国际货币基金组织对中东欧 17 国经济的短期展望

长期以来，中东欧地区高度依赖全球市场，近年来一轮又一轮的贸易冲突同样对该地区经济发展前景产生较大的负面影响。然而，与全球经济放缓的程度和规模相比，中东欧地区国家却表现出十足的韧性，较好地经受住了外部环境恶化的冲击，这表现在2019 年中东欧—欧盟 12 国平均经济增速为 3.25%，与同期欧元区（1.2%）和欧盟（1.7%）相比，分别高出 2.05 个和 1.55 个百分点。2019 年，中东欧—欧盟 17 国中有 10 国的实际增长率将高于全球平均水平（2.90%），其中匈牙利（4.90%）、波兰（4.10%）、爱沙尼亚（4.30%）、塞尔维亚（4.19%）和罗马尼亚（4.10%）的实际 GDP 增长率都超过了 4%（见表 2－2）。

表 2－2　　2019—2021 年中东欧 17 国经济增长率　　单位：%

国家/地区	2019 年	2019 年 10 月 IMF 预测值	2020 年 4 月 IMF 预测值	
		2020 年	2020 年	2021 年
波兰	4.10	3.10	−4.60	4.20
匈牙利	4.90	3.30	−3.10	4.20
捷克	2.60	2.60	−6.50	7.50

① 根据 IMF 的定义，此处的“中东欧地区”与本书讨论的“中东欧 17 国地区”所涵盖的国家不完全一致。IMF 所指的“中东欧地区”包括匈牙利、波兰、白俄罗斯、摩尔多瓦、俄罗斯、乌克兰、保加利亚、克罗地亚、罗马尼亚、阿尔巴尼亚、波黑、科索沃（地区）、北马其顿、黑山、塞尔维亚和土耳其。其中，匈牙利、波兰、保加利亚、克罗地亚和罗马尼亚是欧盟成员国，其余 11 个国家或地区为非欧盟国家。更多信息请参考：IMF. Facing Spillover from Trade and Manufacturing. Regional Economic Outlook, November 2019。

② 文中所指的 9 个非欧盟新兴经济体包括白俄罗斯、摩尔多瓦、乌克兰、阿尔巴尼亚、波黑、科索沃（地区）、北马其顿、黑山和塞尔维亚。更多信息请参考：IMF. Facing Spillover from Trade and Manufacturing. Regional Economic Outlook，2019－11。

③ IMF 提供的紧急融资包括快速信贷（RCF）和快速融资工具（RFI），两者向不需要实施全面规划的成员国提供紧急资金支持。这些贷款可以快速拨付，帮助成员国实施有关政策来应对突发事件（如新冠肺炎疫情）。2016 年，国际货币基金组织在厄瓜多尔遭受几十年来最严重地震之后向其提供了 RFI 紧急贷款。

续表

国家/地区	2019 年	2019 年 10 月 IMF 预测值	2020 年 4 月 IMF 预测值	
		2020 年	2020 年	2021 年
斯洛伐克	2.30	2.70	-6.20	5.00
爱沙尼亚	4.30	2.90	-7.50	7.90
立陶宛	3.90	2.70	-8.10	8.20
拉脱维亚	2.20	2.80	-8.60	8.30
希腊	1.90	2.20	-10.0	5.10
罗马尼亚	4.10	3.50	-5.00	3.90
保加利亚	3.40	3.20	-4.00	6.00
克罗地亚	2.90	2.70	-9.00	4.90
斯洛文尼亚	2.40	2.90	-8.00	5.40
塞尔维亚	4.19	4.00	-3.00	7.47
波黑	2.70	2.60	-5.00	3.50
阿尔巴尼亚	2.21	4.00	-5.00	8.00
北马其顿	3.55	3.40	-4.00	7.00
黑山	3.61	2.50	-8.98	6.47
维谢格拉德四国	3.48	2.93	-5.10	5.23
波罗的海三国	3.47	2.80	-8.06	8.13
东南欧五国	2.94	2.90	-7.20	5.06
西巴尔干五国	3.25	3.30	-5.20	6.49
中东欧—欧盟 12 国	3.25	2.88	-6.79	5.88
中东欧 17 国	3.25	3.01	-6.39	6.06

注：1.《中东欧经济研究报告 2018—2019》关于 2019 年 GDP 增长率的统计数据为预估值，本书中为 IMF 2020 年 4 月修订后的最终值。

资料来源：国际货币基金组织（IMF）。

然而，同样因为新冠肺炎疫情，中东欧—欧盟 12 国在 2020 年的增长预期将大幅下跌至 -6.79%。其中，波罗的海三国对危机的敏感度最高，2020 年 GDP 增速将降至 -8.06%，几乎是全欧洲衰退最严重的次区域。维谢格拉德四国的抗风险能力最强，2020 年整体将下跌至 -5.1%。其次是西巴尔干五国，其整体经济预计萎缩至5.2%。在 2020 年上半年，若受疫情严重影响的主要欧洲国家能有效控制疫情的蔓延，随着其经济的复苏，特别是欧洲核心经济体（德国、英国、法国、意大利、西班牙等国）GDP 增速的反弹，中东欧地区经济也将在 2021 年逐步复苏。据 IMF 预测，2021 年中东欧—欧盟 12 国经济增速将达 5.88%，西巴尔干五国将反弹至 6.49%，两个地区均高于欧元区 4.7% 和欧盟 4.8% 的平均水平。

意大利、法国和德国是欧盟地区疫情最早开始爆发的国家，也是中东欧地区大多数国家的重要经济伙伴。随着疫情在上述国家的破坏性逐渐加大，中东欧国家必将受之拖累，这已经反映在其经济主体的预期中。2020 年 2 月，除立陶宛、拉脱维亚、希腊和北马其顿，中东欧地区的其他国家商业信心（同比变化率）均已下降，尤其是与中国、德国建立了较强投资关系国家的商业信心下降幅度非常明显，如匈牙利、波兰、捷克、斯洛伐克、克罗地亚（见表 2－3）。这意味着五国在 2020 年下半年的投资计划将面临严重挑战。

表 2－3　　2020 年 1—4 月中东欧 17 国商业信心同比变化率　　单位：%

国家/地区	商业信心			
	1 月	2 月	3 月	4 月
波兰	－3.4	－5.8	－7.8	－52.1
匈牙利	12.9	－12.2	－13.9	－34.3
捷克	－6.7	－5.3	－8.0	－26.6
斯洛伐克	1.7	－5.0	2.7	－29.6
爱沙尼亚	－12.7	－2.7	－2.3	－34.7
立陶宛	4.0	3.0	－5.0	－24.0
拉脱维亚	－1.5	0.7	－2.2	－16.2
希腊	7.3	5.7	5.4	－4.7
罗马尼亚	－1.3	－1.2	－3.7	－27.6
保加利亚	－4.1	－2.3	－1.2	－24.7
克罗地亚	1.2	－7.5	－13.3	－35.2
斯洛文尼亚	－8.0	－1.0	－11.0	－39.0
阿尔巴尼亚	0.5	－1.8	－5.8	—
北马其顿	4.4	4.331	—	—
欧盟	－0.4	0.2	－4.6	－15.5

注：1. "—" 表示暂无数据。2. 暂无塞尔维亚、波黑和黑山的统计数据。

资料来源：CEIC 全球数据库。

此外，中东欧 17 国的私人消费也将在 2020 年受到严重冲击。根据《中东欧经济研究报告 2018—2019》第二章，2019 年私人消费是中东欧 17 国地区增长的主要动力。此外，根据 wiiw 2019 年 11 月的预测报告，消费在 2020—2021 年将持续成为该地区推动经济增长的重要因素。新冠肺炎疫情未爆发之前，得益于持续上涨的工资水平和良好的就业形势，中东欧—欧盟 12 国的私人消费预计将以平均每年 3%～4% 的速度增长。然而，疫情的到来给中东欧地区消费者信心带来了巨大打击。根据 CEIC 全球数据库信息，2020 年 4 月，除希腊以外，中东欧—欧盟 12 国的其他 11 国消费者信心下滑程度普遍较大，其中波兰高达 52.1%，这势必严重拖累中东欧 17 国在未来两年的增长（见表 2－4）。

表 2 –4　　2020 年 1—4 月中东欧 17 国消费者信心同比变化率　　单位：%

国家/地区	消费者信心			
	1 月	2 月	3 月	4 月
波兰	–3. 4	–5. 8	–7. 8	–52. 1
匈牙利	12. 9	–12. 2	–13. 9	–34. 3
捷克	–6. 7	–5. 3	–8. 0	–26. 6
斯洛伐克	1. 7	–5. 0	2. 7	–29. 6
爱沙尼亚	–12. 7	–2. 7	–2. 3	–34. 7
立陶宛	4. 0	3. 0	–5. 0	–24. 0
拉脱维亚	–1. 5	0. 7	–2. 2	–16. 2
希腊	7. 3	5. 7	5. 4	–4. 7
罗马尼亚	–1. 3	–1. 2	–3. 7	–27. 6
保加利亚	–4. 1	–2. 3	–1. 2	–24. 7
克罗地亚	1. 2	–7. 5	–13. 3	–35. 2
斯洛文尼亚	–8. 0	–1. 0	–11. 0	–39. 0
阿尔巴尼亚	5. 3	–9. 6	6. 4	—
北马其顿	4. 4	4. 3	—	—
欧盟	–7. 7	–6. 3	–9. 5	–27. 1

注：1. “—”表示暂无数据。2. 暂无塞尔维亚、波黑和黑山的统计数据。

资料来源：CEIC 全球数据库。

三、维也纳国际经济研究所对中东欧 17 国经济的短期展望

在新冠肺炎疫情未爆发之前，wiiw 的经济学家认为，中东欧地区经济繁荣的顶峰时期已经结束，实际 GDP 增速将在未来两年显著放缓。据 wiiw 2019 年 11 月的预测报告，中东欧—欧盟 12 国 GDP 增速预计从 2019 年的 3. 3% 下降至 2020 年的 2. 7%，而西巴尔干五国从 2019 年的 3. 2% 下降至 2020 年的 3. 1%（见表 2 –5）。

表 2 –5　　2020 年中东欧 17 国 GDP 实际增速预测　　单位：%

国家/地区	2019 年	2020 年			
		新冠肺炎疫情爆发前 wiiw 实际 GDP 增速预测	新冠肺炎疫情爆发后 wiiw 实际 GDP 增速预测		
			温和	中度	严重
波兰	4. 0	3. 6	3. 2	2. 8	2. 0
匈牙利	4. 9	3. 3	3. 0	2. 6	1. 8
捷克	2. 4	2. 2	2. 0	1. 6	1. 1
斯洛伐克	2. 3	2. 0	1. 7	1. 4	0. 8
爱沙尼亚	3. 9	2. 7	2. 4	2. 1	1. 4

续表

国家/地区	2019 年	2020 年			
		新冠肺炎疫情爆发前 wiiw 实际 GDP 增速预测	新冠肺炎疫情爆发后 wiiw 实际 GDP 增速预测		
			温和	中度	严重
立陶宛	3.9	2.8	2.6	2.2	1.7
拉脱维亚	2.2	2.0	1.7	1.3	0.6
罗马尼亚	4.1	3.2	2.9	2.4	1.7
保加利亚	3.5	2.8	3.0	2.1	1.4
克罗地亚	3.0	2.7	2.4	2.0	1.4
斯洛文尼亚	2.6	2.6	2.3	2.0	1.5
塞尔维亚	4.0	3.7	3.3	2.9	2.0
波黑	2.7	2.5	2.2	1.9	1.2
阿尔巴尼亚	2.6	3.2	2.9	2.4	1.7
北马其顿	3.4	3.3	3.0	2.5	1.7
黑山	3.3	2.8	2.5	2.1	1.4
维谢格拉德四国	3.4	2.8	2.5	2.1	1.4
波罗的海三国	3.3	2.5	2.2	1.9	1.2
东南欧五国	3.3	2.8	2.7	2.1	1.5
西巴尔干五国	3.2	3.1	2.8	2.4	1.6
中东欧—欧盟 12 国	3.3	2.7	2.5	2.0	1.4
中东欧 17 国	3.3	2.8	2.6	2.1	1.5

注：wiiw 暂未对希腊疫情后经济增长走势进行预测。

资料来源：维也纳国际经济比较研究所（wiiw）。

然而，当疫情席卷全球之后，经济学家们不得不重新评估此次卫生健康危机对经济所带来的危害程度。对此，wiiw 设置了三种评估情景——“温和”“中度”和“严重”，并相应地在不同情景下对中东欧 17 国进行预测。鉴于疫情扩散速度之快、规模之大，wiiw 的预测数据似乎更加针对欧洲疫情爆发初期的情况，因此较 IMF 的预测数据要稍显乐观。尽管如此，与疫情爆发之前相比，我们看到中东欧地区所有国家在 2020 年的经济增速将受到严重拖累。鉴于 2020 年新冠肺炎疫情给世界经济带来的巨大破坏力，接下来我们将重点关注全球疫情通过哪些渠道对中东欧地区经济产生负面影响。①

（一）与中国经济相关性

2020 年初新冠肺炎疫情在中国爆发，对中东欧地区供应链造成了巨大的混

① wiiw. Uncertainty in Turbulent Times［R］. Forecast Report, Spring 2020.

乱。鉴于中国在全球经济中的重要地位，许多依赖中国中间产品的欧洲企业的生产活动面临巨大危机。《中东欧经济研究报告》2017 版和 2018—2019 版均显示中东欧国家当中的大部分国家均与中国经济有着一定程度的相关性，尤其在对外贸易领域。根据 wiiw 的统计数据，2019 年捷克、匈牙利、黑山、斯洛文尼亚和斯洛伐克与中国贸易的规模占其 GDP 比重均大于 4%（见图 2－3）。

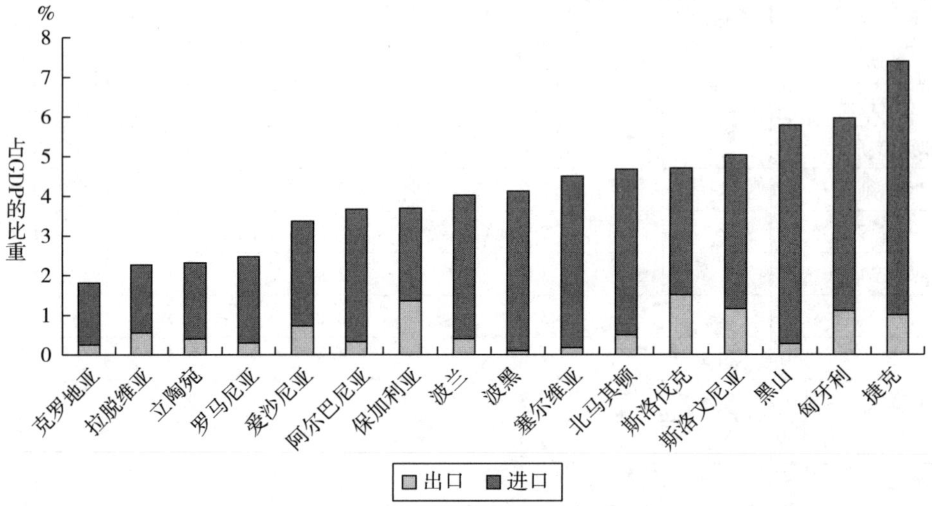

注：暂无希腊数据。

图 2－3　2019 年中东欧 17 国与中国贸易概况

［资料来源：维也纳国际经济比较研究所（wiiw）］

（二）与意大利经济相关性

意大利是受此次疫情影响最严重的欧盟国家之一。近年来，尽管意大利国内经济一直疲软，作为欧洲其他国家贸易伙伴的相对重要性也有所下降，但是从大部分中东欧国家的角度来看，意大利依然是一个重要经济合作伙伴国，尤其是对中东欧地理位置偏南部的国家，如阿尔巴尼亚和斯洛文尼亚，两国与意大利的贸易额占本国 GDP 的比重在 2019 年高达 20%（见图 2－4）。

（三）中东欧地区卫生健康系统应对能力

《全球卫生安全指数报告 2019》［*Global Health Security*（GHS）*Index Report* 2019］显示，全球应对卫生安全危机能力普遍较弱。在全球范围内，该指数平均总分约为 40.2 分（满分为 100 分），高收入国家仅为 51.9 分。在中东欧 17 国，仅有北马其顿的得分低于世界平均水平。在中东欧—欧盟 12 国，保加利亚、罗马尼亚和斯洛伐克的表现较差，波罗的海三国、波兰和斯洛文尼亚抗击卫生健康危机的能力较强，其中拉脱维亚和斯洛文尼亚的表现甚至高于奥地利（58.5 分）（见表 2－6）。

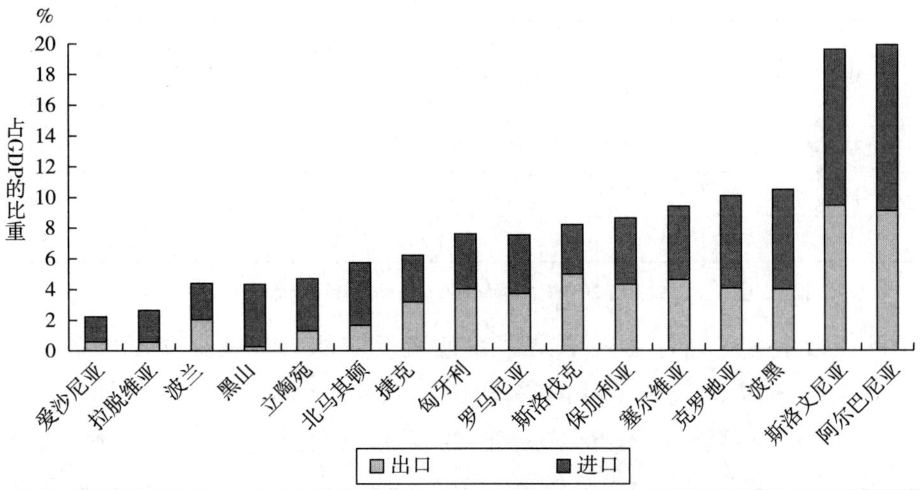

注：暂无希腊数据。

图 2-4　2019 年中东欧 17 国与意大利贸易概况

［资料来源：维也纳国际经济比较研究所（wiiw）］

表 2-6　　2019 年中东欧 17 国全球卫生安全指数排名

国家	总体		对危机反应能力及减缓流行病蔓延能力	
	排名	得分	排名	得分
波兰	32	55.4	51	47.5
匈牙利	35	54.0	33	52.2
捷克	42	52.0	57	46.6
斯洛伐克	52	47.9	105	34.1
爱沙尼亚	29	57.0	56	47.0
立陶宛	33	55.0	107	33.9
拉脱维亚	17	62.9	29	54.7
希腊	37	53.8	66	44.0
罗马尼亚	69	45.8	98	35.3
保加利亚	61	45.8	170	21.7
克罗地亚	38	53.8	115	32.4
斯洛文尼亚	12	67.2	12	63.3
塞尔维亚	41	57.0	27	55.1
波黑	79	43.7	36	51.8
阿尔巴尼亚	39	53.8	34	52.0

续表

国家	总体		对危机反应能力及减缓流行病蔓延能力	
	排名	得分	排名	得分
北马其顿	90	39.1	112	33.1
黑山	68	43.7	116	32.1
全球平均得分		40.2		38.4

资料来源：《全球卫生安全指数报告 2019》[*Global Health Security*（GHS）*Index Report* 2019]。

GHS 指数中有一项评估因子是“对危机反应能力及减缓流行病蔓延能力”。中东欧 17 国中有 7 国低于全球的平均水平（38.4 分），其中，保加利亚得分最低，仅 21.7 分，甚至不及西巴尔干五国的表现。值得注意的是，克罗地亚和立陶宛在总体卫生健康系统方面得分较高，但在对危机的反应能力方面却表现糟糕。

（四）旅游业对中东欧地区的重要性

在本次疫情危机中，旅游业是遭受重创的行业之一，这导致严重依赖旅游业的中东欧国家的短期经济增长必将受到严重拖累。根据 wiiw 2020 年春发布的研究报告，中东欧的克罗地亚、斯洛文尼亚、保加利亚、罗马尼亚、黑山和阿尔巴尼亚在总体 GDP 和就业方面都非常依赖旅游业（见图 2－5）。正如许多经济学家所预期，若疫情在 2020 年上半年得到有效控制，随着各国禁令的逐渐放松，疫情对该地区旅游业的冲击在一定程度上是有限的，有望在 2021 年逐渐复苏。①

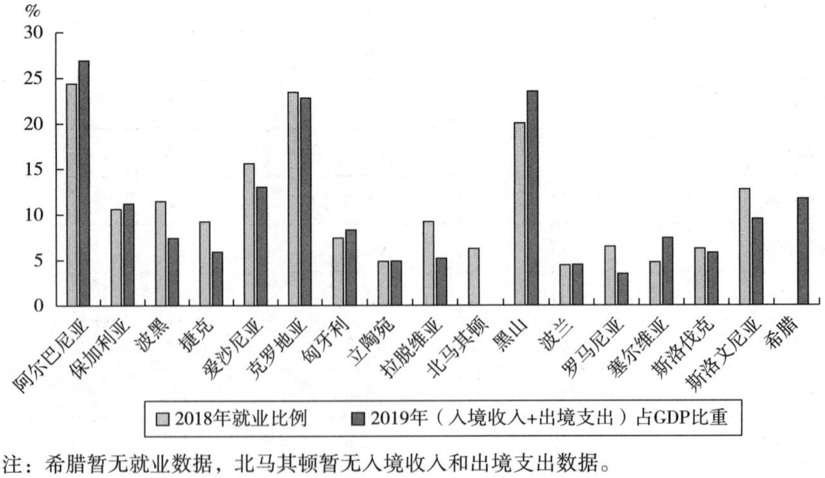

注：希腊暂无就业数据，北马其顿暂无入境收入和出境支出数据。

图 2－5　旅游业对中东欧 17 国的重要性

[资料来源：维也纳国际经济比较研究所（wiiw）]

① 更多有关中东欧旅游业的分析请参考研究专题 6。

研究专题 6　中东欧主要国家旅游业发展

旅游业是一国服务贸易的重要组成部分。根据联合国世界旅游组织（UNWTO）的数据，2018 年，欧盟 28 国产生了 4070 亿欧元的国际旅游收入，占世界总量的 1/3，创造了 2730 万个就业机会。近年来，中东欧地区的旅游业逐渐转型，展现出欧洲化、市场化、多样化、国际化和可持续性的新形象。各国积极研究如何设计标准旅游供给品、吸引外国资本对旅游业的投资以及国际游客的流动方向等问题，大幅提高了本国旅游业的竞争力。

（1）旅游业收入

近年来，中东欧国家的国际旅游业收入和游客人数保持稳定增长。2018 年，中东欧 17 国的国际旅游收入占整个欧洲的份额平均仅 0.8%，其中，希腊、波兰和克罗地亚为前三强，分别为 3.3%、2.5% 和 2.1%（见表 2－7）。克罗地亚吸引入境游客最多，2018 年接待入境且过夜的游客超过 1660 万人；其次是捷克、波兰和匈牙利[①]；2019 年，斯洛伐克和立陶宛接待入境且过夜游客数量增长较快，分别为 12.6% 和 10%[②]（见表 2－8）。

表 2－7　　2018 年中东欧 17 国国际旅游收入份额

国家/地区	2018 年国际旅游收入占欧洲份额（%）	国家/地区	2018 年国际旅游收入占欧洲份额（%）
波兰	2.5	希腊	3.3
匈牙利	0.6	塞尔维亚	0.2
捷克	1.3	北马其顿	0.1
斯洛伐克	0.6	波黑	0.2
爱沙尼亚	0.3	阿尔巴尼亚	0.4
立陶宛	0.2	黑山	0.2
拉脱维亚	0.2	维谢格拉德四国	1.3
罗马尼亚	0.5	波罗的海三国	0.2
保加利亚	0.8	东南欧五国	1.5
克罗地亚	2.1	西巴尔干五国	0.2
斯洛文尼亚	0.6	中东欧 17 国	0.8

资料来源：世界旅游组织（UNWTO）。[③]

① 更多信息请参考：https：//www. statista. com/statistics/1054635/international － arrivals － in － cee － countries/。

② 更多信息请参考：欧盟统计局，https：//ec. europa. eu/eurostat/documents/2995521/10371904/4 －24012020 － AP － EN. pdf/225398de － fa6a －4ed9 －6052 －9167d39f2ea2。

③ 更多信息请参考：https：//www. e － unwto. org/doi/pdf/10. 18111/9789284421152。

表 2－8　　2019 年中东欧 17 国入境游客住宿天数

国家/地区	总住宿（天）	同比增长（%）	非欧盟居民（天）	同比增长（%）	欧盟居民（天）	同比增长（%）
波兰	93.4	5.1	18.7	5.2	74.7	5.0
匈牙利	32.9	0.2	15.5	1.1	17.4	－0.5
捷克	56.8	2.2	27.2	1.5	29.6	2.9
斯洛伐克	17.1	12.6	6.0	8.4	11.1	15.1
爱沙尼亚	6.9	4.7	4.4	4.2	2.5	5.5
立陶宛	8.9	10.0	4.1	10.0	4.8	9.9
拉脱维亚	5.5	2.2	3.8	2.3	1.7	1.9
罗马尼亚	30.1	5.6	5.2	－1.5	24.9	7.3
保加利亚	27.1	0.8	17.4	－1.8	9.7	6.0
克罗地亚	91.2	1.8	84.1	1.1	7.1	10.0
斯洛文尼亚	15.9	1.6	11.5	2.9	4.4	－1.7
希腊	119.4	－3.0	99.6	－2.9	19.8	－3.7
塞尔维亚	9.3	6.4	3.7	7.8	5.6	5.5
北马其顿	2.2	3.5	1.5	5.5	0.7	－0.5
黑山	4.2	—	3.8	—	0.4	—
欧盟 28 国	3220.8	2.4	1505.5	2.4	1715.3	2.4

注：1. 游客住宿包括酒店、其他短期住宿、露营地、休闲车公园和拖车公园。2. 暂无阿尔巴尼亚和波黑数据。3. “—”表示暂无数据。

资料来源：欧盟统计局。

2019 年，在克罗地亚和黑山，超过九成的住宿是由非欧盟居民贡献的，而罗马尼亚和波兰仅有不足 20% 的住宿是非欧盟居民（见图 2－6）。

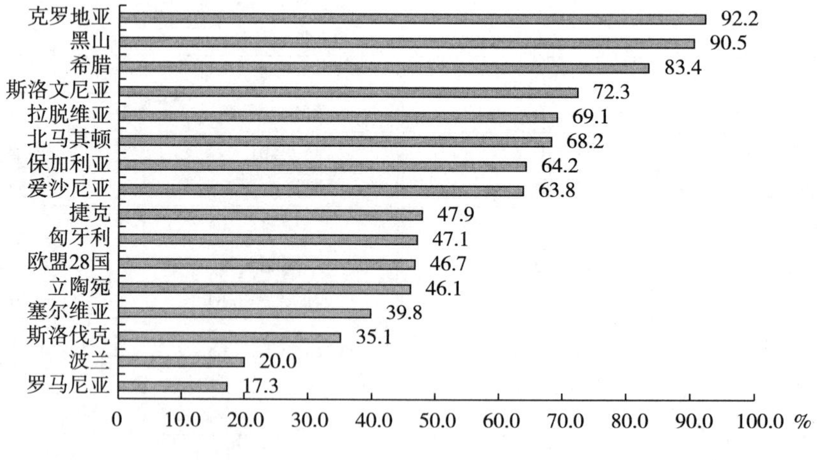

注：暂无阿尔巴尼亚和波黑数据。

图 2－6　2019 年中东欧 17 国非欧盟居民住宿比例

（资料来源：欧盟统计局）

从入境收入与出境支出之差占 GDP 的比重来看，2018 年中东欧地区旅游业普遍处于顺差状态，仅罗马尼亚出现逆差；西巴尔干五国顺差占 GDP 比重最大，平均 7.1%，其中黑山高达 20.9%。从入境收入与出境支出之和占 GDP 的比重来看，东南欧和西巴尔干地区的旅游业开放度较大，其中，克罗地亚、阿尔巴尼亚和黑山均超过 GDP 的 20%。从入境收入占经常账户的比重看，黑山接近 40%，克罗地亚、阿尔巴尼亚在 30% 之上，希腊接近 25%（见表 2－9）。三个综合指标说明，这些国家旅游资源丰富，但产业结构单一，一旦旅游业受到冲击，全国经济增长和就业就将受到严重影响。

表 2－9　　2018 年中东欧 17 国旅游业综合指标　　单位：%

国家/地区	旅游业项目平衡	旅游业开放度	入境收入/经常账户
	（入境收入－出境支出）/GDP	（入境收入＋出境支出）/GDP	
波兰	0.9	4.5	4.5
匈牙利	4.1	8.3	6.3
捷克	0.9	5.9	4.0
斯洛伐克	0.4	5.8	3.1
爱沙尼亚	2.2	13.0	9.2
立陶宛	0.5	4.9	3.0
拉脱维亚	0.8	5.2	4.4
罗马尼亚	-0.7	3.5	3.0
保加利亚	4.4	11.2	10.5
克罗地亚	17.0	22.8	32.9
斯洛文尼亚	3.1	9.5	6.9
希腊	8.1	11.7	23.6
塞尔维亚	0.2	7.4	6.1
波黑	3.6	7.4	9.3
阿尔巴尼亚	3.7	26.9	35.9
黑山	20.9	23.5	39.4
维谢格拉德四国	1.6	6.1	4.5
波罗的海三国	1.2	7.7	5.5
东南欧五国	6.4	11.7	15.4
西巴尔干五国	7.1	16.3	22.7
中东欧 17 国	4.4	10.7	12.6

注：暂无北马其顿数据。

资料来源：世界旅游组织（UNWTO）。

2019 年，全球经济放缓、贸易紧张局势和地缘政治挑战加剧，社会动荡、英国退欧之后的不确定性以及商业信心下降，都对中东欧地区旅游业的增长造成压力。但也有部分国家表现出色：巴尔干地区的黑山因获得 FDI 而大涨 21%，波黑也获得两位数的增长；尽管出现航空公司破产使得航空运能降低，斯洛文尼亚仍然保持近年的增速；克罗地亚、北马其顿和塞尔维亚受益于对中国的免签政策也出现增长；希腊作为成熟的度假胜地，在国际游客和旅游收入两方面都出现大幅上涨。

（2）旅游业就业

中东欧地区以匈牙利和希腊吸纳的就业人数较多，均达 30 万人以上；其次是捷克和塞尔维亚，均约 15 万人以上（见图 2－7）。

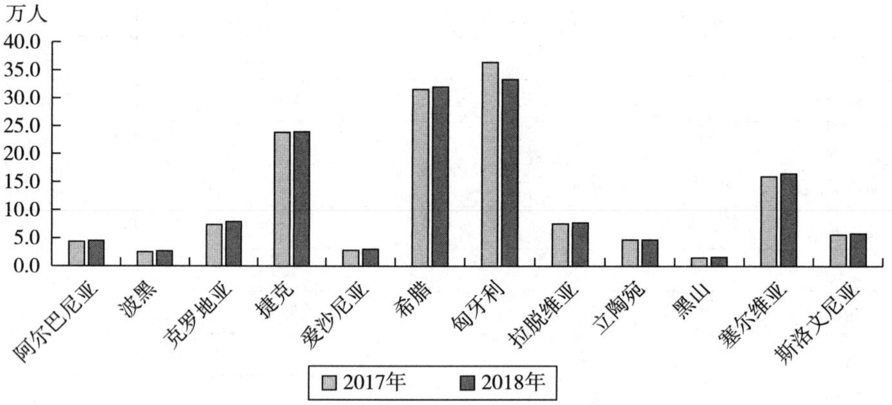

图 2－7　2018 年中东欧部分国家旅游业就业人数

［资料来源：世界旅游组织（UNWTO）］

在旅游业就业结构上，餐饮业吸纳人数最多，普遍占 40% 以上；其次是住宿和交通，约 20%～30%；旅行社和其他预订服务的就业人数低于 10%（见表 2－10）。

表 2－10　2017—2018 年中东欧部分国家旅游业就业人数分布　单位：%

国家	住宿		餐饮		交通		旅行社	
	2017 年	2018 年	2017 年	2018 年	2017 年	2018 年	2017 年	2018 年
阿尔巴尼亚	76.6	—	—	—	19.0	—	4.4	—
波黑	19.0	19.4	78.6	78.4	—	—	2.4	2.2
克罗地亚	51.2	51.1	41.7	41.8	—	—	7.2	7.1

续表

国家	住宿		餐饮		交通		旅行社	
	2017 年	2018 年	2017 年	2018 年	2017 年	2018 年	2017 年	2018 年
捷克	17.7	—	29.9	—	11.4	—	5.7	—
爱沙尼亚	25.9	—	67.7	—	0.0	—	6.4	—
希腊	20.3	22.9	52.3	53.7	21.6	18.7	4.4	3.1
匈牙利	9.1	11.4	33.0	30.8	27.4	27.8	2.4	1.9
拉脱维亚	4.9	5.8	32.9	34.6	23.6	21.8	3.7	3.2
立陶宛	—	30.7	—	27.8	—	21.8	0.0	7.2
塞尔维亚	8.7	9.3	47.3	49.9	38.9	36.1	2.4	2.0
斯洛文尼亚	16.4	16.3	43.7	43.5	12.7	12.9	3.7	4.0

注：“—”表示暂无数据。

资料来源：世界旅游组织（UNWTO）。①

（3）旅游业投资

旅游业可细分为酒店业、餐饮业、商务旅行业和休闲旅行业②四大类。旅游人数的增长使得酒店业成为中东欧地区的投资热点。捷克、匈牙利和波兰是中东欧地区的主要酒店市场，其酒店入住率、每间可用客房收入和其他关键绩效指标近年来一直保持 1～2 个百分点的稳定增长。2018 年，由于波兰设立了经济特区，可为投资 10～15 年的投资者免税，因此吸引了大量的企业入住华沙、克拉科夫和弗罗茨瓦夫等大城市③，不仅令写字楼市场加速，也使得波兰的酒店数量迅速超过了捷克和匈牙利。2018 年，三国的酒店入住率平均为 56.8%，其中波兰华沙的入住率高达 78.9%（见图 2－8）。

① 更多信息请参考：https：//www. e－unwto. org/action/doSearch？ConceptID＝2442&target＝topic。

② 商务/公司旅行涉及与国际商务有关的所有安排及其费用，例如与国际会议、展览相关的交通、住宿和旅行。与之相比，休闲旅行市场范围更大，例如，交通除了包括航空和其他运输服务，还包括游轮行业；住宿还涉及度假村以及养生和水疗行业；特别是娱乐场所，包括赌场、购物中心、音乐场所、剧院以及主题公园，国家公园、纪念碑和历史遗迹等，通常也对国际游客具有吸引力。

③ 2018 波兰酒店市场报告，https：//www. hospitalitynet. org/file/152008651. pdf。

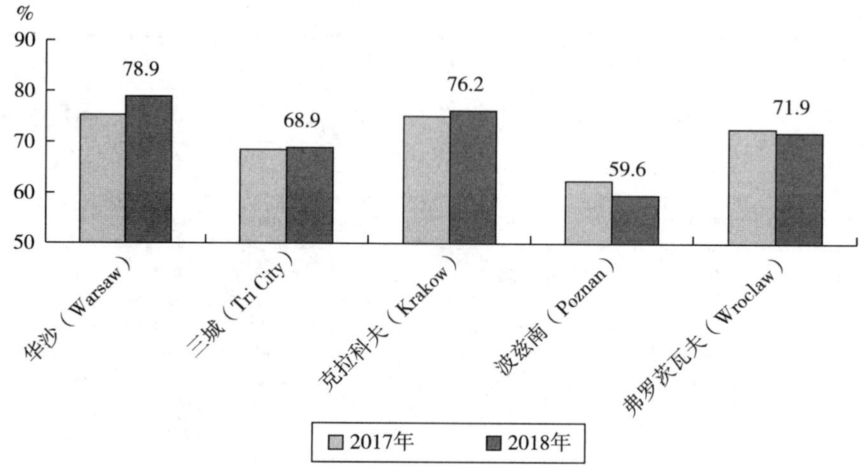

图 2-8　2017—2018 年波兰主要城市的酒店入住率

（资料来源：STR①）

第二节　中东欧 17 国三大国际评级机构展望

一、穆迪

（一）全局展望

2019 年 11 月 14 日和 21 日，穆迪（Moody's）分别发布了新兴市场和全球未来两年的展望报告。总体来看，这份展望报告印证了穆迪在 2018 年报告中所提出的担忧。一方面，在 2019 年及之后，由于受到贸易政策不确定性、地缘政治风险不可测性以及全球经济不断减弱的进一步威胁，新兴市场的债券发行很容易受到大宗商品价格暴跌、贸易局势升级或者资本突然外流等突发事件的冲击；另一方面，新兴经济体在改革势头放缓的情况下，其债务负担依然沉重，加大了该地区国家受负面冲击的脆弱性。穆迪预计新兴市场的信贷状况在 2018 年的基础上将继续恶化，2020 年也不会出现较大改善。在此背景下，穆迪将新兴市场前景展望由“稳定”调整为“负面”。

该展望报告还指出，未来几年，随着全球经济继续放缓，主要经济体商业情绪将

① STR 成立于 1985 年，以酒店行业权威的全球标杆数据对标、市场分析与行业洞察而闻名。CoStar 集团对于 STR 的收购于 2019 年 10 月交割完成。CoStar Group，Inc.（NASDAQ：CSGP），是一家领先的服务供应商，致力于提供商业房地产信息、数据分析以及网络市场。

变得更为悲观，全球的长期期望增速将朝着更低的趋势发展。当前全球的经济环境特征包括结构性低增长、低通胀以及政策空间的有限性，因而全球经济前景非常脆弱，更容易受到负面影响。因此，穆迪预测全球经济虽然在 2020 年和 2021 年不会出现大幅度衰退，G20 集团在 2020 年将以 2.6% 的平均速度增长，与 2019 年相同，到 2021 年 G20 集团经济增长率预计小幅回升至 2.8%，但该值仍然低于过去几十年的平均水平。G20 集团里的欧元区国家以及其他 9 个发达经济体增速将从 2019 年的 1.6% 降至 2020 年的 1.4%，预计 2021 年将小幅升至 1.6%（见表 2－11）。[①]

然而，自 2020 年初以来，新冠肺炎疫情席卷全球，全球经济几近瘫痪，在原本增速放缓的基础上，更是雪上加霜。[②] 服务业受疫情影响尤其严重，其中酒店、餐馆、综合购物中心等面向消费者的行业更是首当其冲。旅游业、航空业、制造业也受到重创。同时，随着各国各地政府实施减少商业活动以防范新冠肺炎病毒传播，原油总需求前景低迷，导致国际油价波动较大。

表 2－11　　2020—2021 年 G20 集团经济增速预测　　单位：%

国家/地区	2019 年 11 月预测值		2020 年 3 月预测值（新冠肺炎疫情爆发）				2020 年 4 月预测值（新冠疫情全球范围内扩散）	
			基准情景		下行情景			
	2020 年	2021 年	2020 年	2021 年	2020 年	2021 年	2020 年	2021 年
发达经济体	1.4	1.6	1.0	1.6	0.5	1.5	-5.8	4.2
美国	1.7	1.9	1.5	1.9	0.9	1.8	-5.7	4.5
欧元区	1.2	1.4	0.7	1.5	0.4	1.4	-6.5	4.7
日本	0.4	0.6	0	0.6	-0.6	0.6	-6.5	2.7
德国	1.0	1.3	0.3	1.5	-0.3	1.4	-5.5	4.8
英国	1.0	1.0	0.9	1.0	0.4	0.8	-7.0	4.7
法国	1.4	1.4	1.1	1.5	0.8	1.4	-6.3	4.5
意大利	0.5	0.7	-0.5	1.2	-0.7	1.0	-8.2	4.9
加拿大	1.6	1.7	1.4	1.6	0.9	1.5	-6.1	4.2
澳大利亚	2.2	2.5	1.6	2.6	1.3	2.4	-4.9	3.7
韩国	2.1	2.5	1.4	2.6	0.8	2.3	-0.5	2.7
新兴经济体	4.6	4.8	3.8	4.6	3.0	4.6	-1.0	5.7
中国	5.8	5.7	4.8	5.5	3.7	5.5	1.0	7.1
印度	6.6	6.7	5.3	5.8	5.0	5.8	0.2	6.2
巴西	2.0	2.5	1.8	2.5	1.5	2.4	-5.2	3.3
俄罗斯	1.5	1.7	1.3	1.8	1.1	1.9	-5.5	2.2
墨西哥	1.3	2.1	0.9	2.1	0.6	2.2	-7.0	2.2

① Moody's. Global Macro Outlook 2020－21: Global Growth will remain sluggish as large Engines of Economic Activity slow [R]. 2019－11.

② 在此次疫情危机中，需求对经济的冲击占据主导地位，消费的持续回落、停工时间的延长，将在很大程度上损害企业收益。

续表

国家	2019 年 11 月预测值		2020 年 3 月预测值（新冠肺炎疫情爆发）				2020 年 4 月预测值（新冠疫情全球范围内扩散）	
			基准情景		下行情景			
	2020 年	2021 年	2020 年	2021 年	2020 年	2021 年	2020 年	2021 年
印度尼西亚	4.7	4.8	4.8	4.9	4.5	4.5	0.2	5.0
土耳其	3.0	3.0	2.5	3.0	2.0	2.7	-5.0	3.5
沙特阿拉伯	2.5	3.1	0.2	4.1	-1.0	3.2	-3.8	2.5
阿根廷	-2.5	1.5	-2.5	1.5	-3.0	1.5	-6.0	2.5
南非	1.0	1.2	0.4	0.9	0	0.8	-6.5	4.5
G20	2.6	2.8	2.1	2.8	1.4	2.7	-4.0	4.8

注：“基准情景”假设 2020 年将分为两个阶段，第一阶段是 2020 年上半年的经济回落，第二阶段是下半年的温和复苏。此外，“基准情景”还假设全球各国全力遏制病毒传播，随着北半球春季和夏季的到来，全球下半年各个领域的经济活动可以逐步得以恢复。“下行情景”则假设新冠肺炎病毒感染率增长更快、传染持续时间更长，由此导致市场情绪更低，并且随着时间推移，需求对经济的冲击将占主导地位。

资料来源：穆迪投资者服务（Moody's Investors Service）。

基于上述原因，穆迪于 2020 年 3 月 6 日更新其宏观展望，对全球主要国家经济发展前景进行了修订。穆迪更新的宏观展望报告将 G20 集团未来前景设想了两种情景，一种是“基准情景”，另一种是“下行情景”。在基准情景下，G20 集团 2020 年增长预计为 2.1%，比 2019 年 11 月的预测值低了 0.5 个百分点。G20 发达经济体和新兴经济体增速预计分别为 1% 和 3.8%，较 2019 年的预测值下降了 0.4 个和 0.8 个百分点。在下行情景下，各国的增长预期将更低，如美国 2020 年增速将不到 1%，中国 GDP 增长率也仅维持在 3.7% 左右。另外几个疫情较为严重的国家，经济将受到更大的冲击，如日本、德国和意大利，三国 2020 年经济增速可能为负（分别为 -0.6%、-0.3% 和 -0.7%），但 2021 年预计会恢复为正增长（分别为 0.6%、1.4% 和 1%）。①

但是，随着新冠肺炎疫情在欧洲和美国大规模爆发，这场危机的经济代价正在迅速累积。穆迪在 2020 年 4 月 28 日再次更新了其经济预测，认为 G20 的发达经济体 2020 年将收缩至 -5.8%，新兴经济体将收缩至 -1%。如果疫情仍得不到控制，穆迪或将继续下调全球增长预期。另外，发达经济体应对疫情的措施实施规模将继续扩大并微调；在疫情最初大部分新兴经济体的财政政策反应较为克制，但随着经济损失逐渐扩大，刺激政策也在增加。长期来看，此次新冠肺炎疫情将持续影响全球经济结构，例如，我们的消费模式可能会从根本上改变。②

① Moody's. Global Macro Outlook 2020 -21: Coronavirus will hurt Economic Growth in many Countries through first half of 2020 [R]. 2020 -03.

② Moody's. Global Macro Outlook 2020 -21: Coronavirus will hurt Economic Growth in many Countries through first half of 2020 [R]. 2020 -03.

（二）主权信用评级

在中东欧地区，穆迪对该地区部分国家，特别是贸易导向型经济体增长前景表示担忧，因为随着中美贸易冲突影响的逐渐显现，德国和欧元区增长疲弱以及2020 年初新冠肺炎疫情的拖累，这些国家在未来会更大程度地暴露于风险之中。另外，由于中东欧地区经济仍未实施结构性改革，2020 年初穆迪将中东欧地区2020 年整体主权信用评级展望设定为“负面”。然而，截至 2020 年 4 月底，从穆迪最新的评级行动来看，仅有罗马尼亚的展望被重新调整，从“稳定”下调为“负面”，其余 15 国主权信用评级维持原有结果，从侧面反映出穆迪对中东欧地区发展前景仍保有较高信心。从表 2 – 12 我们可以看到，中东欧 17 国中有 10 国的长期信用评级被穆迪确认为投资级，6 国为投机级（北马其顿暂无评级记录）。

表 2 – 12　　2018—2020 年穆迪对中东欧 17 国主权信用评级结果

国家	2018—2019 年			2019—2020 年		
	长期外币主权评级	短期外币主权评级	展望	长期外币主权评级	短期外币主权评级	展望
波兰	A2	P – 1	稳定	A2	P – 1	稳定
匈牙利	Baa3	—	稳定	Baa3	—	稳定
捷克	A1	（P） P – 1	正面	Aa3	（P） P – 1	稳定
斯洛伐克	A2	—	正面	A2	—	稳定
爱沙尼亚	A1	—	稳定	A1	—	稳定
立陶宛	A3	（P） P – 2	稳定	A3	—	正面
拉脱维亚	A3	（P） P – 2	稳定	A3	（P） P – 2	稳定
希腊	B3	NP	正面	B1	NP	稳定
罗马尼亚	Baa3	P – 3	稳定	Baa3	P – 3	（稳定）负面
保加利亚	Baa2	—	稳定	Baa2	—	正面
克罗地亚	Ba2	—	稳定	Ba2	—	正面
斯洛文尼亚	Baa1	—	稳定	Baa1	—	正面
塞尔维亚	Ba3	—	稳定	Ba3	—	正面
波黑	B3	—	稳定	B3	—	稳定
阿尔巴尼亚	B1	—	稳定	B1	—	稳定
北马其顿	—	—	—	—	—	—
黑山	B1	NP	正面	B1	NP	稳定

注：1. 穆迪长期评级针对一年期以上的债务，评估发债方的偿债能力，预测其发生违约的可能性及财产损失概率。而短期评级一般针对一年期以下的债务。穆迪长期评级共分九个级别：Aaa、Aa、A、Baa、Ba、B、Caa、Ca 和 C。其中 Aaa 级债务的信用质量最高，信用风险最低；C 级债务为最低债券等级，收回本金及利息的机会微乎其微。在 Aa 到 Caa 的六个级别中，还可以添加数字 1、2 或 3 进一步显示各类债务在同类评级中的排位，1 为最高，3 则最低。通常认为，从 Aaa 级到 Baa3 级属于投资级，Ba1 级以下则为投机级。穆迪的短期评级依据发债方的短期债务偿付能力由高到低分为 P – 1、P – 2、P – 3 和 NP 四个等级。此外，穆迪还对信用评级给予展望评价，以显示其对有关评级的中期走势看法。展望分为“正面”（评级可能被上调）、“负面”（评级可能被下调）、“稳定”（评级不变）以及“发展中”（评级随着事件的变化而变化）。对于短期内评级可能发生变动的被评级对象，穆迪将其列入信用观察名单。被审查对象的评级确定后，将从名单中去除。目前，穆迪的业务范围主要涉及国家主权信用、美国公共金融信用、银行业信用、公司金融信用、保险业信用、基金以及结构性金融工具信用评级等几方面。更多内容请参考 http：//finance. people. com. cn/forex/GB/17980169. html；2. “—”表示暂无主权评级、展望数据。3. 表中所示 2019—2020 年期间惠誉展望结果中，括号内表示一国在新冠肺炎疫情爆发之前的展望结果，括号外为疫情爆发扩散后的更新结果。

资料来源：穆迪（Moody's）。

通过对比 2018—2019 年和 2019—2020 年穆迪对中东欧 17 国的主权信用评级结果，我们可以看到在过去的一年，17 国中有 6 个国家的长期外币主权、短期外币主权和展望的评级结果暂无变动。穆迪表示，以波兰为代表的一部分中东欧国家在制度改革方面仍面临巨大的挑战，所庆幸的是这些负面影响尚未对其信贷指标构成过大的威胁。因而波兰的长期/短期外币主权评级和展望均未调整。斯洛伐克和黑山两国的展望由 2018 年的“正面”调整为“稳定”，意味着穆迪认为两国评级的中期走势将保持稳定，暂不会实施上调行动。值得注意的是，斯洛伐克的财政指标在新冠肺炎疫情爆发之前就已经有恶化的趋势，国内经济的进一步收缩和赤字增加将导致政府债务负担大幅上升，疫情在欧洲爆发之后，由于斯洛伐克经济的高度外向性，GDP 增长将被严重拖累，穆迪预测其政府债务占 GDP 比重将从 2019 年的 48% 大幅增加到 2020 年的 57.2% 。

2020 年 4 月 24 日，穆迪将罗马尼亚的展望从“稳定”下调为“负面”，是中东欧 17 国中唯一展望为“负面”的国家，意味着穆迪对罗马尼亚前景发展较为悲观。这次下调行动不仅是因为疫情的冲击，还包括以下两点因素：第一，罗马尼亚公共财政结构持续恶化以及 2019 年养老金改革所引发的长期负债增加；第二，罗马尼亚的外部状况仍未得到有效改善，短期外币债务的增加进一步加剧了该国对外部风险的敏感性。然而，鉴于罗马尼亚中长期增长潜力较强，穆迪仍保持其长期主权“Baa3”的评级。

立陶宛、保加利亚、克罗地亚、斯洛文尼亚和塞尔维亚均出现了积极的调整信号。5 国的长期/短期外币主权评级虽未变动，但展望却从“稳定”上调为“正面”，意味着穆迪对其评级的中期走势持乐观态度，在未来评级存在被上调可能性。

中东欧 17 国中，仅有捷克和希腊的长期外币主权评级出现上调，分别由 2018—2019 年的“A1”和“B3”上升至 2019—2020 年的“Aa3”和“B1”，且两国展望均为“稳定”。穆迪将捷克的评级提升至“Aa3”的主要原因有两点：一是捷克的财政实力指标有进一步的改善，与其同等水平的国家相比，评级非常有利；二是近年来捷克政府大力进行改革以增强本国的经济实力，措施包括提高工业生产中附加值的份额、促进各个部门的创新等。此次评级行动系穆迪 17 年来首次提高捷克的主权评级。对此，捷克基金（Czech Fund）认为，在政府成功推行旨在确保养老金和医疗体系长期财政可持续性的改革方面，捷克已超过爱沙尼亚，成为中东欧地区表现最好的国家。[①] 另一方面，基于以下三方面的理由，穆

---

① 中欧陆家嘴国际金融研究院、中东欧经济研究所，《中东欧视界》，2019（10）。

迪上调了希腊的主权评级。首先，希腊所实施的改革方案目前看来已开始产生较好的成果。在加强经济改革的同时，希腊对债权人进行监督，进一步降低其改革逆转的风险。其次，近年来希腊的财政表现较为稳定，且因大部分财政改善是结构性措施，预计未来将持续下去。最后，中期来看，希腊因 2018 年 6 月的债务减免方案而大大增强了公共债务的可持续性。在巨额现金缓冲和强大债权人的支持下，希腊终于成功地重建了基于市场的融资渠道。

（三）金融机构信用评级①

与 2019 年的展望报告相比，穆迪对新兴市场金融机构 2020 年信用评级并不乐观，将展望结果从“稳定”下调为“负面”。总体而言，保险公司的前景比银行业更为稳定。由于全球以及包括中东欧在内的新兴市场前景依然较脆弱，不断上升的地缘政治风险以及政府债务水平将不可避免地对银行业产生影响。银行业与宏观经济环境的相关性非常高。一方面，疲软的经济状况和政府信贷质量压力可能会对银行产生连锁反应，阻碍银行的业务增长，拖欠付款增加，从而削弱其财务健康；另一方面，鉴于银行通常持有大量的政府债券，银行信用评级时常受到主权评级层面的制约。

在中东欧地区，日益严峻的经营环境同样对金融机构前景产生了负面影响。中东欧经济体已嵌入欧盟供应链，随着欧盟主要国家对该地区出口商品潜在需求的减少，中东欧国家的经济增长势头和银行的商业机会可能会受到一定程度的抑制。但是，与其他新兴经济体/地区相比，中东欧国家有相对多的抗风险优势。首先，中东欧地区国家仍然保持相对强劲的增长动力，这使得该地区银行保持良好的资金流动性、稳健的资本缓冲和充足的贷款活动融资渠道，在很大程度上降低了金融机构所面临的风险。其次，中东欧地区国家的信贷优势在一定程度上是严格监管的成果。例如，中东欧越来越多的国家实施《巴塞尔协议Ⅲ》（Basel Ⅲ）的全球银行业监管规定，更多地使用宏观审慎工具以及更高的资本金要求。

2020 年初，受新冠肺炎疫情影响，大部分经济活动停滞，这是中东欧地区国家共同面临的困境，给中东欧各国的商业环境带来了巨大的挑战，进而对该地区银行业的业务增长和资产质量产生了较大的负面影响。然而，穆迪预计在新兴欧洲地区，银行将保持当前的资本缓冲水平以及较高的流动性缓冲，尤其是中东欧的银行系统和保险业，在整个新兴欧洲范围内前景最为稳定。但是，需要引起重视的是，中东欧一些国家因面临不当行为所受到指控而产生的法律风险也较高，

---

① Moody's. Emerging Markets—Global: Outlook negative as Political, Policy and Trade Uncertainties increase Risks [R]. 2019-11.

例如，克罗地亚和波兰遗留的以瑞士法郎计价的抵押贷款（“Ba2”，“正面”）。[①]

（四）基础设施建设和项目融资信用评级

据穆迪预测报告，2020 年中东欧国家在基础设施建设和项目融资领域的信贷前景总体“稳定”，该展望结果与 2019 年的展望结果一致。在未来，随着中东欧各国寻求改善基础设施和能源供应安全意愿的加强，穆迪预测中东欧国家的资本支出仍将保持在一个较高的水平。此外，为满足大量基础设施投资的需求，一些中东欧国家政府设法鼓励本国私营部门更多地参与到基础设施建设项目中。由于基础设施行业对宏观大环境敏感度高，新冠肺炎疫情的爆发严重破坏了中东欧的外部环境，进而放大了其对基础设施行业的影响。[②] 根据穆迪 2020 年 3 月更新的全球展望，基础设施、交通运输业以及基于市场的行业在疫情初期所受到的影响程度较服务业相对较低，但随着各国社交距离限制令以及经济活动停滞，这些行业同样面临巨大风险。与此同时，一些基础行业却显示出较大的弹性，如水、天然气、电力等。但若上述行业业务量因疫情大幅下滑，穆迪认为监管部门应进行干预，因为它们对民生起着关键作用。[③]

在 2019 年的报告中，提到了中东欧地区一些国有公共事业公司正在进行大规模基础设施升级投资，旨在发展欧盟电力市场的互联互通及安全电力供应，这些公司包括保加利亚的 Bulgarian Energy Holding EAD、克罗地亚的 Hrvatska elektroprireda d. d. 以及罗马尼亚的 Transelectrica S. A. 。对比 2019 年的评级展望，穆迪对上述三家公司进行了微调，其中保加利亚的 Bulgarian Energy Holding EAD 和罗马尼亚的 Transelectrica S. A. 的评级展望结果与 2019 年一致，分别是“Ba1，稳定”和“Ba1，正面”；克罗地亚的 Hrvatska elektroprireda d. d. 由“Ba2，稳定”上调为“Ba2，正面”，预示着穆迪认为该公司评级的中期走势积极，有上调的可能。截至 2020 年 4 月底（新冠肺炎疫情爆发之后），穆迪暂未对上述三家公司的长期信用实施新的评级行动。

二、标准普尔全球评级

（一）全局展望

自 2020 年初新冠肺炎疫情爆发以来，标准普尔全球评级（S&P Global Rat-

① Moody's. Financial Institute—Emerging Markets，2020 Outlook negative as slower Growth Overshadows redeeming Credit Qualities [R]. 2020-01.

② Moody's. Emerging Markets—Global：Outlook negative as Political, Policy and Trade Uncertainties increase Risks [R]. 2019-11：13.

③ Moody's. Infrastructure & Project Finance—Global：Coronavirus Effects immediate for Airports；otherSectors less imminently exposed [R]. 2020-03.

ings，简称标普）便对全球经济展望预测进行持续更新。2020 年 3 月 11 日，世界卫生组织（World Health Organization，WHO）宣布新冠肺炎疫情成为全球性流行病（Pandemic）。此时，虽然疫情在亚洲大部分地区基本得到控制，但是在美国和欧洲主要国家却开始大爆发，各国政府随之实施一系列严格措施以控制疫情的蔓延，对人与人之间接触限制越来越多，导致市场动荡，风险厌恶情绪的上升使得人们对经济活动、市场收益和信贷质量的看法也急剧恶化。

旅游业和投资领域是新冠肺炎疫情的“重灾区”。疫情在很大程度上影响了 2020 年第一季度的经济数据，在第二季度将会出现更糟糕的经济表现，全球经济有望在下半年温和复苏。在欧洲，标普预测欧元区 2020 年经济增速将介于0.5% ~ 1%。本次疫情对全球金融市场同样造成了毁灭性的冲击，股市在 2020 年 3 月遭受多次高达两位数的跌幅，芝加哥期权交易所 VIX 恐慌指数（CBOE Volatility Index）飙升至 2007—2009 年全球金融危机以来的最高水平（见图 2 -9）。此外，由于主要原油产国未能就削减供应达成一致，市场失控，全球油价暴跌至每桶 30 美元以下。与此同时，世界主要国家央行的应对措施越发激进。在 2020 年 3 月 15 日的一次特别会议上，美国联邦储备委员会（Federal Reserve Board，FED）宣布再次“紧急降息”，将基准利率降至 0 ~ 0.25% 的历史低位。英国央行、加拿大央行和新西兰央行也纷纷下调了政策利率。欧洲央行（European Central Bank，ECB）同样宣布了更大规模的资产购买计划以及更多的长期融资操作计划。

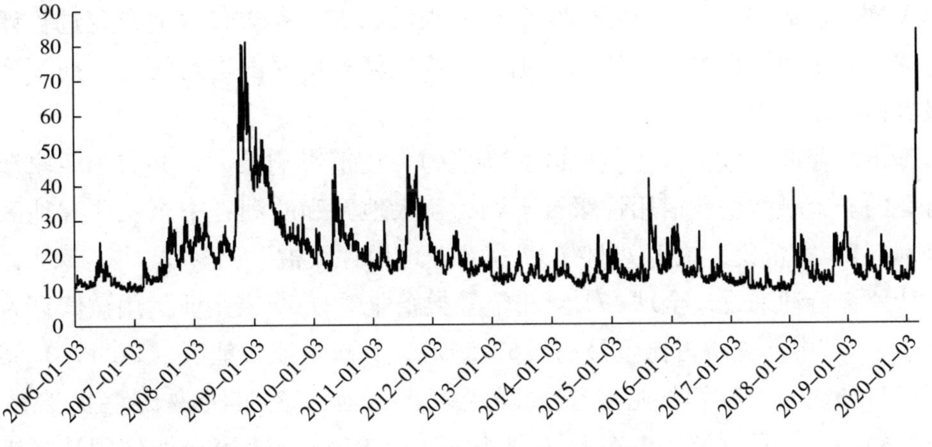

注：1. VIX 恐慌指数（CBOE Volatility Index）是芝加哥期权交易所市场波动率指数的交易代码，常见于衡量标准普尔 500 指数期权的隐含波动性。通常被称为“恐慌指数”或“恐慌指标”，它是了解市场对未来 30 天市场波动性预期的一种衡量方法；2. 在上述观测时间区间（2006 年 1 月 1 日至 2020 年 3 月 22 日），VIX 最高值为 82.69，出现在 2020 年 3 月 16 日，次高值为 80.86，出现在 2008 年 11 月 20 日。

图 2 -9　2006 年 1 月至 2020 年 3 月 VIX 恐慌指数走势

［资料来源：雅虎财经（Yahoo Finance）］

基于上述事实，标普在2020年3月的一份展望报告中预测，2020年全球经济或将陷入衰退，GDP增长率为1%～1.5%，该结果与此前穆迪于2020年3月发布的G20集团的展望结果保持一致（“下行情景”下G20集团2020年经济增速约为1.4%）。① 但新冠肺炎疫情对经济影响比预期更长、更强烈。截至2020年4月底，与穆迪一样，标普再次下调了宏观经济预测，预计2020年全球GDP增长率将为－2.4%，美国和欧元区分别为－5.2%和－7.3%，在2021年，全球GDP有望反弹至5.9%（见表2－13）。②

表2－13　2020年中国、美国、欧元区和全球其他地区经济增速预测　单位：%

国家/地区	2020年3月预测		2020年4月预测		
	高点	低点	2020年	2021年	2022年
	2020年	2020年			
中国	3.2	2.7	1.2	7.4	4.7
美国	1.5	0.9	－5.2	6.2	2.5
欧元区	0.7	0.4	－7.3	5.6	3.7
全球	1.5	1.0	－2.4	5.9	3.9

资料来源：标准普尔全球评级（S&P Global Ratings）。

鉴于2020年初新冠肺炎疫情对全球多个行业均有不同程度的冲击，以及越来越多的投资者、投资机构对此表示极大的关心，标普于2020年3月20日对与疫情相关的全球28个国家和地区20个行业领域的171家非金融类企业进行评级下调，并分别按照评级行动、评级级别、行业领域和所属国进行统计，向下修订的评级具体结果见表2－14。

基于标普调查报告，北美地区受新冠肺炎疫情影响最大，共有107家涉及不同行业的非金融类企业信用评级被下调，亚太地区和欧洲、中东及非洲地区的企业分别有26家企业，拉丁美洲有12家企业信用评级被下调。

从评级行动来看，全球171家非金融类企业中有69家企业信用被修订为“负面观察”，其中北美所占比重最高（69.5%），其次是亚太地区（17.4%）和拉丁美洲（11.6%）；42家企业展望被降级，北美地区企业所占比重仍然是最高（40.4%），其次是欧洲、中东及非洲地区（30.9%）；31家企业信用被降级，其中北美企业有24家，欧洲、中东及非洲有6家，拉丁美洲有1家，亚太地区暂无；29家企业评级行动为“降级＋负面展望”。

① S&P Global Ratings. Economic Research：COVID－19 Macroeconomic Update：The Global Recession is here and now. 2020－03.

② S&P Global Ratings. Economic Research：COVID－19 Deals A larger，Longer Hit to Global GDP. 2020－04.

表 2－14　2020 年 3 月与新冠肺炎疫情相关非金融类企业标普评级行动统计

评级行动	全球	亚太地区	欧洲、中东及非洲	拉丁美洲	北美	非金融类企业所属国家/地区	企业个数
降级＋负面观察	29	3	6	2	18		
降级	31	—	6	1	24		
负面观察	69	12	1	8	48	阿根廷	1
展望修订（降级）	42	11	13	1	17	澳大利亚	8
总计	171	26	26	12	107	百慕大	3
评级级别	全球	亚太地区	欧洲、中东及非洲	拉丁美洲	北美	巴西	6
投资级别	38	16	5	2	15	英属维尔京群岛	2
投机级别	133	10	21	10	92	加拿大	2
总计	171	26	26	12	107	智利	1
行业领域	全球	亚太地区	欧洲、中东及非洲	拉丁美洲	北美	中国	4
航空航天和国防	2	—	—	1	1	法国	2
汽车制造	11	1	6	—	4	德国	3
公交服务	3	—	—	—	3	希腊	1
资本货物	4	—	—	1	3	中国香港	1
化学工业	4	1	—	—	3	爱尔兰	1
商业及专业服务	3	—	—	—	3	日本	2
消费品行业	14	1	2	2	9	韩国	2
集装箱及货物运输	2	—	—	—	2	卢森堡	2
能源	3	—	—	1	2	中国澳门	1
工程及施工行业	1	—	1	—	—	马来西亚	1
医疗保健	1	—	1	—	—	墨西哥	2
酒店及电竞业	16	4	3	—	9	荷兰	3
媒体及娱乐业	33	2	5	—	26	新西兰	4
金属及采矿业	3	1	1	—	1	挪威	1
房地产业	5	3	—	1	1	巴拿马	2
零售及餐饮业	26	2	2	—	22	秘鲁	1
科技业	6	—	1	—	5	西班牙	2
电信业	1	—	—	—	1	瑞士	2
运输业	23	2	3	6	12	英国	10
运输基建业	10	9	1	—	—	美国	101
总计	171	26	26	12	107	总计	171

注：1. 标普本次评级行动涉及全球与新冠肺炎疫情相关的 28 个国家和地区 20 个领域的 171 家非金融类企业，分别按照评级行动、评级级别、领域和所属国家和地区进行统计；2. 标普将对该表定期进行更新；3. "—"表示不适用。

资料来源：标准普尔全球评级（S&P Global Ratings）。

从信用评级级别来看，全球 171 家非金融类企业有 38 家属于“投资级别”，其比重仅为 22.2%，剩余的 133 家企业属于“投机级别”，占比为 77.8%。

从行业领域来看，此次疫情对媒体及娱乐业、零售及餐饮业、运输业、酒店及电竞业冲击最为严重。标普预估在上述四个领域，全球分别有 33 家、26 家、23 家和 16 家企业信用评级向下修订。在北美地区，媒体及娱乐业（26 家）、零售及餐饮业（22 家）和运输业（12 家）受影响企业数量仍然占较大比重；在亚太地区，更多的运输基建企业（10 家）会面临下行风险。

从 171 家非金融类企业的所属国家和地区来看，受疫情影响的美国企业数量最多（101），其次是英国（10）和澳大利亚（8），中国仅 4 家非金融类企业的信用在本次标普评级修订行动中向下调整，中东欧 17 国中暂时仅有希腊一家企业信用因疫情下调。

（二）主权信用评级[①]

整体来看，与上一轮统计（2018—2019 年版）结果相比，中东欧 17 国主权信用评级在 2019—2020 年期间保持相对稳定，并未出现较大波动。截至 2020 年 1 月 29 日，中东欧 17 国中仍然有 11 国的长期主权信用评级被标普归类为投资级。这 11 个国家均来自中东欧—欧盟地区，分别是波兰、匈牙利、捷克、斯洛伐克、爱沙尼亚、拉脱维亚、立陶宛、罗马尼亚、保加利亚、克罗地亚和斯洛文尼亚，较上一轮评级行动，增加了克罗地亚（由 BB + 上调为 BBB −）。其中，波兰（由“BBB +”上调为“A −”）、匈牙利（由“BBB −”上调为“BBB”）、拉脱维亚（由“A −”上调为“A”）、保加利亚（由“BBB −”上调为“BBB”）、克罗地亚（由“BB +”上调为“BBB −”）和斯洛文尼亚（由“A +”上调为“AA −”）6 国的主权信用长期评级在投资级别范围内均有不同程度上调（见表 2 − 15）。

表 2 − 15　2019—2020 年标普对中东欧 17 国主权信用评级结果

国家/地区	长/短期外币主权评级及展望	机构评估	经济评估	外部评估	财政评估，预算表现	财政评估，债务表现	货币政策评估
波兰	A −/Stable/A − 2	4	4	2	3	2	2
匈牙利	BBB/（Positive）Stable/A − 2	4	4	2	2	4	3
捷克	AA −/Stable/A − 1 +	2	3	2	2	1	2
斯洛伐克	A +/Stable/A − 1	3	3	2 §	3 *	2	2
爱沙尼亚	AA −/Stable/A − 1 +	2	3	2	2	1	3
立陶宛	A/Stable/A − 1	3	3	2	2	2	3

① S&P Global Ratings. EMEA Emerging Markets Sovereig Rating Trends 2020. 2020 − 01.

续表

国家/地区	长/短期外币主权评级及展望	机构评估	经济评估	外部评估	财政评估，预算表现	财政评估，债务表现	货币政策评估
拉脱维亚	A/Stable/A－1	3	3	2	2	2	3
希腊	BB－/Positive/B	5	3	5	1 §	6	4 §
罗马尼亚	BBB－/Negative/A－3	4	4	3	4	3	3
保加利亚	BBB/Positive/A－3	4	4	2	1	1	5
克罗地亚	BBB－/Stable/A－3	4	4	2	2	5	4
斯洛文尼亚	AA－/Stable/A－1＋	3	3	1	1	2	2
塞尔维亚	BB＋/（Positive）Stable/B	4	4	4	2	2	4
波黑	B/（Positive）Stable/B	5	5	4	3	1	6
阿尔巴尼亚	B＋/Stable/B	5	5	4	3	5	5
北马其顿	BB－/Stable/B	5	4	3	3	3	4
黑山	B＋/（Stable）Negative/B	4	4	6	3	5	6
维谢格拉德四国均值	—	3.3	3.5	2.0	2.3	2.3	2.3
波罗的海三国均值	—	2.7	3.0	2.0	2.0	1.7	3.0
东南欧五国均值	—	4.0	3.6	2.6	2.0	3.4	3.5
西巴尔干五国均值	—	4.6	4.4	4.2	2.8	3.2	5.0
中东欧—欧盟 12 国均值	—	3.4	3.4	2.3	2.1	2.6	2.9
中东欧 17 国均值	—	3.8	3.7	2.9	2.3	2.8	3.6

注：1. 标普国际评级投资级包括 AAA、AA、A 和 BBB，投机级则分为 BB、B、CCC、CC、C 和 D。信用级别由高到低排列，AAA 和 AA 级具有较高信用等级；A 和 BBB 级具有中等信用等级；BB 级到 D 级为低信用等级，D 级视为对条款的违约。从 AA 至 CCC 级，每个级别都可通过添加“＋”或“－”来显示信用高低程度。例如，在 AA 序列中，信用级别由高到低依次为 AA＋、AA、AA－。此外，标普还对信用评级给予展望，显示该机构对于未来（通常是 6 个月至两年）信用评级走势的评价。决定评级展望的主要因素包括经济基本面的变化。展望包括“正面”（Positive，评级可能被上调）、“负面”（Negative，评级可能被下调）、“稳定”（Stable，评级不变）、“观望”（评级可能被下调或上调）和“无意义”。标普还会发布信用观察以显示其对评级短期走向的判断。信用观察分为“正面”（评级可能被上调）、“负面”（评级可能被下调）和“观察”（评级可能被上调或下调）。标普同样发布信用观察以显示其对评级短期走向的判断。信用观察分为“正面”（评级可能被上调）、“负面”（评级可能被下调）和“观察”（评级可能被上调或下调）。2. 各项评估得分是以 1—6 的评分体系来衡量，其中 1 分表现最优，6 分表现最差。3. “§”表示自 2019 年 6 月以来有改进的国家，“＊”表示自 2019 年 6 月以来继续恶化的国家。4. “—”表示暂无数据或者不适用。5. 表中所示 2019—2020 年惠誉展望结果中，括号内表示一国在新冠肺炎疫情爆发之前的展望结果，括号外为疫情爆发扩散后的更新结果。

资料来源：标准普尔全球评级（S&P Global Ratings）。

中东欧 17 国中有 6 国的长期评级被归类为投机级，分别是希腊、塞尔维亚、波黑、阿尔巴尼亚、北马其顿和黑山。其中，仅有希腊和塞尔维亚的长期评级在 2019—2020 年上调，分别由“B＋”和“BB”上升为“BB－”和“BB＋”，其余 4 国尚无评级行动调整。截至 2020 年 3 月，标普展望报告显示，中东欧地区是全球升级前景展望最为积极的地区之一，有 16 国展望为“稳定”或“正面”，仅有罗马尼亚展望为“负面”。

然而，鉴于新冠肺炎疫情的持续蔓延，标普对中东欧地区国家前景展望进行了调整。截至 2020 年 4 月底，该地区有 4 个国家展望降级。其中 3 国来自西巴尔干地区，塞尔维亚由“正面”下调为“稳定”，黑山由“稳定”下调为“负面”，波黑由“正面”调整为“稳定”；另一国为匈牙利，其前景展望由“正面”下调为“稳定”。综上，新冠肺炎疫情在欧洲大范围爆发后，中东欧 17 国展望为“负面”的国家上升到 2 个：罗马尼亚和黑山。

值得特别关注的是塞尔维亚。根据标普在 2020 年 3 月给出的评级结果“BB +/Positive/B”，塞尔维亚有希望在下一轮评级中升级，成为投资级别。塞尔维亚有如此积极的展望前景，得益于其逐渐改善的营商环境，能够吸引大量稳定的 FDI 作为该国经济扩张的资本。塞尔维亚的生产和出口规模得以进一步扩大并实现多元化，加强其国际收支对外部冲击的弹性。但是，鉴于目前大部分国家所面临的新冠肺炎疫情风险仍在逐步提升，塞尔维亚的主要贸易伙伴增长前景尚未明朗，若流入塞尔维亚的 FDI 能够继续支持本国的出口和 GDP 增长，标普很可能在未来的 12 个月内提高对塞尔维亚的评级。反之，标普则可能将其前景修正为“稳定”。事实证明，此次疫情对塞尔维亚造成相当严重的冲击，标普在 2020 年 4 月的评级行动中已将其展望下调为“稳定”，短期内暂无升级可能性。

近两年，希腊的整体表现可圈可点，例如 2019 年在“财政评估，债务表现”一项的评分由“2”上升到“1 §”，为该类评级的最高分。在 2018—2019 年和 2019—2020 年标普均给予希腊“正面”展望，这意味着，如果希腊政府继续通过实施结构性改革来增强其经济增长潜力以及公共财政的可持续性，那么在未来 12 个月希腊评级很有可能被上调。另外一个可能引发标普评级上调行动的因素是，在希腊受损的银行体系中，不良贷款风险敞口（non - performing exposure，NPEs）显著减少，这将有利于希腊当前面临诸多挑战的货币传导机制得到进一步改善。不过，需要注意的是，受到全球经济衰退以及新冠肺炎疫情的拖累，希腊经济在 2020 年将弱于预期，如果由此影响政府的减债计划和金融部门重组，那么标普有可能将希腊的经济增长预期调整为“稳定”。

目前来看，罗马尼亚的前景最令人担忧。根据标普目前的评级结果“BBB -/Negative/A - 3”，若在短期内罗马尼亚政策制定者未能成功稳定并巩固其政府预算，罗马尼亚的经济和财政稳定将面临越来越大的风险。与此同时，罗马尼亚还需应对新冠肺炎疫情对其经济所造成的巨大冲击，如果政府未能有效控制上述双重风险，标普可能将其长期评级向下调整，由“BBB -”降为“BB +/-”，这意味着罗马尼亚的主权评级将降档到投机级别。

（三）主权信用评级面临的新挑战

《中东欧经济研究报告 2018—2019》曾梳理了中东欧地区国家主权信用在 2018—2019 年期间可能面临的关键挑战。根据标普的“舒适着陆”场景模型，中东欧国家需要注意以下四类风险：（1）经济过热风险；（2）全球贸易保护主义加剧风险；（3）资本外流风险；（4）欧盟资金短缺风险。但是，正如我们在上一小节所看到的，标普对大部分中东欧国家的主权信用在最近一轮的评级行动中给予了较高的评级结果，从而肯定了该地区国家在过去 12 个月对上述风险的有效管控。尽管如此，在 2020 年初，标普再次提出，中东欧国家地区应重视债务问题，避免 10 年前发生的“欧洲主权债务危机”（European Sovereign Debt Crisis，简称“欧债危机”）在中东欧地区重演。

2008 年 10 月，全球金融危机爆发之后，欧洲部分国家因在国际借贷领域中大量负债并超过了其自身清偿能力，造成无力还债或者必须延期还债的现象。2009 年 12 月，欧洲主权债务危机最早在希腊凸显。随即国际三大评级机构惠誉、标普和穆迪相继下调希腊主权信用评级，并将其评级展望定位为“负面”，希腊乃至整个欧洲的债务危机由此拉开序幕。之后，西班牙、葡萄牙、爱尔兰和意大利等欧元区国家又相继爆出债务问题，欧元兑美元汇率大幅下跌，欧元区一系列的问题接踵而来，债务危机演变为欧元危机。此轮欧元债务危机冲击了欧元区整体的稳定性，使其在全球货币体系当中的角色受到挑战。[①]

简而言之，欧债危机实质上是一场国际借贷危机，而欧元区成员国货币灵活性限制又加剧了这场危机的严重程度。在中东欧 17 国中仅有 7 国使用欧元，其余 10 国均使用各自货币，因而整体来看，该地区国家货币弹性相对较高，但仍然面临主权债务危机的潜在风险。

根据标普发布的中东欧地区国家的一般政府指标，17 国中有 5 国的经常账户赤字超过 GDP 的 5%（见表 2 -16）。而这 5 个国家中，塞尔维亚、波黑、阿尔巴尼亚和黑山 4 国均来自西巴尔干地区，罗马尼亚是这 5 国中唯一来自中东欧—欧盟地区的国家。虽然这 5 国尚未加入欧元区，仍然使用的是本国货币，但是考虑到罗马尼亚和塞尔维亚分别拥有 31% 和 58% 的金融体系存款，两国的金融体系已部分欧元化（euroized），如果在未来仍未能降低其债务在 GDP 中的比重，那么两

---

① MBA 智库：https：//wiki. mbalib. com/wiki/% E6% AC% A7% E5% 85% 83% E5% 8D% B1% E6% 9C% BA，检索日期：2020 年 3 月 25 日。

国在遭受不可避免的意外冲击，例如新冠肺炎疫情危机时，所面临的债务危机的风险将高于中东欧其他国家。

表 2-16　　2019—2020 年中东欧 17 国一般政府账户数据　　单位：%

国家	GDP 增速		一般政府账户余额占 GDP 比重		一般政府净债务占 GDP 比重		经常账户差额占 GDP 比重	
	2019 年	2020 年	2019 年	2020 年	2019 年	2020 年	2019 年	2020 年
波兰	4.3	3.2	-1.5	-2.5	44.2	44.4	-0.9	-1.4
匈牙利	4.8	3.2	-1.8	-1.2	63.5	61.0	0.3	0.5
捷克	2.5	2.3	0.3	-0.2	20.7	19.9	0.2	-0.2
斯洛伐克	2.5	2.4	-0.8	-0.9	42.5	41.5	-3.0	-2.7
爱沙尼亚	3.4	2.5	-0.1	-0.5	-2.9	-2.2	1.1	0.8
立陶宛	3.4	2.6	-0.3	-0.5	29.9	29.8	0.3	-0.1
拉脱维亚	2.8	2.8	-0.8	-0.7	29.9	30.2	-0.7	-1.2
希腊	2.0	2.5	1.3	1.0	156.4	150.5	-2.3	-2.1
罗马尼亚	3.9	3.5	-4.3	-4.0	31.8	33.6	-5.1	-5.4
保加利亚	3.6	3.0	0.1	0	11.6	11.0	0.8	-0.3
克罗地亚	2.9	2.5	-0.1	-0.4	66.0	63.7	0.8	0.4
斯洛文尼亚	2.6	2.7	0.8	0.4	48.8	45.2	5.1	4.7
塞尔维亚	3.6	3.9	-0.5	-0.5	46.2	45.3	-5.9	-5.7
波黑	2.5	2.6	1.0	0.5	22.6	22.1	-5.4	-5.7
阿尔巴尼亚	3.0	3.5	-2.5	-2.0	63.1	62.0	-6.5	-6.3
北马其顿	3.0	3.0	-2.3	-2.5	40.8	42.2	-2.3	-2.2
黑山	3.0	2.8	-3.0	-2.5	63.1	63.2	-17.3	-15.9

注：2019 年为标普的统计数据，2020 年数据为标普的预测值。

资料来源：标准普尔全球评级（S&P Global Ratings）。

三、惠誉国际信用评级

（一）全局展望

在迈入 2020 年之际，惠誉国际信用评级（Fitch Ratings，简称惠誉）在其 2019 年 11 月发布的一份展望报告中表示，全球约 75% 的国家的主权信用展望为"稳定"，这与惠誉预测的长期平均水平相一致。然而综观全球，各地区/国家之间评级结果存在着明显差异。在经济发达地区，前景展望为"正面"和"负面"

的国家数量几乎相等。在拉丁美洲地区，展望为“负面”的国家数量较多，这与新兴欧洲地区展望结果形成鲜明对比。近年来，新兴欧洲地区，包括大部分的中东欧国家，经济上升势头虽然有所放缓，但相对强劲的国内需求抵消了一部分因外部环境恶化而带来的负面影响，短期内中东欧仍是欧洲经济增长最快的地区。基于上述原因，惠誉对新兴欧洲整体展望仍为“稳定”。

从惠誉长期信用评级等级全球分布情况来看，评级级别为“B”的国家数量占比最大，其次是“BBB”和“BB”；长期信用评级为“AAA”的国家数量比重约为10%，预计2020 年此类别规模将会自2011 年以来首次扩大①（见图2－10）。之所以有较大比重的国家评级为“B”，主要原因是在 2014 年大宗商品价格回调期间及之后，许多主权国家信用评级从“BB”下调，迄今为止这些国家信用状况仍未有较大程度的改善，还未能建立可再次通向更高级别评级的渠道。②

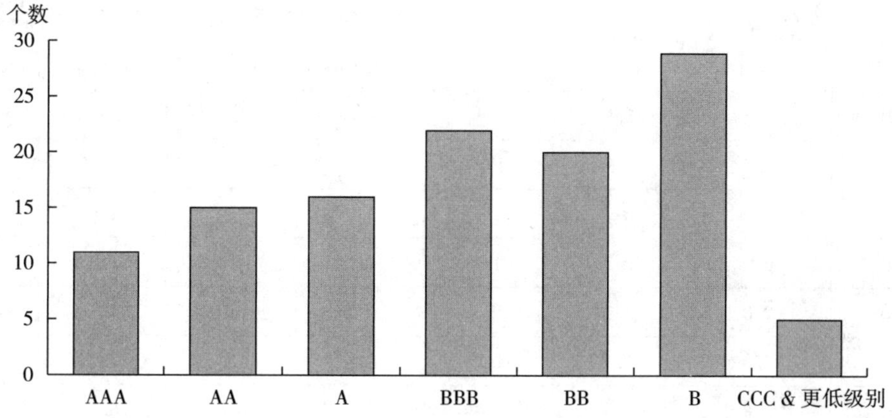

图 2－10　2019—2020 年惠誉主权长期信用评级级别分布

［资料来源：惠誉国际信用评级（Fitch Ratings）］

正如我们在本节前两部分所提及，自新冠肺炎疫情爆发以来，穆迪和标普便对全球经济前景展望重新进行评估，惠誉自然也不例外。2020 年 3 月惠誉同样公布了一份新的展望报告，调整了因疫情爆发而引发的全球经济发展趋势。此次疫情的爆发对世界经济造成了异常沉重的打击，全球 GDP 水平将大幅下降。2020 年 3 月惠誉将全球经济增长从 2019 年 11 月 2.5% 的基准预测值下调至 1.3%，该值与穆迪的“下行情景”预测值（1.4%）接近，介于标普预测高点（1.5%）和低点（1.0%）之间。这 1.2 个百分点的下调幅度意味着 2020 年全球 GDP 水平

① 其主要原因是自 2018 年以来奥地利和芬兰的前景展望均为“正面”，若能持续保持该积极趋势，惠誉预计两国将是第一批恢复“AAA”评级的发达经济体。

② Fitch Ratings. Fitch Ratings 2020 Outlook：Global Sovereigns. 2019－11.

比 2019 年底的预测降低了 8500 亿美元。短期来看，发达经济体所受到的冲击将大于新兴经济体。以美、日、德、法等 10 国为代表的发达经济体 GDP 增速预计将由 2019 年的 1.7% 下滑至 0.3%，2021 年有望反弹至 1.9%，不过略低于 2014—2018 年的平均水平（2.0%）；以中、印、巴、俄等 10 国为代表的新兴经济体 GDP 增速将由 2019 年的 4.4% 下降 1.3 个百分点至 2020 年的 3.1%，2021 年有望恢复到 5.6% 的增速，超过 2014—2018 年 4.8% 的平均水平 0.8 个百分点（见表 2－17）。不过上述预测均是建立在较为积极的前提下，即随着疫情在 2020 年下半年得到缓解，经济活动逐渐恢复到正常水平。惠誉同样设立了一个较为消极的假设前提，即疫情仍未得到有效控制，G7 集团必须采取更为激进的防范措施，在此假设下，2020 年全球 GDP 水平将下降至 0.1%。

表 2－17　　2014—2021 年全球主要地区/国家 GDP 增速　　单位：%

国家/地区	2014—2018 年平均增速	2018 年	2019 年	2020 年 3 月惠誉预测值		2020 年 4 月惠誉预测值	
				2020 年	2021 年	2020 年	2021 年
美国	2.5	2.9	2.3	1.0	1.9	－3.3	3.8
欧元区	2.0	1.9	1.2	－0.4	1.8	－4.2	2.9
中国	7.0	6.7	6.1	3.7	7.2	1.6	7.6
日本	0.9	0.3	0.7	－1.4	1.5	－2.7	2.2
英国	2.0	1.3	1.4	0.3	1.9	－3.9	3.0
发达经济体[1]	2.0	2.1	1.7	0.3	1.9	－3.4	3.3
新兴经济体[2]	4.8	5.1	4.4	3.1	5.6	0.7	6.0
全球[3]	3.0	3.2	2.7	1.3	3.3	－1.9	4.3

注：1. 此处发达经济体代表包括美国、日本、德国、法国、意大利、西班牙、英国、加拿大、澳大利亚和瑞士。2. 此处新兴经济体代表包括中国、印度、巴西、俄罗斯、南非、韩国、墨西哥、印度尼西亚、波兰和土耳其。3. 此处全球 GDP 增速是上述 10 个发达经济体和 10 个新兴经济体 GDP 增速的加权平均值，更多细节请参考惠誉国际信用评级官网。

资料来源：惠誉国际信用评级（Fitch Ratings）。

截至 2020 年 3 月底，新冠疫情已经蔓延到全球 178 个国家，78 万人受到病毒感染，各国政府先后出台了一系列紧急宏观政策以应对疫情对全球经济的冲击。惠誉预测，若各国的紧急应对政策能够缓解疫情风险，那么这将有助于在 2020 年底实现经济“V”形复苏。①

然而，新冠肺炎疫情蔓延速度之快，迫使惠誉在 2020 年 4 月再次大幅下调了

① Fitch Ratings. Global Economic Outlook. 2020－03.

全球 GDP 预测。惠誉预计到 2020 年底，全球经济活动将萎缩 1.9%，其中美国 GDP 萎缩 3.3%，欧元区萎缩 4.2%，英国萎缩 3.9%。中国预计在 2020 年第二季度缓慢恢复，其年经济增速将低于 2%。上述预测与 2020 年 3 月的预测值相比，要糟糕许多。惠誉认为，若疫情在 2020 年下半年得到基本控制，随着各国解除封锁，政府支出将会得到重新估算、库存重建、政府的刺激政策逐步生效，那么经济活动应该会缓慢复苏。与此同时，由于各国失业、资本支出削减、大宗商品价格冲击以及金融市场剧烈波动等因素，惠誉预计欧洲的 GDP 要到 2021 年底才会恢复到疫情爆发之前的水平。①

（二）主权信用评级

对比 2018—2019 年的评级结果，在 2019—2020 年期间惠誉对中东欧 17 国的评级行动非常积极。截至 2020 年 3 月 27 日，在惠誉的评级行动中未出现长期主权评级下调行动。惠誉维持了波兰、爱沙尼亚、拉脱维亚、罗马尼亚 4 国前一轮的评级结果；上调了匈牙利、捷克、斯洛伐克、立陶宛、希腊、保加利亚、克罗地亚、斯洛文尼亚、塞尔维亚和北马其顿 10 国的长期/短期信用评级/展望（见表 2－18）。

表 2－18　2018—2020 年惠誉对中东欧 17 国主权信用评级结果

国家	2018—2019 年			2019—2020 年		
	长期外币主权评级	短期外币主权评级	展望	长期外币主权评级	短期外币主权评级	展望
波兰	A－	F2	稳定	A－	F2	稳定
匈牙利	BBB－	F3	正面	BBB	F2	稳定
捷克	AA－	F1	稳定	AA－	F1＋	稳定
斯洛伐克	A＋	F1	稳定	A＋	F1＋	稳定
爱沙尼亚	AA－	F1＋	稳定	AA－	F1＋	稳定
立陶宛	A－	F1	正面	A	F1＋	稳定
拉脱维亚	A－	F1	稳定	A－	F1	（稳定）负面
希腊	BB－	B	稳定	BB	B	（正面）稳定
罗马尼亚	BBB－	F3	稳定	BBB－	F3	（稳定）负面
保加利亚	BBB	F2	稳定	BBB	F2	（正面）稳定

① Fitch Ratings. Global Economic Outlook－Crisis Update. 2020－04.

续表

国家	2018—2019 年			2019—2020 年		
	长期外币主权评级	短期外币主权评级	展望	长期外币主权评级	短期外币主权评级	展望
克罗地亚	BB +	B	正面	BBB −	F3	（正面）稳定
斯洛文尼亚	A −	F1	稳定	A	F1 +	稳定
塞尔维亚	BB	B	稳定	BB +	B	稳定
波黑	—	—	—	—	—	—
阿尔巴尼亚	—	—	—	—	—	—
北马其顿	BB	B	正面	BB +	B	稳定
黑山	—	—	—	—	—	—

注：1. 惠誉的长期评级用于衡量一个经济主体偿付外币或本币债务的能力。惠誉的长期信用评级分为投资级和投机级，其中投资级包括 AAA、AA、A 和 BBB，投机级则包括 BB、B、CCC、CC、C、RD 和 D。以上信用级别由高到低排列，AAA 等级最高，表示最低的信贷风险；D 为最低级别，表明一个实体或国家主权已对所有金融债务违约。惠誉的短期信用评级大多针对到期日在 13 个月以内的债务。短期评级更强调的是发债方定期偿付债务所需的流动性。短期信用评级从高到低，分为 F1、F2、F3、B、C、RD 和 D。惠誉采用“+”或“-”用于主要评级等级内的微调，但这在长期评级中仅适用于 AA 至 CCC 六个等级，而在短期评级中只有 F1 一个等级适用。2. 惠誉同样对信用评级给予展望，用来表明某一评级在一两年内可能变动的方向。展望分为“正面”（评级可能被调高）、“稳定”（评级不变）和“负面”（评级可能被下调）。但需要指出的是，正面或负面的展望并不表示评级一定会出现变动；同时，评级展望为稳定时，评级也可根据环境的变化被调升或调降。此外，惠誉使用评级观察表明短期内可能出现的评级变化。“正面”表示可能调升评级，“负面”表示可能调降评级，“循环”表明评级可能调升也可能调低或不变。惠誉的业务范围包括金融机构、企业、国家、地方政府等融资评级，总部分设于纽约和伦敦两地。更多内容请参考：http：//finance. people. com. cn/forex/GB/17980169. html。3. “—”表示暂无数据。4. 表中所示 2019—2020 年惠誉展望结果中，括号内表示一国在新冠肺炎疫情爆发之前的展望结果，括号外为疫情爆发扩散后的更新结果。

资料来源：惠誉国际信用评级（Fitch Ratings）。

2019—2020 年惠誉评级结果显示，中东欧 17 国所获得长期主权信用评级级别普遍较高，分布在“AA”与“BB”之间，有 11 国长期信用评级级别为投资级（“BBB”及以上），仅有 3 国为投机级（“BB”及以下）（见图 2 - 11）。其中，爱沙尼亚历经 7 年之后，在 2019 年 6 月的评级行动中重新获得投资级别（“BBB -”），成为第一个失去投资级别，之后又两度获得投资级别的国家。中东欧 17 国中暂无展望为“负面”的国家，有 11 国展望“稳定”，有 3 国前景展望为“正面”。在未来一两年内，评级可能会被上调的 3 国分别是希腊、保加利亚和克罗地亚。其中，保加利亚和克罗地亚“正面”的展望从侧面释放出两国加入欧元区进展积极的信号。在波罗的海地区，因立陶宛的关键信贷指标在过去一年有了广泛的改善，惠誉于 2020 年 2 月 1 日上调了其长、短期主权信用评级，分别由“A－”和“F1”上调至“A”和“F1＋”。

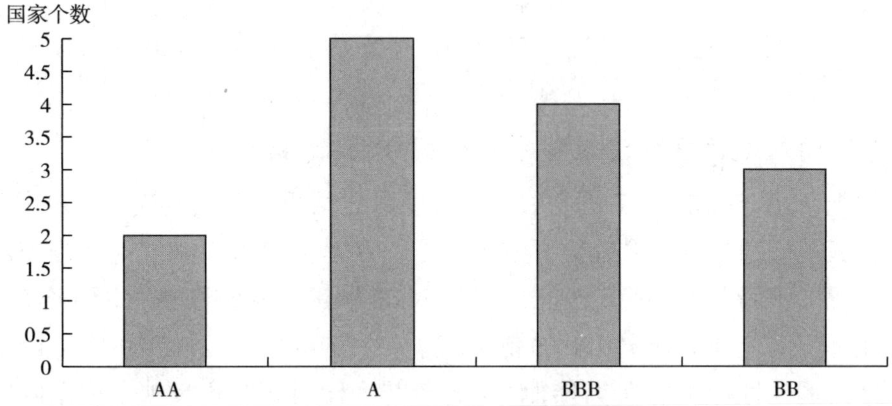

注：波黑、阿尔巴尼亚和黑山暂无数据。

图 2－11　2019—2020 年中东欧 17 国长期主权信用评级级别分布

［资料来源：惠誉国际信用评级（Fitch Ratings）］

然而，截至 2020 年 4 月底，因新冠肺炎疫情对欧洲经济的巨大冲击，惠誉虽未下调中东欧 17 国主权信用长期评级，却对中东欧地区的 5 个国家展望进行了下调。其中，展望由“正面”下调为“稳定”的国家有希腊、保加利亚和克罗地亚；展望由“稳定”下调为“负面”的国家有拉脱维亚和罗马尼亚。整体来看，中东欧 17 国中，有 2 国展望为“负面”，有 12 国展望为“稳定”，暂无展望为“正面”的国家。

随着新冠肺炎疫情在欧洲地区的快速蔓延，惠誉在其 2020 年 3 月 30 日的一份评级评论报告①中特别指出，鉴于中东欧地区经济所承受的压力对该地区的银行部门已造成严重影响，惠誉将波兰、匈牙利、捷克、罗马尼亚、保加利亚、斯洛文尼亚和克罗地亚 7 国银行业前景展望下调为“负面”。这意味着在未来一两年内，上述国家的银行部门信用评级将可能被降级。

中东欧银行业面临的下行压力程度将取决于经济放缓的程度和持续的时间以及其他一些宏观因素，包括国家经济结构、汇率和利率的变动、宏观对应措施，此外，还取决于各银行在疫情蔓延之前的业务状况、风险敞口以及财务指标。

疫情导致中东欧地区经济活动急剧下降，整个地区企业资产质量也将随之下降。中小企业和微型公司通常是最脆弱的，因为它们在吸收收入和流动性压力方

① Fitch Ratings. CEE Banking Sector Outlooks Revised to Negative. 2020－03.

面的财务灵活性有限。随着家庭遭受损失或收入减少，零售资产质量同样会恶化。经济压力还将破坏银行在解决遗留资产质量问题方面的进展，尤其是在保加利亚，这些问题仍很严重。由于新增贷款放缓、风险成本上升，以及一些市场（捷克、波兰和罗马尼亚）降息带来的利润率压力，银行的盈利能力在未来将会减弱。

（三）面对欧元区经济放缓中东欧国家的抵御能力

根据上一小节中东欧17国主权信用评级对比结果，我们发现惠誉对中东欧地区国家评级呈现明显的上升趋势，整体来看，这是由于近年来该地区国家经济随着债务状况的不断改善而稳健增长。截至2019年底，中东欧地区主要经济体对欧元区工业部门的疲弱表现出相对的韧性，这在一定程度上反映出中东欧国家国内需求在经济周期性势头的推动下维持上升趋势，同时，它还反映了中东欧国家经济正在发生结构性的变化。

近两年，受中美紧张关系和全球贸易放缓的影响，欧元区经济面临巨大的下行压力。欧元区最大经济体德国下滑尤其明显，根据惠誉的统计数据，德国在2019年第三季度GDP同比增速仅为0.5%，与2017年第四季度的3.4%相比，下降了近3个百分点。中东欧地区最大的6个经济体的平均增速也有所下降，2019年第三季度匈牙利和斯洛伐克的同比增速分别为5%和1.8%。

中东欧地区国家经济之所以能够抵御欧元区经济放缓的压力，归因于以下几个因素。第一，得益于欧盟资金支持以及本国的扩张性财政政策，中东欧国家目前仍然处于有利的投资周期。第二，中东欧国家普遍实施扩张性的货币政策以支持本国经济发展。第三，整体来看，中东欧国家劳动力市场持续向好，随之保障了该地区工资的稳定增长。近两年，失业率在中东欧地区创纪录的低位，劳动力参与度也得到不断的提升。正如《中东欧经济研究报告2018—2019》第二章所分析，中东欧地区劳动力参与度较欧元区普遍不高，但是自2016年起呈现缓慢上升趋势（见图2－12）。第四，许多中东欧国家经济的结构性转变也增强了该地区的经济弹性。在本章第一节我们详细分析了中东欧国家GDP各要素对其增长的贡献程度，其中最终消费仍然是拉动中东欧国家经济增长的主要动力。中东欧国家人均收入的强劲增长意味着国内市场在经济活动中发挥着更大的作用，从而减少了对外部环境的依赖。惠誉数据显示，目前初步迹象表明中东欧国家的出口和投资伙伴，特别是在亚洲地区，所涉及范围正在扩大。

然而，鉴于中东欧已嵌入欧元区的价值链，欧元区经济放缓对中东欧地区的冲击不容忽视，斯洛伐克2019年的经济数据已经充分证明了这一点。斯洛伐克是世界上人均汽车产量最大的国家，2019年其汽车工业占GDP比重高达13%。由

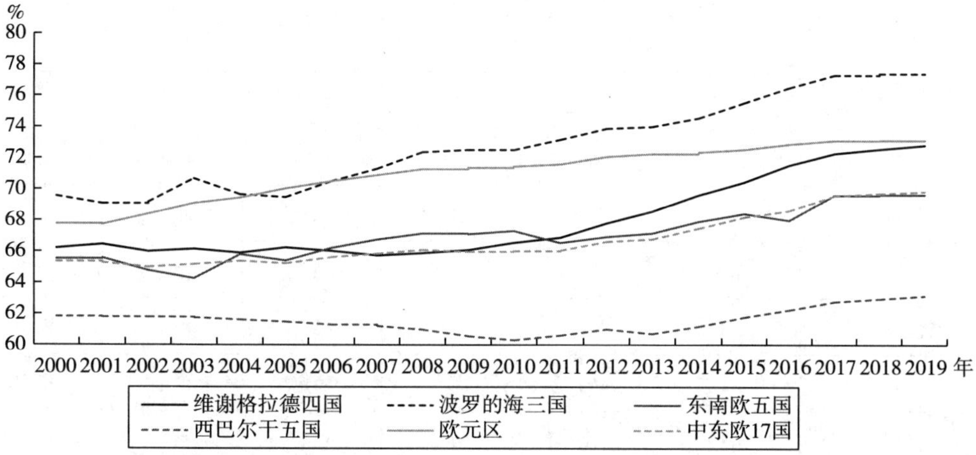

注：劳动力参与度是指年龄在 15～64 岁的人口中从事经济活动（所有在特定阶段为货物和服务的生产提供劳力的人员）的人口比率。

图 2－12　2000—2019 年中东欧 17 国和欧元区 15～64 岁劳动力参与度

［资料来源：世界银行（The World Bank）］

于受到欧元区出口放缓的拖累，斯洛伐克 2019 年第三季度 GDP 增速为近年来的最低值。①

总体来看，尽管面临周期性经济放缓，但是中东欧国家展现出强劲的经济弹性。惠誉预计，若中东欧国家能够有效控制财政和经常账户赤字，那么它们的经济表现将远强于 2007—2009 年金融危机期间。

四、小结

整体来看，在 2019—2020 年国际三大评级机构对中东欧地区的评级行动较为积极，即便是在新冠肺炎疫情爆发之后，仅对部分中东欧国家的前景展望进行下调，长期主权评级结果均未变动（截至 2020 年 4 月底）。得益于相对稳健的经济增长以及信贷指标，维谢格拉德四国和波罗的海三国的长期主权仍保持在投资级别，除了匈牙利和拉脱维亚的展望因疫情而下调，其余 5 国展望均为“稳定”。在东南欧和西巴尔干地区，三大评级机构对该地区的 10 个国家前景展望进行了较大的调整，标普或（和）惠誉将希腊、保加利亚、克罗地亚、塞尔维亚和波黑 5 国的展望由“正面”下调为“稳定”，罗马尼亚和黑山的展望为“负面”，仅有斯洛文尼亚、阿尔巴尼亚和北马其顿的展望未下调（见表 2－19）。

① 更多详细分析请参考本章第四节。

表 2－19　　2019—2020 年三大国际评级机构对中东欧 17 国长期主权评级和展望结果

国家	长期外币主权评级			展望		
	穆迪	标普	惠誉	穆迪	标普	惠誉
波兰	A2	A－	A－	稳定	稳定	稳定
匈牙利	Baa3	BBB	DDD	稳定	（正面）稳定	稳定
捷克	Aa3	AA－	AA－	稳定	稳定	稳定
斯洛伐克	A2	A＋	A＋	稳定	稳定	稳定
爱沙尼亚	A1	AA－	AA－	稳定	稳定	稳定
立陶宛	A3	A	A	正面	稳定	稳定
拉脱维亚	A3	A	A－	稳定	稳定	（稳定）负面
希腊	B1	BB－	BB	稳定	正面	（正面）稳定
罗马尼亚	Baa3	BBB－	BBB－	（稳定）负面	负面	（稳定）负面
保加利亚	Baa2	BBB	BBB	正面	正面	（正面）稳定
克罗地亚	Ba2	BBB－	BBB－	正面	稳定	（正面）稳定
斯洛文尼亚	Baa1	AA－	A	正面	稳定	稳定
塞尔维亚	Ba3	BB＋	BB＋	正面	（正面）稳定	稳定
波黑	B3	B	—	稳定	（正面）稳定	—
阿尔巴尼亚	B1	B＋	—	稳定	稳定	—
北马其顿	—	BB－	BB＋	—	稳定	稳定
黑山	B1	B＋	—	稳定	（稳定）负面	—

注：1. 各机构评级结果详细说明请参考表 2－12、表 2－15 和表 2－18 的注释。2. “—”表示暂无数据。3. 表中所示 2019—2020 年惠誉展望结果中，括号内表示一国在新冠肺炎疫情爆发之前的展望结果，括号外为疫情爆发扩散后的更新结果。

资料来源：穆迪（Moody's）、标准普尔全球评级（S&P Global Ratings）、惠誉国际信用评级（Fitch Ratings）。

值得特别注意的是三大评级机构对罗马尼亚的前景展望均为“负面”，意味着罗马尼亚长期主权评级可能在下一轮评级中降级。其理由综合起来有三点：一是 2019 年罗马尼亚进行养老金改革所引发的长期负债增加，由此导致其公共财政结构在未来可能会持续恶化；二是罗马尼亚的顺周期财政政策导致了更大范围的财政和经常账户赤字，很有可能将其带向财政危机；三是受新冠肺炎疫情影响，评级机构认为罗马尼亚原本就不稳定的经济和财政结构将面临更大的风险和挑战。

另一方面，在 2019—2020 年三大评级机构对希腊的发展前景均释放了积极的信号，纷纷上调其长期主权评级：由“B3”上调至“B1”（穆迪）、由“B+”上调至“BB-”（标普）以及由“BB-”上调至“BB”（惠誉）。整体来看，近年来希腊所实施的经济改革已经开始产生较好的成果。希腊国内政治稳定、GDP 持续增长、结构性财政改革措施进一步稳定了其财政表现，公共债务的可持续性得到加强。这些进展巩固了希腊的宏观经济前景，并增强了希腊与欧盟债权人保持建设性关系的信心。

第三节　全球价值链时代中东欧国家参与近况与升级机遇

在过去几十年，随着欧盟单一市场和欧元区的扩张，欧洲区域内、外贸易显著增加，一体化程度不断加深。据 IMF 统计数据，欧洲出口总额的 70% 是与全球供应链有关的[①]。通过规模如此庞大的供应链，美国、中国和德国三大贸易中心相互贸易流动即便是较小程度的波动，欧洲经济也不可避免受到重大影响。

此次新冠肺炎危机便是最好的佐证。疫情对世界经济造成重大冲击，全球价值链的脆弱环节更加凸显。联合国贸易和发展会议（United Nations Conference on Trade and Development，UNCTAD）2020 年 3 月发布的报告显示，中国产出收缩 2% 对全球经济产生了巨大的连锁反应，迄今已导致各国产出大幅下降，预计全球价值链出口损失近 500 亿美元。全球范围内，受影响最严重的 4 个经济体依次为欧盟（155.97 亿美元）、美国（57.79 亿美元）、日本（51.87 亿美元）和韩国（38.16 亿美元）（见图 2-13）。其中，欧盟受疫情影响最大的部门包括机械（40.01 亿美元）、化学制品（26.53 亿美元）、汽车制造（25.43 亿美元）和精密仪器（14.27 亿美元）（见图 2-14）。[②]

与此同时，作为近年来欧洲经济增速最快、发展潜力最大的地区，中东欧国家已悄然融入全球价值链，且随着全球化变革的不断推进，其发展前景与全球一体化进程已密不可分。此次疫情对欧洲经济造成的巨大冲击，同样扰乱了中东欧

① Raju Huidrom, Nemanja Jovanovic, Carlos Mulas - Granados, Laura Papi, Faezeh Raei, Emil Stavrev, and Philippe Wingender, Trade Tensions, Global Value Chains, and Spillowvers - Insight for Europe, 2019 - 10.

② UNCTAD. Global Trade Impact of the Coronavirus (COVID - 19) Epidemic. 2020 - 03.

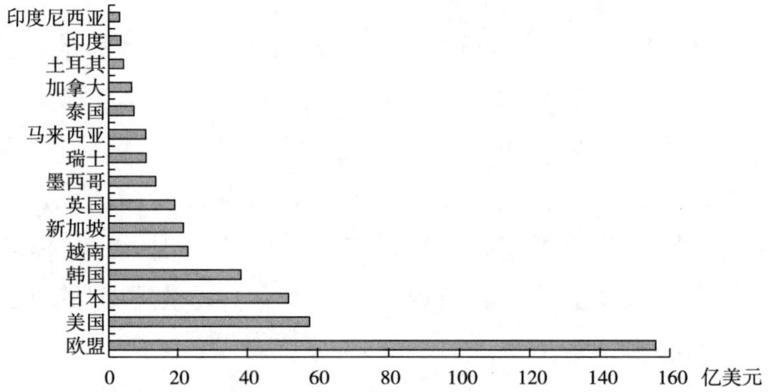

图 2-13　受新冠肺炎疫情影响最严重的 15 个经济体

［资料来源：联合国贸易和发展会议（UNCTAD）］

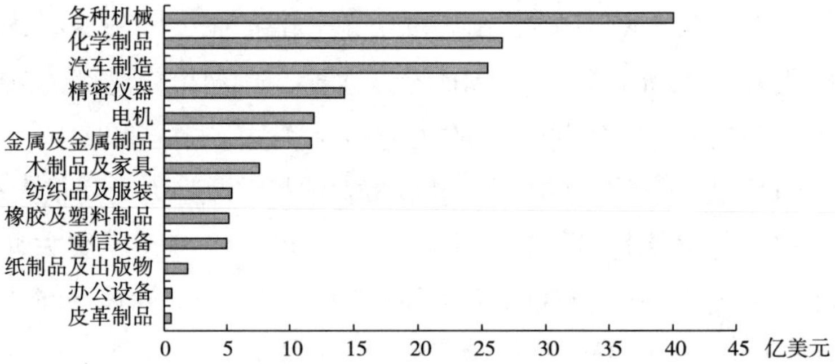

图 2-14　欧盟各领域受新冠肺炎疫情影响程度

［资料来源：联合国贸易和发展会议（UNCTAD）］

根深蒂固的价值链。[①] 匈牙利是中东欧地区全球价值链的重要组成部分，是电子产业和汽车产业价值链的积极参与者，由于缺少中国出口的关键零部件，可能会导致匈牙利生产和设备交付的延迟，影响产品的再出口。在汽车领域，波兰、匈牙利与德国汽车业的贸易规模极大，价值链关联程度高，此次疫情重创德国汽车业的同时，对匈牙利汽车制造产生的间接影响不可小觑。斯洛伐克是中东欧地区最开放的国家之一，2019 年商品和服务出口占本国 GDP 比重高达 189%，德国、捷克和中国分别为斯洛伐克前三大进口伙伴国，在疫情持续蔓延的情况下，斯洛伐克参与全球价值链程度将严重受挫。[②]

---

① 尤其是在中东欧国家参与程度较高的领域，包括木材和纸制品（爱沙尼亚、斯洛文尼亚）、化学品及化学制品（爱沙尼亚、立陶宛、捷克、斯洛伐克、匈牙利）、电子及光学设备（匈牙利、斯洛伐克、爱沙尼亚、捷克、罗马尼亚、立陶宛）、机械设备制造（爱沙尼亚、斯洛伐克、斯洛文尼亚、匈牙利、捷克）、汽车制造（斯洛伐克、捷克、塞尔维亚）以及基本金属及金属制品（斯洛伐克、斯洛文尼亚、匈牙利、捷克）。

② wiiw. Uncertainty in Turbulent Times [R]. Forecast Report, Spring 2020.

基于世界银行（The World Bank）、国际货币基金组织（IMF）、经济合作与发展组织（OECD）和维也纳国际经济比较研究所（wiiw）发布的最新报告，本小节从国家和产业两个层面梳理了中东欧国家参与全球价值链的方式和程度，并结合当前全球经济下行压力持续加大的形势，从建立高质量的投资促进机构（Investment Promotion Agencies，IPAs）的角度，深入剖析中东欧国家如何通过改善 IPAs 质量，更有效率地寻求大规模 FDI，以此提高全球价值链的参与度，促进自身经济发展。

信息专题 2　全球价值链（Global Value Chain，GVC）①

1. 什么是全球价值链（GVC）？

全球价值链是指将生产过程分割并分布在不同国家，企业专注于特定环节，不生产整个产品。在以往，一家企业通常在一个国家进行生产，但是现如今，一个最终成品往往是来自多个国家组装制造，生产过程中的每一步都为最终产品增加了价值。通过全球价值链，各国之间贸易的核心不仅仅是单纯的产品，还包括企业和关键零部件供应商之间的技术交换甚至升级，因而企业间国际技术流动是全球价值链的重要特征。

2. 为什么全球价值链对经济增长如此重要？

全球价值链是生产力增长、就业率提高和生活水平改善的强大动力。通过全球价值链，一国可以在农业、制造业和服务业嵌入更多的技术和专业知识，创造更多的工作岗位，获得可以转向高附加值的生产领域的机会和跨越发展进程的机遇，促进本国经济更快地发展。

3. 发展中国家是全球价值链新范式的一部分吗？

一些发展中国家已经启动了全球价值链革命的征程，但在将全球价值链与本国经济发展战略相结合方面仍面临诸多挑战。发展中国家的全球竞争力可以通过将具有竞争力的生产成本与高科技相结合而得到显著提升。正确的战略可以帮助发展中国家最大限度地参与到全球价值链中去。

4. 发展中国家如何优化参与全球价值链？

各国政府需要设定一个明确的愿景和任务，积极协调政府参与者之间的沟通，并确保私营部门的参与。开放边界和吸引投资有助于推动一国进入全球价值链。各国可通过最大限度地利用国内经济的吸收潜力，加强与全球价值链的

① 更多信息请参考：麦肯锡全球研究院．变革中的全球化：贸易与价值链的未来图景．2019－04.

联系而获得最大的利益。此外，许多不同领域的政策同样对全球价值链产生较大影响，其中包括贸易政策、物流和贸易便利化政策、商业服务监管政策、投资、商业税收、创新、工业发展、符合国际标准以及促进创业的更广泛的商业环境。各国还应确定有助于补充全球价值链战略的一系列措施，这涉及一个较大的范围，包括对教育和职业培训的投资、环境和城市化、信息通信技术和基础设施建设及劳动力市场流动性保持，等等。

一、中东欧国家参与全球价值链近况

（一）中东欧国家全球价值链参与方式

综观全球，几乎所有国家都参与到全球价值链当中，但参与方式和程度不尽相同。在 1990—2015 年期间，通过对全球 146 个国家进行调研，世界银行总结了一国参与全球价值链的六种方式：低参与率、有限初级产品、大量初级产品、初级制造业、先进制造业与服务业、创新活动。[①] 其中，欧洲核心国家，如德国、法国、英国、西班牙、意大利等无一例外属于全球价值链最高级别的创新活动：参与复杂的全球价值链、提供先进的产品和服务、开展创新活动。而中东欧 17 国参与方式较为分散，大致占据四类，主要集中在初级制造业（7 国）和先进制造业与服务业（7 国）（见图 2－15）。

从世界银行设定的标准来看，中东欧地区的拉脱维亚、希腊、保加利亚、克罗地亚、塞尔维亚、波黑和北马其顿 7 国仍处于全球价值链的初级制造业阶段；波兰、匈牙利、斯洛伐克、爱沙尼亚、立陶宛、罗马尼亚和斯洛文尼亚 7 国则处于更高一级别的先进制造业与服务业；中东欧 17 国中唯有捷克跻身于全球价值链的最高级别（创新活动）；西巴尔干地区的阿尔巴尼亚仍处在有限初级产品级别，黑山暂无数据。长远来看，大部分中东欧国家仍然具备向全球价值链的更高级别升级的空间。

（二）中东欧国家全球价值链参与程度

现如今，全球化产业专业分工非常发达，在全球供应链体系中，出口国与上、中、下游国家之间彼此合作、相互贸易、相互依赖的关系极为复杂。为了更精确地定位一国参与全球价值链的具体程度，本小节继续引入两个全球价值链相关概念——“价值链向后参与”（backward GVC participation）和“价值链向前参

① 世界银行. 2020 年世界发展报告：在全球价值链时代以贸易促发展［R］. 华盛顿，2020.

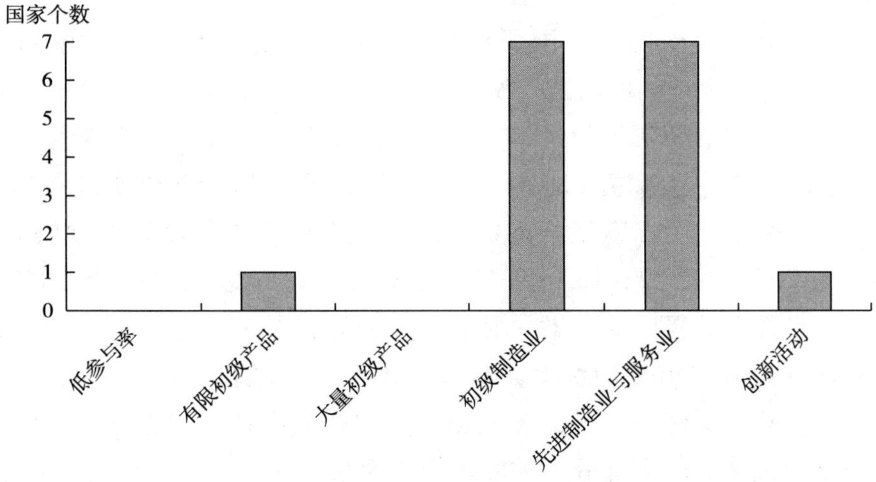

注：1. 暂无黑山数据。2. 根据世界银行设定的全球价值链关联标准是基于以下三方面：（1）该国的全球价值链参与率；（2）该国贸易所专注的行业；（3）创新措施。

图 2－15　中东欧 17 国参与全球价值链方式分类

［资料来源：世界银行（The World Bank）］

与”（forward GVC participation）。[①]

由于生产基于国际分工以及比较优势，在一国出口的成品中，其原料、中间产品零配件往往是从国外进口，于是，商品的出口国（生产国）与原料、中间产品的来源国（上游国家）在价值链中便形成了“价值链向后参与”的关系。“价值链向后参与度”指一国出口中含有的进口成分的比重，即国外增加值（Foreign Value Added，FVA）的比重，反映的是一国的出口在多大程度上是由其他国家创造的增值所带动。

与之类似，一国进口的原料、中间产品零配件在国内加工完成并出口时，不见得都是最终产品。如果仍有一部分是中间产品的话，在其出口至下游国家后，需要一个或多个下游国家继续进行进一步的加工或组装，直至形成最终产品并出口到最终消费市场，于是，该出口国与下游国家在价值链中形成了“价值链向前

① 在早期贸易学术文献中提出过多种衡量全球价值链参与度的指标。Hummel 等人（1998，2001）提出了所谓的“垂直专业化”指标（Vertical Specialisation，VS），即出口中所包含的国外附加值。Daudin 等人（2011）进一步发展了以正向联系为重点的全球价值链的数学定义，也就是说，他们计算一国出口中，国内附加值所占份额，此方法被称为 VS1。因而，VS 和 VS1 与一国纵向一体化的进出口视角相对应，两者共同反映了一国/一部门参与全球价值链的总量。Koopmann 等人（2014）提出了当前贸易学术文献中用于衡量全球价值链参与度的基准方法之一——他们将出口总额按照附加值的来源进行完全分解。更多详细内容请参考：Koopman，Robert，Zhi Wang and Shang－Jin Wei. Tracing Value－Added and Double Counting in Gross Exports［J］. *American Economic Review*，2014，104（2）：459－94.

参与”的关系。“价值链向前参与度”即该国出口中，由下游国家再加工/再出口的部分所占比重，反映的是一国所创造的国内附加值（Domestic Value Added，DVA）在多大程度上被其他国家吸收并用于再生产和出口。

根据 OECD 的贸易附加值（Trade in Value Added，TiVA）数据库，我们对比了在过去十几年中东欧主要地区、欧盟和 OECD 国家全球价值链参与度的变化趋势。整体来看，中东欧地区国家全球价值链向后参与度高于欧盟和 OECD 国家的平均水平（见图 2－16 分图 1）。全球化产业高度分工使得欧洲各国在从事跨国生产经贸中获得巨大效益。特别是来自欧洲核心国家的跨国企业，为了实现同时拥有技术与市场的优势，积极对中东欧地区投资，利用外包、组装、回销等方式在欧洲地区构建了强大的相互合作分工体系。在经历了 2007—2009 年全球金融危机之后，大部分中东欧国家再次积极融入全球价值链，其参与度，尤其是向后参与度一度呈现温和增长趋势。但在 2011—2012 年之后，随着全球经济放缓，价值链中核心国家纷纷进行经济发展策略调整，对外投资规模减小，部分国家逐渐将重心放在国内投资以及内需市场，导致部分中东欧国家向后参与度开始缓慢下降。从价值链向前整合方面来看，在经历全球金融危机之后，中东欧国家的向前参与度虽然有所提升，但始终维持在一个相对较低的水平（17%左右），低于 OECD 国家的平均水平（19.85%）（见图 2－16 分图 2）。然而，根据图 2－16 分图 2，我们观察到中东欧国家与 OECD 之间的差距随着时间在逐渐缩小，特别是在近几年，维谢格拉德四国的向前参与强度已超过 OECD 的平均水平。

如果将中东欧地区、欧洲和全球价值链主要参与国家（美、中、日、韩）向后和向前参与度的 10 年平均水平制作成散点图（见图 2－17），我们发现：（1）纵观来看，在过去十几年期间，欧洲国家更为积极地参与全球价值链，普遍具有较高程度的参与度（一体化）。（2）在全球价值链里，大部分欧洲核心地区国家向前和向后的参与度差异不大，较为均衡，中东欧地区国家更倾向于专注“向后”的联系，部分发达经济体则更专注“向前”的联系。例如日本、美国、英国和德国的全球价值链向前参与度均大于 21%，但 4 国向后的参与度却偏低，均在 21% 以下。与其形成鲜明对比的是中东欧地区的匈牙利和斯洛伐克，两国全球价值链向后参与度非常高，分别达到 45.66% 和 45.14%，而向前参与度却很低，仅保持在 14% ~17% 的水平，由此说明中东欧地区国家的出口在较大程度上是由国外增加值（FVA）所带动的，而中东欧地区国家所创造的国内附加值（DVA）仅有一小部分被其他国家吸收并用于生产和出口。（3）结合中东欧地区国家层面的参与度趋势图（见图 2－18），我们还注意到，中东欧各国相对于其他国家，自身

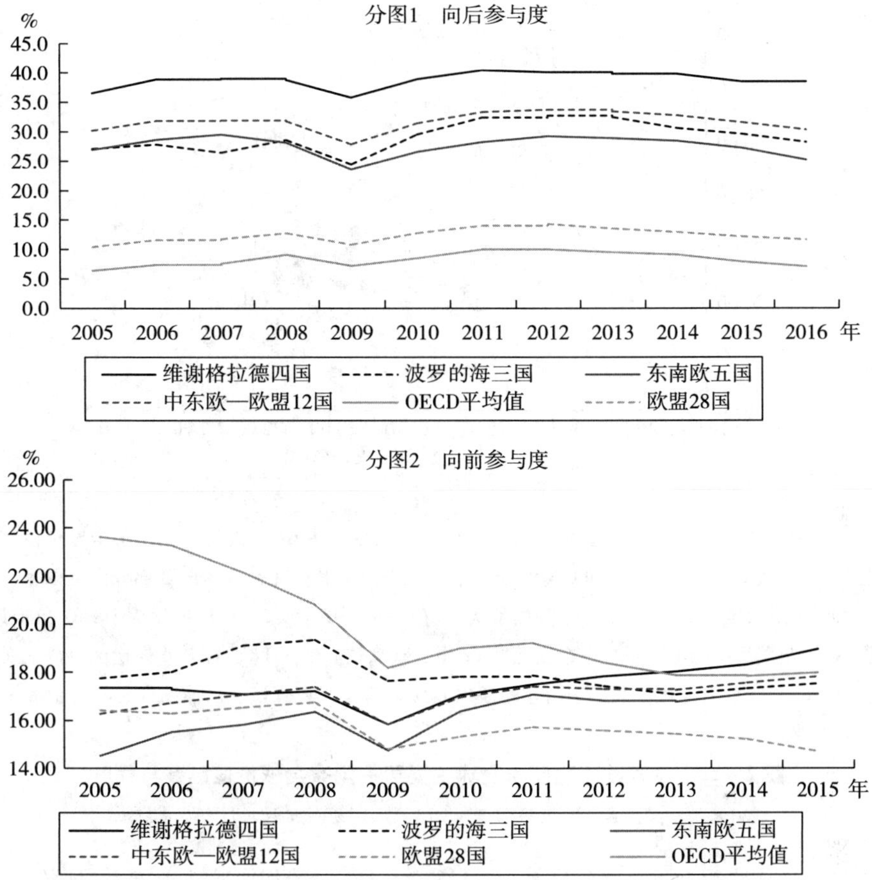

注：由 OECD 出版的 2018 年贸易附加值（TiVA）数据库为 64 个经济体提供了全球价值链相关指标，包括 OECD 成员国、欧盟 28 国和 G20 成员国、大多数东亚和南亚经济体以及部分南美国家。该数据库涵盖了 2005—2015 年，2016—2019 年数据暂无，其中向后参与度 2016 年数据为 OECD 初步计算值。

图 2－16　2005—2016 年欧洲和中东欧地区全球价值链参与度发展趋势

［资料来源：经济合作与发展组织（OECD）贸易附加值（TiVA）数据库］

的位置较为稳定，这就意味着它们在一定程度上仍局限在某一特定“区域”，即向前和向后相关联的伙伴国家以及相互嵌入程度变化不大。（4）值得肯定的是，随着时间的推移，一部分中东欧国家向后和向前参与度均呈现加强的趋势。例如，匈牙利在保持自身较高向后参与度的同时，逐渐推动自身向前的全球价值链整合。近几年，波兰和罗马尼亚在全球价值链向前关联程度逐渐提升至该地区的最高水平（21% 以上）。同样，捷克在向后与向前的全球价值链参与过程中均有不俗表现。

上述结论也印证了 wiiw 近期的一份研究报告的核心观点，即一国向后和向前

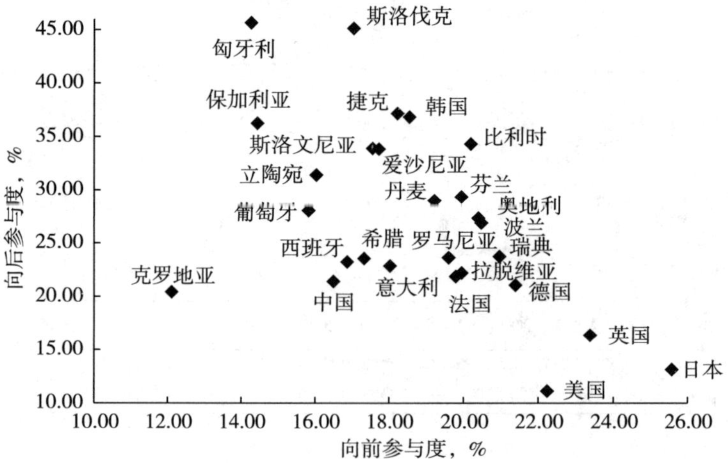

注：1. 由 OECD 出版的 2018 年贸易附加值（TiVA）数据库为 64 个经济体提供了全球价值链相关指标，包括 OECD 成员国、欧盟 28 国和 G20 成员国、大多数东亚和南亚经济体以及部分南美国家。该数据库涵盖了 2005—2015 年，2016—2019 年数据暂无，其中向后参与度 2016 年数据为 OECD 初步计算值。2. 散点图共计 27 国数据样本，包括中东欧地区 12 国、欧洲核心地区 11 国以及欧洲地区以外的美国、中国、日本和韩国。3. 为规避因税收政策引起的溢出效应，荷兰、卢森堡、塞浦路斯、马耳他和爱尔兰被排除在样本以外。

图 2 – 17　中东欧、欧洲和全球主要贸易国家全球价值链参与程度

［资料来源：经济合作与发展组织（OECD）贸易附加值（TiVA）数据库］

参与程度之间虽然呈现负相关关系（见图 2 – 18），但并不意味着该国必须在“向后参与”和“向前参与”之间做取舍，与之相反，一国在全球价值链中双向的参与程度均可加深。[①]

值得注意的是，中东欧地区国家由于经济结构各异，出口和投资政策差异性较大，全球价值链向后参与程度变化趋势和强度也有所不同。正如我们此前提到，过去 10 年以来，匈牙利和斯洛伐克向后参与度的平均水平分别为 45.66% 和 45.14%，不仅在中东欧地区，甚至在全球范围都处于较高的水平。仅次于两国的是捷克，向后参与度平均水平达 37.2%。克罗地亚、拉脱维亚和罗马尼亚在全球金融危机之后，向后参与度始终处于 25% 以下的低位。如果从全球价值链向前参与程度来看，匈牙利和斯洛伐克则不及拉脱维亚，后者的向前参与度 10 年均值达 19.96%，而匈牙利和斯洛伐克分别为 14.27% 和 17.03%。若从双向参与的程度来看，希腊整体处于下滑趋势，虽然在全球金融危机之后其参与度增长较快，但 2012 年升至峰值后，

① wiiw. Implications of Foreign Direct Investment, Capital Formation and its Structure for Global Value Chain. Working Paper 170, 2019 – 11.

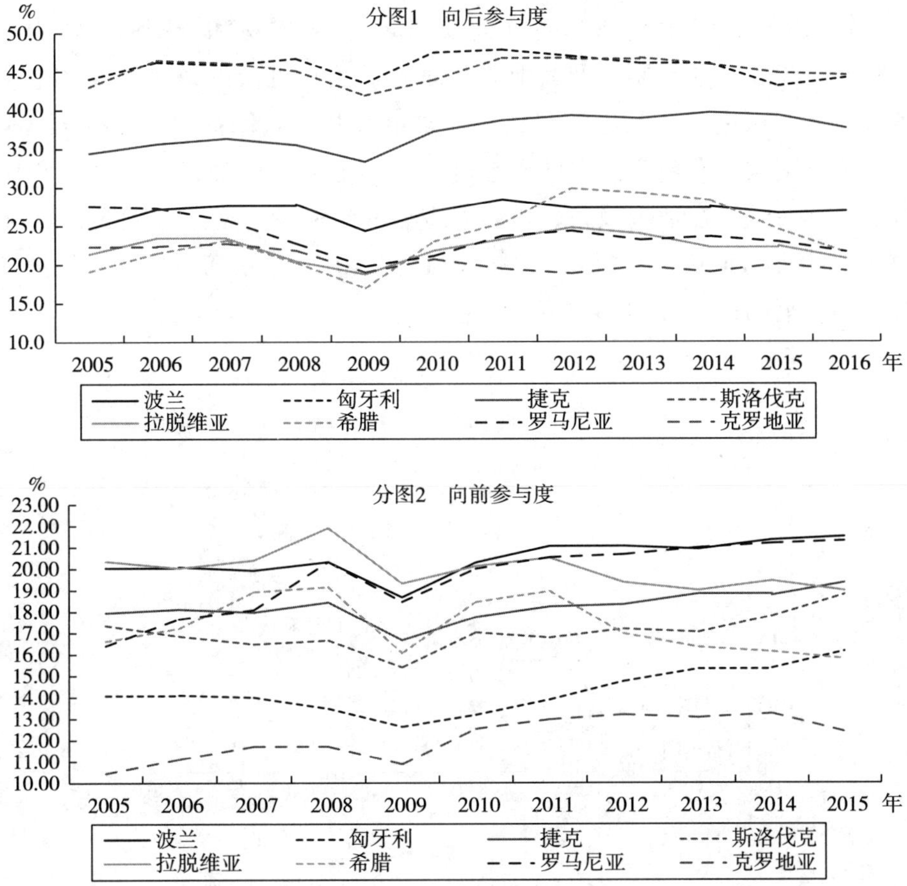

注：由 OECD 出版的 2018 年贸易附加值（TiVA）数据库为 64 个经济体提供了全球价值链相关指标，包括 OECD 成员国、欧盟 28 国和 G20 成员国、大多数东亚和南亚经济体以及部分南美国家。该数据库涵盖了 2005—2015 年，2016—2019 年数据暂无，其中向后参与度 2016 年数据为 OECD 初步计算值。

图 2－18　2005—2016 年中东欧部分国家全球价值链参与度发展趋势

［资料来源：经济合作与发展组织（OECD）贸易附加值（TiVA）数据库］

向后和向前参与度便快速下滑至 2016 年的 21.5% 和 16.15%。

再从产业层面来看，中东欧地区国家全球价值链的参与程度也不尽相同。为了更好地对其定位，我们收集了各国在九大领域的参与度信息做进一步分析，这九个领域涵盖：（1）食品、饮料和烟草；（2）木材和纸制品、印刷及记录媒体复制业；（3）纺织品、服装、皮革及相关产品；（4）化学品及化学制品；（5）橡胶、塑料制品及其他非金属矿产品；（6）电子及光学设备制造业；（7）机械设备制造业；（8）运输设备；（9）基本金属及金属制品（机器和设备除外）。基于 wiiw 研究报告所提供的数据，我们发现，较美、中、日、韩 4 国而言，欧洲国家在上述的大部分领域都更好地融入了全球价值链。其中，中东欧国家在以下四个领域均有较高的全球价值链参与度（向前和向后）：木材和纸制品、印刷及记录媒体复制业，橡胶、塑料制品及其他非金属矿产品，机械设备制造业和电子及光学设备制造业。在化学品及化学制品和基本金属及金属制品（机器和设备除外）领域，中东欧国家具有更高的向前参与度，这与上述部门在跨境生产过程中的总体上游地位相一致。在运输设备领域，立陶宛的向前参与度遥遥领先，14 年平均水平达 0. 15，爱沙尼亚（0. 122）和匈牙利（0. 101）仅次于立陶宛，欧洲核心地区的奥地利居第四位（0. 097）（见图 2 - 19）。

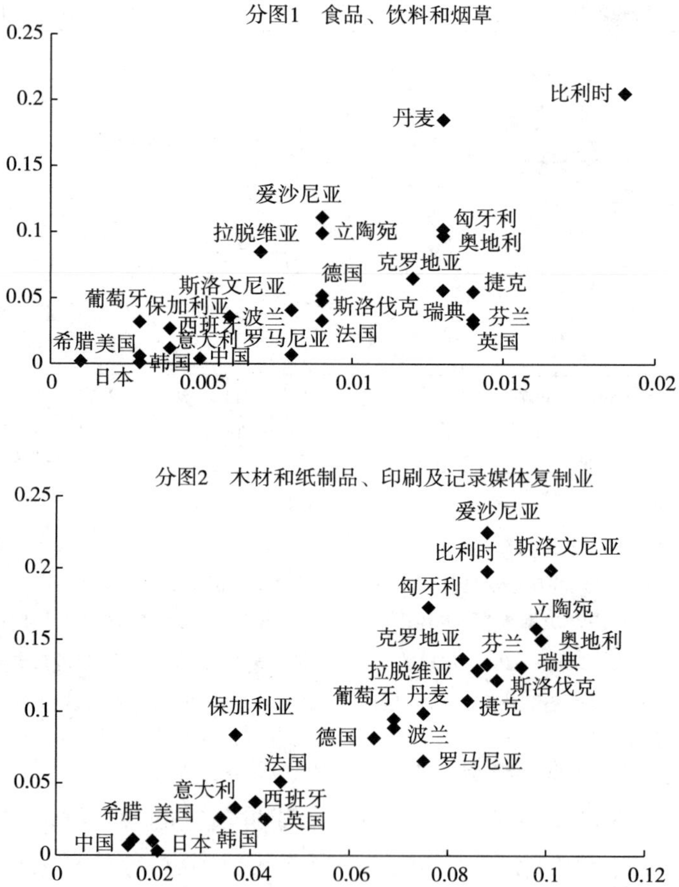

图 2 - 19　中东欧、欧洲和全球主要贸易国家在不同领域的全球价值链参与度

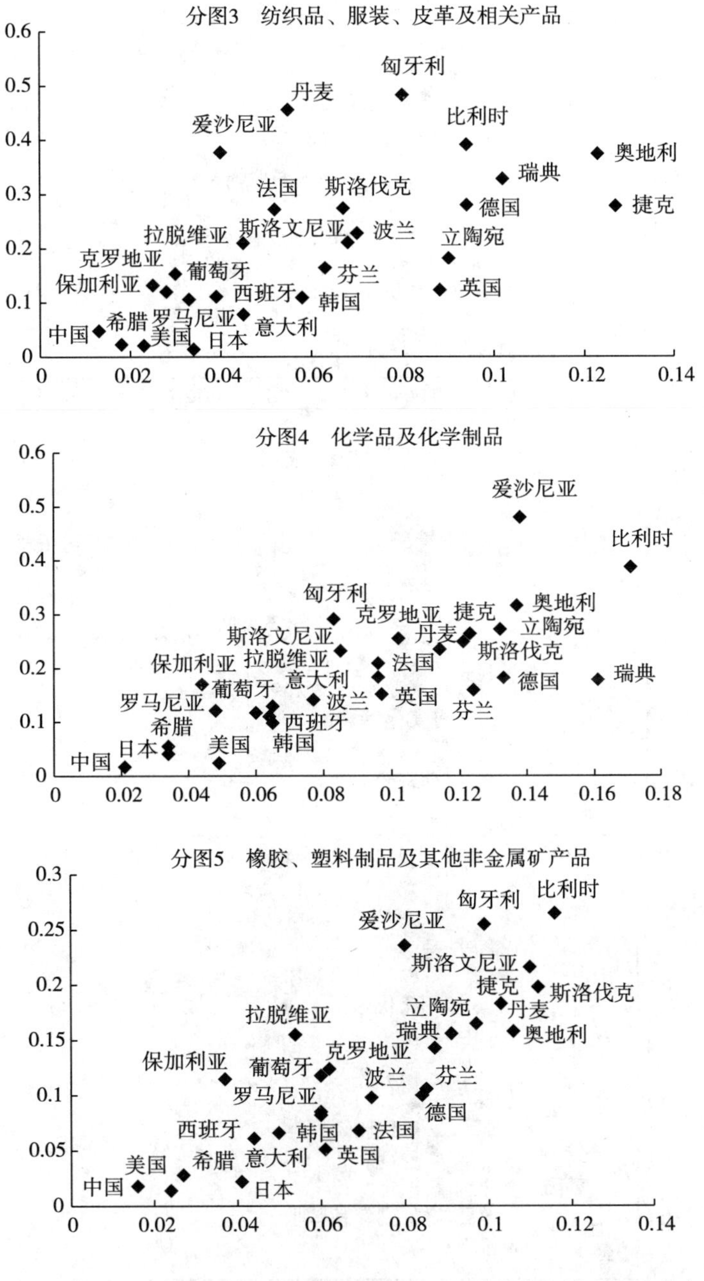

图 2－19　中东欧、欧洲和全球主要贸易国家在不同领域的全球价值链参与度（续）

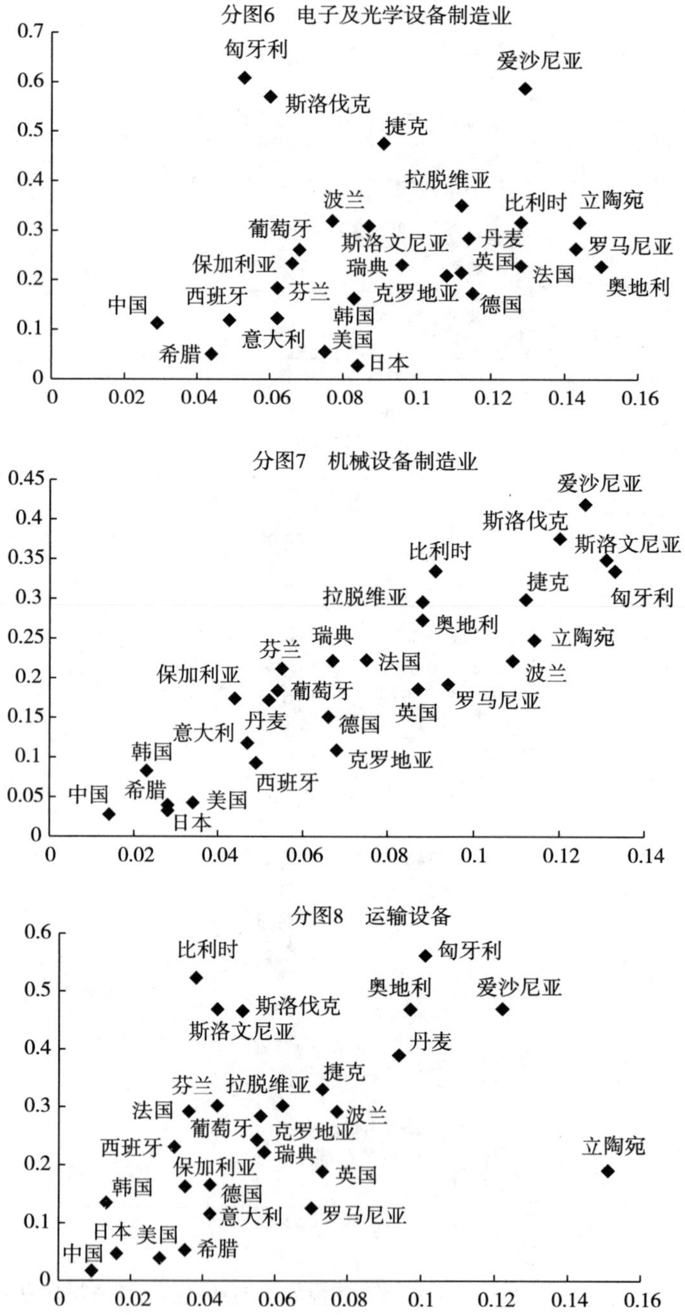

图 2-19　中东欧、欧洲和全球主要贸易国家在不同领域的全球价值链参与度（续）

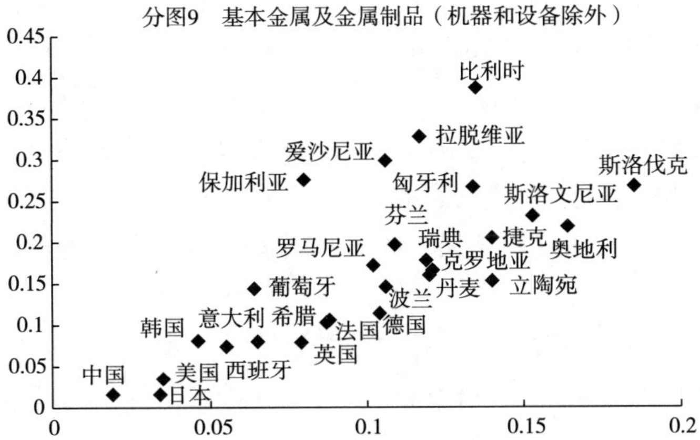

注：1. 世界投入—产出数据库（the World Input - output Database，WIOD）是由欧盟资助，通过建立涵盖世界经济 80% 以上国家（43 个）56 个行业的投出—产出以及双边贸易数据库，旨在更精确地进行跨国的经济发展、贸易政策等研究。其最近版本为 2016 年版。2. 各国产业层面全球价值链参与度数据是 wiiw 基于世界投入—产出数据库自行计算得出，与 OECD 的贸易附加值（TiVA）数据库统计口径略有差异。图中横坐标为全球价值链的向前参与度（2000—2014 年均值），纵坐标为全球价值链的向后参与度（2000—2014 年均值）。3. 散点图共计 27 国数据样本，包括中东欧地区 12 国、欧洲核心地区 11 国以及欧洲地区以外的美国、中国、日本和韩国。4. 为规避因税收政策引起的溢出效应，荷兰、卢森堡、塞浦路斯、马耳他和爱尔兰被排除在样本以外。

图 2－19 中东欧、欧洲和全球主要贸易国家在不同领域的全球价值链参与度（续）

[资料来源：维也纳国际经济比较研究所（wiiw）]

（三）基于 FDI 的全球价值链参与

全球价值链的迅速崛起已成为当今世界经济的一个显著特征。随着高附加值经济活动的专业化带来更大的经济效益，融入全球价值链、提升在全球价值链中的地位，显然已成为诸多国家的优先政策。包括世界银行、OECD 和 wiiw 在内的多个机构的研究表明，吸引并留住 FDI 是一国参与全球价值链的重要驱动因素。

基于世界投入—产出数据库（WIOD）的欧洲国家样本，wiiw 通过实证分析证明，一般而言，FDI 流出有助于一国全球价值链向前参与度的提升，而 FDI 流入则更有利于一国全球价值链向后的形成。① 然而，在不同的行业领域，FDI 的流入与流出对参与全球价值链的影响程度略微不同。例如，在制造业领域，FDI 的流入对一国向前和向后的参与度均有非常积极的影响。在高科技制造业领域，FDI 的流出更有利于全球价值链的向前参与。事实上，在大型跨国公司通过对外投资建立起强大的国外分公司网络之后，通过该网络其相关的经济活动以及贸易

① 这一趋势在中东欧汽车制造业的全球价值链中尤为明显，更详细信息请参考本章第四节。

流动在一定程度上更容易融入全球价值链中去。[①] 此外，wiiw 的分析还显示，不同类别资本的投入对一国全球价值链参与的影响程度也有所不同。在电力和运输设备部门以及化工部门，ICT 类资本[②]投资将有利于远距离协调和监督各部门的经济活动，因而更有助于中高等技术部门在全球价值链中的融合。然而，在纺织和服装部门，ICT 类资本的投入与该部门在全球价值链中的向前参与程度呈负相关，也就是说 ICT 类资本投入规模越大，纺织和服装部门在全球价值链中的向前参与程度越低。[③]

上述实证分析结果再次强调，对中东欧地区的小型开放型经济体而言，政府引入并留住 FDI 的政策对其全球价值链参与至关重要。外国投资者带来了整合全球价值链所需的技术、管理经验和成熟的市场关系。中东欧地区大部分国家由于受本国经济增长、国内市场规模的限制，难以依靠一国之力建立具有国际竞争力的完整产业链，积极引入 FDI 可以在一定程度上弥补本国资本、技术和管理技能的不足，获取参与附加值更高的价值链的机会。此外，根据世界银行梳理的向更复杂的全球价值链参与方式的转型策略（信息专题 3），我们同样注意到，无论是对于处于初级制造业阶段还是先进制造业与服务业阶段的中东欧国家来说，更有效率地寻求大规模的 FDI 对提升参与全球价值链方式起着关键作用，这与 wiiw 研究报告所得出的结论完全一致。

信息专题 3　向更复杂的全球价值链参与方式的转型策略[④]

从经济理论来看，高度专业化可以提升生产效率。例如，将汽车制造或较复杂的电脑电子产品进行拆分，让各国专注于更简单的零部件和任务，让处于发展初期的国家更容易参与贸易，但是，这并不能就此确保一国有能力参与全球价值链。全球价值链的参与程度由一系列因素决定，包括一国的禀赋、地理位置、市场规模和国家体制。基于对参与全球价值链的各种驱动因素的分析，世界银行提出了可以推动一国融入更先进的全球价值链的一系列政策（见图 2 - 20）。

---

① wiiw. Implications of Foreign Direct Investment, Capital Formation and its Structure for Global Value Chain. Working Paper 170, 2019 - 11.

② ICT 类资本涵盖计算设备、通信设备和计算机软件及数据信息。非 ICT 类资本涵盖非住宅投资总额、住宅结构、运输设备、其他机械设备、R&D、教育及宗教类资产、其他知识产权产品资产。上述共 10 类资产类别主要依据欧盟 KLEMS 数据库（EU KLEMS Database, EU Capital, Labour, Energy, Materials and Services）分类指标而得。欧盟 KLEMS 是专注于欧盟行业水平、经济增长和生产力发展的研究项目。

③ 由于 ICT 类资本的投入，推动升级了该部门生产工艺、优化了生产过程，由此促进高性能纤维和材料的革新，进而需要更复杂的生产链来进行生产，最终导致该部门向下游转移，这就意味着全球价值链向前参与度在未来将逐渐降低。

④ 更多信息请参考：世界银行．2020 年世界发展报告：在全球价值链时代以贸易促发展［R］．华盛顿，2020.

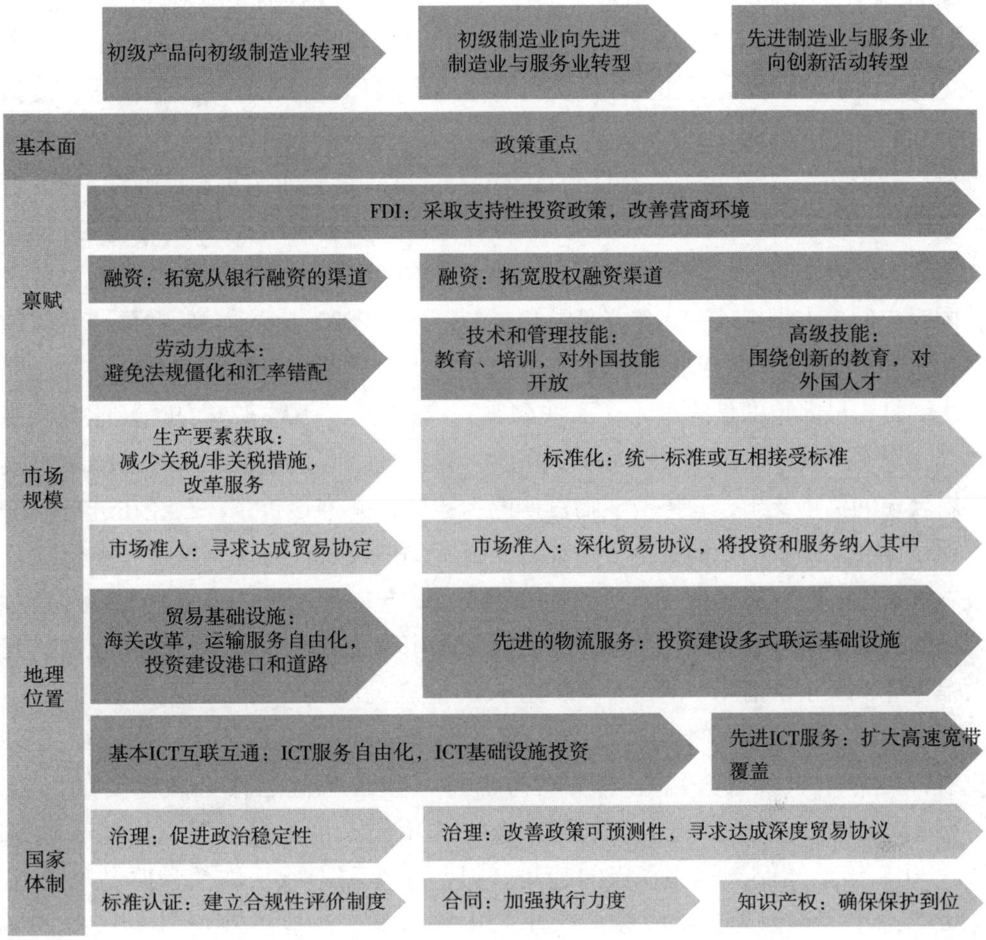

图 2－20　向更复杂的全球价值链参与方式的转型策略

［资料来源：世界银行（The World Bank）］

二、更有效率地寻求大规模 FDI

在过去的30多年里，大部分中东欧国家的经济模式是建立在区域性和全球性价值链紧密融合的基础上，这是因为该地区的廉价劳动力是其比较优势之一。这一发展策略帮助中东欧国家吸引了大量的 FDI，为其经济快速发展提供了动力。但值得注意的是，这种模式所带来的边际效益将越来越小，很可能不会再带来如以往一样的巨大回报，中东欧地区过度依赖外部需求以及本国廉价劳动力所带来的负面影响变得更加明显。①

① wiiw. Uncertainty in Turbulent Times［R］. Forecast Report, Spring 2020.

此外，结合当前的全球疫情形势来看，中东欧地区不仅需要应对因德国工业周期性疲软所造成的负面冲击，同时还需应对因新冠肺炎疫情爆发而大幅锐减的跨国投资以及 FDI。由于跨国投资更加关注投资目的地的市场环境和长期的发展前景，疫情使得企业营收降低，信心受到影响，非常不利于跨国投资发展。据联合国贸易和发展会议预测，若疫情在 2020 年上半年得到有效控制，2020 年全球 FDI 预计降低 5%，若疫情持续到 2020 年底，则降低 15%。联合国贸易和发展会议所关注的 100 强跨国企业中，有 2/3 发表了关于新冠肺炎疫情对其业务影响的声明。全球最大的 5000 家跨国企业，同时它们也占据全球 FDI 绝大部分份额，已经将 2020 年的平均收益预期下调 9%。来自新兴经济体的跨国企业的利润面临的风险更大，预期收益将下调 16%。在这些企业中，受打击最严重的是汽车业（下跌 44%）、航空业（下跌 42%）以及能源及基础材料（下跌 13%）。预期利润的大幅下降意味着这些跨国企业在未来势必减缓对其外国附属公司的资本支出，暂停对实物资产的新投资，并推迟扩张。已经在进行的绿地投资项目也会受到影响。但是鉴于新项目的投资周期较长，对现有投资和在建项目的直接影响可能有限。同样，并购活动也可能放缓。与绿地项目一样，并购通常是对海外市场的长期承诺。联合国贸易和发展会议 2020 年 2 月的数据显示，跨境收购的完成率大幅下降，从正常情况下的每月 400 亿 ~ 500 亿美元降至不足 100 亿美元。①

基于如今外部风险整体偏高，下行压力逐渐加大的宏观环境，中东欧国家如何更有效地寻求、吸收并留住 FDI 成为维持其经济稳健运作至关重要的因素之一。根据本书第一章所介绍中东欧国家吸收 FDI 的流量近况来看，该地区国家在 2018—2019 年整体保持较为积极的趋势。得益于英国退欧，波兰和罗马尼亚在近两年成为除了英国以外，接收较多绿地 FDI 的国家。希腊在 2019 年所吸收的 FDI 流量从 2018 年的 36 亿欧元（GDP 占比为 1.8%）增至 41 亿欧元（GDP 占比为 2.2%），连续四年创新高，是 2009 年以来的最高水平。以较高的国内经济增长和较低的公司税作为支撑，匈牙利在 2019 年成为中东欧地区 FDI 流入的最大目的地。然而，如果我们从 FDI 的存量指标（占 GDP 比重）来看，中东欧地区国家所吸收的 FDI 与欧盟均值相比，仍然处于一个较低水平（见图 2-21），这意味着在后疫情时代，中东欧国家需进一步提高寻求更大规模 FDI 的效率，进而提升在全球价值链中的地位、增强全球价值链的参与度、获取更大的经济效益。世界银行发布的《2020 年世界发展报告：在全球价值链时代以贸易促发展》认为，高质量的投资促进机构（Investment Promotion Agencies，IPAs）可以促进更大规模、更高效的 FDI 流入国内。

① UNCTAD. Impact of the Coronoavirus Outbreak on Global FDI. 2020-03.

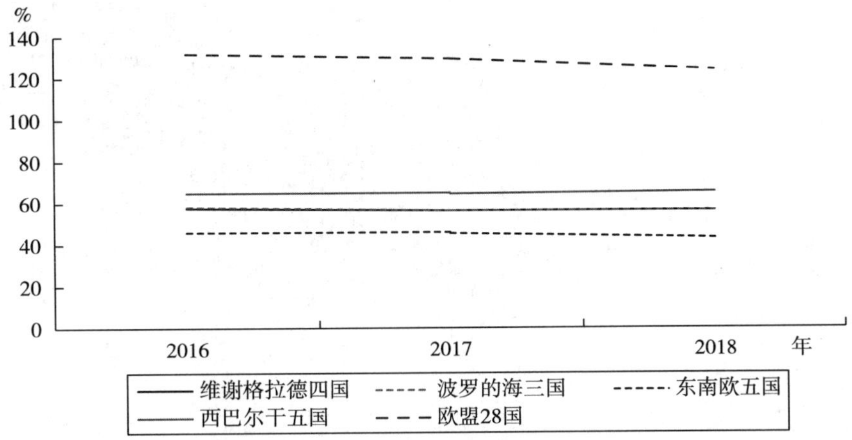

图 2－21　2016—2018 年中东欧 17 国和欧盟 FDI 存量占 GDP 比重

［资料来源：维也纳国际经济比较研究所（wiiw）］

（一）高质量 IPAs 与 FDI 的相关性①

在欧洲，几乎所有国家都建立了国家级别或次国家级别的 IPAs，其主要任务是通过开展一系列包括介绍基本国情，推销具有国际竞争力的商业环境、重点工业及龙头企业在内的服务，来帮助纠正市场失灵。由于信息不对称，意图在国外市场进行投资的国际投资者往往缺乏具体且可靠的信息，比如运营成本、资本支出、潜在的商业伙伴、竞争对手情况、当地税收政策及相关法律法规等。在此背景下，IPAs 的建立在一定程度上可以弥补市场缺陷，帮助投资者规避更多投资风险。如今，得益于高度发达的互联互通网络，大量信息可以直接提供给投资机构，因而 IPAs 所提供的服务，远远超出了信息传播的范畴，偏向于从事更复杂商业信息收集以及参与本国商业环境改革。

为了对 IPAs 的市场表现（即 IPAs 质量）进行更为精确的定量分析，世界银行实施了一项名为全球投资促进基准（Global Investment Promotion Benchmarking，GIPB）的调查项目。调查结果显示，IPAs 具有很高的成本效益，若在投资促进方面每花费 1 美元，就会产生 189 美元的 FDI 流入。此外，IPAs 可以通过利用比较优势来提高投资质量，促进经济转型（见图 2－22）。例如，哥斯达黎加、马来西亚和摩洛哥利用本国稳定的宏观经济以及以技能发展为核心的政策，进行目标明确的投资促进战略，成功地吸引了大型跨国公司进行变革性的、追求效率的投资，与全球价值链的融合也得到加强。

① 世界银行. 2020 年世界发展报告：在全球价值链时代以贸易促发展［R］. 华盛顿，2020.

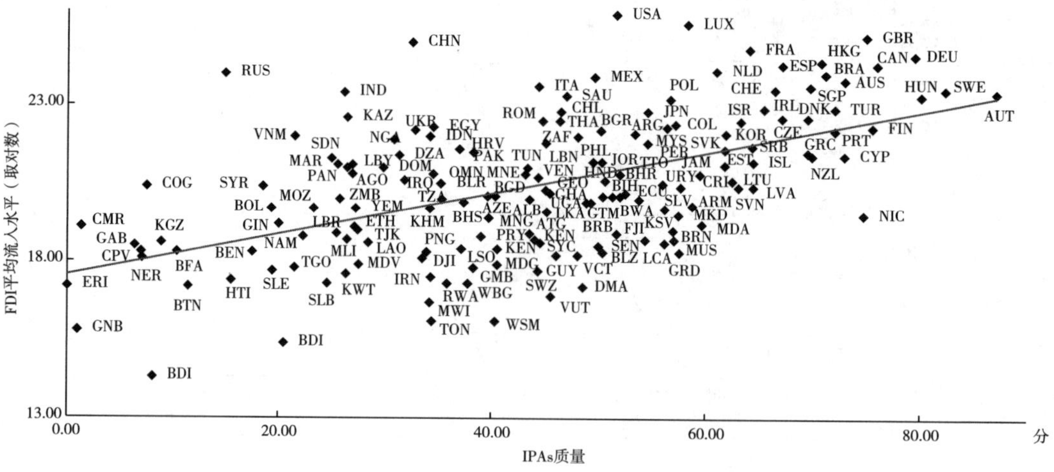

注：散点图覆盖全球 162 个国家，国名使用 ISO31661－1 三位字母代码。

图 2－22　高质量的 IPAs 吸引大规模的 FDI 的流入概况

（资料来源：世界银行．2020 年世界发展报告：在全球价值链时代以贸易促发展［R］．华盛顿，2020）

从国家层面来看，欧洲核心国家在 IPAs 质量方面的评估所得分值普遍较高，奥地利、瑞典、德国、芬兰、英国、葡萄牙等国均获得了 70 分以上的评估分值，与之相应，这些国家所吸收年均 FDI 流量同样处于全球较高水平。中东欧国家 IPAs 质量评估得分要略低于上述 6 国，大部分国家，包括匈牙利、希腊、捷克、拉脱维亚、塞尔维亚、斯洛文尼亚、立陶宛、斯洛伐克和爱沙尼亚的分值分布在 60 分以上，北马其顿、波兰、波黑和保加利亚分值介于 50～60 分，有 3 国（阿尔巴尼亚、黑山和克罗地亚）得分值在 50 分以下，罗马尼亚暂无数据。值得注意的是，匈牙利和塞尔维亚两国所得分值均高于与其同等国力的中东欧国家。其中，匈牙利（80 分）IPAs 质量可与德国（79.4 分）相媲美，塞尔维亚（64.3 分）甚至要高于斯洛伐克（61.7 分），而两国在同级别国家组里吸引了规模更大的 FDI。总体来看，通过提高一国 IPAs 的质量，可以更加有效地寻求大规模的 FDI（见图 2－23）。

（二）中东欧国家 IPAs 质量提升策略[①]

与世界银行 GIPB 项目类似，经济合作与发展组织（OECD）和美洲开发银行（IDB）合作设计了一项关于 IPAs 的在线问卷调查。该问卷调查主要针对来自 OECD 国家、拉丁美洲和加勒比地区国家的 IPAs 代表，共分为基本概要、预算、工作人员配备、办公室联络网（国内和国外）、主要活动、优先级、监督和评估、机构间相互沟通以及 IPA 对 FDI 的敏感度九部分调查内容。在此，我们借助

① OECD. Mapping of Investment Promotion Agencies in OECD Countries. 2018.

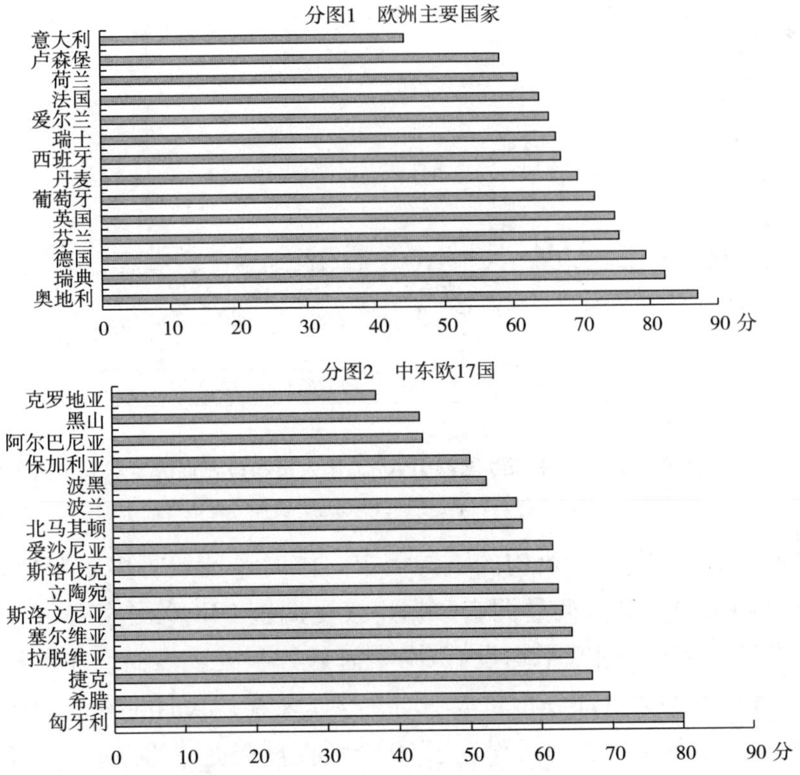

注：中东欧 17 国的罗马尼亚暂无数据。

图 2－23　欧洲和中东欧 17 国 IPAs 质量得分

（资料来源：世界银行．2020 年世界发展报告：在全球价值链时代以贸易促发展［R］．华盛顿，2020）

OECD－IDB 问卷调查数据，分别从工作人员配备、办公室联络网络以及监督和评估三个方面来分析如何改善中东欧国家 IPAs 质量，从而使得该地区国家能够更有效率地寻求大规模 FDI。

首先，中东欧地区国家应加大对 IPAs 的人力投入。人力资源是 IPAs 最重要的资产，据 OECD 统计，人力资源预算在整个 IPAs 预算支出总额中所占比重最大，专业级别的工作人员将极大地影响 IPAs 吸引投资的能力。根据 OECD－IDB 问卷调查数据，我们注意到中东欧国家的人力投入规模较欧洲核心国家普遍较低（见图 2－24）。例如，爱沙尼亚 IPAs 工作人员总数为 300 人，虽然在中东欧地区排名第一，但是与英国相比，仅为英国 IPAs 工作人员总数的 13%。捷克在 IPAs 的投资促进专职工作人员有 93 人，为中东欧地区人数最多的国家，然而该值也仅为英国所拥有的专职人员总数的 22%。

其次，中东欧国家还需继续扩大自身的海外联络网络布局。IPAs 联络网络布局规模对于提高 IPAs 整体水平同样扮演着重要角色，特别是 IPAs 的海外办事处，

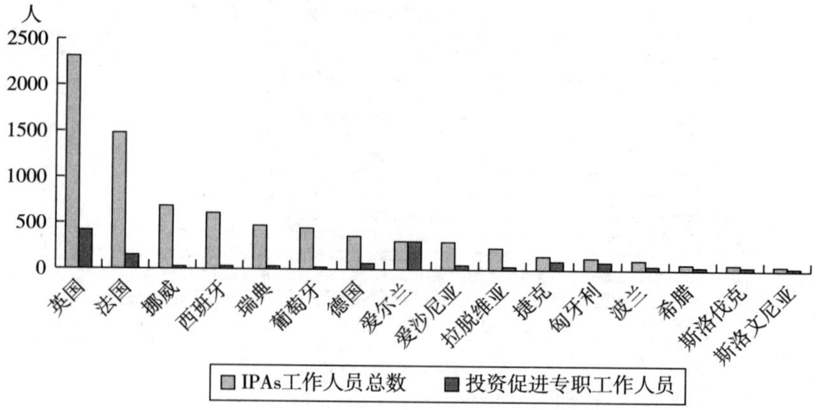

图 2－24　欧洲核心国家和中东欧国家 IPAs 工作人员和投资促进专职人员人数分布

［资料来源：经济合作与发展组织（OECD）、美洲开发银行（IDB）］

其主要目的是满足潜在投资机构的不同需求，同时可能履行多重职能，如贸易、投资等。根据 ODCE－IDB 问卷调查数据，接受调查 OECD 国家有 75% 在国外设有 IPAs 办事处，OECD 国家平均设有 34 个海外办事处。然而，在欧洲各国之间所拥有海外办事处的数量却分布非常不均。整体来看，欧洲的核心国家 IPAs 海外布局规模更大，例如英国在海外设立了 60 个负责投资促进的办事处，而在中东欧地区，除了拉脱维亚（20 个）、捷克（10 个）、波兰（6 个）和爱沙尼亚（5 个）拥有 IPAs 海外办事处，其余尚未设立（见图 2－25）。

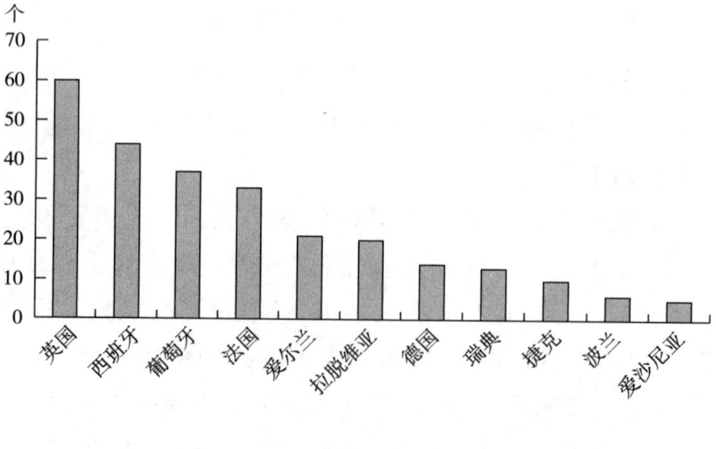

图 2－25　欧洲核心国家和中东欧国家 IPAs 海外办事处个数

［资料来源：经济合作与发展组织（OECD）、美洲开发银行（IDB）］

最后，部分中东欧国家应当设立更为严格的 IPAs 监督和评估体系。IPAs 监督和评估体系对各国 IPAs 后期表现同样至关重要。设立更为严格的监督和评估体系，意味着一国对投资项目掌握足够信息，以此可以考虑便利性更强的项目，包括再投资或更有潜力的新项目。依据 IPAs 的两大监督和评估目标，其业绩表现指标可分为两组。第一组指标称为产出指标，侧重于评估机构本身，包括投资项目数量、投资公司数量、客户满意度、被援助公司数量等。第二组指标称为成果指标，侧重于评估促进投资的基本政策目标，用于衡量 IPAs 行动在一国经济体系里所产生的利益，如创造的工作机会、FDI 流量、与创新和 R&D 相关的投资活动、区域性发展程度、出口量等。根据 ODCE－IDB 问卷调查数据，OECD 国家平均依赖 9.7 个不同指标来监督和评估本国的 IPAs，其中产出指标 4.9 个，成果指标 4.8 个（见图 2－26）。整体来看，中东欧国家对本国 IPAs 监督和评估体系设立的标准松紧不一。我们如果以 OECD 平均水平（9.7 个）作为衡量标准的话，拉脱维亚、匈牙利、斯洛伐克和希腊 4 国对 IPAs 跟踪评估相对较严格，分别使用了 23 个、19 个、17 个和 13 个不同的监督和评估指标。与之相对比，波兰和爱沙尼亚使用的指标个数不超过 5 个。

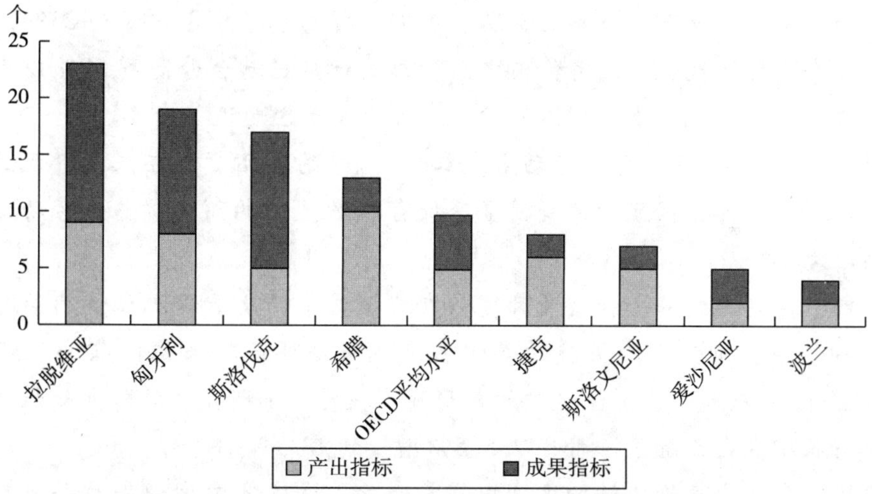

图 2－26　中东欧国家 IPAs 监督和评估体系使用指标数量

［资料来源：经济合作与发展组织（OECD）、美洲开发银行（IDB）］

信息专题 4　全球价值链机构性变革及驱动因素[①]

1. 全球价值链的结构性变革

目前，虽然贸易摩擦、关税升级相关新闻充斥在全球各大媒体的头条，然而人们可能忽视了这些事件背后的本质——全球价值链正在经历深刻的变革。

① 更多信息请参考：麦肯锡全球研究院．变革中的全球化：贸易与价值链的未来图景．2019－04.

麦肯锡全球研究院（McKinsey Global Institute，MGI）在其 2019 年发布的一份研究报告中分析了全球 43 个国家的 23 个行业价值链（贡献了全球 96% 的贸易、69% 的全球产出和 68% 的全球就业人口），梳理了 1995—2017 年间全球贸易与生产格局的变迁趋势，以及各国在全球价值链中参与程度的变化，揭示了以下五点趋势。

第一，全球商品生产价值链的贸易强度（即总出口在总产出中的占比）逐渐降低，也就是说商品产量和贸易量的绝对值都在继续扩大，但是跨境贸易在全球商品产出中的占比却在下降。根据 MGI 统计数据，2007—2017 年，出口总额在商品生产价值链总产出中的占比从 28.1% 降至 22.5%。

第二，与商品贸易相比，跨境服务贸易在增加。基于各国官方的贸易统计数据，MGI 选择了 3 个尚未纳入统计的服务贸易指标，包括出口商品的附加值、企业输送给境外子公司的无形资产、面向全球用户的免费数字服务。在不考虑上述 3 个指标的情况下，服务业在所有类别的贸易总量中占比仅为 23%，但在纳入这 3 个指标所代表的经济价值之后，该统计数据就会升高到 50% 以上，这意味着在全球贸易中，服务创造的价值实际上早已经超过了商品。

第三，在过去 10 年里，劳动力成本套利型[①]的商品贸易在很多价值链中逐年降低。MGI 统计数据显示，目前全球仅有 18% 左右的商品贸易由劳动力成本套利所驱动。

第四，劳动力成本套利型商品贸易在价值链中的比重逐渐降低的同时引发了另一种趋势，即全球价值链的知识密度越来越高，越来越依靠高技能劳动力。自 2000 年以来，各价值链中的无形资产投资，如研发、品牌和知识产权投资在总营收中的占比翻了一番，从 5.5% 增长到 13.1%。

第五，商品生产价值链的区域内贸易增加，区域集中度越来越高，其中以亚欧地区最为明显。这意味着，跨国企业越来越倾向于在邻近消费市场的地方开展生产。

2. 全球价值链结构性变革的驱动因素

对于全球价值链的五大变革趋势，MGI 研究报告总结了以下三大驱动因素。

第一，全球需求的地理格局变化是重塑价值链的力量之一。在过去 10 年间，

① “劳动力成本套利”是指出口国人均 GDP 不高于进口国的 1/5。

新兴市场的全球消费占比增长近了50%。在以中国为代表的发展中国家当中，本国商品的国内消费占比升高，出口占比下降。发达经济体曾在全球需求市场中扮演着重要角色，但是这一格局已悄然改变。当各国企业决定投身于遍布全球的大型消费市场时，激烈的竞争已促使价值链开始重新配置。根据MGI的预测，到2025年，新兴市场将消耗全世界近2/3的产成品，其中以汽车、建筑材料和机械等产品为主。到2030年，全球一半以上的消费将发生在发展中国家（见图2－27）。

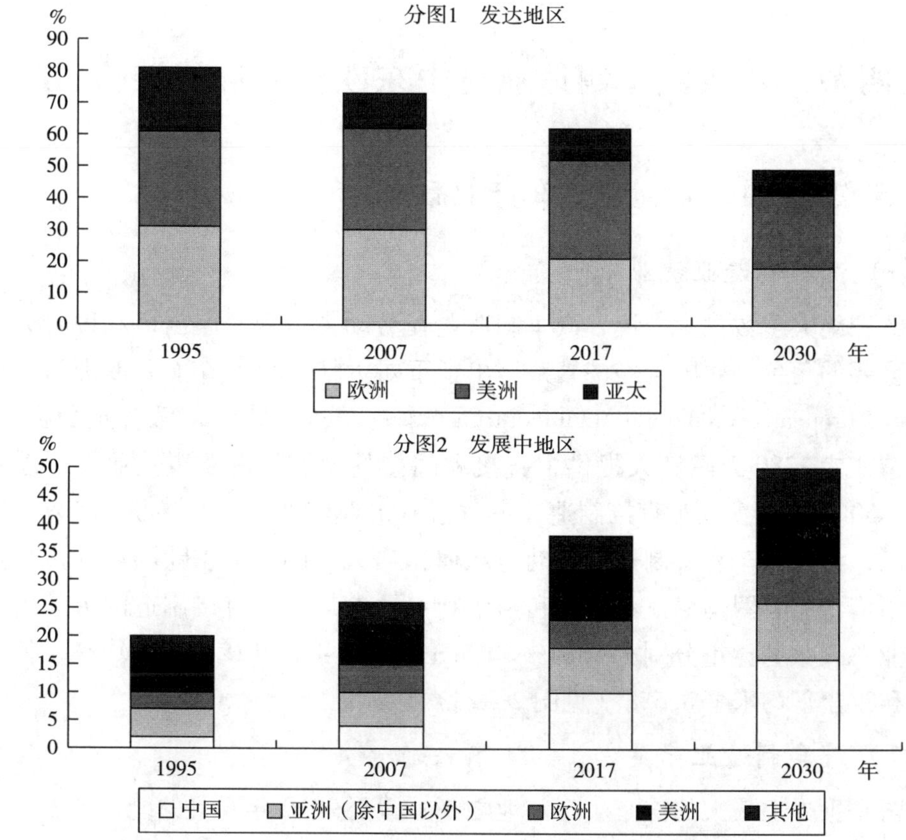

注：1. 由于四舍五入，图中比重总和约为100%。2. 2030年数据为MGI预测值。

图2－27　1995—2030年发达地区和发展中地区全球消费占比变化趋势

［资料来源：麦肯锡全球研究院（McKinsey Global Institute，MGI）］

第二，新兴经济体国内供应链的逐步成熟削弱了全球贸易强度。如今，新兴经济体正在纷纷完善本土供应链，以降低对进口中间投入品的依赖。事实上，贸易强度下滑反映了新兴经济体工业成熟度的提升，随着时间的推移，它们的生产和消费能力都将比肩发达经济体。但是，我们应该意识到，商品贸易强度的降低并不代表着全球化的终结，与之相反，这表明数字技术和数字信息将逐步成为连接全球经济的新纽带。

第三，跨境数据流和新兴技术正在重塑全球价值链。根据世界银行的数据，全世界目前有 45.8% 的数据存储在线上，而 10 年前这一比例只有 20%。MGI 的研究显示，跨境数据流正呈现爆发式增长，交易成本进一步降低，促使贸易流动更有效率，数字平台、区块链、物联网、自动化和人工智能等新兴技术将确保这一趋势在未来仍将持续。

第四节　欧盟汽车制造业对中东欧汽车价值链的影响

一、欧盟和中东欧地区汽车产业概况

（一）汽车制造业就业

对欧洲绝大多数国家来说，汽车制造业在劳动力就业、净出口和税收方面都扮演着重要的角色，对国家经济繁荣作出了重要贡献。2019 年 6 月欧洲汽车制造商协会（European Automobile Manufacturing Association，ACEA）发布的数据显示，汽车制造业为 1380 万欧洲人提供了直接和间接的工作，占欧盟就业人口总数的 6.1%。260 万人从事汽车直接制造，占欧盟制造业就业人口总数的 8.5%。在中东欧地区，参与汽车直接制造的劳动力规模相当大，部分中东欧国家甚至超过德国，如斯洛伐克、罗马尼亚、捷克和匈牙利 4 国参与汽车直接制造的劳动力占制造业就业总人数的比重分别为 15.4%、15.3%、13.4% 和 12.9%，均高于德国的 11.8% 和欧盟平均水平 8.5%（见图 2－28）。

（二）汽车制造业产量

欧盟是世界上最大的汽车生产基地之一。截至 2019 年 6 月的统计数据，欧盟共计有 229 家汽车组装和生产工厂，其中德国（43 家）、法国（37 家）和英国（33 家）所拥有的工厂数量最多，分别占欧盟总量的前三位，比例分别为 18.8%、16.2% 和 14.4%。在中东欧地区，波兰（16 家）拥有的工厂数量最多，占欧盟总量的 7%，排名第二和第三位的中东欧国家是捷克（8 家）和匈牙利（5 家），占欧盟工厂总量的比重分别为 3.5% 和 2.2%（见图 2－29）。

欧盟同样也是全球汽车产量最高的地区之一。2018 年欧盟汽车制造商生产了总计 1650 万辆乘用车（占全球产量的 21%）和 260 多万辆商用车。整体来看，中东欧国家的汽车总产量不及德国、西班牙、法国等欧洲核心国家（见

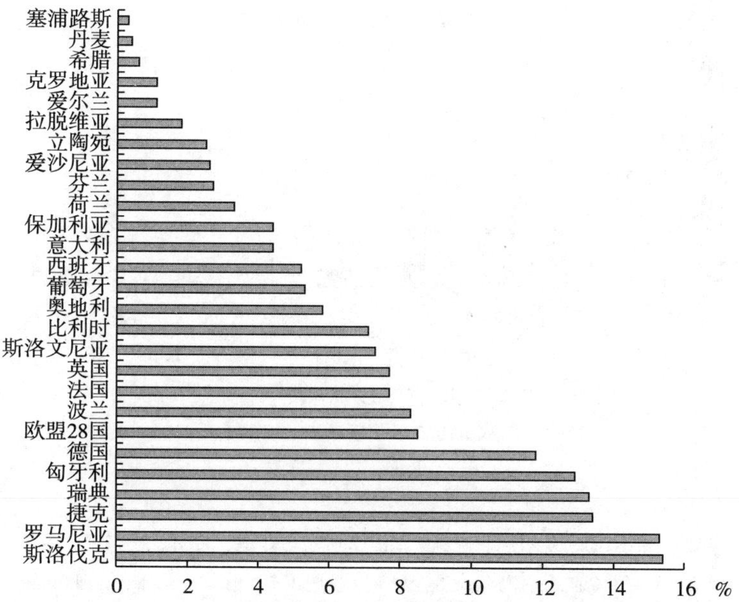

注：欧洲汽车制造商协会（ACEA）发布的关于从事汽车直接制造人口的统计数据为2017年。

图2－28　欧盟和中东欧各国从事汽车直接制造占制造业就业人口总数比重

［资料来源：欧洲汽车制造商协会（ACEA）］

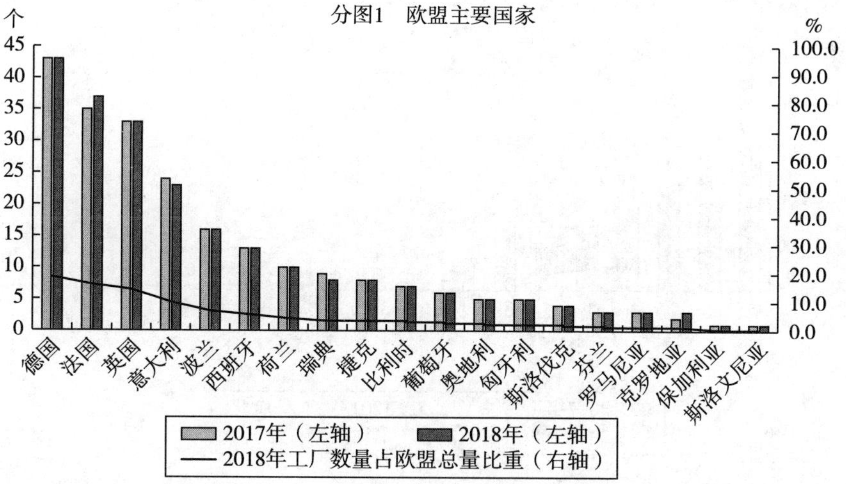

图2－29　2017—2018年欧洲汽车组装和发动机生产工厂数量一览

图2－30）。但是从汽车直接制造就业者人均生产汽车数量来看，中东欧的斯洛文尼亚、斯洛伐克和捷克均超过德国和欧盟的人均生产水平，2017年三国汽车直接制造就业者平均每人分别生产了13辆、12.3辆和8辆汽车，高于德国的7.1辆和欧盟的7.6辆（见图2－31）。

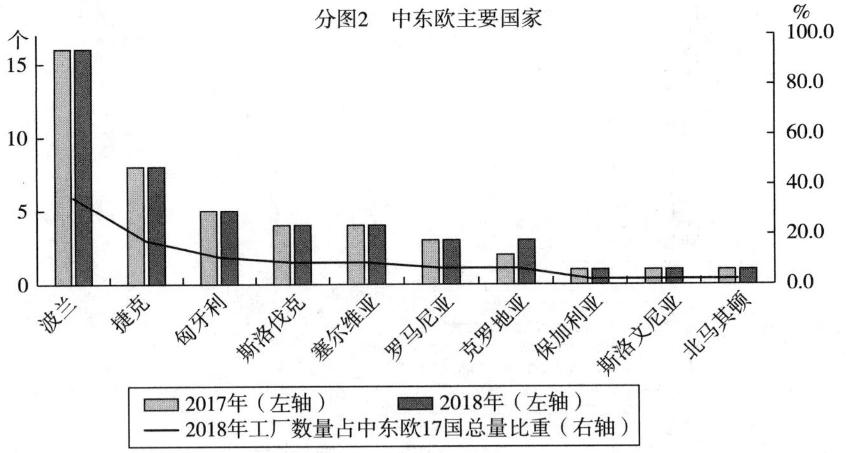

注：1. 欧盟 28 国中卢森堡、爱尔兰、丹麦、塞浦路斯、马耳他、希腊、立陶宛、爱沙尼亚和拉脱维亚暂无数据；2. 中东欧 17 国中希腊、立陶宛、爱沙尼亚、拉脱维亚、波黑、阿尔巴尼亚和黑山暂无数据。

图 2－29　2017—2018 年欧洲汽车组装和发动机生产工厂数量一览（续）

［资料来源：欧洲汽车制造商协会（ACEA）］

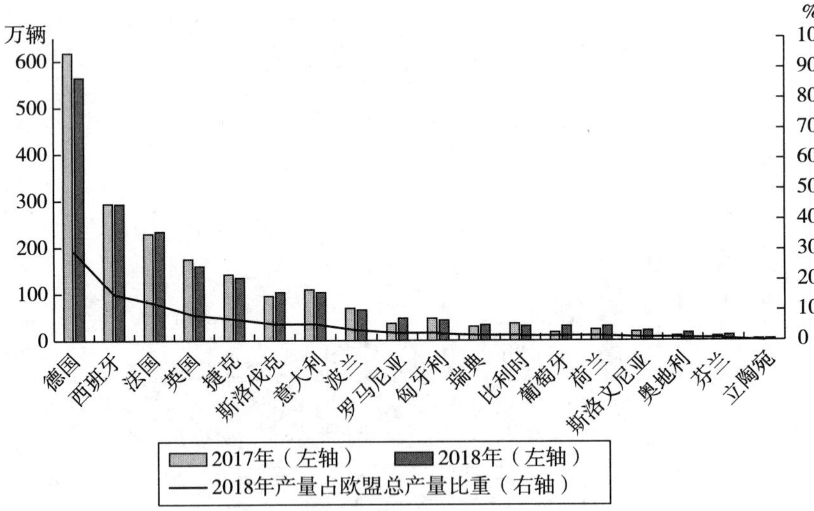

图 2－30　欧盟和中东欧机动车部分生产国产量以及各国占同期欧盟总产量比重

［资料来源：欧洲汽车制造商协会（ACEA）］

然而，随着全球经济下行压力不断加深、英国退欧后谈判以及全球贸易局势的不确定性的增大，欧盟汽车产量呈现逐渐下降的态势，进而导致欧盟工业产出大幅下降。在 2019 年上半年，欧盟乘用车产量进一步下滑，仅为 830 万辆，同比

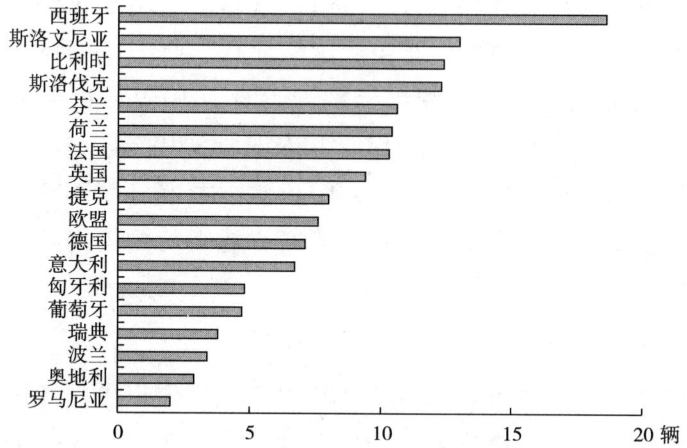

注：欧洲汽车制造商协会（ACEA）发布关于从事汽车直接制造就业者人均生产汽车数量最近的数据为 2017 年。

图 2－31　欧盟和中东欧国家汽车直接制造就业者人均生产汽车数量

［资料来源：欧洲汽车制造商协会（ACEA）］

下降 6.8%（见图 2－32）。但欧盟仍旧保持着全球第二大乘用车生产基地地位，占全球汽车产量的份额从 2018 年的 20.5% 增至 2019 年上半年的 21.9%。从国别来看，欧洲核心汽车制造国中，法国的产量仅增长了 1.2%，而意大利、英国和德国①的产量均下降了两位数，分别为 23.9%、20.2% 和 10.8%。在中东欧地区，

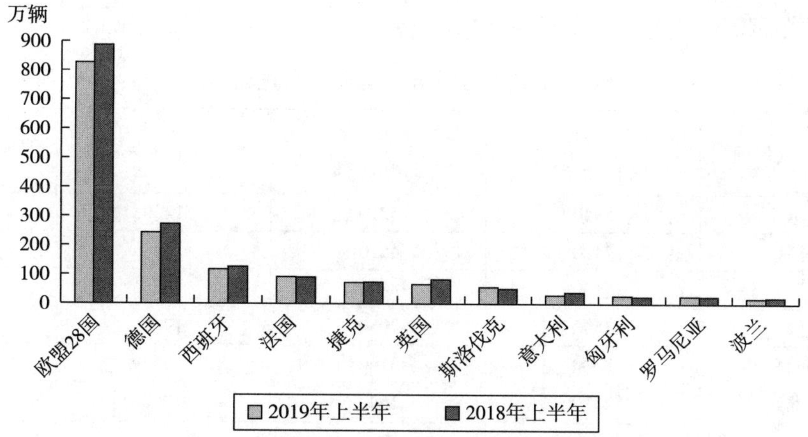

图 2－32　欧洲和中东欧主要汽车生产国乘用车产量

［资料来源：欧洲汽车制造商协会（ACEA）］

① 德国汽车工业协会（Verband der Automobilindustrie，VDA）2020 年 1 月发布的数据显示，2019 年德国汽车产量创下 23 年以来新低，包括大众、宝马和戴姆勒在内的德国汽车制造商总计生产了 466 万辆新车，较 2018 年下降 9%，创 1996 年以来的新低。

除波兰以外（汽车产量同比下降了 12.7%），汽车产出增长仍保持相对稳定，无明显的下滑趋势。另外三大主要汽车生产国匈牙利、斯洛伐克和罗马尼亚在 2019 年前六个月都实现了强劲增长，涨幅分别为 12%、10.9% 和 4.3%。究其原因，主要有两方面。首先，该地区以生产 SUV 以及其他实用车车型为主，国际市场对这些类型的汽车的需求仍然较大。其次，中东欧国家部分汽车零部件供应商能够很快适应市场的改变并重新调整自身发展策略，建立与德国以外其他国家汽车厂商之间的业务关系。①

（三）汽车制造业贸易

从汽车贸易来看，2018 年，近 610 万辆出口到欧盟以外的国家和地区，为欧盟创造了约 844 亿欧元的贸易顺差。2019 年上半年，欧盟乘用车出口总值近 620 亿欧元，同比下降 4.9%。与此同时，汽车进口总值达到 260 亿欧元，同比增长 5.7%。因此，欧盟乘用车贸易虽然仍保持顺差，但是净出口水平仅 360 亿欧元，同比下降 11.2%。具体来看，2019 年上半年，欧盟乘用车销往中国、日本和韩国的总值大幅下降，幅度分别达 6.9%、6.1% 和 18.2%，而对美国出口总值增长了 9%，美国成为欧盟最有价值的汽车出口市场。进口方面，2019 年前六个月，欧盟从日本进口的乘用车在数量（11.6%）和总值（14%）上均以两位数增长，日本成为欧盟汽车进口的第一大来源国（占比 23%）。土耳其和韩国分别是欧盟的第二（占比 17.3%）和第三大来源国（占比 16%），上述 3 国与美国共同占欧盟进口总值的 70% 以上（见表 2－20）。

表 2－20　　2018—2019 年上半年欧盟乘用车进出口总值

欧盟进口伙伴国	2019 年上半年（亿欧元）	2018 年上半年（亿欧元）	同比（%）	占比（%）
日本	5940	5210	14.0	23.3
土耳其	4420	4610	－4.1	17.3
韩国	4100	3870	6.0	16.0
美国	3540	2950	19.9	13.8
墨西哥	2500	3160	－20.9	9.8
南非	2310	1540	49.8	9.0
欧盟出口伙伴国	2019 年上半年（亿欧元）	2018 年上半年（亿欧元）	同比（%）	占比（%）
美国	18730	17190	9.0	30.4
中国	10850	11650	－6.9	17.6

① IMF. Facing Spillover from Trade and Manufacturing. Regional Economic Outlook, 2019－11.

续表

欧盟出口伙伴国	2019 年上半年（亿欧元）	2018 年上半年（亿欧元）	同比（%）	占比（%）
日本	3850	4100	-6.1	6.3
瑞士	3850	3730	3.1	6.2
韩国	3220	3940	-18.2	5.2
加拿大	2050	2150	-4.7	3.3

资料来源：欧洲汽车制造商协会（ACEA）。

（四）汽车制造业税收

欧洲的汽车工业不仅创造就业和经济增长，同时也是欧盟各国政府收入的重要来源之一。根据 ACEA 最新数据，在欧盟境内的道路上穿梭的机动车辆总计约为 3.08 亿辆，其中 2.68 亿辆是小汽车。仅在欧盟 15 国[①]，每年各国政府对这些小汽车征收的包括新车（净价）增值税、燃料（无铅汽油和柴油）消费税、销售和登记税、汽车所有权税等在内的一系列税收就高达 4280 亿欧元。[②] 对中东欧国家来说，上述税收收入同样对其财政收入作出了重要的贡献。从图 2-33 中我们可以看到，在中东欧地区，大部分国家对新车所征收的增值税偏高，有 11 国超过 20%。其中，匈牙利新车增值税在欧盟地区处于最高档，达 27%，其后依次是克罗地亚（25%）、希腊（24%）、波兰（23%）和斯洛文尼亚（22%），捷克、拉脱维亚、立陶宛三国均属于 21% 的税率档位，保加利亚、爱沙尼亚和斯洛伐克为 20% 的税率档位，唯有罗马尼亚的增值税低于 20%（见图 2-33）。

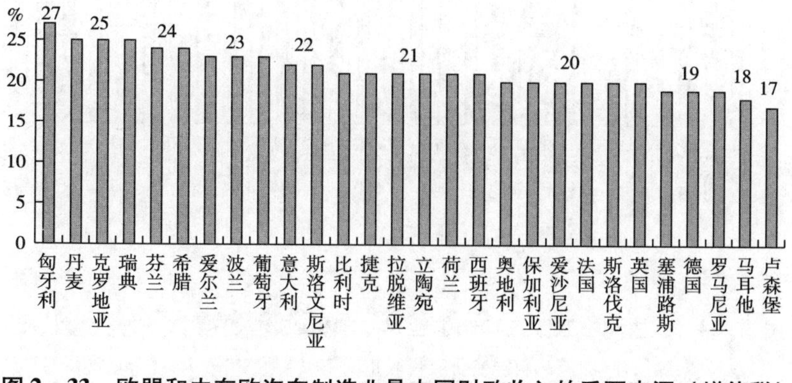

图 2-33　欧盟和中东欧汽车制造业是本国财政收入的重要来源（增值税）

［资料来源：《欧洲汽车制造商协会税收指南 2019》（ACEA *Tax Guide* 2019）］

① 欧盟 15 国包括奥地利、比利时、卢森堡、德国、丹麦、西班牙、芬兰、法国、希腊、爱尔兰、意大利、荷兰、葡萄牙、瑞典和英国。

② ACEA. The Automobile Industry Pocket Guide 2019/2020, 2019-06.

然而，与欧洲核心国家相比，中东欧国家对燃料征收的消费税则普遍偏低。例如，荷兰对每1000升无铅汽油所征收的税费约为778欧元，是欧盟最高水平，而保加利亚仅征收363欧元，不及荷兰税收的一半。中东欧—欧盟12国中，除了希腊（700欧元），其余11国均在570欧元以下（见图2－34）。

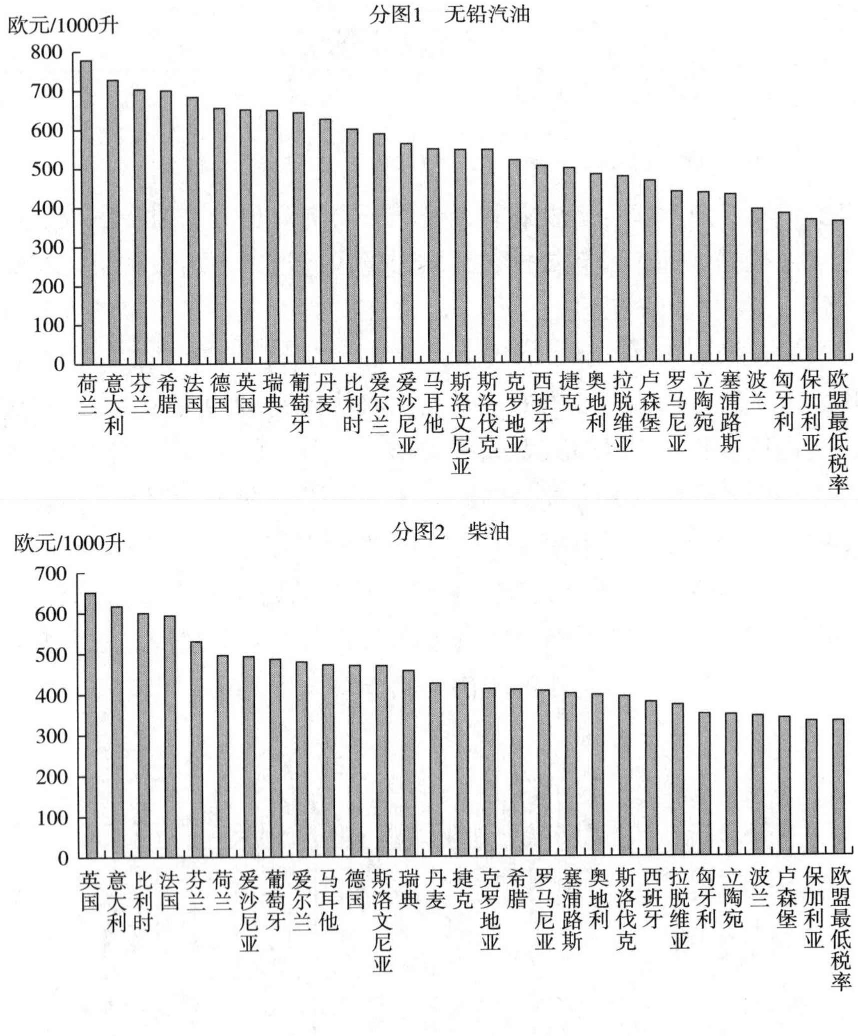

图2－34　欧盟和中东欧汽车制造业是本国财政收入的重要来源（燃料税）

［资料来源：《欧洲汽车制造商协会税收指南2019》（ACEA *Tax Guide* 2019）］

二、维谢格拉德四国汽车产业全球价值链参与程度

中东欧的维谢格拉德四国（Visegrad 4，V4）是欧洲最重要的汽车生产基地之一，拥有全球30多个汽车品牌的整车制造厂以及汽车零配件和部件厂，已成为承接美国、西欧、日本、韩国等国和地区汽车产业转移的重点地区。鉴于V4在

中东欧汽车工业中的重要地位，我们将维谢格拉德四国作为典型案例，重点分析其汽车产业在全球价值链中的参与程度以及欧盟（尤其是德国）在参与过程中所起到的关键作用。

正如我们在第四节所介绍的，一部门/产业涉及的价值链（生产链）涵盖向后和向前联系。在汽车工业价值链中，向后参与意味着本国汽车生产商从国外进口用于组装汽车的零部件进行生产。向前参与意味着本国汽车生产商向其他国家的制造商出口汽车零部件进行再加工/生产。在本节，我们将继续使用“价值链向后参与度”（backward GVC participation）和“价值链向前参与度”（forward GVC participation）两个指标对 V4 在汽车工业价值链中的地位进行评估。

（一）向后参与度

价值链向后参与度可参考一国汽车制造业出口中的国外增加值（Foreign Value Added Content of Exports，FVA）所占比重，这一指标反映了一国的汽车业出口在多大程度上是由其他国家创造的增值所带动的。根据世界投入—产出数据库（the World Input - output Database，WIOD）[①]，在过去十几年，V4 国家汽车产品，包括汽车、汽车零部件和配件，出口中的 FVA 均有所增加，捷克和波兰增幅最大（均为 11.3 个百分点），其次是匈牙利（9.5 个百分点）和斯洛伐克（8.1 个百分点）。[②]

具体以波兰为例。波兰的向后参与度，即汽车出口中的 FVA 比例，在加入欧盟（2004 年 5 月 1 日波兰加入欧盟）前后几年里增速最快。鉴于早期波兰工业发展程度相对较低，欧盟核心国的汽车企业在波兰加大了汽车制造领域的投资规模，因而波兰国内对汽车配件和零部件的进口需求快速上升（即 FVA 较高）。此后，由于制造汽车零部件比汽车组装能够创造更多的国内附加值，波兰的工厂便更专注于为国外投资者提供汽车零部件。[③] 随着零部件生产产量的增加，其出口也随之增加。这使得波兰汽车出口的 FVA 出现自加入欧盟以来的显著下降趋势（波兰汽车业出口由其他国家创造的价值所贡献的比重降低），虽然这一趋势在 2011 年发生了逆转。但在此之后，即 2011—2014 年，波兰汽车出口的 FVA 所占比例持续呈现下降的趋势，从 2011 年的 48.4% 下降至 2014 年的 46.9%，减少了 1.5 个百分点。2014 年，FVA 占波兰汽车出口的 46.9%，在 V4 国家中所占比例最低，而该比重在匈牙利高达 70%，在斯洛伐克和捷克分别为 67% 和 57%（见图 2 - 35）。

---

① 世界投入—产出数据库（the World Input - output Database，WIOD）是由欧盟资助，通过建立涵盖世界经济 80% 以上国家（43 个）56 个行业的投出—产出以及双边贸易数据库，旨在更精确地进行跨国的经济发展、贸易政策等研究。其最近版本为 2016 年版。

② Polish Economic Institute. The Automotive Industry in the Visegrad Croup Countries. Warsaw，2019 - 08.

③ 直到加入欧盟之后的 2014 年，德国大众在波兰的弗热希尼亚市附近投资了第一个 Crafter 送货车汽车生产厂。

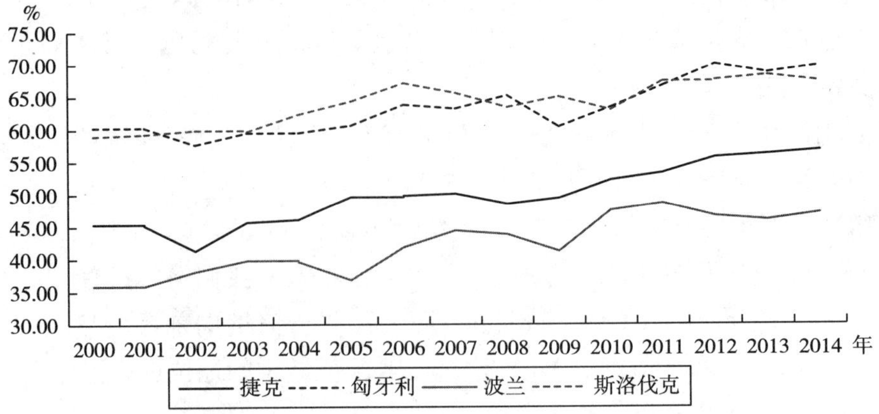

图 2－35　V4 汽车出口中的 FVA 占出口总额比重

［资料来源：波兰经济研究所（Polish Economic Institute）］

由此看出，在汽车工业价值链中，匈牙利和斯洛伐克的向后参与度非常高，这意味着两国汽车出口主要是由其他国家所创造的增值所带动的，对欧盟国家进口的依赖性较大。但值得注意的是近两年，斯洛伐克正在积极改变这一现象，例如在电动汽车领域，由于斯洛伐克持续打造有利的营商环境，2019 年保时捷在皮耶什佳尼新建了一个研发中心，该中心旨在致力于汽车生产自动化的研发。从单纯汽车组装业迈向更先进的整车业的这一行动，释放了斯洛伐克积极提升自身在全球价值链中参与方式的信号，因为研发投资所带来的附加值将远远高于单纯的汽车组装。[①]

波兰经济研究所的分析报告指出，V4 汽车出口中的来自不同国家的 FVA 规模与该国对 V4 汽车业的投资量成正比。这一结论与本章第四节所得出结果一致，即 FDI 流入有利于一国在全球价值链中建立向后参与关联。从图 2－36 可以清晰地看到，V4 汽车出口中的 FVA 最大贡献是来自欧盟，尤其是德国。德国大众在 V4 开展了众多投资项目，这些汽车制造商主要依靠进口德国汽车零配件，用于生产乘用车、厢式货车、货车、客车、发动机等。法国、意大利、英国、奥地利和西班牙等其他欧盟国家同样是 V4 汽车出口产品中所需零配件/部件的主要来源国。

在过去十几年间，丰厚的人力资源、较低的劳动力成本以及各国政府设立的各类优惠条件的驱动，持续吸引了全世界的跨国汽车制造公司向中东欧国家大规模投资。这些跨国车企不仅来自欧盟境内，还来自东亚和东南亚，例如韩国（起亚、现代）和日本（丰田）均在中东欧国家投资建厂。值得注意的是，来自东亚和东南亚国家的 FVA 在捷克、斯洛伐克和波兰 3 国汽车出口中的比重呈现逐年增

① 中欧陆家嘴国际金融研究院、中东欧经济研究所，《中东欧视界》，2020（1）。

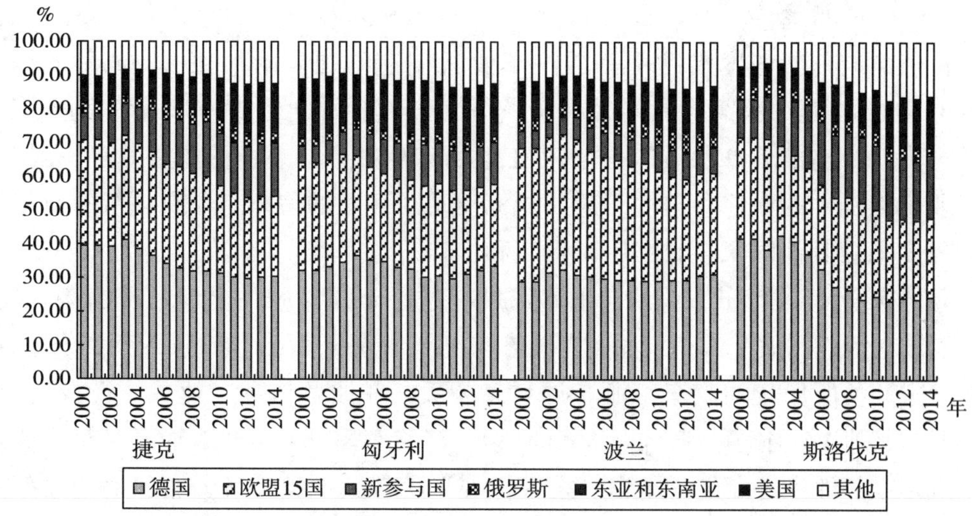

图2-36 V4汽车出口中FVA的来源国（占FVA总额比重）

［资料来源：波兰经济研究所（Polish Economic Institute）］

加趋势。而该比重在匈牙利始终处于较高水平，这是因为早在1991年，日本铃木已在匈牙利埃斯泰尔戈姆市投资建立了汽车制造组装工厂马札尔铃木公司（Magyar Suzuki Corporation）（见表2-21）。

表2-21 V4国家的主要汽车制造商

国别	主要汽车制造商	
波兰	四大汽车制造商	菲亚特汽车波兰公司
		通用汽车波兰公司（波兰欧宝）
		大众汽车波兹南公司
		波兰FSO股份公司
匈牙利	四大汽车制造商	奥迪杰尔汽车制造厂
		梅赛德斯凯奇凯梅特汽车制造厂
		欧宝圣戈特哈德工厂
		铃木埃斯泰尔戈姆工厂
捷克	三大汽车制造商	斯柯达汽车公司
		丰田标志雪铁龙汽车公司[1]
		韩国现代汽车公司
斯洛伐克	四大汽车制造商	德国大众斯洛伐克伯拉第斯拉瓦工厂
		标志雪铁龙斯洛伐克特尔纳瓦工厂
		韩国起亚汽车斯洛伐克日利纳工厂
		捷豹路虎斯洛伐克尼特拉工厂

注：1. 丰田将于2021年1月取得捷克科林（Kolin）合资工厂的所有权。该合资企业名为丰田标致雪铁龙捷克汽车公司（Toyota Peugeot Citroen Automobile Czech，TPCA），于2002年成立，并且签署了选择退出条款，允许两家公司中的任何一家公司重新规划企业安排。

资料来源：中国商务部。

（二）向前参与度

价值链向前参与度借助用一国汽车业所创造的国内附加值（Domestic Value Added，DVA）这一概念。具体来看，一国汽车工业所创造的 DVA 被其他国家吸收并再出口，这部分 DVA 与该国汽车工业所产生的出口总额的比重即是一国在汽车工业价值链中的向前参与度，这一指标反映了一国的汽车工业所创造的 DVA 在多大程度上被其他国家吸收并用于生产和出口。

整体来看，V4 汽车工业的向前参与度在过去十几年中均呈现上升趋势。我们仍然以波兰为例。波兰汽车工业的向前参与度增加幅度最大，超过 11 个百分点。这与多年来波兰所形成的汽车工业布局息息相关。在波兰汽车工业，外资占主导地位，但与其他 V4 国家有别，波兰汽车业以生产汽车零部件为主，而不是整车装配。波兰汽车零部件生产商经验丰富、技术标准严、产品种类齐全、加工生产效率高。通过这种持续的专业化发展，波兰制造出口的汽车零配件和部件备受青睐。在全球金融危机之后，波兰汽车工业的向前参与度增长尤为强劲。2014 年，波兰汽车工业创造的出口增加值中有 52.8% 被其他国家吸收并再出口，高于同一时期的匈牙利（42.22%）、捷克（38.95%）和斯洛伐克（31.76%）（见图 2－37）。

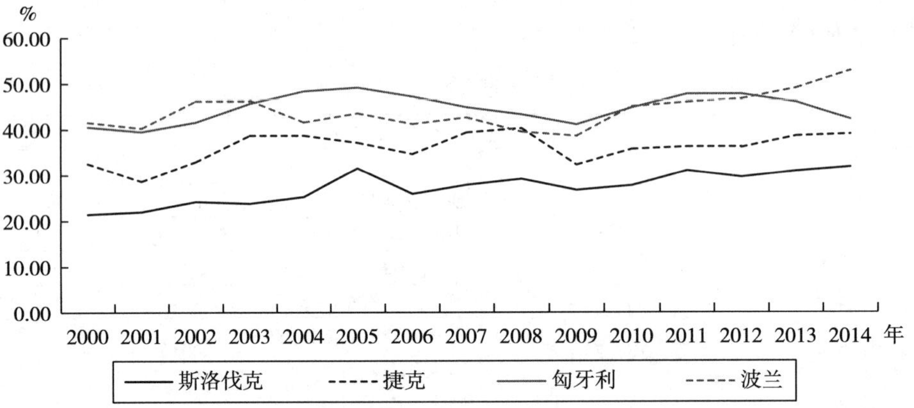

图 2－37　V4 汽车工业在价值链中的向前参与度

［资料来源：波兰经济研究所（Polish Economic Institute）］

此外，从图 2－38 我们可以看出，德国是 V4 汽车工业所创造附加值的最大接受国和转口国。2014 年德国所接受和转口的匈牙利汽车业的 DVA 份额最大，约为 47%，其次是捷克（42.06%）、斯洛伐克（41.52%）和波兰（36.41%）。对波兰来说，欧盟 15 国在其价值链向前参与中发挥了重要的作用，法国、英国、意大利和西班牙等国的汽车出口产品中均包含了源于波兰的 DVA。

通过对中东欧汽车主要生产国波兰、匈牙利、捷克和斯洛伐克 4 国参与全球价值链程度的系统性分析，我们发现，V4 汽车产业与其整体经济在价值链中的定位非常类似。首先，中东欧地区在全球价值链中向后参与度普遍高于向前参与度（本章第三节所得出的结论），这一点在汽车制造业体现得尤为明显。其次，在过去十几年间，无论是汽车业还是整体经济，V4 全球价值链的参与程度（向后和向前）均有所扩大，而且欧盟尤其是德国，始终是 V4 价值链向后或向前关联的重要地区/国家，对其依赖程度非常高。如今，在欧盟汽车制造业下行压力不断增大的形势下，中东欧地区汽车产业同样面临着巨大的风险与挑战。

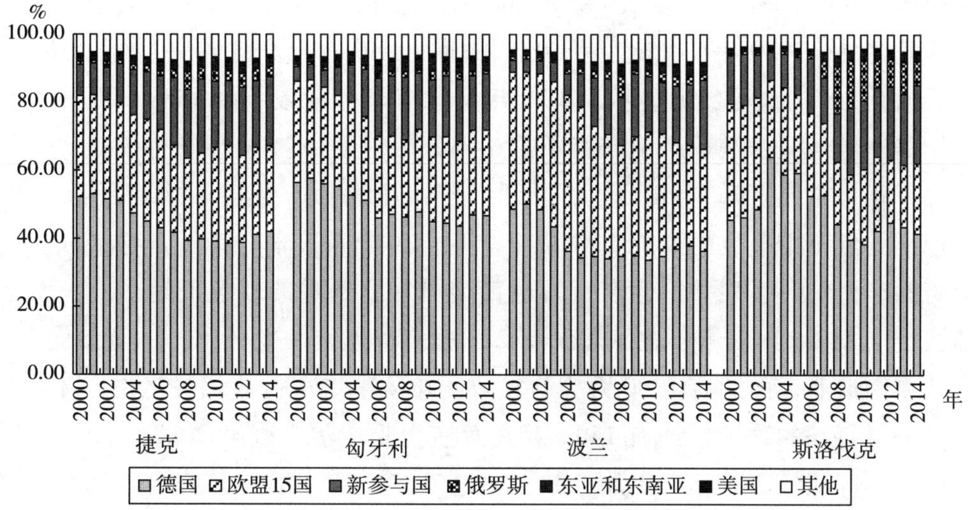

图 2－38　V4 汽车业全球价值链向前关联地区/国家

［资料来源：波兰经济研究所（Polish Economic Institute）］

三、后疫情时代的中东欧汽车制造业

长期以来，欧盟和中东欧汽车产业发展呈现价值链相互交融、相互协作、互为支撑的态势，随着中东欧地区整合进入欧盟汽车价值链，中东欧国家经济发展规模持续得到扩张，成为支撑区域稳定的重要因素。然而，近年来全球经济面临着多重下行风险的挑战，欧盟汽车产量持续下滑，在这背后是一系列的结构性、周期性的因素，包括：欧盟制定了更为苛刻的排放政策；消费者对汽车偏好由柴油车转向汽油车；其他替代燃料汽车需求（如电动车）增长强劲，并且在转向替代燃料车的过程中存在着供应链重组的潜在因素；国际市场的需求大幅下降（主要是来自中国的需求）。[①]显然，在如今全球化时代，没有一个国家能够在大衰退中独善其身。据

① IMF. Facing Spillover from Trade and Manufacturing. Regional Economic Outlook, 2019－11.

wiiw 2019 年 11 月的预测报告，欧盟汽车业衰退对中东欧地区国家发展前景的负面影响越发明显，这主要体现在汽车出口总体表现不佳，如波兰、匈牙利、捷克和北马其顿。仅有少数中东欧国家，如斯洛伐克（捷豹路虎）和塞尔维亚（菲亚特克莱斯勒[①]）通过大规模扩大汽车产能，才能得以缓和出口低迷的境况。

欧盟汽车产业衰退危机所引发的连锁反应释放出以下两大信号：（1）虽然欧盟和中东欧国家汽车制造的高度专业性这一特点使两个地区经济发展受益匪浅，但与此同时，汽车生产过度专业化同样也暴露了其危险。（2）就汽车产能扩张以及汽车生产线潜在转移的可能性而言，中东欧国家还面临来自土耳其等国日益激烈的竞争。[②]

除此之外，2020 年初新冠肺炎疫情的爆发给欧洲汽车业再一次蒙上了阴影。HIS Markit 发布的预测数据显示，2020 年全球汽车产量或下降 16%，欧洲、北美和拉丁美洲等地区的汽车产量或将下降 144 万辆：欧洲汽车产量将锐减 88 万辆，北美汽车产量可能骤降 47.8 万辆，拉丁美洲市场综合产量将下挫 8 万辆。此外，欧洲地区的汽车销量也将下降 10% 以上。除了对全球汽车产销量走势造成影响之外，跨国车企的一系列关厂停产行动也直接引发了严重的就业问题。欧洲汽车制造商协会（ACEA）表示，在欧盟约有 229 家汽车组装及生产工厂，直接雇佣 260 万人从事制造业，而约有 1380 万人直接或间接从事汽车行业相关工作，随着车企在欧洲关停行动的继续，约有 1400 万人面临就业难题。截至 2020 年 4 月，欧洲已经停产和即将停产的整车工厂总数已超过 70 座，包括大众汽车、戴姆勒、宝马集团、标致雪铁龙集团、雷诺集团、捷豹路虎、丰田汽车、日产汽车、菲亚特克莱斯勒（FCA）、保时捷、宾利、劳斯莱斯、兰博基尼、法拉利等在内的国际汽车制造商均受到影响。[③]

---

① 菲亚特克莱斯勒汽车（Fiat Chrysler Automobiles N. V.，FCA）是 2014 年 1 月 29 日菲亚特集团与克莱斯勒集团宣布重组后而成立的控股公司。2019 年 10 月 31 日标致雪铁龙集团母公司 PSA 和菲亚特克莱斯勒汽车（FCA）发表公告，同意进行初步合并，双方股东各占 50% 的新公司。合并完成后，新公司是世界第四大车厂。更多信息请参考：https：//zh. wikipedia. org/wiki/%E8%8F%B2%E4%BA%9A%E7%89%B9%E5%85%8B%E8%8E%B1%E6%96%AF%E5%8B%92%E6%B1%BD%E8%BD%A6。

② wiiw. Braced for Fallout from Global Slowdown [R]. Forecast Report, Autumn 2019.

③ 大众汽车在全球拥有 67.1 万名员工，但目前除中国外，在其他地区并未进行任何新车销售，因为该公司将在保证员工安全的情况下在其他地区恢复工厂生产。全球另一大汽车产业中心的北美地区同样面临考验。美国本土车企通用汽车、福特汽车以及特斯拉均发布了关厂计划，而在北美地区拥有生产基地的宝马、FCA、大众汽车、丰田汽车、本田汽车、日产汽车、现代汽车也加入到停产行列。此外，由于目前美国疫情形势严峻，通用汽车、福特汽车和 FCA 正计划将北美工厂的停产时间进一步延长至 4 月。通用汽车称，公司计划无限期关闭北美工厂，同时降低员工薪水并暂停未来某些产品计划以缩减开支。通用汽车 CEO 和 CFO 在内部视频中向公司员工发出严厉警告，称需要采取“重大紧缩措施”以保持公司的长期生存能力。而在日本，除了因东京奥运会推迟而损失惨重的丰田汽车外，同为日系汽车制造商的马自达也宣布于 3 月 24 日暂停在日本两座工厂的生产，而其在墨西哥和泰国的工厂从 3 月 25 日开始陆续停产。日产汽车和丰田汽车还相继叫停了南非、埃及等地的工厂。此外，韩国、印度当地的汽车产业也正因疫情面临前所未有的生存危机。

尽管在 2020 年 5 月欧洲范围内的新冠肺炎疫情逐步得到控制，欧盟和中东欧国家汽车制造商开始实施阶段性生产重启，然而它们所面临的更艰巨的任务是在后疫情时代如何应对因疫情而加倍恶化的衰退形势。

此次疫情使部分跨国汽车制造企业认识到，为节约离岸成本而承担风险可能已经不值得，使用机器人的成本或许更低。汽车行业是机器人应用最普及的行业，占一国机器人总量的 50% ~60%。以德国为例，2018 年德国制造业中，每 1 万名工人中机器人数量为 322 台。在 2007—2009 年全球金融危机期间，部分工业发达国家拥有足够的机器人，足以将制造成本中的人工成本降到最低，使得上述国家成为其他国家效仿的典范。如今，为应对新冠肺炎疫情，机器人应用率预计会提高 75.7%。在中东欧，捷克、斯洛伐克和斯洛文尼亚拥有大量大型外资汽车企业，3 国虽然每万名工人对应机器人数量超过美国或法国，在后疫情时代或将继续通过投资机器人来应对挑战。因而，从国外投资者的角度来看，3 国仍然是有吸引力的离岸目的地。[①] 除了上述 3 国，匈牙利同样在调研本国制造业使用机器人的可行性，根据匈牙利经济与商业研究所（GVI）的一份分析报告，匈牙利工人中有相当多的人受雇于可以由机器来完成的工作领域，在未来机器人可能取代 73 万人的工作。[②]

另外，电动汽车的普及已然成为汽车工业发展的新趋势。目前，中国是电动汽车最大的销售市场，占全球 56% 的销量。在欧洲，电动汽车销量较高的国家依次是挪威、德国、英国、法国、瑞典和荷兰。[③] 近年来，欧洲电动汽车的快速发展，主要得益于欧洲各国政府为消费者购买新能源车提供了越来越优惠的激励措施。2019 年 12 月 11 日，欧盟委员会在布鲁塞尔公布了应对气候变化的“欧洲绿色协议”，提出到 2050 年欧洲在全球范围内率先实现“碳中和”，即二氧化碳净排放量降为零。在此背景下，各大汽车制造商纷纷加快了在欧洲市场的电动化转型。可以预测，2020 年将成为欧洲汽车行业的一个分水岭。[④] 中东欧地区在电动汽车的使用率和充电基础设施方面一直落后于欧盟核心国家，但是随着对环境和清洁能源的重视程度加深，电动汽车的需求激增，中东欧国家在该领域将取得重大进展。在具有潜在变革性的项目中，德国企业 Ionity 在 2019 年与壳牌（Shell）合作，在欧洲 24 个国家（包括波兰、捷克共和国、匈牙利和斯洛伐克）部署了

---

① 中华人民共和国商务部：http：//www. mofcom. gov. cn/article/i/jyjl/k/202004/20200402953763. shtml，检索日期：2020 年 4 月 28 日。

② 中欧陆家嘴国际金融研究院、中东欧经济研究所，《中东欧视界》，2019（12）。

③ Polish Economic Institute. The Automotive Industry in the Visegrad Croup Countries. Warsaw，2019 -08.

④ 人民网，http：//auto. people. com. cn/n1/2019/1218/c1005 -31511173. html，检索日期：2020 年 4 月 28 日。

电动汽车充电站，而奥地利最大的电力提供商 Verbund 正在与 Enel X、Smatrics、Greenway 和 OMV 等公司合作，在罗马尼亚、斯洛文尼亚、克罗地亚、匈牙利和其他中东欧地区国家发展电动汽车充电基础设施。[①]

① 中国投资指南，http：//webcache. googleusercontent. com/search? q = cache：zmG1wzq6t1oJ：fdi. gov. cn/1800000628 _5 _11928 _0 _7. html + &cd = 1&hl = zh - CN&ct = clnk，检索日期：2020 年 4 月 28 日。

第二篇

中欧合作框架下的“17+1合作”

第三章　中国与中东欧17国合作近况

第一节　“17+1合作”发展趋势

“17+1合作”机制是中欧合作大背景下的一个次区域合作平台，已成为加强中国同中东欧国家政治对话、提升中国与中东欧国家合作关系的重要纽带，是具有重要影响的跨区域合作机制。在各方共同努力下，“17+1合作”框架下已建立领导人会晤机制以及政策协调、经贸、文化、教育、农业、交通、旅游、科技、卫生、智库、地方、青年等各领域合作平台，业已取得丰硕成果，受到中国和中东欧国家民众欢迎和广泛关注。

近年来，中国与中东欧国家合作扎实推进，主要表现在以下三个方面：

一是双方贸易稳步发展。据中国海关统计，2019年，中国与中东欧17国的进出口贸易总额为954.52亿美元，同比增长6.90%。其中，中国对中东欧17国的出口总额为706.31亿美元，同比增长7.52%；中国自中东欧17国的进口额为248.21亿美元，同比增长5.16%。

2013—2019年，中国与中东欧17国进出口贸易总额在中欧贸易中的比重由14.76%上升至19.10%。中国与中东欧17国双边贸易保持了较好的增长势头，双方贸易结构不断优化，贸易领域不断拓展。

二是相互投资不断扩大。据中国商务部统计，截至2018年底，中国对中东欧17国的直接投资存量为25.13亿美元，涉及机械、化工、通信、物流商贸、新能源、金融、农业等诸多领域；中东欧17国对中国的直接投资存量为14.66亿美元，涉及机械制造、汽车零部件、化工、金融、环保等多个领域，相互投资领域更加多元化。

三是基础设施建设合作亮点纷呈。塞尔维亚贝尔格莱德跨多瑙河大桥、科斯托拉茨电站一期、波黑斯坦纳里火电站项目已完工；塞尔维亚 E763 高速公路一期和二期、马其顿两条高速公路、黑山南北高速公路、波兰输变电等项目总体进展顺利；亚欧之间运输通道建设步伐加快，中欧班列已累计开行超过 12000 列，中东欧国家在亚欧大陆桥中的枢纽作用不断提升；中国与波兰、捷克、匈牙利、塞尔维亚实现直航。

当前，中国与中东欧国家都处在经济发展的关键阶段，继续深化双方经贸合作、发挥互补优势，不仅有利于中国与中东欧国家实现互利共赢、共同发展，也对加快欧洲一体化进程，推动中欧合作向更深层次发展具有重要意义。

本节对近年来一些具有代表性的成果进行了梳理和汇总，形成成果清单，主要涵盖政策沟通、互联互通、经贸、金融、人文 5 大类。

一、搭建政策沟通平台[①]

1. 2018 年 4 月，中国—中东欧国家地方合作研讨会暨中国—中东欧国家合作秘书处与中东欧国家驻华使馆工作例会在济南举行。

2. 2018 年 7 月，第七次中国—中东欧国家领导人会晤在保加利亚举行。

3. 2018 年 10 月，中国—中东欧国家合作秘书处与中东欧国家驻华使馆工作例会在北京举行。

4. 2018 年 10 月，第四次中国—中东欧国家地方领导人会议在保加利亚举行。

5. 2018 年 11 月，安徽省贸促会赴中东欧开展经贸交流活动。

6. 2018 年 12 月，第十二次中国—中东欧国家合作国家协调员会议在北京举行。

7. 2019 年 4 月，第二十一次中国—欧盟领导人会晤、第八次中国—中东欧国家领导人会晤在克罗地亚举行。

8. 2019 年 6 月，中国—中东欧国家合作论坛在宁波召开。

9. 2019 年 6 月，第五次中国—中东欧国家地方省州长联合会工作组会议在大连举行。

10. 2019 年 10 月，中国—中东欧国家首都市长论坛在地拉那举行。

11. 2019 年 11 月，第四届中国—中东欧国家卫生部长论坛在保加利亚举行。

二、提升互联互通水平[②]

1. 2018 年 8 月，中国民航代表团访问波黑，将在中国—中东欧国家合作框架

---

① 根据公开资料整理。

② 根据公开资料整理。

下切实加强民航各领域合作。

2. 2018 年 9 月，“一带一路”捷克站物流园在布拉格 PAVLOV 物流园开仓。

3. 2018 年 10 月，第三届中国—中东欧国家交通部长会议和第三届中国—中东欧国家首都市长论坛在塞尔维亚举行。

4. 2018 年 10 月，中欧班列（成都）至匈牙利布达佩斯列车首发。

5. 2019 年 3 月，中东欧电子商务港湾发展协会正式成立。

三、促进经贸务实合作①

1. 2018 年 4 月，中国—中东欧国家地方合作研讨会在济南举办。

2. 2018 年 4 月，“16 +1 农业投资与装备合作博览会”在波黑莫斯塔尔经贸博览会期间举行。

3. 2018 年 4 月，中国—中东欧国家地方合作企业对接会在济南召开。

4. 2018 年 4 月，中国农业农村部对外经济合作中心与深圳市盐田港集团有限公司签署“深化中国—中东欧国家 16 +1 农业合作框架”。

5. 2018 年 6 月，第三届中国—中东欧国家农业部长会议在立陶宛维尔纽斯召开。

6. 2018 年 6 月，中国—中东欧国家贸易（跨境电商）对接会在宁波举行。

7. 2018 年 6 月，第三次中国—中东欧经贸部长级会议和贸易博览会在宁波举行。

8. 2018 年 6 月，中国—中东欧（沧州）中小企业合作区正式成立。

9. 2018 年 7 月，首个中国—中东欧国家农业合作示范区在索非亚成立。

10. 2018 年 9 月，第四次中国—中东欧国家旅游合作高级别会议在克罗地亚杜布罗夫尼克举行。

11. 2018 年 11 月，中国—中东欧药品监管合作论坛在捷克举行。

12. 2018 年 12 月，2018 年“16 +1 中小企业合作官员研修班”在宁波举行。

13. 2019 年 4 月，“中国—罗马尼亚清洁能源领域项目对接会”在北京召开。

14. 2019 年 5 月，第四届中国—中东欧国家农业部长会议暨第十四届中国—中东欧国家农业经贸合作论坛在杭州召开。

15. 2019 年 5 月，中国—中东欧纺织服装面料博览会在罗马尼亚举办。

16. 2019 年 5 月，2019 中国浙江—塞尔维亚经贸对接洽谈会在贝尔格莱德举办。

---

① 根据公开资料整理。

17. 2019 年 6 月，中国品牌商品（中东欧）展在布达佩斯举行。

18. 2019 年 6 月，中国—中东欧国家博览会在宁波举办。

19. 2019 年 7 月，第十次中欧中小企业政策对话会在北京召开。

20. 2019 年 8 月，第九届“成都数字娱乐文化周”暨中国—中东欧国家数字经济发展会议在成都举行。

21. 2019 年 10 月，2019 中国—中东欧能源合作论坛在克罗地亚举办。

四、完善金融合作框架①

1. 2018 年 6 月，银联卡支付服务开通仪式在塞尔维亚贝尔格莱德举行。

2. 2018 年 7 月，保加利亚全面开通 POS 机和 ATM 终端受理银联卡。

3. 2018 年 11 月，中国银联在黑山正式开通受理业务。

4. 2019 年 8 月，中国—中东欧区块链卓越中心秘书处成立。

5. 2019 年 12 月，首届中国—中东欧国家（17 +1）高级别金融科技论坛在立陶宛维尔纽斯举行。

6. 2019 年 12 月，中国—中东欧国家区块链峰会专家会议在斯洛伐克布拉迪斯拉发举行。

五、拉紧人文交流纽带②

1. 2018 年 4 月，第二届中国—中东欧国家新闻发言人对话会在布达佩斯举行。

2. 2018 年 5 月，中东欧国家记者团访华。

3. 2018 年 5 月，“一带一路”国际金融交流合作研修班（中东欧四国）在上海结业。

4. 2018 年 5 月，第五届中国、俄罗斯、中东欧国家发展战略论坛在布拉格举行。

5. 2018 年 5 月，第六届中国—中东欧国家教育政策对话在深圳举行。

6. 2018 年 6 月，2018 中国—中东欧“一带一路”青年创客国际论坛在宁波举办。

7. 2018 年 6 月，第二届中国—中东欧国家艺术论坛在成都举行。

8. 2018 年 6 月，第二届“中国—中东欧国家艺术合作论坛”在成都举行。

9. 2018 年 6 月，第三届中国—中东欧文化创意产业论坛在波兰举行。

---

① 根据公开资料整理。

② 根据公开资料整理。

10. 2018 年 6 月，第五届中国（宁波）—中东欧国家教育合作交流会在宁波举办。

11. 2018 年 9 月，第二届中国—中东欧国家文学论坛在宁波开幕。

12. 2018 年 9 月，第二届中国—中东欧非遗论坛在杭州开幕。

13. 2018 年 10 月，第二届中国—中东欧发展论坛在布拉格举行。

14. 2018 年 10 月，第五次中国—中东欧国家高级别智库研讨会在马其顿举行。

15. 2018 年 11 月，第三届中国—中东欧国家创新合作大会在波黑举行。

16. 2019 年 1 月，2018 中国—中东欧国家地方合作年闭幕式暨 2019 中国—中东欧国家教育、青年交流年开幕式在北京举行。

17. 2019 年 3 月，2019 中东欧高端外国专家对接会在绍兴举办。

18. 2019 年 4 月，第二届中国—中东欧国家文化遗产论坛在洛阳开幕。

19. 2019 年 5 月，“一带一路”语言学院在浙江万里学院成立。

20. 2019 年 5 月，“中国—中东欧国家文化艺术嘉年华”在北京举办。

21. 2019 年 5 月，第七届中国—中东欧国家教育政策对话在罗马尼亚蒂米什瓦拉举行。

22. 2019 年 7 月，第四届中东欧国家孔子学院夏令营在北京开营。

23. 2019 年 8 月，中国—中东欧国家“教育发展与出版创新”论坛在北京举行。

24. 2019 年 10 月，第四届中国—中东欧国家创新合作大会在塞尔维亚举行。

25. 2019 年 10 月，第六届中国（宁波）—中东欧国家教育合作交流会开幕式暨“一带一路”国家教育合作高峰论坛在宁波召开。

26. 2019 年 11 月，2019 中国—中东欧国家音乐周在成都启动。

27. 2019 年 12 月，第三届中国—中东欧国家大学生冰雪嘉年华在哈尔滨开幕。

信息专题 5　2018—2020 年中东欧经济研究所及其支持单位中东欧学术合作一览①

1. 2018 年 3 月 21 日，波兰驻华大使赛熙军一行到访中东欧经济研究所。中欧陆家嘴国际金融研究院院长、中东欧经济研究所理事长姜建清教授，中欧国际工商学院院长、中东欧经济研究所副理事长李铭俊教授出席接待，双方就波中两国经贸合作及智库交流机会进行了深入交流。

① 根据公开资料整理。

2. 2018 年 6 月 5 日，中国—中东欧基金和中东欧经济研究所受邀参加了由中国驻奥地利大使馆与维也纳国际经济比较研究所共同举办的“中奥在中东欧地区三方合作研讨会”。中国驻奥大使李晓驷、中国外交部中国—中东欧国家合作事务特别代表霍玉珍大使、奥地利经济部对外政策司司长拉山、维也纳国际经济比较研究所科研所长施特尔致辞。中国人民外交学会前会长、前驻德国大使梅兆荣作主旨报告。会后，中东欧经济研究所研究员陈玺博士就中国—中东欧经贸合作进展问题接受了奥地利媒体《维也纳日报》采访。

3. 2018 年 6 月 27 日，中东欧经济研究所受邀参加了由上海市金融服务办公室主办的 2018 年上半年度在沪金融要素市场联络员例会，会议议题为“提升金融市场功能，服务经济高质量发展”。会上，中东欧经济研究所研究员陈玺博士作了题为“‘一带一路’中东欧国家经济发展态势”的主题演讲。

4. 2018 年 6 月 11 日，中国—中东欧基金、世福资本管理有限公司在香港共同主办了“投资共赢、和合前行”的投资论坛，论坛上发布了《中东欧经济研究报告 2017》。香港特别行政区行政长官林郑月娥女士为本次论坛做开幕演讲，中国—中东欧金融控股有限公司、世福资本管理有限公司董事长、中国工商银行原董事长姜建清先生发表了主旨演讲。中国外交部驻香港特派员公署特派员谢锋先生、中央人民政府驻香港联络办公室副主任仇鸿女士、香港特别行政区财政司司长陈茂波先生、香港特别行政区政府财经事务及库务局以及入境处的有关负责人、中东欧国家驻香港领事等参加论坛。《中东欧经济研究报告 2017》由中国—中东欧基金、中欧陆家嘴国际金融研究院、中东欧经济研究所联合推出。研究报告的发布标志着国内专业研究机构通过加强智库的支撑和引领作用，推动中国与中东欧国家合作，为更好地服务“一带一路”倡议开启了新篇章。

5. 2018 年 9 月 25 日，由中欧国际工商学院和布拉格新丝绸之路研究会联合主办的“智荟中欧 2018”第二届中国·中东欧发展论坛在布拉格具有 500 多年历史的布拉格城堡内举办，论坛主题为“中捷创新共赢投资对话”。捷克总统米洛什·泽曼（Milos Zeman）为论坛提供名誉赞助，中国驻捷克大使张建敏，捷克前副总理兼外长、布拉格新丝绸之路研究会主席扬·科胡特（Jan Kohout），捷克国家银行行长 Jiří Rusnok，中欧国际工商学院院长李铭俊教授，副院长兼教务长丁远教授，中欧经济学与金融学教授许斌等嘉宾出席并参加了专题讨论。此次论坛还邀请了来自捷克商会、捷克中小企业协会、世福资本管理有限公司、华为捷克子公司、德勤捷克子公司、中捷航空航天协会、中远海运集运（中欧）、ČEZ ESCO、浙江华捷投资和浙江大华技术等公司的高管参加。

6. 2019 年 1 月，中欧陆家嘴国际金融研究院院长、中东欧经济研究所理事长姜建清教授参加了第 24 届《欧洲货币》中东欧论坛（Euromoney The Central and Eastern European Forum），并发表了题为“共同奏响中欧合作的美妙乐章”的主旨演讲。

7. 2019 年 1 月，中东欧经济研究所受邀参加由中国—中东欧国家合作秘书处举办的“2018 中国—中东欧国家地方合作年闭幕式暨 2019 中国—中东欧国家教育、青年交流年开幕式”。

8. 2019 年 3 月 1 日，中东欧经济研究所受邀参加了由上海国际问题研究院、上海市国际关系学会和上海国际战略问题研究会联合举办的题为“中国外交 70 年系列研讨之五：中国与中东欧国家”研讨会。

9. 2019 年 11 月 1 日上午，中东欧经济研究所主办了“中欧国际工商学院中东欧经济研究所与中东欧商学院学术合作成果闭门研讨会”。此次研讨会由中欧国际工商学院经济学与金融学教授、吴敬琏经济学教席教授、副教务长许斌主持，中欧国际工商学院副院长兼中方教务长、中欧陆家嘴国际金融研究院副理事长张维炯教授致辞，匈牙利布达佩斯考文纽斯大学商学院院长总结发言。受邀参加此次学术论坛的 7 位专家分别来自波兰、捷克、斯洛文尼亚和匈牙利的商学院，大家就中国—中东欧在贸易、互联互通等领域的合作进行了回顾和探讨。[①]

10. 2019 年 11 月 1 日下午，由中欧国际工商学院和中国—中东欧基金联合举办的“2019 中东欧经济研究圆桌研讨会”在上海成功举办。来自中欧国际工商学院和中东欧院校的专家学者，以及德国前总统霍斯特·克勒（Horst Köhler），英国前首相戈登·布朗（Gordon Brown），法国前总理、中欧国际工商学院特聘教授多米尼克·德维尔潘（Dominique de Villepin），德国安联保险集团监事会主席迈克尔·狄克曼（Michael Diekmann），锦江国际集团、丽笙酒店集团的企业代表等政商界嘉宾齐聚一堂，共同探讨“一带一路”框架下中国—中东欧合作的新机遇和新动能。中欧国际工商学院院长、中欧陆家嘴国际金融研究院理事长、中东欧经济研究所副理事长李铭俊教授和外交部“中国—中东欧国家合作事务”特别代表，前驻捷克、罗马尼亚大使霍玉珍先后为此次论坛致辞。活动上，中国工商银行上海分行行长付捷，上海市政府参事、中东

① 学术合作成果详细内容请参考本书附录。

欧经济研究所理事杨洁勉，上海浦发银行董事长郑杨，世福资本管理有限公司总裁陈爱平，中国金融信息中心董事长叶国标，中国工商银行（亚洲）有限公司董事会主席高明共同发布《中东欧经济研究报告 2018—2019》。在第一个圆桌讨论环节，德国前总统霍斯特·克勒，英国前首相戈登·布朗，法国前总理、中欧国际工商学院特聘教授多米尼克·德维尔潘以及德国安联保险集团监事会主席迈克尔·狄克曼等嘉宾，就“一带一路”框架下中欧与中国—中东欧合作的新机遇展开了探讨。该环节由世福资本管理有限公司董事长、中国工商银行原董事长、中欧陆家嘴国际金融研究院院长、中欧国际工商学院金融学兼职教授姜建清主持。中欧国际工商学院经济学与金融学教授许斌、锦江国际（集团）有限公司副总裁马名驹、丽笙酒店集团执行副总裁兼首席开发官 Elie Younes、匈牙利布达佩斯考文纽斯大学商学院院长 ZitaZoltay－Paprika 参与了第二个圆桌讨论环节，该环节由世福资本管理有限公司欧洲区总裁、中东欧经济研究所副所长陈进主持，就如何切实打造中国—中东欧合作新动能展开了深度讨论。

第二节　产业合作近况

据不完全统计，目前中国企业在中东欧国家投资超过 100 亿美元，主要以股权投资为主，涉及机械、化工、通信、物流商贸、新能源、农业等诸多领域；中东欧 17 国在华投资超过 15 亿美元，涉及机械制造、汽车零部件、化工、金融、环保等多个领域，相互投资领域更加多元化。

一、产业合作协定签署

表 3－1　　2018—2019 年中国与中东欧 17 国签署的产业合作协定一览表

时间	国家	文件名称
2018 年 7 月	保加利亚	《中华人民共和国农业农村部与保加利亚共和国农业、食品和林业部关于加强中国—中东欧国家农产品电商物流和展示合作的联合声明》
2018 年 7 月	保加利亚	《中华人民共和国商务部与保加利亚共和国经济部关于中小企业合作谅解备忘录》
2018 年 7 月	保加利亚	《中华人民共和国政府和保加利亚共和国政府科学技术合作协定》
2018 年 7 月	爱沙尼亚	《中华人民共和国农业农村部与爱沙尼亚共和国乡村事务部 2018—2022 年农业领域合作行动计划》

续表

时间	国家	文件名称
2018 年 7 月	塞尔维亚	《中华人民共和国农业农村部与塞尔维亚农业林业和水利部关于共同支持建设果蔬产业园的谅解备忘录》
2018 年 7 月	阿尔巴尼亚	《中华人民共和国国家卫生健康委员会和阿尔巴尼亚共和国卫生与社会保障部关于卫生领域合作 2018—2020 年度执行计划》
2018 年 7 月	克罗地亚	《中华人民共和国国家卫生健康委员会和克罗地亚共和国卫生部卫生和医学科学领域 2018—2020 年度执行计划》
2018 年 7 月	立陶宛	《中华人民共和国国家邮政局和立陶宛共和国交通通信部关于加强邮政和快递领域合作的谅解备忘录》
2018 年 7 月	爱沙尼亚	《西安国际陆港多式联运有限公司与爱沙尼亚 GTS Rail 公司战略合作协议》
2018 年 7 月	立陶宛	《中华人民共和国深圳市盐田港集团有限公司与立陶宛共和国国家农业与食品市场监督局关于电商物流及展示合作框架协议》
2018 年 7 月	罗马尼亚	《华为技术有限公司与罗马尼亚国民教育部战略合作备忘录》
2018 年 7 月	塞尔维亚	《中华人民共和国兰州广通新能源汽车有限公司和塞尔维亚共和国谅解备忘录》
2019 年 4 月	北马其顿	《中华人民共和国农业农村部与北马其顿共和国农林水利部 2020—2022 年农业领域合作行动计划》
2019 年 4 月	阿尔巴尼亚	《中国国家广播电视总局与阿尔巴尼亚广播电视总台关于进一步加强广播电视合作的谅解备忘录》
2019 年 4 月	波黑	《中华人民共和国文化和旅游部与波斯尼亚和黑塞哥维那对外贸易和经济关系部关于中国旅游团队赴波斯尼亚和黑塞哥维那旅游实施方案的谅解备忘录》
2019 年 4 月	罗马尼亚	《中华人民共和国商务部与罗马尼亚营商环境、贸易和创业部关于设立贸易畅通工作组的谅解备忘录》
2019 年 4 月	拉脱维亚	《中华人民共和国宁波市政府和拉脱维亚共和国投资发展署关于共建中国（宁波）—拉脱维亚跨境电子商务港湾的谅解备忘录》
2019 年 4 月	斯洛文尼亚	《南京江宁高新技术产业开发区—斯洛文尼亚工程院共建国际科研转化中心框架协议》

资料来源：作者根据公开资料整理。

二、中国企业收购中东欧国家企业股权①

（一）紫金矿业集团收购塞尔维亚铜矿②

2018 年 12 月 18 日，紫金矿业集团与塞尔维亚政府签署协议，出资 3.5 亿美

① 根据公开资料整理。

② 中国商务部网站，http：//www. mofcom. gov. cn/article/i/jyjl/m/201812/20181202817988. shtml，2018 年 12 月 19 日。

元收购塞尔维亚政府持有的博尔铜矿 63% 的股份（塞政府保留剩余 37% 的股份）。紫金矿业还将承担博尔铜矿 2 亿美元的债务，并承诺在未来 3 年保留现有 5000 名员工的岗位，追加投资 10 亿美元，使博尔铜矿的产能由现在的每年 6 万吨阴极铜翻倍达到 12 万吨。该项目成为迄今中国对塞投资最大项目。

（二）中国南山、国新国际合资公司收购斯洛伐克尼特拉战略产业园区汽车配件物流园项目①

2019 年 4 月，签署《中国南山、国新国际合资公司收购斯洛伐克尼特拉战略产业园区汽车配件物流园项目协议》。

（三）普洛斯收购嘉民集团 240 万平方米中东欧物流资产②

2020 年 3 月 13 日，普洛斯宣布，已与嘉民集团达成协议，收购其位于中东欧的物流不动产资产。交易尚待监管机构批准。普洛斯披露，新收购资产位于波兰、捷克、斯洛伐克和匈牙利，资产达 240 万平方米。同时，本次收购的业务将带来一批新客户，并将更好地支持现有客户在波兰、捷克、斯洛伐克和匈牙利扩张欧洲供应链。

三、中国企业在中东欧国家的直接投资

表 3－2　2018—2019 年中国与中东欧地区国家的主要产业合作项目（投资）

时间	项目名称	金额	概况
2018 年 2 月	克罗地亚塞尼风电项目	1.79 亿欧元	2018 年 2 月，北方国际公司拟投资建设、运营克罗地亚塞尼 156MW 风电项目，项目预计总投资为 17916 万欧元。克罗地亚塞尼 156MW 风电项目位于克罗地亚中部亚得里亚海沿海，塞尼市东北部 8 千米，风场面积 44.8 平方千米，总装机容量 156MW，主要设备 49 台 4MW 风机，预测年平均发电 3400 小时，年发电量 5.3 亿千瓦时。项目采用 BOO（Build－Own－Operate，建设—拥有—运营）方式，项目周期 25 年，其中建设期 2 年，运营期 23 年
2018 年 4 月	保加利亚机场项目	7900 万欧元	中国海航航空集团获得了保加利亚 Plowdiw 机场管理执照，海航将在该机场投资 7900 万欧元，并决定其未来 35 年的发展。Plowdiw 距离索非亚 150 千米，飞机可以 24 小时起飞和降落

① 根据公开资料整理。

② 根据公开资料整理。

续表

时间	项目名称	金额	概况
2018 年 4 月	塞尔维亚汽车配件厂	9000 万欧元	中资汽车配件公司 Mei Ta 已开始在贝尔格莱德兴建第二家工厂，该工厂占地面积为 5 万平方米，将在接下来的 6 个月内完工，Mei Ta 公司计划投资 9000 万欧元（约合 1.108 亿美元）。马立还表示，新工厂位于距首都贝尔格莱德中心西南 30 千米处的奥布雷诺瓦茨小镇附近，预计将带来 1100 个工作岗位。Mei Ta 公司主要生产汽车零部件、发动机零部件和普通工业零部件，目前在法国、斯洛伐克、中国和印度设有多个生产基地
2018 年 7 月	保加利亚电动车项目	1000 万欧元	中国电动汽车制造商恒源电动汽车集团（Cenntro Automotive Corporation）及其合作伙伴、位于卢森堡的 SEVIC eMobility 公司计划在未来三年内投资 1000 万欧元，在保加利亚普罗夫迪夫市附近的经济区内建设电动车装配厂，生产多用途车辆。该工厂将雇用 150 人，将组装 500 千克的小型电动车，不需要特殊的充电站，可以直接插入电网。特拉齐亚经济区是公私合营项目，位于保加利亚第二大城市普罗夫迪夫附近，总面积为 10.7 平方千米
2018 年 7 月	克罗地亚高压开关项目	—	中国西电集团有限公司与克罗地亚康查尔（KONCAR）集团决定组建合资公司开拓欧洲市场，并签订了《中国西电电气股份有限公司与克罗地亚康查尔公司关于在克罗地亚设立高压开关合资公司的股东协议》。中国西电将充分利用自身技术、管理及品牌优势，在 170－420 kV GIS 制造能力、技术提升上给予合资公司充分支持
2018 年 8 月	塞尔维亚轮胎厂项目	9944 亿美元	2018 年 8 月，玲珑轮胎公告，拟在塞尔维亚东南部投资建设年产 1362 万条高性能子午线轮胎项目。该项目总投资为 99441.91 万美元（折合 662482.00 万元人民币），拟从 2019 年 4 月正式施工，至 2025 年 3 月竣工，建设期为 6 年，分三期建设。据悉，该项目完全达产后，将具备 1362 万套高性能子午线轮胎生产能力。其中，一期工程投产将达到年生产半钢子午胎 350 万套、全钢子午胎 80 万套；二期工程投产将达到年生产半钢子午胎 350 万套、全钢子午胎 80 万套；三期工程投产将达到年生产半钢子午胎 500 万套、工程及农用子午胎 2 万套
2019 年 3 月	塞尔维亚中国工业园项目	6800 万欧元	中国路桥与中交产投共同现金出资设立路桥产投，路桥产投拟注册于广州南沙自贸区内。其中，中国路桥拟现金出资 5780 万欧元，持有项目公司 85% 股权，中交投产拟现金出资 1020 万欧元，持有项目公司 15% 股权。路桥产投成立后，将与塞尔维亚方面共同出资设立项目开发公司，实施投资建设并运营塞尔维亚中国工业园项目

续表

时间	项目名称	金额	概况
2019 年 4 月	塞尔维亚克鲁巴拉 B350MW 燃煤电站项目		《克鲁巴拉 B350MW 燃煤电站项目合作谅解备忘录》
2019 年 4 月	捷克中医中药水疗康复中心项目	20 亿捷克克朗	荣盛房地产发展有限公司与捷克帕索拉夫基公司签订《荣盛康旅（捷克）投资有限公司与捷克帕索拉夫基公司关于南摩拉维亚州中医中药水疗康复中心项目协议》，按照协议约定，中医中药水疗康复中心占地约 334 亩，拟规划水疗康养中心、中医中药治疗中心、康复保健中心，预计建成面积超 6 万平方米，预计投资金额 20 亿捷克克朗，折合人民币约 5.68 亿元。项目拟整合中医、中药、养老、养生等产业资源，改变捷克当地医疗服务供应不足的现状
2019 年 5 月	罗马尼亚核电项目	—	中国广核集团有限公司与罗马尼亚国家核电公司签署《关于切尔纳沃德核电厂 3、4 号机组成立合资公司的初步投资者协议》，标志着双方就该核电项目的合作迈出实质性的重要一步
2019 年 12 月	波黑水力发电站	1 亿欧元	波黑塞族共和国政府表示，已与中国中航工业集团签署了一项价值 1 亿欧元（约合 1.109 亿美元）的协议，旨在比斯特里察河（Bistrica）上建设三座水力发电厂，总装机容量为 45 兆瓦①
2020 年 2 月	罗马尼亚电冰箱生产厂	5000 万欧元	据 Ziarul Financiar 报道，全球最大的家用电器制造商之一——中国海尔集团将为布加勒斯特北部普拉霍瓦县阿里切什蒂拉赫蒂瓦尼乡（AriceştiiRahtivani in Prahova county）的一家冰箱工厂投资 5000 万欧元。该厂将创造 500 个工作岗位，每年的最大生产能力为 600000 台冰箱②
2020 年 2 月	塞尔维亚汽车灯具厂	5000 万欧元	中国常州星宇车灯股份有限公司在尼什（Niš）（塞尔维亚东南部）购地建厂。尼什市地方经济发展办公室（LEDO）向新南斯拉夫通讯社（Tanjug）表示，作为建造汽车灯具工厂准备工作的一部分，中国星宇股份已从工业园西部的一家私有企业处购得 6.6 公顷的建筑用地。中国星宇股份计划在尼什投资 5000 万欧元，购买总计 13.5 公顷的未开发建筑用地③

注：“—”表示暂无数据。

资料来源：作者根据官方资料整理。

① 中欧陆家嘴国际金融研究院、中东欧经济研究所，《中东欧视界》，2019（12）。

② 中欧陆家嘴国际金融研究院、中东欧经济研究所，《中东欧视界》，2020（2）。

③ 中欧陆家嘴国际金融研究院、中东欧经济研究所，《中东欧视界》，2020（2）。

四、中东欧国家在中国的直接投资

（一）捷克鲨鱼飞机制造项目正式落户中国—中东欧（沧州）中小企业合作区[①]

在2019年4月12日第八次中国—中东欧国家领导人会晤上，捷中鲨鱼（沧州）飞机制造有限公司与鲨鱼（斯洛伐克）公司和鲨鱼（捷克）公司成功签署了《捷中鲨鱼（沧州）飞机制造有限公司与鲨鱼（斯洛伐克）公司和鲨鱼（捷克）公司关于鲨鱼飞机制造的技术转让协议》。该项目致力于打造中捷高新区轻型飞机制造基地，并面向全球销售。

捷克鲨鱼飞机公司成立于2009年，主要生产的是高端轻型运动型2座飞机。经过7年的研制时间，鲨鱼飞机持有最快飞行纪录，于2013年获得捷克LAA轻型飞机协会的认证，2017年获得中国民用航空局型号认证。2018年，鲨鱼飞机正式亮相第十二届珠海航展，引起社会各界高度关注。

（二）中捷污水处理合作项目[②]

2019年4月12日，中广核环保产业有限公司与捷克Environment Commerce CZ s. r. o.（简称EC公司）签订了中捷污水处理项目合作协议。

根据协议，双方将在污水处理厂设计、建设、小型一体化污水处理装置以及多项成熟先进技术的引进等方面进行深度合作，首个合作项目确定落地湖北襄阳市高新区污水处理厂，日处理污水能力为3万吨。后续，双方还将在江西省抚州市等项目开展深入合作，携手打造一批效果良好、外观精美、环境友好、经济适用的污水处理示范标杆项目。

捷克EC公司成立于1990年，由捷克国家科学院水资源管理研究所改制而成，是全球领先的水处理技术和水资源循环利用技术提供方，主要从事水环境领域先进技术开发与利用，拥有独特的技术、设计和理念，公司业务范围涉及城市和农村污水处理、特种工业废水及流域治理等，目前已在全球40多个国家应用案例超过2000个。

信息专题6　2014—2019年中国—中东欧国家旅游业合作发展情况梳理

近年来，中国—中东欧国家合作以机制建设为基础，双方关系不断深化拓展，呈现出越来越旺盛的生命力和强大的吸引力。中国与中东欧国家的旅游合

---

① 根据公开资料整理。

② 根据公开资料整理。

作也迎来了良好契机，旅游是中国—中东欧经贸合作中共识最多、分歧最小的领域。

2014 年 2 月，中国与中东欧部分国家就旅游、交通、新能源、汽车、医疗、科技等领域合作达成共识。

2014 年 5 月 22 日，中国—中东欧旅游促进机构与企业联合会成立。联合会的成立，是中国国务院总理李克强 2013 年 11 月与中东欧 16 国领导人共同作出的重要决定，充分体现了中国和中东欧各国政府对开展旅游合作的高度重视，赋予了旅游交流与合作崇高的历史使命。联合会由中国及中东欧 16 国旅游部门及旅游企业组成，旨在为扩大双方旅游领域务实合作搭建平台。

2014 年 5 月 22 日，中国—中东欧旅游促进机构与企业联合会首次高级别会议在匈牙利首都布达佩斯举行。中国国家旅游局与匈牙利以及阿尔巴尼亚、波兰、克罗地亚等 12 国旅游部门负责人共同签署了《中国—中东欧旅游促进机构与旅游企业联合会行动计划》。根据该计划，双方将为未来 5 年内中国到访中东欧游客年均增长 15% 作出努力，也将鼓励更多中东欧游客到访中国，并为双方未来旅游合作制定了具体方案。双方商定将建立定期磋商和会晤机制，并将在联合市场营销推广、相互支持参加在对方国家举行的旅游交易会活动、相互邀请旅行商和媒体采风、旅游产品和线路开发等方面开展合作，以进一步扩大双向人员往来，促进双方旅游业的共同发展和繁荣。

2014 年 5 月 22 日，中国—中东欧旅游促进机构与旅游企业联合会协调中心成立。该协调中心落户匈牙利，是中国—中东欧合作框架下的 6 个多边合作机制之一，充分显示了匈方在协调 16 国、推进在“16 + 1”框架下开展与中国旅游合作取得了实质性进展。协调中心成立后，将围绕行动计划在互送客源、相互支持宣传推广等方面深化中东欧 16 国与中国的旅游合作。

2015 年 2 月 12 日，中国国务院总理李克强和匈牙利总理欧尔班签署了《中华人民共和国国家旅游局与匈牙利国家经济部关于共同推动建立中国—中东欧国家旅游促进机构和旅游企业联合会的谅解备忘录》。该备忘录的签署将推动建立中国—中东欧国家旅游促进机构和旅游企业联合会，进一步促进中国和中东欧国家的旅游促进机构、国家旅游主管部门和旅游企业间的合作。

2015 年 9 月 2 日，第二届中国—中东欧国家旅游合作高级别会议在斯洛文尼亚布莱德举行。会议期间，与会各方回顾了 2014—2015 年中国—中东欧旅游合作情况和中东欧 16 国旅游宣传推广活动，讨论了 2016 年中国—中东欧旅游合作关系计划和 2016 年中国—中东欧旅游促进机构与旅游企业联合会协调中心关于航线、线路和产品的宣传推广战略和行动方案。会上，中国与中东欧16国共同签署了《中国与中东欧国家旅游合作积极参与“一带一路”倡议意向书》。

2017年11月24日，第三届中国—中东欧国家旅游合作高级别会议在波黑首都萨拉热窝召开，会议通过了《第三届中国—中东欧国家旅游合作高级别会议旅游合作联合声明》。

2018年9月19日，第四次中国—中东欧国家旅游合作高级别会议在克罗地亚杜布罗夫尼克召开。会议期间，中国与克罗地亚签署了《中华人民共和国文化和旅游部与克罗地亚共和国旅游部旅游合作谅解备忘录》。

2019年10月23日，第五次中国—中东欧国家旅游合作高级别会议在拉脱维亚首都里加召开。会议期间，中国与斯洛伐克签署了《中华人民共和国文化和旅游部与斯洛伐克共和国交通建设部关于旅游合作的备忘录》。

中国旅游研究院、携程旅游等发布数据显示，2019年上半年中国赴中东欧旅游人次激增。其中，前往克罗地亚、拉脱维亚的游客同比增加超过500%；前往斯洛文尼亚、保加利亚的游客同比增长超过400%；前往爱沙尼亚、阿尔巴尼亚游客同比增长超过300%。[①]

2017年约有1270万中国人赴欧旅游，2018年中国—欧盟旅游年启动，进一步推进双方的文化交流，预计到2020年，游客数量会迎来高达77%的增长。另外，中国游客为欧洲带来的经济收益在10年内翻了3倍，从2009年的34亿欧元涨至2018年的116亿欧元。同时，中国游客在当地的日均花费相对较高，约385欧元，略高于美国游客的312欧元及日本游客的350欧元。[②] 中国旅游研究院数据显示，2018年中国赴欧洲游客人数超过600万人次，其中赴东欧地区游客的比重最高，达到36.3%，超过西欧（32.8%）、北欧（16.6%）和南欧（14.2%）。[③] 2019年上半年，赴欧洲人数达到300万人次，同比增长7.4%。华程国旅集团数据显示，2019年上半年预订欧洲游的人数同比实现12.3%的增长。携程旅游数据显示，欧洲是中国游客选择的第二大目的地区域，占比10%，仅次于亚洲。[④]

---

① 中国金融信息网官网：http：//news. xinhua08. com/a/20190822/1885136. shtml，检索日期：2020年4月30日。

② 欧盟中国商会，罗兰贝格．中国企业在欧发展报告2019［R］．2019－10.

③ 中国金融信息网官网：http：//news. xinhua08. com/a/20190822/1885136. shtml，检索日期：2020年4月30日。

④ 中国金融信息网官网：http：//news. xinhua08. com/a/20190822/1885136. shtml，检索日期：2020年4月30日。

第三节　贸易合作近况

一、近两年中国与中东欧 17 国的进出口贸易概况

2019 年，中国与中东欧 17 国的进出口贸易总额为 954.52 亿美元，同比增长 6.90%。其中，中国对中东欧 17 国的出口总额为 706.31 亿美元，同比增长 7.52%；中国自中东欧 17 国的进口额为 248.21 亿美元，同比增长 5.16%（见图 3－1）。

2019 年，中国与中东欧 17 国的进出口贸易额增速出现下滑，主要原因在于，2019 年中国的整体对外贸易形势出现滑坡，2019 年中国的对外贸易总额同比增速为－1.00%。

2018 年，中国与中东欧 17 国的进出口贸易总额为 892.94 亿美元，同比增长 22.05%。其中，中国对中东欧 17 国的出口总额为 656.91 亿美元，同比增长 21.12%；中国自中东欧 17 国的进口额为 236.02 亿美元，同比增长 24.73%。

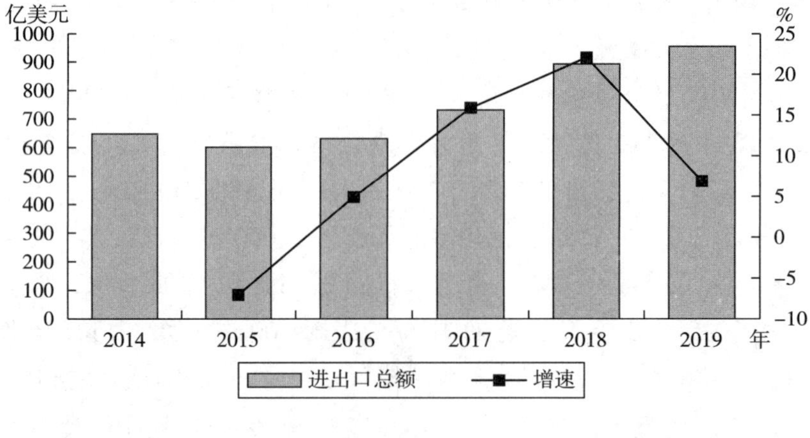

图 3－1　2014—2019 年中国与中东欧 17 国的商品贸易总额及增速

（资料来源：中国海关总署）

中国与中东欧 17 国的贸易，主要是中国出口商品到中东欧 17 国。2019 年，中国的出口占贸易总额的 74.00%，中国自中东欧 17 国的进口占贸易总额的 26.00%。2018 年，中国的出口占贸易总额的 73.57%，中国自中东欧 17 国的进口占贸易总额的 26.43%（见图 3－2 和表 3－3）。

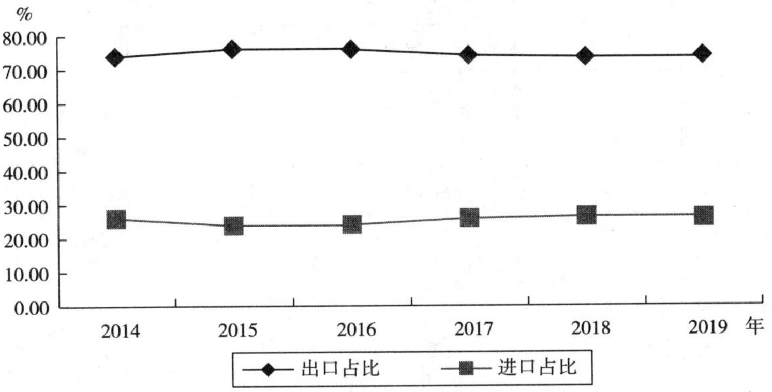

图3-2 2014—2019年中国与中东欧17国的商品贸易结构

（资料来源：中国海关总署）

表3-3　　2015—2019年中国与中东欧17国的商品贸易概况

年份	2015	2016	2017	2018	2019
进出口总额（亿美元）	601.87	631.38	731.61	892.94	954.52
同比（%）	-7.06	4.90	15.87	22.05	6.90
出口总额（亿美元）	458.27	479.41	542.38	656.91	706.31
同比（%）	-4.32	4.61	13.14	21.12	7.52
占比（%）	76.14	75.93	74.14	73.57	74.00
进口总额（亿美元）	143.60	151.97	189.22	236.02	248.21
同比（%）	-14.84	5.83	24.51	24.73	5.16
占比（%）	23.86	24.07	25.86	26.43	26.00

资料来源：中国海关总署。

中东欧17国中，进出口贸易额前五大国家是波兰、捷克、匈牙利、斯洛伐克和希腊（见图3-3和表3-4），2019年5国之和占比达到76.47%（见图3-4）。

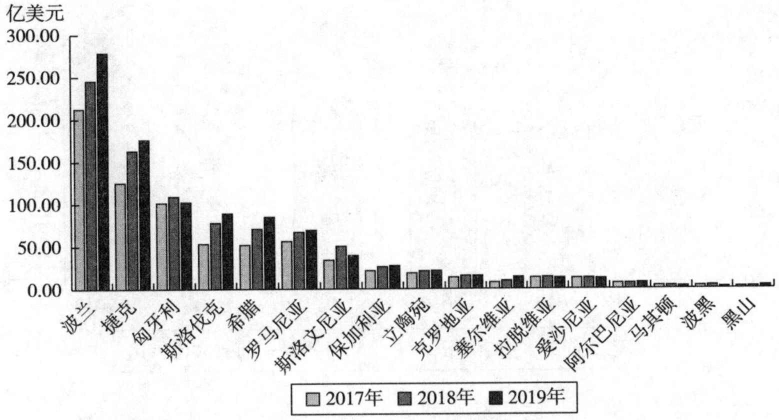

图3-3 2017—2019年中国与中东欧17国的商品贸易总额

（资料来源：中国海关总署）

表 3 - 4　　2015—2019 年中国与中东欧 17 国的商品贸易总额　　单位：亿美元

国家	2015 年	2016 年	2017 年	2018 年	2019 年
波兰	170. 90	176. 26	212. 29	245. 24	278. 16
捷克	110. 08	110. 07	124. 89	163. 09	176. 01
匈牙利	80. 69	88. 85	101. 27	108. 83	102. 17
斯洛伐克	50. 32	52. 71	53. 15	77. 80	88. 92
希腊	39. 51	44. 84	51. 80	70. 64	84. 64
罗马尼亚	44. 60	48. 99	56. 02	66. 76	69. 00
斯洛文尼亚	23. 81	27. 06	33. 83	50. 16	39. 28
保加利亚	17. 93	16. 44	21. 38	25. 88	27. 18
立陶宛	13. 47	14. 54	18. 56	20. 93	21. 35
克罗地亚	10. 97	11. 78	13. 43	15. 39	15. 42
塞尔维亚	5. 49	5. 94	7. 57	9. 53	13. 93
拉脱维亚	11. 68	11. 94	13. 25	13. 80	12. 89
爱沙尼亚	11. 88	11. 75	12. 67	12. 77	12. 21
阿尔巴尼亚	5. 59	6. 36	6. 50	6. 48	7. 04
北马其顿	2. 20	1. 37	1. 64	1. 56	2. 82
波黑	1. 15	1. 08	1. 36	1. 87	1. 92
黑山	1. 59	1. 41	1. 99	2. 20	1. 57
总计	601. 87	631. 38	731. 61	892. 94	954. 52

资料来源：中国海关总署。

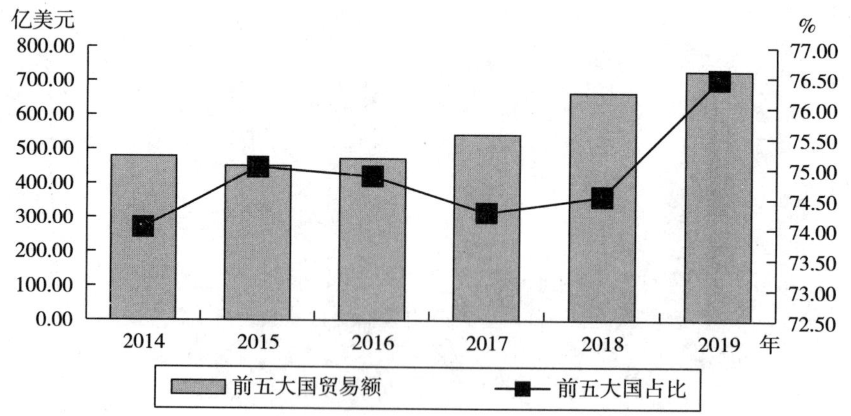

图 3 - 4　2014—2019 年中国与中东欧 17 国的商品贸易集中度

（资料来源：中国海关总署）

二、中国对中东欧国家的出口

中东欧17国中，中国的出口额前五大国家是波兰、捷克、希腊、匈牙利和罗马尼亚（见图3－5和表3－5），2019年5国之和占比达到78.77%（见图3－6）。

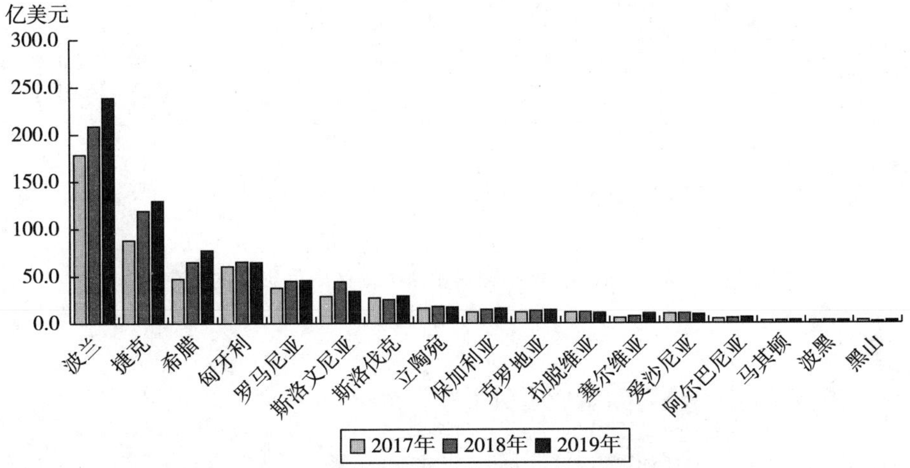

图3－5　2017—2019年中国对中东欧17国的商品贸易出口额

（资料来源：中国海关总署）

表3－5　　2015—2019年中国对中东欧17国的商品贸易出口额　　单位：亿美元

国家	2015年	2016年	2017年	2018年	2019年
波兰	143.46	150.92	178.76	208.79	238.75
捷克	82.26	80.59	87.93	119.10	129.73
匈牙利	36.66	42.01	47.51	65.00	77.39
斯洛伐克	51.98	54.23	60.50	65.42	64.72
希腊	31.63	34.47	37.78	45.07	45.75
罗马尼亚	20.92	22.69	28.88	44.25	34.11
斯洛文尼亚	27.95	28.61	27.30	25.36	29.24
保加利亚	12.08	12.91	16.00	17.63	16.99
立陶宛	10.44	10.55	11.69	14.40	15.55
克罗地亚	9.86	10.17	11.60	13.27	13.96
塞尔维亚	10.23	10.62	11.48	11.67	10.93
拉脱维亚	4.15	4.31	5.46	7.28	10.33
爱沙尼亚	9.53	9.64	10.07	10.32	9.22
阿尔巴尼亚	4.30	5.07	4.54	5.40	6.01
北马其顿	0.87	0.90	0.78	1.08	1.34
波黑	0.62	0.64	0.79	1.10	1.15
黑山	1.34	1.09	1.33	1.78	1.14
总计	458.27	479.41	542.38	656.91	706.31

资料来源：中国海关总署。

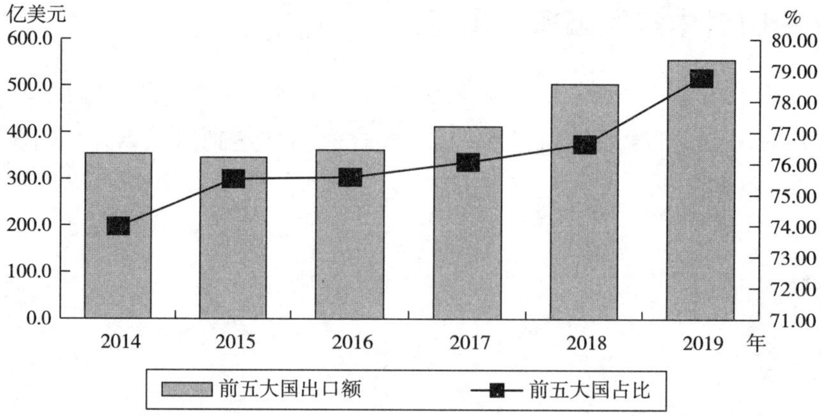

图 3－6　2014—2019 年中国对中东欧地区商品出口的集中度

（资料来源：中国海关总署）

三、中国从中东欧国家的进口

中东欧 17 国中，中国前五大进口国是斯洛伐克、捷克、波兰、匈牙利和罗马尼亚（见图 3－7 和表 3－6），2019 年 5 国之和占比达到 83.03%（见图 3－8）。

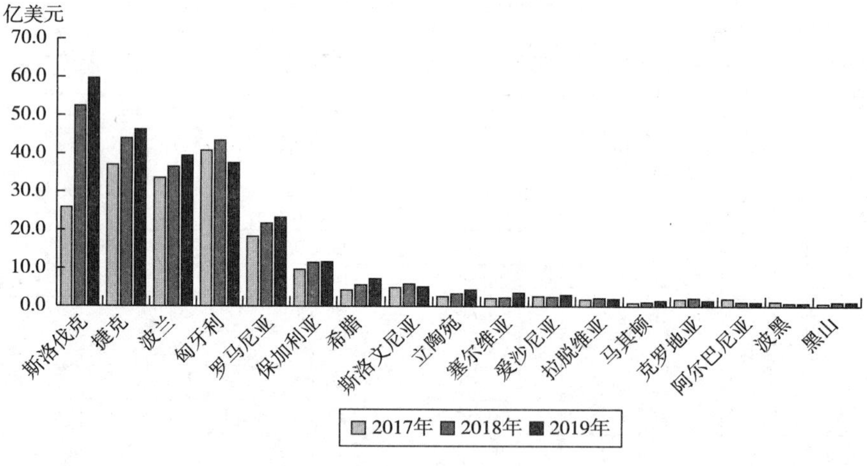

图 3－7　2017—2019 年中国自中东欧 17 国的商品贸易进口额

（资料来源：中国海关总署）

表 3－6　2015—2019 年中国自中东欧 17 国的商品贸易进口额　单位：亿美元

国家	2015 年	2016 年	2017 年	2018 年	2019 年
斯洛伐克	22.37	24.10	25.85	52.44	59.68
捷克	27.82	29.48	36.95	43.99	46.28

续表

国家	2015 年	2016 年	2017 年	2018 年	2019 年
波兰	27.44	25.34	33.53	36.45	39.41
匈牙利	28.71	34.62	40.77	43.42	37.45
罗马尼亚	12.97	14.52	18.24	21.69	23.26
保加利亚	7.49	5.88	9.69	11.48	11.64
希腊	2.86	2.83	4.29	5.64	7.25
斯洛文尼亚	2.90	4.37	4.95	5.91	5.16
立陶宛	1.39	1.64	2.55	3.30	4.37
塞尔维亚	1.34	1.63	2.12	2.25	3.60
爱沙尼亚	2.35	2.12	2.60	2.45	2.99
拉脱维亚	1.45	1.32	1.77	2.13	1.96
北马其顿	1.33	0.47	0.86	0.48	1.48
克罗地亚	1.12	1.61	1.83	2.12	1.45
阿尔巴尼亚	1.29	1.29	1.97	1.08	1.03
波黑	0.54	0.44	0.57	0.77	0.77
黑山	0.24	0.33	0.66	0.42	0.43
总计	143.60	151.97	189.22	236.02	248.21

资料来源：中国海关总署。

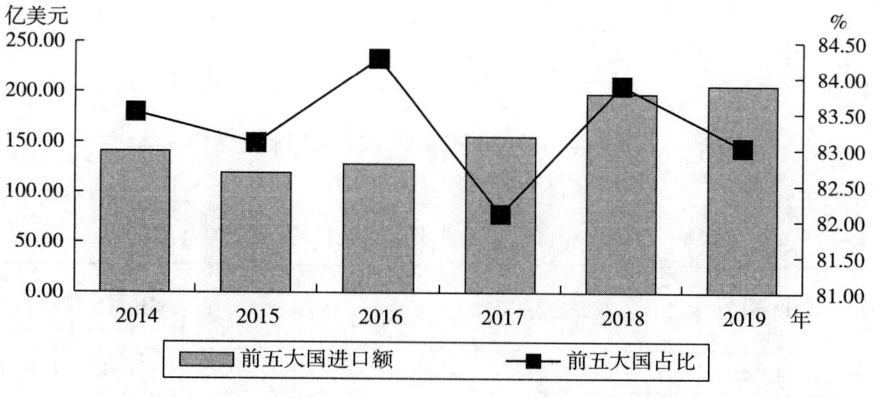

图 3－8　2014—2019 年中国自中东欧地区商品进口的集中度

（资料来源：中国海关总署）

四、中国与中东欧 17 国的商品贸易结构

在中东欧 17 国中，波兰、捷克、匈牙利、斯洛伐克和希腊是中国在中东欧地区前五大贸易伙伴，2019 年 5 国之和占比达到 76.47%。

中东欧17国中，中国的出口额前五大国家是波兰、捷克、希腊、匈牙利和罗马尼亚，2019年5国之和占比达到78.77%。因匈牙利及其他国家的数据暂未公开发布，我们以波兰、捷克、希腊和罗马尼亚4国来分析商品贸易结构。2019年中国对上述4国的出口额占中东欧17国的比重达到69.60%。2019年，中国的出口商品第一大类是"机电产品"，占比达到59.64%；第二大类是"纺织品及原料"，占比为7.39%；第三大类是"贱金属及制品"，占比为6.84%；第四大类是"家具、玩具、杂项制品"，占比为6.83%；第五大类是"塑料、橡胶"，占比为3.26%（见图3－9和表3－7）。

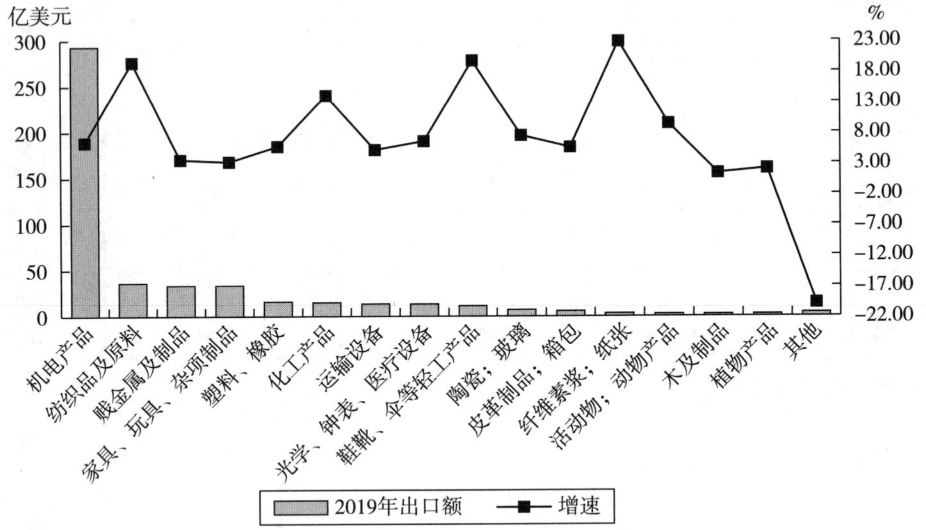

图3－9　2019年中国对中东欧17国的出口商品结构（类）

（资料来源：中国商务部）

表3－7　　2018—2019年中国对中东欧17国的出口商品结构（类）

海关分类	HS编码	商品类别	2019年（亿美元）	2018年（亿美元）	同比（%）	占比（%）
第16类	84－85	机电产品	293.12	275.72	6.31	59.64
第11类	50－63	纺织品及原料	36.34	30.43	19.42	7.39
第15类	72－83	贱金属及制品	33.6	32.45	3.54	6.84
第20类	94－96	家具、玩具、杂项制品	33.55	32.51	3.2	6.83
第7类	39－40	塑料、橡胶	16.01	15.15	5.68	3.26
第6类	28－38	化工产品	15.14	13.28	14.01	3.08
第17类	86－89	运输设备	13.54	12.88	5.12	2.75
第18类	90－92	光学、钟表、医疗设备	13.34	12.52	6.55	2.71

续表

海关分类	HS 编码	商品类别	2019 年（亿美元）	2018 年（亿美元）	同比（%）	占比（%）
第 12 类	64 - 67	鞋靴、伞等轻工产品	11. 35	9. 48	19. 73	2. 31
第 13 类	68 - 70	陶瓷；玻璃	7. 04	6. 55	7. 48	1. 43
第 8 类	41 - 43	皮革制品；箱包	5. 69	5. 39	5. 57	1. 16
第 10 类	47 - 49	纤维素浆；纸张	3. 12	2. 54	22. 83	0. 63
第 1 类	01 - 05	活动物；动物产品	2. 44	2. 23	9. 42	0. 5
第 9 类	44 - 46	木及制品	2. 21	2. 18	1. 38	0. 45
第 2 类	06 - 14	植物产品	0. 96	0. 94	2. 13	0. 2
		其他	4. 05	5. 05	- 19. 8	0. 82

资料来源：中国商务部。

中东欧 17 国中，中国前五大进口国是斯洛伐克、捷克、波兰、匈牙利和罗马尼亚，2019 年 5 国之和占比达到 83. 03%。因匈牙利及其他国家的数据暂未发布，我们以斯洛伐克、波兰、捷克和罗马尼亚 4 国来分析商品贸易结构。2019 年中国自上述 4 国的进口额占中东欧 17 国的比重达到 67. 94%。2019 年，中国的进口商品第一大类是“运输设备”，占比为 31. 35%；第二大类是“机电产品”，占比为 31. 1%；第三大类是“贱金属及制品”，占比为 9. 67%；第四大类是“塑料、橡胶”，占比为 5. 62%；第五大类是“矿产品”，占比为 3. 14%（见图 3 - 10 和表 3 - 8）。

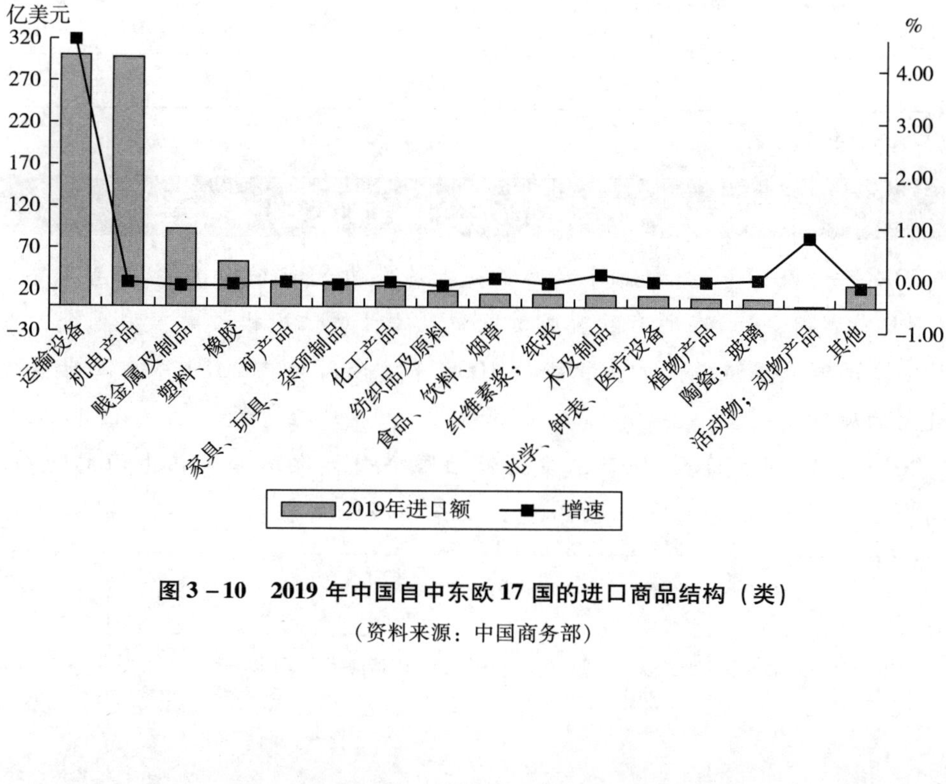

图 3 - 10　2019 年中国自中东欧 17 国的进口商品结构（类）

（资料来源：中国商务部）

表 3-8　　2019 年中国自中东欧 17 国的进口商品结构（类）

海关分类	HS 编码	商品类别	2019 年（亿美元）	2018 年（亿美元）	同比（%）	占比（%）
第 17 类	86-89	运输设备	300.18	287.01	4.59	31.35
第 16 类	84-85	机电产品	297.71	315.4	-5.61	31.1
第 15 类	72-83	贱金属及制品	92.59	105.01	-11.83	9.67
第 7 类	39-40	塑料、橡胶	53.84	58.94	-8.65	5.62
第 5 类	25-27	矿产品	30.05	31.57	-4.81	3.14
第 20 类	94-96	家具、玩具、杂项制品	29.38	32.62	-9.93	3.07
第 6 类	28-38	化工产品	24.98	26.14	-4.44	2.61
第 11 类	50-63	纺织品及原料	19.4	21.91	-11.46	2.03
第 4 类	16-24	食品、饮料、烟草	15.57	15.19	2.5	1.63
第 10 类	47-49	纤维素浆；纸张	15.33	16.47	-6.92	1.6
第 9 类	44-46	木及制品	14.73	13.36	10.25	1.54
第 18 类	90-92	光学、钟表、医疗设备	13.92	14.52	-4.13	1.45
第 2 类	06-14	植物产品	10.87	11.34	-4.14	1.14
第 13 类	68-70	陶瓷；玻璃	10.42	10.4	0.19	1.09
第 1 类	01-05	活动物；动物产品	1.72	0.95	81.05	0.18
		其他	26.68	31.02	-13.99	2.79

资料来源：中国商务部。

信息专题 7　波兰视角下的中国国际进口博览会[①]

2018 年，80 多家波兰公司参加了在上海举办的首届中国国际进口博览会（以下简称进博会）。在所有欧盟成员国中，波兰展位规模最大，由 6 个行业展位和 1 个国家展位组成，总面积高达 1000 平方米，为自 2010 年上海世博会以来最大的展览空间。

2019 年 11 月 5 日至 10 日，波兰数十家公司再次参加了在上海的进博会。参与此次进博会的波兰公司来自各个经济领域，从农产品、化妆品和医疗设

① 中国—中东欧研究院．波兰视角下的 2019 年中国国际进口博览会．2019-12.

备，再到琥珀珠宝和采矿机。此外，参加 2019 年进博会的还有波兰的旅行社。参观波兰国家展位的游客可以聆听弗雷德里克·肖邦（Frederic Chopin）的音乐、获得有关波兰旅游的信息、了解供应商推荐的精选产品，以及品尝波兰啤酒或穿波兰民间服饰拍照留念。

尽管如此，与第一届展会相比，参加 2019 年进博会的波兰公司数量明显减少，仅有 32 家展示了产品。究其原因，可能有以下三点。第一，波兰投资与贸易局董事会变更后，缺乏在海外推广波兰公司的负责人。因而，波兰投资与贸易局虽然积极推动波兰公司参加 2019 年进博会的宣传活动，但未做好充分的协调工作。第二，基于 2018 年参加进博会的经验，一些波兰公司发现想要进入中国市场并非易事。由于中国市场对国外进口产品要求严格，非常重视产品质量，竞争十分激烈。此外，与西欧经贸大国相比，波兰企业所提供产品的价格、质量以及生产规模均无明显优势。第三，中国进博会本身并未引起波兰公众的兴趣。在波兰媒体中很难找到有关此事的报道，如波兰主要日报［《选举报》（Gazeta Wyborcza）和《共和国报》（Rzeczpospolita）］、新闻电台［波兰国家电视台 TVN24 和波兰国家商业广播公司（Polsat News）］均未报道。进博会的名称仅仅出现在法国总统伊曼纽尔·马克龙（Emmanuel Macron）的对华访问和他与习近平主席的会谈中（TVP Info，TVN24，《共和国报》报道）。尤其值得注意的是，波兰国内专门负责进出口贸易的促进机构同样没有提供与进博会相关的信息，如波兰投资与贸易局官网、波兰出口促进门户网站（Export Promotion Portal）等。

第四节　投资合作近况

一、中国对中东欧 17 国的直接投资

2013 年以来，中国与中东欧领导人会议先后通过《中国—中东欧国家合作布加勒斯特纲要》及《中国—中东欧国家合作贝尔格莱德纲要》，将投资作为双方合作的重要领域，推动中国对中东欧多个国家投资快速增长。据不完全统计，目前中国企业在中东欧国家的投资领域涵盖了机械、化工、电信通信、物流商贸、新能源、金融、农业等。

据中国商务部统计，截至 2018 年底，中国对中东欧 17 国的直接投资存量为 25.13 亿美元（见图 3 - 11 和表 3 - 9），中东欧 17 国对中国的直接投资存量为 14.66 亿美元。

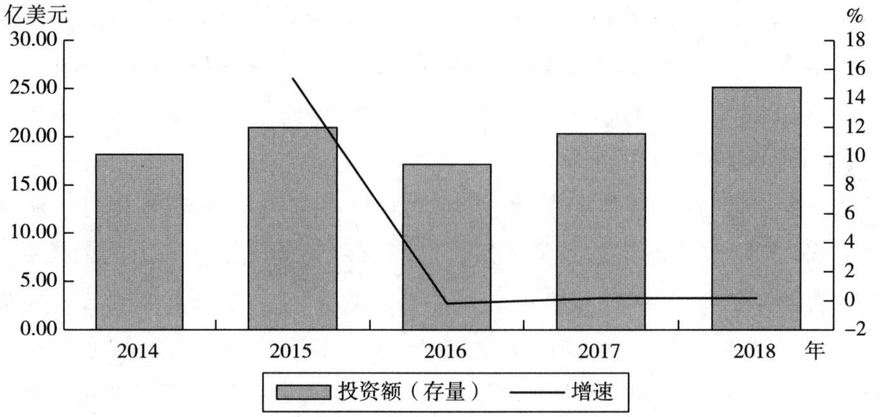

图 3-11　2014—2018 年中国对中东欧 17 国的直接投资额（存量）

（资料来源：中国商务部）

表 3-9　　2014—2018 年中国对中东欧 17 国的直接投资额（存量）　单位：亿美元

国家	2014 年	2015 年	2016 年	2017 年	2018 年
波兰	3.29	3.52	3.21	4.06	5.24
匈牙利	5.56	5.71	3.14	3.28	3.21
罗马尼亚	1.91	3.65	3.92	3.10	3.05
捷克	2.43	2.24	2.28	1.65	2.79
塞尔维亚	0.30	0.50	0.83	1.70	2.71
希腊	1.21	1.19	0.48	1.82	2.42
保加利亚	1.70	2.36	1.66	2.50	1.71
斯洛伐克	1.28	1.28	0.83	0.83	0.99
克罗地亚	0.12	0.12	0.12	0.39	0.69
黑山	0.00	0.00	0.04	0.39	0.63
爱沙尼亚	0.04	0.04	0.04	0.04	0.57
斯洛文尼亚	0.05	0.05	0.27	0.27	0.40
北马其顿	0.02	0.02	0.02	0.02	0.36
立陶宛	0.12	0.12	0.15	0.17	0.13
拉脱维亚	0.01	0.01	0.01	0.01	0.12
阿尔巴尼亚	0.07	0.07	0.07	0.05	0.06
波黑	0.06	0.08	0.09	0.04	0.04
总计	18.17	20.96	17.15	20.33	25.13

资料来源：中国商务部。

截至 2018 年底，中国对中东欧 17 国的直接投资，累计投资金额前六大国家依次为波兰、匈牙利、罗马尼亚、捷克、塞尔维亚和希腊，累计投资金额分别为 5.24 亿美元、3.21 亿美元、3.05 亿美元、2.79 亿美元、2.71 亿美元和 2.42 亿美元，6 国之和为 19.42 亿美元，占中东欧 17 国的比重达到 77.3%（见图 3－12）。

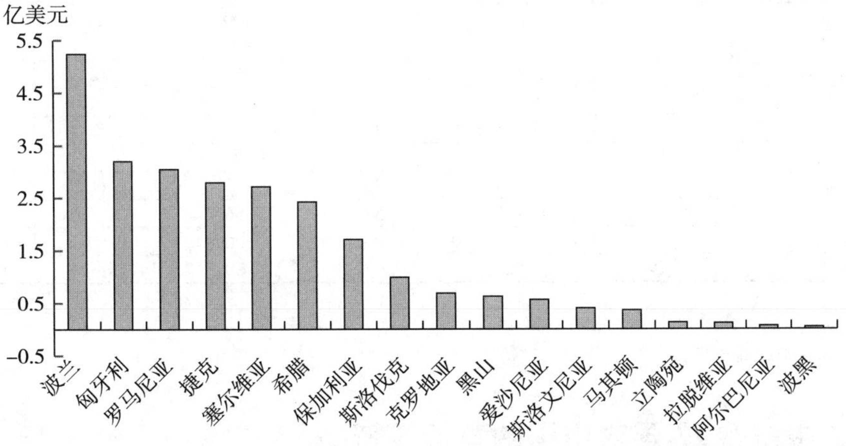

图 3－12　2018 年中国对中东欧 17 国的直接投资额（存量）

（资料来源：中国商务部）

2014—2018 年，中国对中东欧 17 国的年度直接投资分别为 2.04 亿美元、1.62 亿美元、0.97 亿美元、3.80 亿美元、5.89 亿美元，年度间变化比较大（见图 3－13 和表 3－10）。

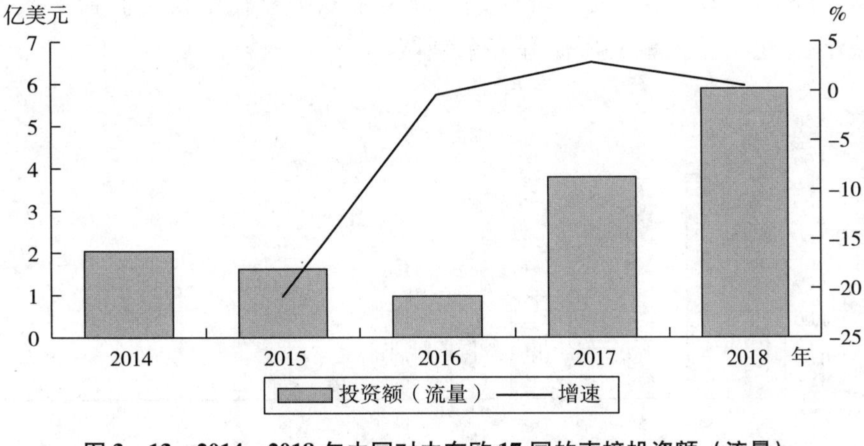

图 3－13　2014—2018 年中国对中东欧 17 国的直接投资额（流量）

（资料来源：中国商务部）

表 3 - 10　　2014—2018 年中国对中东欧 17 国的直接投资额（流量） 单位：亿美元

国家	2014 年	2015 年	2016 年	2017 年	2018 年	总计
保加利亚	0.20	0.59	-0.15	0.89	-0.02	1.52
波黑	—	0.02	0.01	—	—	0.02
波兰	0.44	0.25	-0.24	-0.04	1.18	1.59
捷克	0.02	-0.17	0.02	0.73	1.13	1.73
克罗地亚	0.04	0.00	0.00	0.32	0.22	0.58
拉脱维亚	—	0.00	—	0.00	0.11	0.11
立陶宛	—	—	—	—	—	0.00
罗马尼亚	0.42	0.63	0.16	0.16	0.02	1.39
北马其顿	—	0.00	—	—	—	0.00
塞尔维亚	0.12	0.08	0.31	0.79	1.53	2.83
斯洛伐克	0.46	—	—	0.01	0.15	0.61
希腊	—	-0.01	0.29	0.29	0.60	1.17
匈牙利	0.34	0.23	0.57	0.66	0.95	2.75
阿尔巴尼亚	—	—	0.00	0.00	0.02	0.02
总计	2.04	1.62	0.97	3.80	5.89	—

注："—"表示暂无数据。

资料来源：中国商务部。

二、中东欧 17 国对中国的直接投资

据中国商务部统计，截至 2018 年底，中东欧 17 国中有 13 个国家对中国有直接投资，累计投资总额为 14.66 亿美元，其中，匈牙利、捷克、罗马尼亚、波兰、希腊是中东欧地区 17 国对中国前五大投资国家，累计投资金额分别为 3.46 亿美元、2.97 亿美元、2.78 亿美元、1.92 亿美元和 0.96 亿美元。截至 2018 年底，上述 5 国对中国的投资存量总计达 12.09 亿美元，占同期中东欧地区 17 国对中国的投资存量的 82.55%。据不完全统计，目前中东欧国家在华投资涵盖了机械制造、汽车零部件、化工、金融、环保等多个领域。

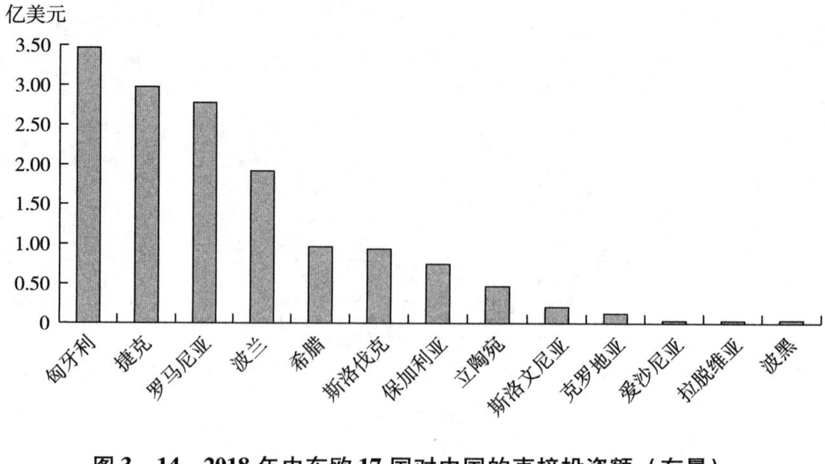

图 3 - 14　2018 年中东欧 17 国对中国的直接投资额（存量）

（资料来源：中国国家统计局）

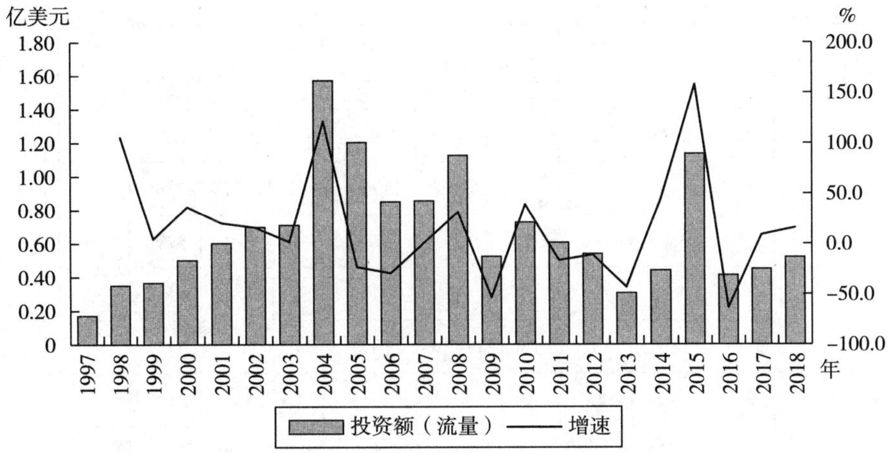

图 3－15　1997—2018 年中东欧 17 国对中国的直接投资额（流量）

（资料来源：中国国家统计局）

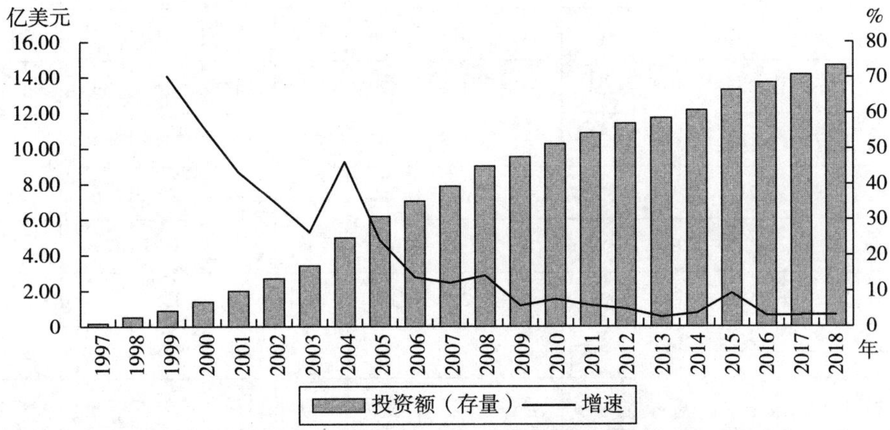

图 3－16　1997—2018 年中东欧 17 国对中国的直接投资额（存量）

（资料来源：中国国家统计局）

表 3－11　　1997—2018 年中东欧 17 国对中国的直接投资额（流量）　单位：万美元

年份	保加利亚	波黑	波兰	捷克	克罗地亚	立陶宛	罗马尼亚	斯洛伐克	斯洛文尼亚	希腊	匈牙利	爱沙尼亚	拉脱维亚	总计
1997	154	—	96	498	—	—	381	8	—	—	567	—	—	1704
1998	175	—	97	507	—	—	1441	180	—	30	1073	—	—	3503
1999	10	—	354	1407	—	—	642	10	—	3	1204	30	—	3660
2000	381	—	464	975	—	—	777	46	—	1289	1065	—	—	4997
2001	94	10	370	487	4	—	1025	1145	—	731	2153	—	—	6019

续表

年份	保加利亚	波黑	波兰	捷克	克罗地亚	立陶宛	罗马尼亚	斯洛伐克	斯洛文尼亚	希腊	匈牙利	爱沙尼亚	拉脱维亚	总计
2002	215	—	367	1569	2	—	2059	69	—	617	2073	—	10	6981
2003	234	—	364	1245	4	—	1527	1175	—	177	2366	—	—	7092
2004	577	—	318	3363	—	364	3058	207	—	2819	4996	—	—	15702
2005	23	—	749	552	2	32	5710	97	85	184	4545	53	—	12032
2006	311	3	825	1897	135	180	1779	90	108	17	3152	—	—	8497
2007	258	25	920	1490	25	14	3044	109	285	235	2109	42	—	8556
2008	30	—	1109	3579	9	21	3205	16	86	1309	1748	63	79	11254
2009	380	—	1084	161	—	24	385	11	161	897	2026	83	15	5227
2010	1837	—	1243	748	54	39	404	32	69	451	2369	22	—	7268
2011	1441	—	701	732	15	30	517	486	410	215	1309	4	200	6060
2012	747	—	357	2071	289	—	456	429	269	140	615	9	—	5382
2013	165	70	155	1099	21	8	135	845	86	158	311	—	—	3053
2014	219	—	219	3371	2	—	21	360	6	147	45	8	2	4400
2015	14	—	8277	1627	10	22	—	1071	3	7	317	7	—	11355
2016	133	—	585	1148	37	1554	204	66	55	9	325	—	10	4126
2017	9	—	289	797	—	2372	711	44	37	85	148	—	—	4492
2018	66	—	247	421	615	20	272	2877	421	126	131	—	4	5200
总计	7473	108	19190	29744	1224	4680	27753	9373	2081	9646	34647	321	320	

注：“—”表示暂无数据。

资料来源：中国国家统计局。

第五节　金融合作近况

中国与中东欧国家之间的金融合作起步较晚。但是，中东欧国家多为发展中国家，有巨大的基础设施投资缺口，相应的投资周期长、资金需求大，所以，随着双边经贸合作的快速推进，金融合作也步入快车道。

一、中资金融业与中东欧国家的合作近况①

1. 2018年7月，中国国家开发银行与黑山投资发展基金签署《中国国家开发银行与黑山投资发展基金1900万欧元“一带一路”合作贷款协议》。

根据该协议，中国国家开发银行将向黑山投资发展基金提供3年期1900万欧元贷款，用于支持该基金业务发展。该协议的签署，标志着中国国家开发银行在黑山首笔国际合作业务正式落地。

2. 2018年7月，中国银行与立陶宛企业署签署《中国银行股份有限公司与立陶宛企业署有关提高中华人民共和国和立陶宛共和国之间投资和业务机会的谅解备忘录》。

根据合作备忘录，中国银行和立陶宛企业署将分享经贸政策和经贸信息，共同举办经贸活动，加强两国企业交流，推动企业在对方国家的发展。

3. 2018年7月，中国出口信用保险公司与匈牙利进出口机构签署《中国出口信用保险公司与匈牙利进出口机构保险与融资合作框架协议》，与波黑对外贸易和经济关系部签署《中国出口信用保险公司与波黑对外贸易和经济关系部关于贸易促进与经济合作的谅解备忘录》。

中国出口信用保险公司，是中国的政策性出口信用保险机构，其主要职责是通过为对外贸易和对外投资合作提供保险等服务，促进对外经济贸易发展，重点支持货物、技术和服务等出口，特别是高科技、附加值大的机电产品等资本性货物出口，促进经济增长、就业与国际收支平衡。

4. 2018年7月，第七次中国—中东欧国家领导人会晤表决通过《中国—中东欧银联体2018—2020年合作行动纲要》。

该行动纲领明确了银联体未来三年的工作方向和重点，对深化银联体框架内金融合作，推动成员行国家经贸和投资领域合作，助力成员行国家经济发展，提升人民福祉具有重要意义。

5. 2018年7月，中国进出口银行与保加利亚Navibulgar航运公司签署9401万美元的融资协议。

该协议是以独立融资形式为其在我国造船企业购买的6艘4.5万吨节能环保型散货船提供融资支持，这也将带动我国1.3亿美元船舶出口业务。

6. 2018年7月，中国国家开发银行与保加利亚发展银行签署《在“一带一路”倡议下开展金融合作协议》。

① 作者根据公开资料整理。

双方将在“一带一路”倡议下建立战略合作伙伴关系，通过转贷款、银团贷款、联合贷款、股权投资等方式，力争在未来 5 年内开展总额 15 亿欧元合作，共同推动中、保两国及其他“一带一路”相关国家的合作。

2018 年 12 月，中国国家开发银行与保加利亚发展银行在索非亚签署 3 亿欧元授信合同，以支持保加利亚的“一带一路”建设项目。

7. 2018 年 12 月，中国银行作为联席主承销商及牵头簿记管理人，协助匈牙利在中国银行间债券市场成功发行 20 亿元人民币债券（熊猫债），期限 3 年。这是中国银行 2016 年 4 月和 2017 年 7 月先后为匈牙利发行人民币主权点心债和熊猫债之后，再次协助匈牙利发行主权熊猫债。

8. 2019 年 4 月，国家开发银行与克罗地亚复兴银行签署《国家开发银行与克罗地亚复兴开发银行在“一带一路”倡议下 3 亿欧元金融合作协议》。

9. 2019 年 4 月，国家开发银行与匈牙利开发银行签署《国家开发银行与匈牙利开发银行签署 5 亿元人民币贷款协议》。

10. 2019 年 4 月，国家开发银行与罗马尼亚进出口银行签署《国家开发银行与罗马尼亚进出口银行签署 1 亿欧元金融合作协议》。

11. 2019 年 4 月，国家开发银行与塞尔维亚邮储银行签署《国家开发银行向塞尔维亚邮储银行提供 2500 万欧元贷款协议》。

12. 2019 年 4 月，国家开发银行与保加利亚发展银行签署《中国国家开发银行与保加利亚发展银行 3 亿欧元贷款协议》。

二、货币互换协议

截至 2019 年 12 月底，中国人民银行先后与匈牙利、阿尔巴尼亚和塞尔维亚签署了双边本币互换协议，总金额达到 135 亿元人民币。

2018 年 4 月 3 日，中国人民银行与阿尔巴尼亚中央银行续签了中阿双边本币互换协议，规模保持为 20 亿元人民币/342 亿阿尔巴尼亚列克，旨在便利双边贸易和投资，促进两国经济发展。互换协议有效期三年，经双方同意可以展期。

2016 年 9 月 12 日，中国人民银行与匈牙利中央银行续签了双边本币互换协议，旨在加强双边金融合作，便利两国贸易和投资，共同维护地区金融稳定。互换规模保持 100 亿元人民币/4160 亿匈牙利福林，有效期三年，经双方同意可以展期。

2016 年 6 月 17 日，中国人民银行与塞尔维亚国家银行签署了双边本币互换协议，互换规模为 15 亿元人民币/270 亿塞尔维亚第纳尔，有效期三年，经双方同意可以展期。互换协议的签署有利于便利双边贸易和投资，加强两国金融合作。

2013 年 9 月 9 日，中国人民银行与匈牙利中央银行签署了中匈双边本币互换协议，旨在加强双边金融合作，促进两国贸易和投资，共同维护地区金融稳定。互换规模为 100 亿元人民币/3750 亿匈牙利福林，有效期三年，经双方同意可以展期。

2013 年 9 月 12 日，中国人民银行与阿尔巴尼亚银行签署了中阿双边本币互换协议，旨在加强双边金融合作，促进两国贸易和投资，共同维护地区金融稳定。互换规模为 20 亿元人民币/358 亿阿尔巴尼亚列克，有效期三年，经双方同意可以展期。

表 3－12　　中国人民银行与中东欧 17 国货币当局双边本币互换一览表

国别	协议签署时间	互换规模	期限
匈牙利	2013 年 9 月 9 日；2016 年 9 月 12 日（续签）	100 亿元人民币/3750 亿匈牙利福林；100 亿元人民币/4160 亿匈牙利福林（续签）	3 年
阿尔巴尼亚	2013 年 9 月 12 日（已失效）	20 亿元人民币/358 亿阿尔巴尼亚列克	3 年
塞尔维亚	2016 年 6 月 17 日	15 亿元人民币/270 亿塞尔维亚第纳尔	3 年
阿尔巴尼亚	2018 年 4 月 3 日	20 亿元人民币/342 亿阿尔巴尼亚列克	3 年
总金额		135 亿元人民币（失效：20 亿元人民币）	

注：数据截至 2019 年 12 月底。

资料来源：中国人民银行。

三、双方银行在对方国家设立银行分支机构情况

截至 2019 年底，已有中国工商银行、中国银行、中国建设银行和交通银行，分别在波兰、捷克、塞尔维亚、匈牙利、罗马尼亚、希腊 6 个中东欧国家设立了 10 家分支机构。中东欧 17 国银行尚未在中国设立分支机构。

波兰是中国在中东欧地区最大的贸易伙伴，匈牙利则是中东欧地区中资企业最集中的国家。

2019 年 12 月 16 日，中国银行布加勒斯特分行在罗马尼亚首都布加勒斯特正式开业。

2019 年 11 月 11 日，中国工商银行全资子公司中国工商银行（欧洲）有限公司在希腊设立代表处。

2019 年 5 月 20 日，交通银行布拉格分行在捷克共和国首都布拉格正式开业。

2017 年 9 月，中国工商银行在捷克首都开设的布拉格分行开业。

2017 年 5 月，中国建设银行（欧洲）有限公司华沙分行开业。

2017 年 1 月，中国银行（塞尔维亚）有限公司开业，标志着塞尔维亚第一家中资银行成立。

2014 年 12 月，中国银行匈牙利分行在匈牙利首都布达佩斯正式对外营业，2015 年获准担任匈牙利人民币清算行。

2012 年 11 月，中国工商银行华沙分行正式对外营业。

2012 年 6 月，中国银行（卢森堡）有限公司波兰分行开业。

2012 年 3 月，中国工商银行全资子公司工银欧洲在波兰开设分行并进行经营活动的申请，得到了波兰金融监管局的正式批准。

四、双边监管合作谅解备忘录和监管合作协议签订情况

截至 2019 年 12 月底，中国银保监会先后与捷克、立陶宛、匈牙利、波兰的监管机构签署了双边监管合作谅解备忘录（见表 3－13）。

截至 2019 年 12 月底，中国证监会先后与罗马尼亚、立陶宛和波兰的证券（期货）监管机构签署了监管合作备忘录（见表 3－14）。

表 3－13　中国银保监会与中东欧 17 国监管机构签署的双边监管合作谅解备忘录和监管合作协议一览表

<table>
<tr><th>机构名称</th><th>国家/地区</th><th>文件类型</th><th>生效时间</th></tr>
<tr><td>波兰共和国银行监督委员会（Commission for Banking Supervision of the Republic of Poland）</td><td rowspan="2">波兰</td><td rowspan="2">MOU</td><td>2005 年 2 月 27 日</td></tr>
<tr><td>波兰金融监管局*（Polish Financial Supervision Authority）</td><td>2017 年 6 月 9 日</td></tr>
<tr><td>匈牙利金融监督署（The Hungarian Financial Supervitory Authority）</td><td rowspan="2">匈牙利</td><td rowspan="2">MOU</td><td>2005 年 11 月 14 日</td></tr>
<tr><td>匈牙利中央银行*（The Central Bank of Hungary）</td><td>2016 年 3 月 31 日</td></tr>
<tr><td>捷克中央银行（The Czech National Bank）</td><td>捷克</td><td>MOU</td><td>2010 年 1 月 5 日</td></tr>
<tr><td>立陶宛中央银行（The Bank of Lithuania）</td><td>立陶宛</td><td>MOU</td><td>2015 年 6 月 12 日</td></tr>
</table>

注：1. 数据截至 2019 年 12 月底。2. “*”：2008 年 1 月，波兰金融监管局与波兰银行监管委员会合并，负责全面监管波兰金融机构；2013 年 10 月，匈牙利金融监管局银行监管职能并入匈牙利中央银行。

资料来源：中国银保监会。

表 3－14　中国证监会与中东欧 17 国证券（期货）监管机构签署的备忘录一览表

时间	境外机构	备忘录名称	签署地
2002 年 6 月 27 日	罗马尼亚国家证券委员会	证券期货监管合作谅解备忘录	北京
2013 年 9 月 13 日	立陶宛银行	证券期货监管合作谅解备忘录	维尔纽斯
2015 年 3 月 23 日	波兰金融监督管理局	证券期货监管合作谅解备忘录	华沙

资料来源：中国证监会。

第四章　中国与中东欧17国、欧盟发达国家合作近况对比

第一节　产业合作近况对比

一、欧盟主要产业发展近况

欧盟在高端制造业拥有比较优势，如化工、医药、航空、机动车辆、精密仪器等产业。其主要特点体现在以下方面：

第一，质优价高。优质、品牌及配套服务，使欧盟制造产品得以高价销售。这种高价位产品不仅包括奢侈消费品，还包括半成品、机械及运输设备等。欧盟前十大出口产品中，机电产品占据6席，多为高端产品，质优价高，约占欧盟总出口的40%。欧盟只有继续保持其销售质优价高产品的能力，才能维持其当前社会保障、就业和福利。

第二，科技含量高。与缺乏优势产品相比，欧盟当前更加注重高技术产品发展。欧盟未来能否保持其高技术产品的市场份额，取决于欧盟在产品质量及创新领域能否继续保持前沿优势。欧盟重视和鼓励对研发与创新的投入，并在第三方市场不断加强对其知识产权的保护和执法。

具体来看，汽车及其配套工业方面：

德国是世界汽车制造强国，主要公司有大众汽车（VOLKSWAGEN）、戴姆勒股份公司（DAIMLER）、宝马集团（BMW GROUP）。2018年，德国汽车及零部件总销售额约4247亿欧元，同比增长0.4%。其中，国内销售额1487亿欧元，海外销售额2760亿欧元。

法国是世界第四大汽车出口国，主要公司有标致雪铁龙（PSA）、雷诺

(Renault)，两家公司分别是世界第八和第十大汽车生产商。据法国 AAA 汽车市场统计数据，2018 年法国共销售私家汽车 217 万辆，同比增长 2.97%。雷诺、标致、雪铁龙销量居前三位。2018 年法国汽车总销量达 263 万辆，增幅为 3.3%，其中电动汽车和混合动力汽车销量占销售总量的 7%。

机械设备制造工业：

德国是仅次于中国、美国的世界第三大机械设备制造国，同时也是世界第一大机械设备出口国。2018 年全球销售额 2325 亿欧元，出口额高达 1778 亿欧元，同比增长 5.3%。德国近 80% 的机械设备产品销往国外，出口额约占世界机械出口总额的 15.9%。在机械设备业 31 个产品领域中，德国在 25 个领域位列世界出口前三。代表企业有西门子（SIEMENS）、博世集团（BOSCH GROUP）。

电子电气工业：

德国拥有世界领先的电子电气工业。根据德国电子电气工业协会数据，2018 年该行业销售额约 1935 亿欧元，国内雇员总数约 88.8 万人，是德国第三大支柱产业。出口总额 2119 亿欧元，同比增长 5%；前三大出口目的国分别是中国、美国和法国。每年的研发投入约占德国工业总研发投入的 1/5，是德国第二大研发投入领域，2018 年研发投入 182 亿欧元。2019 年该行业对中国出口额比上一年增长 4.3%，为 219 亿欧元①，中国继续成为其最大出口市场。

化工、化妆品行业：

德国是世界最大的化工产品出口国，是欧洲首选的化工投资地区，拥有完善的基础设施、研究机构和高素质劳动力。据德国联邦统计局数据，2018 年，德国化工产品出口 1182 亿欧元。

法国拥有液化空气集团（Air Liquide）、罗地亚集团（Rhodia）和赫秦森集团（Hutchinson）。亚洲和美国市场的强劲需求是法国化工产业保持稳定增长的重要支撑。法国是全球最大的化妆品生产国之一，主要生产高端化妆品，拥有爱马仕、香奈儿、迪奥、兰蔻、欧莱雅等多个世界顶级化妆品品牌。2018 年法国化妆品市场规模为 107.4 亿欧元，化工及化妆品出口总值达 590 亿欧元，同比增长 4.4%。

医药行业：

法国是欧洲第一大药品生产国，世界第三大药品出口国，主要企业有赛诺菲—安万特集团（Sanofi - Aventis）、皮尔法伯公司（Pierre Fabre）、施维亚药厂（Servier）。2018 年，法国医药产品出口总值达 304 亿欧元，同比增长 2.7%。

---

① 更多信息请参考：http：//cacs. mofcom. gov. cn/article/cyzz/cygc/202002/162672. html。

英国是世界主要的制药业中心之一，全球前 20 家制药企业都在英国开展业务。葛兰素史克（GlaxoSmithKline）和阿斯利康制药（AstraZeneca）为全球第五和第六大制药公司。此外，辉瑞、罗氏等外国企业也在英国投资设厂。

法国赛诺菲同德国拜耳集团（Bayer）、英国葛兰素史克公司（GLAXOSMITH-KLINE）均入选 2019 年世界《财富》500 强企业，加上瑞士罗氏公司（ROCHE GROUP）、瑞士诺华公司（NOVARTIS），欧洲拥有世界 500 强制药企业数量（共 11 家）的近一半。

航空航天工业：

法国航空航天工业世界领先。欧洲宇航防务集团（EADS）所属空中客车公司（Airbus）与美国波音公司并列为世界两大客机制造商。欧洲直升机集团（Eurocopter）是世界第一大直升机制造商。达索公司（Dassault）是世界主要军用飞机制造商之一。阿丽亚娜空间公司（Arianespace）在世界卫星发射市场占据重要位置。根据法国航空航天工业协会数据，2018 年该行业总营业额达 654 亿欧元，同比增长 1.2%。出口额 440 亿欧元，基本保持稳定，占总营业额的 67%。民用飞机销售占总额（504 亿欧元）的 77%，军用飞机交付总额为 150 亿欧元。2018 年航空器材出口 571 亿欧元，同比增长 2%。

意大利在直升飞机传动系统及旋翼装置、ATR 支线客机等航空领域有其独到的技术与产品，具有代表性的航空航天企业主要有阿维奥股份有限公司（Avio S. p. A.）、阿莱尼亚飞机制造公司（Alenia Aeronautica）、阿古斯塔—韦斯特兰（Agusta - Westland）、阿莱尼亚航天公司（Alenia Spazio）、Vitrociset、比亚乔航空工业公司（Piaggio Aero Industries）等。

二、欧盟发达国家与中国的重要协定签署情况

（一）从欧盟整体来看

目前，欧盟与中国设有中欧经贸高层对话、经贸混委会、贸易投资政策对话、知识产权对话、竞争政策对话等一系列双边磋商机制。其中，中欧经贸高层对话是中欧经贸领域最高级别的对话机制。2018 年 6 月，国务院副总理刘鹤在北京与欧盟委员会副主席卡泰宁共同主持第七次中欧经贸高层对话，双方围绕“支持和推动全球化，深化和扩大中欧合作”主题，就加强数字经济、电子商务、循环经济、防治白色污染、应对气候变化、农业、金融业合作等达成了一系列共识，取得丰硕成果。

总体协定方面，1985 年中欧签署了《贸易与经济合作协定》。2006 年，双方同意对该协定进行完善。目前，完善 1985 年中欧经贸协定的谈判工作正在进行中。

2013 年 11 月第十六次中欧领导人会晤期间，中国与欧盟共同制定了《中欧合作 2020 战略规划》，为中国企业在欧盟的发展明确了贸易与投资、信息化机制、交通与基础设施合作等内容。同时，双方宣布启动中欧投资协定谈判。中欧投资协定谈判不仅包括传统的投资保护内容，还涉及投资市场开放，比中国此前与欧盟成员国达成的投资保护协定更复杂，涉及面更广。2020 年 3 月 2 日至 6 日，中欧双方举行了第 27 轮投资协定谈判。

此外，中国还与欧盟所有成员国签署了双边避免双重征税协定，并已与欧盟 27 个成员国（爱尔兰除外）签订双边投资保护协定。

2019 年，中欧双边磋商取得了丰硕成果。2019 年 4 月，第二十一次中欧领导人会晤达成联合声明，主要涉及非歧视的市场准入、保护知识产权等双方高度关注的问题，并承诺在 2020 年达成高水平的中欧投资协定。

2019 年 5 月，中国民用航空局与欧盟在布鲁塞尔共同签署了《中华人民共和国政府和欧洲联盟民用航空安全协定》和《中华人民共和国政府和欧洲联盟关于航班若干方面的协定》。确立了中国与欧盟在适航和环保审定、飞行运行、空管服务、人员执照与培训等民航安全领域进行广泛合作的法律框架，有助于更好地服务中欧航空产品进出口及工业企业合作。

2019 年 11 月，中国和欧盟共同签署《关于结束中欧地理标志协定谈判的联合声明》。“地理标志”是产品产地来源的重要标志，属于知识产权的一种。该协定将保护欧盟和中国各 100 项地标产品；在协定生效四年后，双方还将各增加 175 项地标产品。中欧地理标志协定是中国对外商签的第一个全面的、高水平的地理标志双边协定，显示了中方对中欧双边经贸关系的高度重视，以及中国政府继续深化改革、扩大开放和保护知识产权的坚定决心。

（二）从欧盟各国来看

从欧盟各国来看，中国已与意大利、荷兰、爱尔兰、爱沙尼亚、马耳他等国形成经贸（科技）混委会的双边机制；与波兰政府间设立了副部级经济合作联合委员会，原则上为每年一次，迄今共举行了 17 次会议，与波兰同时设立有政府间合作委员会，原则上每两年一次；与丹麦建立了经贸联委会机制；与塞浦路斯设有中塞经济联委；与英国设有中英副总理级经济财金对话等。

近几年中国与欧盟部分国家双边磋商成果有：

2017 年，意大利与中国发布了《中意关于加强经贸、文化和科技合作的行动计划（2017—2020 年）》，旨在推动环境与可持续能源、农业、航空、空间科技及应用、基础设施和交通等各领域的合作。

2017 年，时任法国总理卡泽纳夫访华，双方签署了核能、科研等一系列协议。

2017年，芬兰与中国发布了《中华人民共和国和芬兰共和国关于建立和推进面向未来的新型合作伙伴关系的联合声明》，旨在提升双向投资水平，深化创新交流与合作，推动双边关系长远发展；2017年，中芬签署了《关于成立中芬创新企业合作委员的联合声明》。

2017年5月，时任波兰总理谢德沃出席首届“一带一路”国际合作高峰论坛，期间中波两国签署《中华人民共和国政府和波兰共和国政府旅游领域合作协议》。

2017年5月，中国与希腊签署《中希重点领域2017—2019年合作计划》，并就交通、能源、信息通信三大重点领域投资合作充分交换了意见，达成了重要共识。

2017年，匈牙利与中国发布了《中华人民共和国和匈牙利关于建立全面战略伙伴关系的联合声明》，旨在加强在政治、经济、社会、文化等各领域合作，深化在国际和地区事务中的协调与配合，全方位提升双边关系水平，造福两国人民。

2017年，卢森堡与中国签署《中华人民共和国政府和卢森堡大公国政府社会保障协定》，旨在解决双方投资企业和员工双重缴纳社会保险费问题，降低企业在外投资成本，促进两国经贸关系，便利人员往来。

2018年，西班牙与中国发布了《中华人民共和国和西班牙王国关于加强新时期全面战略伙伴关系的联合声明》，旨在提升中西全面战略伙伴关系水平，共同致力于全球性事务，深化和拓展双边经贸关系，密切科技创新合作，加强教育、文化、体育与旅游合作等。

2018年，保加利亚与中国发布《中华人民共和国商务部与保加利亚共和国经济部关于中小企业合作谅解备忘录》，旨在促进两国中小企业在工业、经贸、科技、投资及其他领域的合作发展。同时，双方还发布了《中国电子信息产业发展研究院和保加利亚经济部国家产业园区有限公司加强数字经济产业领域合作谅解备忘录》。

2018年，德国与中国发布了《第五轮中德政府磋商联合声明》，双方就共同增强全方位战略伙伴关系、自由贸易和开放市场、科研和创新等方面，在现有机制基础上继续落实和更新行动纲要，并就下一阶段合作达成共识。

2018年，奥地利与中国发布了《中华人民共和国和奥地利共和国关于建立友好战略伙伴关系的联合声明》。

2018年，法国与中国发布了《中华人民共和国和法兰西共和国联合声明》，重申致力于促进贸易和投资自由化便利化，在民用核能领域、航空领域、现代生态农业、食品加工领域、空间科学技术与应用等领域继续加强合作。

2018年，葡萄牙与中国发布了《中华人民共和国和葡萄牙共和国关于进一步加强全面战略伙伴关系的联合声明》。

2019年3月26日，习近平主席访问法国，两国元首签署《中法联合声明》，宣布支持中国和欧盟为促进中国“一带一路”倡议，同欧盟欧亚互联互通战略等互联互通倡议对接所做工作。

2019 年 4 月，希腊与中国签署了《关于重点领域 2020—2022 年合作框架计划》。新的三年合作计划将两国重点合作领域从交通、能源、信息通信领域进一步拓展至制造业和研发、金融领域，并提出了双方拟重点探讨的一批合作项目。

2019 年 4 月，克罗地亚与中国签署《中华人民共和国商务部和克罗地亚共和国经济、企业和手工业部关于在经济合作联合委员会框架下建立投资合作联合工作组的谅解备忘录》。中克投资合作联合工作组是双方携手打造的投资合作新平台，旨在进一步扩大双向投资，推动两国经贸合作再上新台阶。

此外，2016 年以来，中国已与多个国家签署电子商务合作备忘录并建立双边电子商务合作机制，合作伙伴遍及五大洲，“丝路电商”成为经贸合作新渠道和新亮点。目前，与中国建立电子商务合作的欧盟国家包括意大利、奥地利、匈牙利和爱沙尼亚。

在携手开辟第三方市场方面。自 2015 年我国首次提出“第三方市场合作”以来，我国已经和比利时、荷兰、西班牙、法国、意大利等欧盟国家签署了加强第三方市场合作的相关文件，这不仅丰富了中欧合作内容，还推动了全球经济的包容性增长。

研究专题 7　中企带动欧盟产业升级案例①

对于中国企业来说，欧盟不仅仅是市场销售的关键区域，更应是深入且多维度的战略合作要地。越来越多的中国企业正在扮演“助燃剂”的角色，通过将自身的创新与欧洲企业的技术优势相结合，辅以先进运营经验、设备、管理机制等提升产品品质、产业运营效率，填补产业链缺口，拉动企业以及相应产业的升级优化，赋能国民经济的发展。

以技术助力产品品质的提升。中欧企业在多方面开展技术合作，实现行业内强强联手，协同推动技术突破，在合作共赢的同时，助力行业内相关产品品质的提升，进一步优化产业链的发展。

例如，在软件行业，华为携手德国软件制造商 SAP 一同研发 SAP HANA 一体机解决方案，产品拥有为客户提升 10 倍数据加载能力、100 倍报表生成能力的强大性能，革新了行业内主流一体机供应的技术水平。

① 欧盟中国商会，罗兰贝格．中国企业在欧发展报告 2019［R］．2019－10．

在电动汽车行业，德国汽车制造业一直走在世界前列，而中国则拥有目前全球最大的电动汽车市场。中德双方作为对智能电动汽车投入和支持力度最大的两个国家，开展合作是大势所趋。例如，蔚来汽车已与德国西格里碳素公司（SGL Carbon）在电动汽车碳纤维增强型塑料（CFRP）电池外壳原型研发方面开展深入合作，其电池外壳相比于传统铝制与钢制材料重量减少40%，具备高刚性和低导热优点的同时，在水密性、气密性以及耐腐蚀性方面也表现优异，该产品的问世将推动整体电动汽车产品轻量化向前发展。

以先进运营经验、设备、管理机制等提升产业运营效率。中国优秀企业通过"走出去"战略，将中国行业内较为先进的投资经验、对外经营方式以及内部运作模式带入欧盟国家，同时通过在欧盟当地新建基础设施设备、优化生产流程等方式，带动欧盟产业内部运营效率的提升，继而为欧盟当地经济发展开拓广阔前景。

比如，中国远洋集团在欧盟多个国家收购港口，通过投资扩建、维护修缮等方式实现其作业效率和整体吞吐量的大幅提升，并结合各地特有的港口地理优势，推动当地贸易经济显著增长。

中远集团于2010年收购位于希腊东南部的比雷埃夫斯港。原港口作业效率低下、基础设施落后，导致其贸易业绩受限。中远集团接管后，一方面，经过及时有效的桥吊设备升级，作为重要码头之一的2号码头的装卸运作效率从原先的每桥吊每小时15箱提升至每桥吊每小时27箱，效率提升近一倍；另一方面，扩建邮轮码头、改善修船码头、新建滚装船码头多层存车库等一系列措施，大幅提升了港口集装箱吞吐量。在中远集团8年的高效经营管理下，比雷埃夫斯港的集装箱吞吐量世界排名从2010年的第93位提升至2017年的第36位，是全球发展最快的集装箱港口之一，同时也在加快希腊经济崛起进程中发挥了重要作用。

此外，中远集团投资并参与经营的其他欧盟地区港口在过去一年内皆有令人瞩目的表现。例如，比利时的泽布吕赫港完成集装箱年吞吐量39万标准箱，同比增长24.1%；意大利瓦多码头完成集装箱年吞吐量7万标准箱，同比增长68.6%；西班牙Noatum港口公司完成集装箱吞吐量362万标准箱，同比增长554%。

中国光大集团下属光大控股有限公司管理的光大海外基础设施基金于2016年10月收购阿尔巴尼亚地拉那国际机场100%股权，获得地拉那国际机场的特许经营权至2027年。三年来，地拉那国际机场客流量增长50%，成为欧洲客流量增长最快的机场之一。①

中国湖北三环集团并购波兰东部卢布林省的克拉希尼克轴承厂。并购后，三环集团通过引进最先进的设备、成立研发中心、拓宽销售渠道等一系列举措让这座濒临倒闭的老厂重新焕发活力。目前，该厂生产轴承超过1500种，其用户包括奔驰、玛莎拉蒂、雷诺等国际知名汽车品牌。②

填补产业链缺口，带动产业生态优化。就欧盟的发展现状来看，某些重点产业链的关键环节上存在布局缺口，拖慢产业发展步伐。而中国企业进入欧盟后，通过在当地建立生产工厂、实施本地采购等活动，可有效填补产业链环节空缺，同时通过应用更高的采购与生产标准助推产业生态优化。

动力电池产业链中，德国虽然拥有本地的上游原材料供应商，但缺乏专门生产电芯的制造企业。因此，亚洲作为电芯的主要生产地，逐渐成为德国各家动力汽车厂商的采购渠道，这也一度导致德国电动汽车的生产流程复杂程度与生产成本大大增加。

2018 年宁德时代宣布在埃尔福特建立德国第一家动力电池工厂，以弥补德国电动汽车产业链中电芯制造的布局缺口。为此，宁德时代与图林根州政府签署了 2.4 亿欧元的投资协议，电池工厂计划 2 年内投产并预计于 2022 年实现 14GWh 的年产能。此举为当地新能源汽车研发制造所带去的巨大便利，受到德国当地各大汽车制造厂商的广泛欢迎。目前，宝马公司已经向该电池工厂发出价值 15 亿欧元的采购订单。

此外，宁德时代协助当地完成了动力电池产业链上下游的进一步优化，为上游零部件供应商以及下游整车制造商皆带来核心效益的提升。上游原材料及零部件供应商方面，宁德时代可带动其产品品质的提升。作为动力电池制造全球龙头企业的宁德时代，对上游零部件产品具备一套高标准的评估体系，且当德国本土零部件供应商提供的产品未达标准时，宁德时代可通过合作改善项目帮助供应商优化产品品质，逐步满足更高要求。下游整车制造商方面，宁德时代所带来的核心效益体现在更高效及时的研发生产支持、更低的采购成本以及更安全的物流保障三个方面。

在新能源汽车研发环节中，安全性验证往往是至关重要的一环。宁德时代在德国图林根本地建厂，使得当客户在进行整车安全验证时，可针对随时出现的问题难点第一时间求助电池厂家并得到快速响应，这样的流程有助于整车厂及时开

① 更多信息请参考：https：//www. yidaiyilu. gov. cn/xwzx/hwxw/103037. htm。

② 更多信息请参考：https：//www. yidaiyilu. gov. cn/xwzx/pdjdt/100809. htm#p = 1。

展产品优化，提升其整体研发效率；电池采购环节中，电池厂家本地生产所带来的原材料和运输成本的降低，对于主机厂而言自然意味着更高优化的采购成本；而在运输环节，由于动力电池具有重量大、运输安全要求高等特点，选择距离装配工厂较近的本土电池工厂，可大幅降低运输过程中的电池安全风险。

以深度合作实现多元化资源共享，强化企业协同发展。随着中国企业在欧盟开展了越来越多的兼并购活动，各中国企业的并购主题已不再局限于技术引进，更是期待中欧企业双方能够进行共享资源、实现协同效益。具体而言，双方企业可通过内部技术、人才、渠道等方面的共享，开展联合研发、联合采购等活动，进而实现降本增效和“1 + 1 > 2”的协同效益。

中国三一重工并购德国普茨迈斯特（Putzmeister）公司后，实现了基于资源共享的产品品类扩充、营销渠道合作与成本优化。首先，被收购后的普茨迈斯特产品类型覆盖领域迅速从单一的混凝土泵车拓展至搅拌车、搅拌站等多品系组合发展；其次，三一重工通过将普茨迈斯特推荐给三一重工遍布全球的经销商网络进行共同代理，帮助普茨迈斯特扩张了 30% 以上的营销渠道，实现在包括中国、中东、东欧等更广阔区域范围内的产品销售；同时，普茨迈斯特利用三一重工制造的高品质且成本更为低廉的零部件，削减采购成本约 20%，进而增强了其在全球的价格竞争力。

吉利集团收购沃尔沃汽车后，在研发、采购、生产各环节皆实现了协同效益。此外，双方还通过合作建立新的子品牌，谋求未来发展新动能。研发方面，吉利和沃尔沃在瑞典合作建立中欧汽车研发中心（CETV）实现研发强化。2018 年吉利研发中心投入超 30 亿克朗，拥有超 3000 名研发人员。双方在此研发中心共同开发的首个中级车基础模块架构 CMA（Compact Modular Architecture），推动了沃尔沃全球第二畅销车型 XC40 诞生，以及更加高效、环保、节能的 Drive – E 动力总成平台的问世。成本方面，吉利和沃尔沃整合后成立联合成本与采购委员会，实现采购协同效应，有效缩减成本。产能方面，从 2010 年收购成功以来，双方业绩均迎来长足增长，沃尔沃销售额和雇佣员工数量均实现翻倍提升（见图 4 – 1）。

杰克缝纫机收购德国奔马、拓卡，成立拓卡奔马，拓展全球化市场。并购实现后，杰克缝纫机将自有缝纫机技术与产能带入拓卡奔马，在原有的单一裁床产品品类中加入缝纫机，丰富了其产品线的同时大力助其扩展经营市场。双方在合作方面，拓卡奔马利用其技术能力提供高标准产品设计，杰克缝纫机则负责提供高性价比且高效的产能以及在中国乃至亚洲成功积累的销售渠道资源，两方协同将产品首先带入中国及其他亚洲市场，进而一同挖掘全球市场潜能。

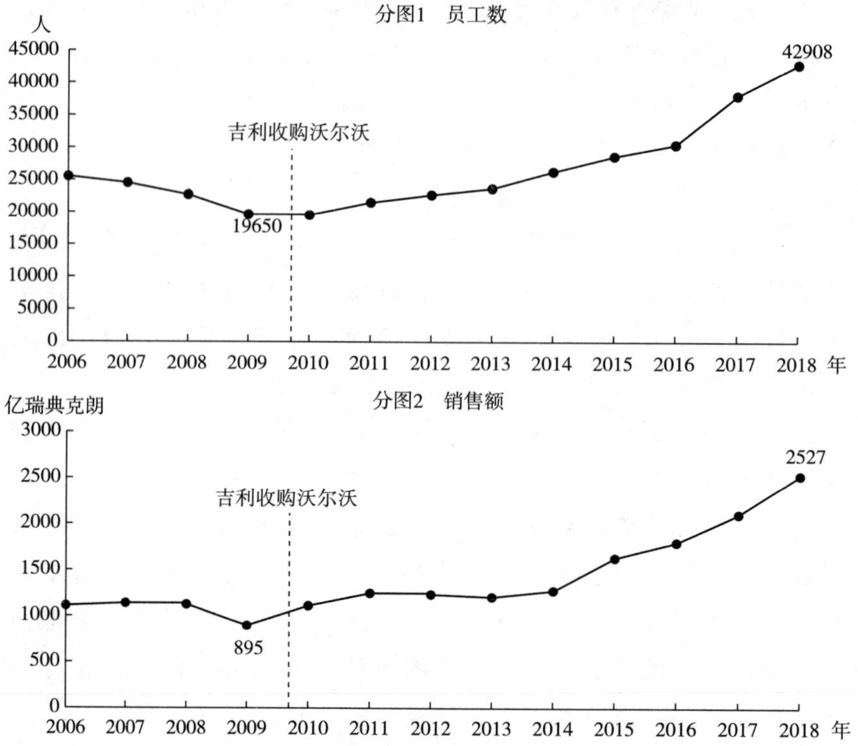

图 4－1　2006—2018 年沃尔沃被收购前后营业额及员工数量变化

（资料来源：欧盟中国商会）

参与欧盟标准制定，提升欧盟标准的国际先进性。部分领先中国企业在技术研发与标准制定方面，一直积极与欧盟标准制定者、研究机构紧密合作，输出自身的行业经验，致力于为提升行业标准先进性贡献力量，实现产业可持续发展。

华为助力欧盟 5G 标准制定。自 2012 年欧盟委员会开展 5G 标准研究进程伊始，华为就是欧盟 METIS 项目的活跃参与者。其位于德国慕尼黑的华为欧洲研究中心为 5G 技术的无线电路概念和设计项目作出了重要贡献，且目前华为依旧是欧盟 Horizon2020 项目的核心参与者之一，过去 7 年已累计开展 13 项欧盟体系内 5G 建设研究工作。现今，华为主推的 Polar Code（极化码）被行业公认为控制信道编码最终方案，该标准可以同时满足包括超高速率、低延时、大连接在内的移动互联网和物联网三大类应用场景需求。

大疆参与欧盟无人机法规制定。欧洲航空安全局（EASA）于 2019 年 6 月发布欧洲关于无人机使用的通用法规，其内容包含无人机运营审批和无人机技术。中国前沿无人机科技企业大疆受邀参与该法规制定，为欧盟无人机规范化的环境建设贡献力量。

在基础制造业领域，中国皮革制鞋研究院、晋大科技、安踏（中国）有限公司、河南邦尼生物工程有限公司等制鞋与抗菌领域的企业和专家曾于2016 年主导制定了 ISO 19574《鞋类和鞋类部件抗真菌性能定性评估试验方法》国际标准，针对该标准，欧盟鞋类标准化技术委员会于2019 年发起投票，欲将该标准吸纳进欧盟行业标准体系。如果本次标准转化成功，中国企业在鞋类抗菌标准方面的试验发展将为欧盟鞋类评估与鞋类部件提供有效标准支持。

研究专题 8 中企参与欧盟可持续发展（绿色经济、环保）、医疗健康和教育建设案例[①]

2015 年，联合国通过的《2030 年可持续发展议程》及《巴黎协定》带领国际社会迈入了可持续发展的新阶段。在欧发展的中国企业也十分注重经营过程中的环境保护，顺应了国际社会绿色发展的潮流与趋势，携手欧盟一同建立环境的可持续发展。

例如，亿利资源集团在荷兰创立“亿利欧洲生态创新中心”，利用其在生态修复领域的100 多项专利技术，在欧洲及周边地区寻求生态环保和节能企业的技术合作，并携手欧洲科研院所进行生态环保领域研究开发，助力当地生态优化。

而汉能在环保材料方面的领先技术，同样为德国、荷兰等地缔造绿色环境作出了巨大贡献。2010 年，汉能在德国泰尔海姆开启薄膜发电屋顶项目，每年节约标准煤 9. 87 吨，减排二氧化硫 0. 74 吨、二氧化碳 29. 8 吨，相当于每年种树 1303 棵。2016 年，荷兰泽弗纳尔市安装了 600kWp 的汉能 Miasolé 薄膜太阳能组件，以绿色清洁电力代替传统电力，每年可实现二氧化碳减排约 300 吨。

在英国，中国广核集团与法国电力集团合作于欣克利角 C 核电站项目建造机组，在建成后 60 年运行期内，每年可实现二氧化碳减排 900 万吨。

中国国家电力投资集团所属上海电力（马耳他）控股有限公司与马耳他政府合资投建的黑山莫祖拉风电站于 2019 年 11 月正式投入运营。莫祖拉风电站正式投产后每年可提供超过 1. 12 亿千瓦时的清洁电力，并减少 9. 5 万吨以上的温室气体排放。莫祖拉风电项目的顺利完工为黑山未来以清洁能源为基础的发展提供了可能性，将有力支持黑山实现“新能源装机容量翻番”的目标。[②]

① 欧盟中国商会，罗兰贝格．中国企业在欧发展报告 2019［R］．2019 – 10.

② 更多信息请参考：https：//www. yidaiyilu. gov. cn/xwzx/hwxw/110256. htm。

烟台万华收购匈牙利宝思德公司，助力地方教育与健康建设。烟台万华2011年收购匈牙利宝思德公司后，以宝思德为依托建立中国—匈牙利宝思德经贸合作区，园区内不仅为企业提供公用工程、交通物流等园区便利服务，同时为占当地总人数逾10%的人口提供教育与健康等公共服务保障。例如，园区内设有当地米什科尔茨大学与北京化工大学联合建立的具有化工特色的教学机构，致力于为园区企业培养化工领域的优质后备力量。此外，园区内还设有具备专业水准的医疗中心，为园区提供医疗和急救服务。

华为利用ICT技术帮助荷兰医院提高诊疗效率。华为通过智能天线为荷兰第一大私立医院MCL建立了智慧网络，实现无线传输中不同距离和场景的针对性覆盖，有效地连接医护人员与病患。该智慧网络可承载更多的医疗病例数据，且具备更强的业务处理能力，为医院管理者和医护人员提供高效的办公基础，进而提高MCL医院整体诊疗水平和病患就诊体验。

积极寻求与欧盟高校的合作机制，探索产学合作道路。上汽集团与英国巴斯大学合作开展汽油微粒过滤器燃烧率和低温反应性领域研究，研发出更加环保有效、符合绿色市场要求的汽车废气排放装置。

蔚来汽车与德国慕尼黑工业大学、斯图加特大学、柏林工业大学等领先院校合作，开展新能源汽车领域的深入研究。

信息专题8　欧盟中国商会发布《2020年春季营商环境调查报告》①

2020年春季，两大重要因素正影响欧盟中国商会会员在欧盟的营商环境。第一，全球不断蔓延的新冠肺炎疫情。在国内新冠肺炎疫情防治取得阶段性进展的同时，疫情在全球范围愈演愈烈，欧洲成为新冠肺炎疫情欧亚大陆的新“震中”。经济合作与发展组织（OECD）等国际机构在最新的《经济评估报告》中下调了2020年经济增长预期，全球经济增速放缓也对欧盟成员国的经济增长造成了冲击。第二，欧盟及其成员国不断变化的政策环境及其地缘因素。2019年冬季开始施政的欧盟新机构不断出台实现绿色和数字化双核驱动经济转型新政策，一些欧盟成员国开始实施新的投资审查制度等保护性措施，愈发凸显的欧洲难民危机等进一步加大了中资企业在欧盟的投资难度。中资企业如何看待这些预料之中和预料之外的因素所造成的不断变化的欧盟营商环境？这些因素是否影响它们对欧盟市场的信心？它们如何看待欧盟的绿色和数字化新政？

---

① 欧盟中国商会.2020年春季营商环境调查报告［R］. 2020-03.

为了解中资企业对欧盟营商环境的最新评介及其在欧经营活动展望，总部位于布鲁塞尔的欧盟中国商会政策研究团队（以下简称欧盟中国商会）于 2020 年 3 月启动并完成了《2020 年春季欧盟营商环境调查》。商会在其覆盖的近 1000 家投资欧洲企业中，邀请了 100 家不同规模的中资企业作为样本参与了在线调查平台的问卷调查。商会一共收到 61 份有效问卷，问卷回收率达 61%。所有问卷信息均按照欧盟法律和数据保护条例的规定处理。调查结果如下：

1. 超过六成中资企业认为新冠肺炎疫情在欧洲蔓延对经营活动产生消极影响。

新冠肺炎疫情严重威胁生命安全，对全球供应链和价值链冲击巨大。调查结果显示，有 63.98% 的受访企业认为新冠肺炎疫情将对公司经营产生消极影响。欧盟中国商会认为，随着新冠肺炎疫情的继续蔓延，欧盟成员国采取更加严格的阻隔措施，这将严重影响会员的经营活动，受疫情影响的中资企业会继续增多，比例会不断上升。此外，有 18.03% 的受访企业持相对积极的态度，认为新冠肺炎疫情可能产生积极影响。另有 18.03% 的受访企业不确定新冠肺炎疫情可能产生的影响属性。

2. 欧盟地缘、政治、政策环境对企业的积极影响亟待提升。

欧盟在过去十年间，遭遇主权债务危机、恐怖袭击、难民危机、民粹兴起等挑战；在市场规制方面，保护主义趋势有所增强。因此，有近半数（49.18%）的受访企业认为经营活动受到欧盟地缘政治环境波动、难民问题、罢工等因素的消极影响。

在英国正式脱欧背景下，新的欧盟领导人上台开始负责欧盟机构的运转已超过百日，且以数字化和绿色引领的欧盟发展转型新政频出，但 2/3（66.57%）受访中资企业尚不能确定欧盟新团队及施政方针可能带来的影响，另有 21.31% 的受访企业认为影响不大。

欧盟新投资审查制度对中资企业造成影响的程度，也是本次调查的一项重点。近三成（27.87%）的受访企业认为 2019 年生效的欧盟投资审查制度对其经营活动产生了消极影响；44.26% 的受访企业认为暂无影响；26.23% 的受访企业认为影响还不明朗，难以确定。

3. 过半中资企业认为在欧洲经营比较困难，2019 年与 2018 年相比营收零增长。

六成（60.66%）受访企业认为 2019 年在欧洲经营税前营收和投资额与 2018 年持平，21.31% 的受访企业预期为增加 5% ~ 20%。有超过半数（52.46%）的公司认为在欧盟经营比较困难。其中，导致经营困难的最主要原因有：办理经营许可（50.82%）；获得信贷/融资（50.82%）；纳税（40.98%）；跨境贸易（40.98%）。

4. 尽管挑战重重，近六成企业欲在欧盟加大或大幅增加投资。

在回答投资预期时，近半数（49.18%）的受访企业准备在条件成熟时增加5%~20%的投资，另有11.48%的受访企业会大幅增加投资（>20%）。

2020年春季的调查结果表明，中资企业对在欧营商环境的最新总体评价有所改善，但经营阻力和压力较大，对未来在欧经营活动的展望谨慎乐观。为此，欧盟中国商会呼吁中欧政府，特别是欧盟机构和成员国高度重视调查结果，视在欧中资企业的反馈为欧盟及成员国营商环境整体状况尤其是开放度的晴雨表，希望这些反馈可推动欧盟及成员国采取措施解决本报告里中资企业所面对的共同问题和挑战。具体而言，根据以上调查结果，欧盟中国商会提出以下五项政策建议：

1. 积极抗疫减负，尽快提供务实支持，确保中资企业可以无差别地享受欧盟和成员国的支持性措施。

新冠肺炎疫情的爆发及其在全欧洲的蔓延将会导致部分企业直接的经济损失以及难以预估的负面影响。欧盟及成员国已经在评估疫情的多重经济社会影响，出台对各类企业进行补助和减税扶持等支持性措施，中资企业应无差别地受惠于这些措施。

2. 继续优化营商环境，消除不公平待遇，支持中企成为迎难而上的中坚力量。

提升有利的营商环境，有助于中资企业的健康发展并促进欧洲的经济增长与就业。欧盟需在世贸组织（WTO）的框架内与中国开展密切合作，坚持贯彻WTO条款，清除市场准入壁垒，施行无差别政策，给予外资（中资）企业平等待遇。进一步优化制度建设，提高办理经营许可效率，优化外资企业获得信贷/融资流程，放宽跨境贸易政策。

3. 提升欧盟地缘、政治、政策环境对企业的积极影响。

采取有效措施，尽量降低地缘政治环境波动、难民问题、罢工等因素对企业经营的消极影响。欧盟新领导团队在实施新政的同时也需注意政策连续性，同时要制定有效的沟通策略，与相关企业尤其是外资企业进行积极有效沟通，并提供多方支持。帮助企业准确理解政策法规、更新符合政策的公司战略，并在经营活动中践行相关政策规定。

4. 增强有效沟通，促进中资企业增加在欧投资，尤其是在绿色和数字化等优先领域的投资。

根据2019年4月9日第二十一届中欧峰会发布的联合声明，欧盟需进一步深化与中国的实质性合作，争取在2020年达成有效的中欧投资协定。与此同时，欧盟新领导团队需进一步增强与外资（中资）企业的对话，可运用多种方式就绿色和数字化新政进行灵活有效沟通，促进中资企业在相关优先领域的投资和经营。

5. 在危机中寻找突破，抓住危机可能带来的机遇。

新冠肺炎疫情在全球范围内迅速扩展和蔓延，对全球经济造成深刻影响，全球经济形势将大概率进一步走低。与此同时，也可能为海外并购带来机遇。回顾中国企业海外投资历程，2008—2009年全球金融危机之后的3年正是海外并购真正形成规模的关键期，此次疫情或可带来新一轮并购机遇。目前，部分中国企业资本较为充足，投资需求旺盛，欧盟中国商会会辅助在欧盟的中资企业做好市场调研，抓住市场机遇，力促中欧发展共赢。

第二节　贸易合作近况对比

一、中国与欧盟双边贸易发展趋势

欧盟是世界上经济最发达的地区之一，经济一体化的逐步深化又促进了该地区经济的进一步繁荣。欧盟统计局数据显示，2019 年欧盟 28 国 GDP 总量为 16.4 万亿欧元，增长 1.5%；欧盟 27 国 GDP 为 13.9 万亿欧元，增长 1.5%；欧元区 19 国 GDP 为 11.9 万亿欧元，增长 1.2%。欧盟委员会于 2020 年初发布的冬季经济预测报告认为，2020 年和 2021 年欧盟 27 国 GDP 预计增长 1.4%，同期欧元区 19 国预计增长 1.2%。

双边贸易再创新高。中欧贸易优势互补，贸易额不断攀升。2019 年中欧双边贸易额达 7053 亿美元，再创新高。欧盟已连续 16 年成为中国第一大贸易伙伴，中国则是欧盟第二大贸易伙伴，双方互为第一大进口来源地和第二大出口市场。

2019 年，随着经贸争端形成的外部冲击加剧，内部制造业遇冷和投资不足，加上欧元区第二大经济体法国和第三大经济体意大利的经济意外萎缩，2019 年末欧元区经济几乎陷入停滞。欧盟统计局数据显示①，2019 年全年欧元区 GDP 增长 1.2%，创 2013 年欧债危机以来的六年最低。欧盟 28 国的 2019 年全年 GDP 增速为 1.5%。在新冠肺炎疫情还未在欧洲爆发之前（2020 年 1 月），IMF 预计 2020

① 更多信息请参考：https：//finance. sina. com. cn/stock/hkstock/hkstocknews/2020 - 02 - 01/doc - iimxxste7997760. shtml。

年、2021 年欧元区经济将分别增长 1. 3% 和 1. 4%。

受此影响，2019 年中国与欧盟的双边贸易增速出现明显下滑。2019 年中国与欧盟进出口贸易总额为 7053 亿美元，同比上涨 3. 4%；中国自欧盟的进口额为 2766 亿美元，同比增长 1. 1%；中国对欧盟的出口额为 4287 亿美元，同比增长 4. 9%（2018 年，中欧贸易额 6821 亿美元，同比上涨 10. 6%。中国自欧盟的进口额增长了 11. 7%，达到 2735 亿美元。中国对欧盟的出口额增长了 9. 8%，达到 4086 亿美元，见图 4 –2）。

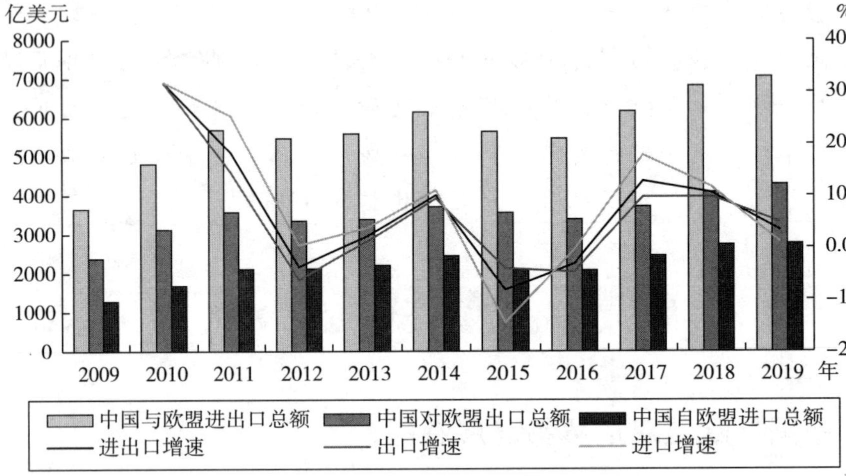

图 4 –2　2009—2019 年中国与欧盟贸易情况

（资料来源：Wind 资讯）

中国与欧盟的贸易，主要是中国出口商品到欧盟国家，自 2009 年以来，中国对欧盟国家的出口占贸易总额的比重基本保持在 60% 以上。2019 年中国对欧盟的出口占贸易总额的 60. 8%，较 2018 年的 59. 9% 略有回升。2019 年中国自欧盟的进口占贸易总额的比例为 39. 2%。中国输欧产品主要为机电、纺织品及原料、杂项制品等；中国进口欧盟产品主要为机电、运输设备、化工产品及精密仪器等（见图 4 –3）。

欧盟 28 国中，中国对外贸易额前六大国是德国、英国、荷兰、法国、意大利和西班牙（见表 4 –1）。2019 年 6 国之和同比增长 2. 4%，达 5123 亿美元，占中国对欧盟 28 国进出口总额的 72. 6%，该占比自 2015 年以来呈逐年下降趋势（2015 年中国与 6 国双边贸易总额占中国与欧盟双边贸易额的比例为 75. 6%）。2019 年，中国对 6 国出口之和为 3095 亿美元，占中国对欧盟 28 国出口额的 72. 2%；中国自 6 国进口之和为 2028 亿美元，占中国自欧盟 28 国进口额的 73. 3%（见图 4 –4）。从增速上来看，中国与欧盟 6 国双边贸易趋势和中国与欧盟整体贸易趋势高度一致。

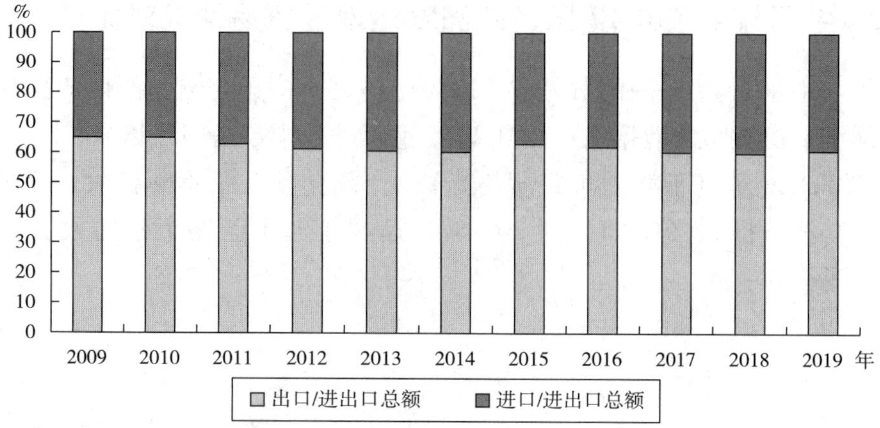

图 4－3　2009—2019 年中国对欧盟进口额、出口额占比

（资料来源：Wind 资讯）

表 4－1　2009—2019 年中国与欧洲主要发达国家/地区的贸易总额　单位：亿美元

国家/地区	2009 年	2015 年	2016 年	2017 年	2018 年	2019 年
德国	1056.84	1567.84	1512.87	1680.98	1838.81	1848.82
英国	391.55	785.18	743.42	790.34	804.38	863.04
荷兰	418.04	682.55	672.40	783.79	851.80	851.63
法国	344.80	514.10	471.35	544.64	628.99	655.72
意大利	312.64	446.92	430.65	495.98	542.35	549.11
西班牙	183.64	274.61	274.44	309.40	337.18	354.79
欧盟 28 国	3652.35	5647.55	5470.18	6169.16	6821.64	7052.96

资料来源：Wind 资讯、中国海关总署。

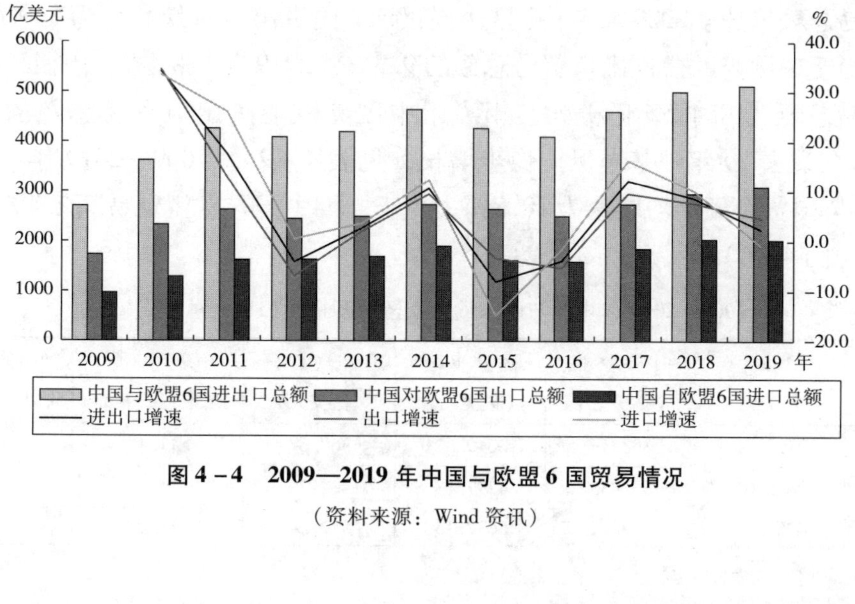

图 4－4　2009—2019 年中国与欧盟 6 国贸易情况

（资料来源：Wind 资讯）

二、中国与中东欧 17 国、欧洲发达地区贸易情况对比

中国与中东欧 17 国间的贸易增长态势整体高于中国与欧洲整体的贸易增长。宁波航运交易所发布的数据显示，自 2015 年 3 月（指数基期）以来，17 + 1 贸易指数（CCTI）整体高于海上丝路贸易指数（STI）且差距不断扩大。2019 年 12 月，17 + 1 贸易指数（CCTI）为 209.84，远高于海上丝路贸易指数（STI）的 166.73（见图 4 – 5）。

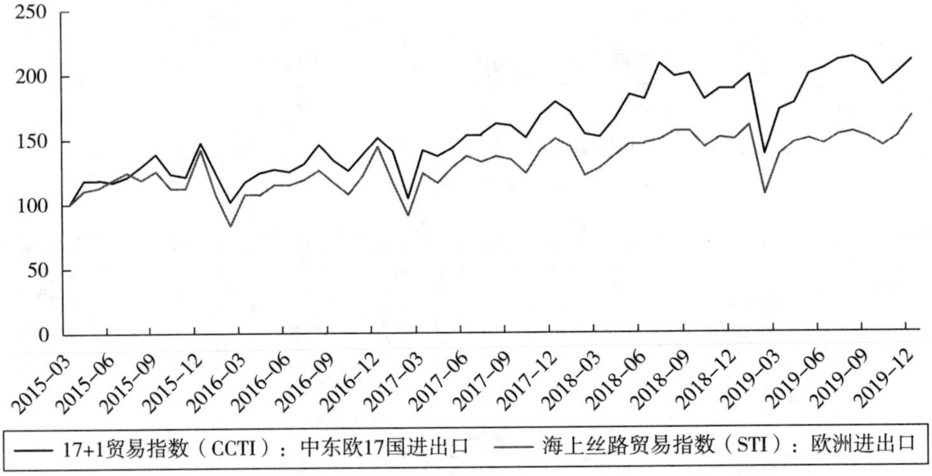

图 4 – 5　2015 年 3 月至 2019 年 12 月 CCTI 及 STI 指数情况

（资料来源：Wind 资讯、宁波航运交易所）

中国与中东欧 17 国的进出口贸易总额继续增长，且整体增速高于中国与欧盟双边贸易总额增速。2009 年，中国与中东欧 17 国进出口贸易总额为 360.67 亿美元，相当于中国与欧盟进出口贸易总额的 9.9%；2019 年，中国与中东欧 17 国进出口贸易总额为 954.52 亿美元，相当于中国与欧盟进出口贸易总额的 13.5%（该比值在过去 10 年中基本保持稳步增长，见表 4 – 2）。2009—2019 年，中国与中东欧 17 国贸易额年均增速为 18.8%，高于同期中国与欧盟贸易额 7.4% 的年均增速（见图 4 – 6）。

表 4 – 2　2009—2019 年中国与中东欧、欧盟等国进出口贸易总额比较

年份	欧盟 6 国（亿美元）	中东欧 6 国（亿美元）	欧盟 28 国（亿美元）	中东欧 17 国（亿美元）	中东欧 6 国/欧盟 6 国（%）	中东欧 17 国/欧盟 28 国（%）
2009	2707.51	308.10	3640.42	360.67	11.4	9.9
2010	3630.03	405.55	4797.13	482.29	11.2	10.0
2011	4266.28	469.11	5672.13	572.24	11.0	10.1

续表

年份	欧盟 6 国（亿美元）	中东欧 6 国（亿美元）	欧盟 28 国（亿美元）	中东欧 17 国（亿美元）	中东欧 6 国/欧盟 6 国（%）	中东欧 17 国/欧盟 28 国（%）
2012	4091.60	450.52	5460.43	560.82	11.0	10.2
2013	4198.18	468.97	5590.40	587.66	11.2	10.5
2014	4644.64	526.85	6151.39	647.59	11.3	10.5
2015	4271.21	496.11	5647.55	601.87	11.6	10.7
2016	4105.13	521.72	5470.18	631.38	12.7	11.5
2017	4605.14	599.42	6169.16	731.61	13.0	11.9
2018	5003.51	732.36	6821.64	892.94	14.6	13.1
2019	5123.11	798.90	7052.96	954.52	15.6	13.5

资料来源：中国海关总署。

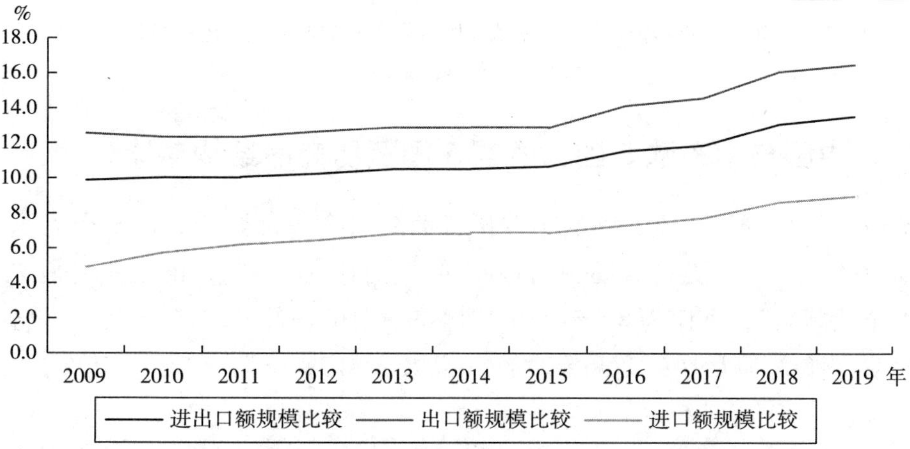

图 4－6　2009—2019 年中国与中东欧 17 国、欧盟 28 国贸易额比较

（资料来源：中国海关总署）

中东欧 17 国中，中国与维谢格拉德集团 4 国（波兰、捷克、匈牙利、斯洛伐克）和希腊、罗马尼亚（上述 6 国以下简称“中东欧 6 国”[①]）的进出口额最大，从 2009 年的 308 亿美元增长到 2019 年的近 799 亿美元。欧盟 28 国中，中国与德国、英国、荷兰、法国、意大利、西班牙 6 国的进出口额最大，从 2009 年的 2708 亿美元增长到 2019 年的 5123 亿美元。中国与中东欧 6 国的进出口贸易额较中国与欧盟 6 国的进出口贸易额增长得更为快速/下降得更为缓慢，尤其是近 7 年，体量占比逐步上升（见图 4－7）。

① 2019 年 4 月希腊成为“中国—中东欧合作机制”新成员后，成为继 V4 集团后与中国双边贸易额最大的国家，有鉴于此，本报告在延续前两本对“中东欧 5 国”的分析基础上增改为对“中东欧 6 国”的分析。

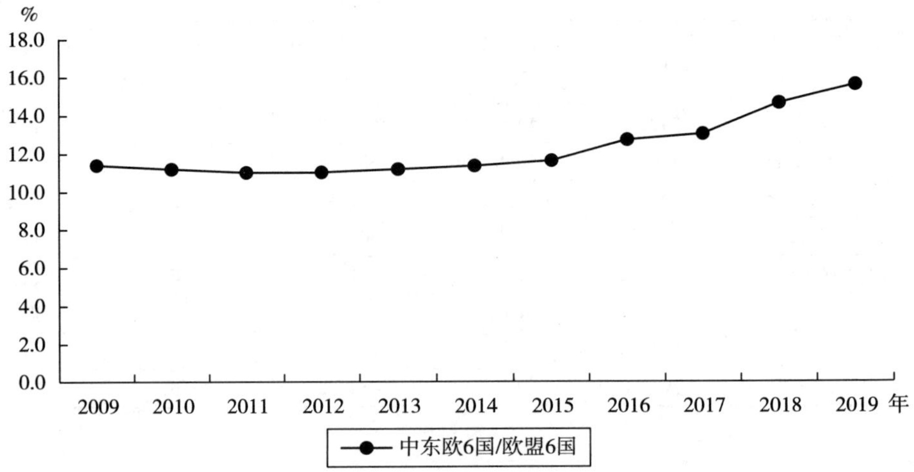

图 4－7　2009—2019 年中国与中东欧 6 国及中国与欧盟 6 国进出口贸易规模对比

（资料来源：Wind 资讯）

三、中国与中东欧 5 国、欧盟 5 国贸易商品结构对比①

2019 年，中国对欧盟 5 国的主要出口商品，第一大类是“机电产品”，占比达到 52.6%；第二大类是“纺织品及原料”，占比为 8.9%；第三大类是“家具、玩具、杂项制品”，占比为 8.7%。出口增速最快的商品是“矿产品”，增速达到 138.4%；出口下降最快的商品是“纺织品及原料”，下降 4.8%，其次为“皮革制品；箱包”，下降 3.5%（见表 4－3）。

表 4－3　　2019 年中国对欧盟 5 国出口的主要商品构成（类）

海关分类	HS 编码	商品类别	2019 年（万美元）	2018 年（万美元）	同比（%）	占比（%）
类	章	总值	32107000	32402500	－0.9	100
第 16 类	84－85	机电产品	16891800	17118500	－1.3	52.6
第 11 类	50－63	纺织品及原料	2852200	2995600	－4.8	8.9
第 20 类	94－96	家具、玩具、杂项制品	2786900	2751700	1.3	8.7
第 15 类	72－83	贱金属及制品	1878200	1897600	－1.0	5.8
第 6 类	28－38	化工产品	1416100	1466600	－3.4	4.4
第 7 类	39－40	塑料、橡胶	1155900	1144200	1.0	3.6
第 18 类	90－92	光学、钟表、医疗设备	1094100	1023400	6.9	3.4

① 截至 2020 年 5 月 12 日，中国商务部尚未发布西班牙和匈牙利两国的 2019 年贸易商品构成，有鉴于此，本小节采用欧盟 5 国（德国、英国、荷兰、法国和意大利）和中东欧 5 国（波兰、捷克、斯洛伐克、希腊、罗马尼亚）的 2019 年数据进行分析比较。

续表

海关分类	HS 编码	商品类别	2019 年（万美元）	2018 年（万美元）	同比（%）	占比（%）
第 17 类	86 - 89	运输设备	847200	841800	0.6	2.6
第 12 类	64 - 67	鞋靴、伞等轻工产品	846600	852900	-0.7	2.6
第 8 类	41 - 43	皮革制品；箱包	524500	543700	-3.5	1.6
第 13 类	68 - 70	陶瓷；玻璃	422300	421600	0.2	1.3
第 10 类	47 - 49	纤维素浆；纸张	278400	274600	1.4	0.9
第 9 类	44 - 46	木及制品	223900	228600	-2.1	0.7
第 1 类	01 - 05	活动物；动物产品	144600	128000	13.0	0.5
第 2 类	06 - 14	植物产品	133900	130800	2.4	0.4
第 4 类	16 - 24	食品、饮料、烟草	99500	93700	6.2	0.3
第 5 类	25 - 27	矿产品	23600	9900	138.4	0.1
第 14 类	71	贵金属及制品	23000	20600	11.7	0.1

资料来源：中国商务部、中东欧经济研究所。

2019 年，中国自欧盟 5 国的主要进口商品，第一大类是“机电产品”，占比达到 30.8%；第二大类是“运输设备”，占比为 23.8%；第三大类是“化工产品”，占比为 10.6%。进口增速最快的商品是“木及制品”，增速达到 88.4%；进口下降最快的商品是“纤维素浆；纸张”，下降 14.1%，其次为“贱金属及制品”，下降 13.7%（见表 4 - 4）。

表 4 - 4　　2019 年中国自欧盟 5 国进口的主要商品构成（类）

海关分类	HS 编码	商品类别	2019 年（万美元）	2018 年（万美元）	同比（%）	占比（%）
类	章	总值	19104800	19327200	-1.2	100
第 16 类	84 - 85	机电产品	5881500	6138400	-4.2	30.8
第 17 类	86 - 89	运输设备	4543300	5051900	-10.1	23.8
第 6 类	28 - 38	化工产品	2030600	1822000	11.4	10.6
第 18 类	90 - 92	光学、钟表、医疗设备	1384600	1363900	1.5	7.2
第 14 类	71	贵金属及制品	930900	669200	39.1	4.9
第 15 类	72 - 83	贱金属及制品	832600	965100	-13.7	4.4
第 7 类	39 - 40	塑料、橡胶	618400	668100	-7.4	3.2
第 5 类	25 - 27	矿产品	618200	605300	2.1	3.2
第 4 类	16 - 24	食品、饮料、烟草	499700	498500	0.2	2.6
第 1 类	01 - 05	活动物；动物产品	444300	274200	62.0	2.3
第 11 类	50 - 63	纺织品及原料	316900	319300	-0.8	1.7
第 20 类	94 - 96	家具、玩具、杂项制品	167600	191100	-12.3	0.9
第 8 类	41 - 43	皮革制品；箱包	139000	131000	6.1	0.7

续表

海关分类	HS 编码	商品类别	2019 年（万美元）	2018 年（万美元）	同比（%）	占比（%）
第 10 类	47 – 49	纤维素浆；纸张	133600	155600	– 14. 1	0. 7
第 13 类	68 – 70	陶瓷；玻璃	127300	133500	– 4. 6	0. 7
第 2 类	06 – 14	植物产品	73000	49000	49. 0	0. 4
第 9 类	44 – 46	木及制品	63300	33600	88. 4	0. 3
第 12 类	64 – 67	鞋靴、伞等轻工产品	37200	36100	3. 0	0. 2
第 21 类	97	艺术品	28600	24600	16. 3	0. 1
第 3 类	15	动植物油脂	8100	7000	15. 7	0. 0

资料来源：中国商务部、中东欧经济研究所。

2019 年，中国对中东欧 5 国的主要出口商品，第一大类也是“机电产品”，占比为 60. 2%；第二大类是“纺织品及原料”，占比为 7. 1%；第三大类是“贱金属及制品”，占比为 6. 9%。出口增速最快的商品，第一大类是“纤维素浆；纸张”，增速达 21. 2%；第二大类是“纺织品及原料”，增速为 14. 9%；第三大类是“食品、饮料、烟草”，增速为 14. 3%（见表 4 – 5）。

表 4 – 5　　2019 年中国对中东欧 5 国出口的主要商品构成（类）

海关分类	HS 编码	商品类别	2019 年（万美元）	2018 年（万美元）	同比（%）	占比（%）
第 16 类	84 – 85	机电产品	3154500	2967000	6. 3	60. 2
第 11 类	50 – 63	纺织品及原料	370800	322800	14. 9	7. 1
第 15 类	72 – 83	贱金属及制品	360600	353100	2. 1	6. 9
第 20 类	94 – 96	家具、玩具、杂项制品	351200	337400	4. 1	6. 7
第 7 类	39 – 40	塑料、橡胶	169100	161200	4. 9	3. 2
第 17 类	86 – 89	运输设备	155200	144700	7. 3	3. 0
第 6 类	28 – 38	化工产品	155000	136100	13. 9	3. 0
第 18 类	90 – 92	光学、钟表、医疗设备	143100	139700	2. 4	2. 7
第 12 类	64 – 67	鞋靴、伞等轻工产品	118100	106600	10. 8	2. 3
第 13 类	68 – 70	陶瓷；玻璃	72700	68200	6. 6	1. 4
第 8 类	41 – 43	皮革制品；箱包	58100	57300	1. 4	1. 1
第 10 类	47 – 49	纤维素浆；纸张	32000	26400	21. 2	0. 6
第 1 类	01 – 05	活动物；动物产品	24400	22300	9. 4	0. 5
第 9 类	44 – 46	木及制品	22500	22300	0. 9	0. 4
第 2 类	06 – 14	植物产品	9600	9400	2. 1	0. 2
第 4 类	16 – 24	食品、饮料、烟草	4800	4200	14. 3	0. 1
第 14 类	71	贵金属及制品	2900	3400	– 14. 7	0. 1
第 5 类	25 – 27	矿产品	700	1700	– 58. 8	0. 0

资料来源：中国商务部、中东欧经济研究所。

2019 年，中国自中东欧 5 国的主要进口商品，第一大类也是“机电产品”，占比为 29.5%；第二大类是“运输设备”，占比为 20.0%；第三大类是“贱金属及制品”，占比为 10.4%。进口增速最快的商品，第一大类是“木及制品”，增速达到 83.8%；第二大类是“活动物；动物产品”，增速为 79.4%（见表 4－6）。

表 4－6　2019 年中国自中东欧 5 国进口的主要商品构成（类）

海关分类	HS 编码	商品类别	2016 年（万美元）	上年同期（万美元）	同比（%）	占比（%）
第 16 类	84－85	机电产品	2637	2710	－2.7	29.5
第 17 类	86－89	运输设备	1791	1474	21.5	20.0
第 15 类	72－83	贱金属及制品	934	879	6.3	10.4
第 5 类	25－27	矿产品	856	897	－4.6	9.6
第 9 类	44－46	木及制品	487	265	83.8	5.4
第 18 类	90－92	光学、钟表、医疗设备	442	437	1.1	4.9
第 7 类	39－40	塑料、橡胶	429	432	－0.7	4.8
第 20 类	94－96	家具、玩具、杂项制品	328	365	－10.1	3.7
第 6 类	28－38	化工产品	251	224	12.1	2.8
第 10 类	47－49	纤维素浆；纸张	186	204	－8.8	2.1
第 1 类	01－05	活动物；动物产品	174	97	79.4	1.9
第 13 类	68－70	陶瓷；玻璃	111	96	15.6	1.2
第 4 类	16－24	食品、饮料、烟草	107	92	16.3	1.2
第 11 类	50－63	纺织品及原料	80	111	－27.9	0.9
第 8 类	41－43	皮革制品；箱包	37	38	－2.6	0.4
第 2 类	06－14	植物产品	32	35	－8.6	0.4
第 12 类	64－67	鞋靴、伞等轻工产品	16	16	0.0	0.2
第 3 类	15	动植物油脂	2	4	－50.0	0.0

资料来源：中国商务部、中东欧经济研究所。

从主要商品构成来看，中国对中东欧国家的进、出口商品结构与中国对欧洲发达国家的进、出口商品结构基本一致（见图 4－8 和图 4－9）。中国对欧盟及中东欧国家出口商品构成上，排前两位的分别是“机电产品”和“纺织品及原料”；进口商品构成上，排前两位的分别是“机电产品”和“运输设备”。此外，2019 年中国自欧盟 5 国和中东欧 5 国的“木及制品”的进口增速都超过了 80%，均为当年增速最快的商品类别。

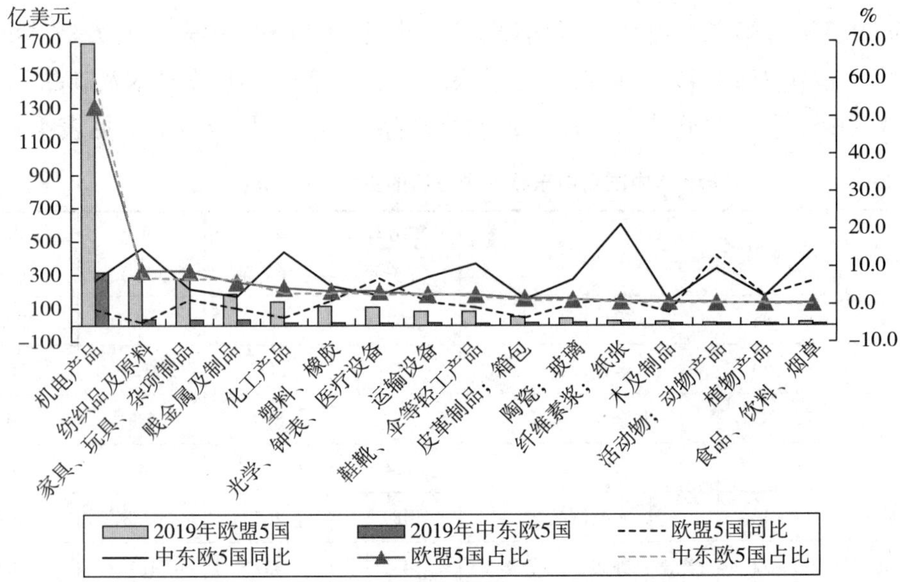

图 4－8　2019 年中国对中东欧 5 国、欧盟 5 国出口的主要商品构成（类）

（资料来源：中国商务部、中东欧经济研究所）

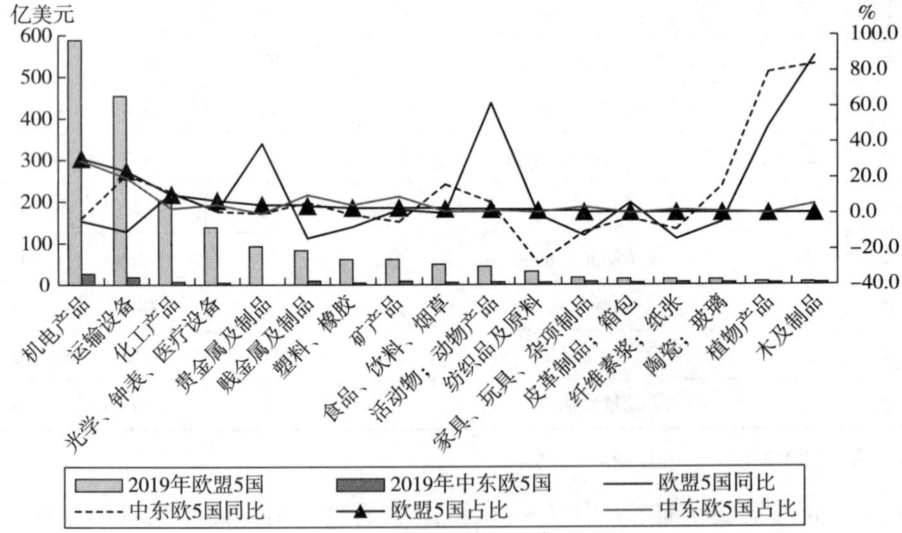

图 4－9　2019 年中国自中东欧 5 国、欧盟 5 国进口的主要商品构成（类）

（资料来源：中国商务部、中东欧经济研究所）

第三节　投资合作近况对比

一、中国与中东欧 17 国、欧洲发达地区直接投资对比

（一）中国对欧盟、中东欧 17 国直接投资对比

2018 年，中国对欧盟的直接投资有所放缓，达 88.66 亿美元，同比下降 13.6%，占中国对外直接投资流量总额的 6.2%，平均对每个欧盟国家的直接投资流量为 3.17 亿美元；中国对中东欧 17 国直接投资流量为 6.65 亿美元，同比增长 67.74%，平均对每个中东欧国家的直接投资流量为 0.39 亿美元（见图 4－10）。

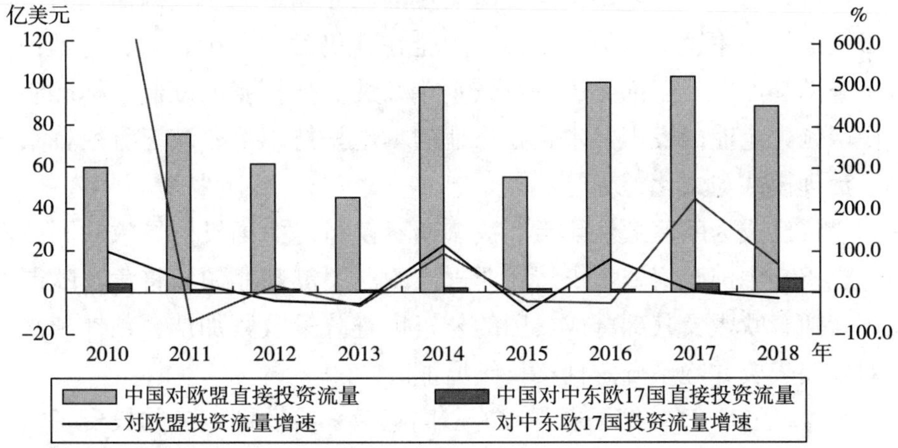

图 4－10　2010—2018 年中国对欧盟 28 国、中东欧 17 国直接投资流量及增速

（资料来源：中国商务部）

2018 年末，中国对欧盟直接投资存量为 907.39 亿美元，占中国对外直接投资存量的 4.6%。存量上百亿美元的国家依次为英国、荷兰、卢森堡、德国。截至 2018 年，中国对中东欧 17 国的投资存量为 25.13 亿美元，单个国家最高的依然是波兰（4 亿美元），远低于欧盟发达国家（见表 4－7）。

表 4－7　2010—2018 年中国对欧盟 28 国、中东欧 17 国的直接投资情况　　单位：亿美元

年份	中国对欧盟直接投资流量	中国对中东欧 17 国直接投资流量	中国对欧盟直接投资存量	中国对中东欧 17 国直接投资存量
2010	59.63	4.19	124.97	8.57
2011	75.61	1.30	202.91	10.13
2012	61.20	1.53	315.38	13.40

续表

年份	中国对欧盟直接投资流量	中国对中东欧17国直接投资流量	中国对欧盟直接投资存量	中国对中东欧17国直接投资存量
2013	45.24	1.05	400.97	15.56
2014	97.87	2.04	542.10	18.17
2015	54.80	1.62	644.60	20.96
2016	99.94	1.21	698.37	17.15
2017	102.67	3.97	860.15	20.33
2018	88.66	6.65	907.39	25.13

注：欧盟2012年及以前年度合计数据不包括对克罗地亚投资数据。

资料来源：中国商务部。

欧盟经济发达、科研基础优异、高质量的人才储备充足，因而成为中国企业全球化发展的战略重镇。但另一方面，中企在欧仍面临不少挑战，包括：欧盟对于外资审查的趋严、对于部分国资背景企业开展业务拓张的限制、标准制定过程中缺少中国领先企业的发声、中企在当地的本地扶持不足、缺乏有效且系统的沟通机制、治理模式与文化差异等。

中国投资已成为欧盟关注焦点。法、德不仅担忧中国投资导致欧洲技术向亚洲转移，也担心中国政府资金支持企业进入欧洲关键基建领域将危及欧洲安全与公共秩序。随着欧盟及其部分成员国的外资审查政策收紧加严，预计未来一段时间中国对欧盟投资并购不确定性将持续增加。

2018年12月16日，德国联邦政府已同意对来自欧洲以外的投资者收购德国公司股份执行更严格的规定。根据新规定，欧盟以外的外资并购德企的审查门槛将从目前的25%股权下调至10%，但规定仅限于涉及安全领域的公司。

2019年3月5日，欧盟外资审查框架草案在欧盟理事会获批，随后于4月生效。该法案旨在加强对进入欧盟关键领域外资的管理力度，拟在基建、国防、能源、通信和数据存储等关键领域加强对欧企的保护。尽管法案并无否决外资进入权，但可就外资是否影响欧盟利益发表意见。法案提出3种外资审查形式：一是由外资目的国提交申请，公布外资规模、金额、公司构成和可能受投资影响的企业，欧盟委员会将进行评估；二是即便外资目的国未提出任何异议，但其他认为自身受到影响的成员国提交申请，欧盟委员会将进行评估；三是外资涉及欧盟或欧盟基金项目时，欧盟委员会将进行评估。目前欧盟14个成员已建立本国外资审查体系。

（二）欧盟、中东欧17国对中国直接投资对比

截至2018年，欧盟28国对中国累计投资总额为1215亿美元，且28国均对

中国有直接投资（见图 4－11）。其中，累计投资额最大的是德国，投资额累计为 316. 6 亿美元，占比 26. 1%；其次是英国，投资额累计为 210. 0 亿美元，占比 17. 3%；第三是荷兰，投资额累计为 189. 4 亿美元，占比 15. 6%。1997—2018 年，欧盟 28 国对中国投资额（流量）年均增速为 5. 5%，累计投资额年均增速为 18. 8%。

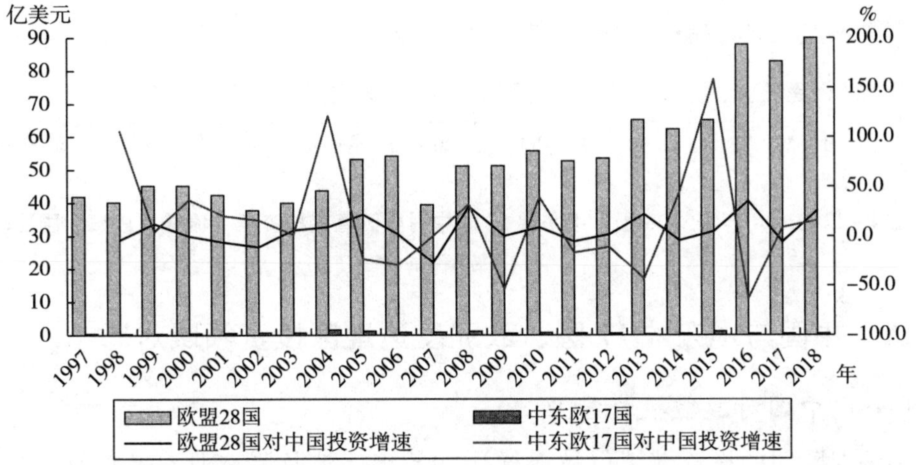

图 4－11　1997—2018 年欧盟 28 国、中东欧 17 国对中国直接投资额（流量）及增速

（资料来源：Wind 资讯）

截至 2018 年底，中东欧 17 国中有 13 个国家对中国有直接投资，累计投资总额为 29. 3 亿美元，其中，匈牙利、捷克、罗马尼亚是中东欧地区 17 国中对中国投资前三大国家。投资额最大的是匈牙利，投资额累计为 3. 5 亿美元，占比为 23. 6%；其次是捷克，投资额累计为 3. 0 亿美元，占比 20. 3%；第三是罗马尼亚，投资额累计为 2. 8 亿美元，占比 18. 9%。1997—2018 年，中东欧 17 国对中国投资额（流量）年均增长 17. 3%，投资总额年均增速为 28. 5%。

欧盟国家对中国直接投资更为广泛，截至 2018 年，欧盟 28 国均对中国有直接投资，中东欧 17 国中仍有 4 国（北马其顿、塞尔维亚、阿尔巴尼亚、黑山）没有对中国有直接投资；其次，在投资额上欧盟国家依然保持远超中东欧国家的水平，截至 2018 年，欧盟 28 国平均对中国的累计投资额约为 43. 4 亿美元，同期有直接投资发生的中东欧 13 国平均每国对中国的累计投资额仅为 1. 7 亿美元。此外，2018 年，欧盟 28 国中对中国投资额（流量）前三大国较中东欧国家中对中国投资额（流量）前三大国均高出不少（见图 4－12）。

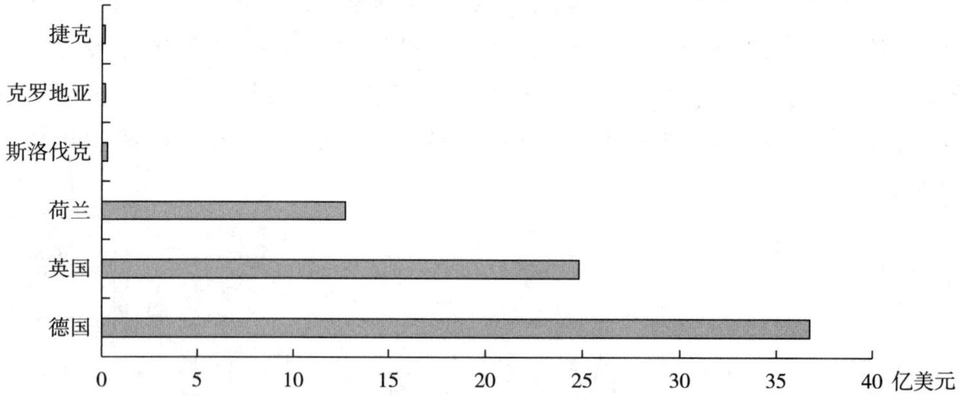

图 4－12　2018 年欧盟 28 国、中东欧 17 国中对中国直接投资额（流量）前三大国比较

（资料来源：Wind 资讯）

二、中国与中东欧 17 国、欧洲发达地区投资领域对比

（一）中国对欧盟投资行业

中国对欧盟的投资继续保持多样化的特点，涉及制造业、采矿业、金融业、租赁和商务服务业以及批发和零售业等。投资结构不断优化，投资方式日益灵活。商务部数据显示，2018 年，中国企业投资欧盟的首个目标行业是制造业（40.1 亿美元），同比下降 24.7%，占 45.2%，主要流向卢森堡、德国、瑞典、荷兰、英国、意大利、法国等；第二是租赁和商务服务业（9.38 亿美元），同比下降 62.4%，占 10.6%，主要流向卢森堡、塞浦路斯、德国和波兰等；批发和零售业排在第三（7.28 亿美元），同比下降 24.8%，占 8.2%，主要集中在英国、德国、意大利、法国等；金融业 6.13 亿美元，同比下降 11.2%，占 6.9%，主要流向英国、德国、卢森堡、奥地利、匈牙利等；电力/热力/燃气及水的生产和供应业 5.83 亿美元，是 2017 年的 32.4 倍，占 6.6%，主要流向西班牙、卢森堡、德国、希腊等；采矿业 5.21 亿美元，占 5.9%，集中在卢森堡和荷兰；信息传输/软件和信息技术服务业 4.51 亿美元，同比下降 2.6%，占 5.1%，主要流向荷兰、法国、德国等；科学研究和技术服务业 3.78 亿美元，同比下降 51.3%，占 4.3%，主要流向英国、德国、芬兰、西班牙；住宿和餐饮业 3.07 亿美元，是 2017 年的 307 倍，占 3.5%，主要流向瑞典、卢森堡、比利时等（见图 4－13）。

2018 年末，中国共在欧盟设立直接投资企业 2900 多家，已覆盖欧盟的全部 28 个成员国。在所雇用的员工中，欧盟本地员工占比不断上升，2018 年欧盟本地

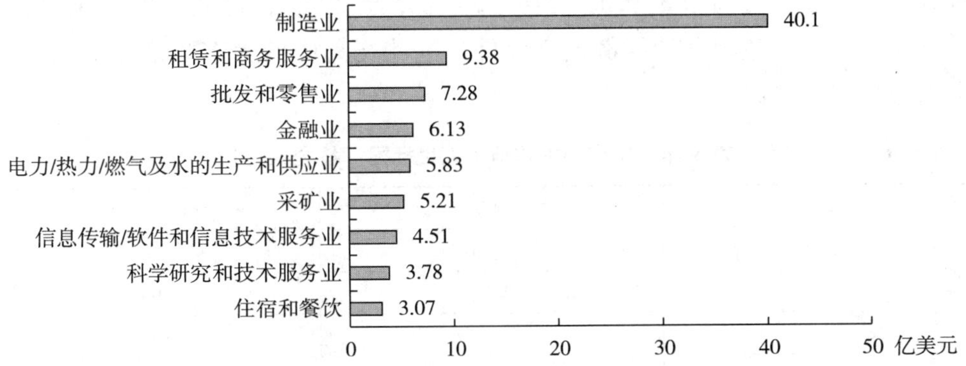

图4－13　2018年中国对欧盟直接投资（流量）行业分布

（资料来源：中国商务部）

员工约占75%，达24.75万人。[①]

（二）中国企业对中东欧、欧盟国家的并购交易对比

欧洲地区是中国企业投资并购的主要目的地之一。从实际已完成的并购金额上看，2018年，中国企业对外投资并购项目分布的前10个国家和地区中，3个属于欧洲地区，依次为德国、法国、瑞典。主要并购项目包括：上海国际集团下属的美丽境界欧洲并购基金以2.4亿欧元对价收购德国Cordenka公司100%股权，巨星科技以1.845亿瑞士法郎收购瑞士专业工作存储解决方案提供商及设备制造商Lista 100%股权。[②]

此外，2018年最令人关注的中资对欧并购事件系安踏体育用品有限公司连同私募股权投资基金方源资本拟按每股40欧元的价格以现金方式收购芬兰体育用品公司Amer Sports的全部股份，交易共计46.61亿欧元（约合人民币371亿元）。2019年4月1日，安踏体育发布公告，披露收购Amer Sports的最终结果，本次交易的收购比例共达到98.11%。安踏财团将于4月2日或前后，根据要约收购的条款及条件中所描述的付款程序，完成此次交易的支付流程。

安永发布的《2019年全年中国海外投资概览》显示，2019年中企在欧洲宣布的海外并购金额为205.3亿美元，同比大幅下降57.1%，为连续第三年下降，创2014年以来最低。2019年，中企在欧并购交易有182笔，略少于2018年的196笔，但2019年大宗交易的数量要少得多[③]。投资主要集中在消费品、TMT及金融服务等行业，主要投资目的地为英国、瑞士和德国。在德国，2019年被中国

① 欧盟中国商会，罗兰贝格．中国企业在欧发展报告2019［R］．2019－10.

② 中华人民共和国商务部．中国对外投资发展报告2019［R］．2019－12.

③ 更多信息请参考：https：//baijiahao. baidu. com/s？id＝1659130254803327981&wfr＝spider&for＝pc。

资方收购或参股的公司数量从前一年的 35 家增至 39 家，比其他欧洲国家都多。但是，除了北汽对戴姆勒的巨额投资以外，这些交易中的大多数都相对温和，总投资额减少了一半以上。

表 4 –8　　2019 年中国海外并购前十大目标国（按金额计）

排名	国家	金额（亿美元）
1	美国	103.7
2	英国	93.4
3	新加坡	63.1
4	澳大利亚	44.5
5	秘鲁	38.2
6	印度	33.1
7	加拿大	31.6
8	泰国	31.4
9	瑞士	31
10	智利	23.9

注：1. 统计包括香港、澳门和台湾地区的对外并购交易。2. 数据包括已宣布并购交易尚未完成交割的案例。

资料来源：安永。

2019 年，中国企业在欧洲最大的收购案，是长实集团间接全资附属公司 CK Noble（UK）Limited 拟以 27 亿英镑要约收购英国英式酒馆营运商 Greene King plc.。排在第二位的是中国国有企业北京汽车收购德国戴姆勒的 5% 股权，投资额接近 29 亿美元。其余超过 1 亿欧元的大宗交易有：恒大健康以 9.3 亿美元收购瑞典电动汽车公司 NEVS 51% 的股份；中国外运拟以 3.86 亿欧元收购 KLG Europe Holding B. V. 下属 7 家分别位于荷兰、英国和罗马尼亚的物流公司的 100% 股权；蓝帆医疗股份有限公司拟以 1.78 亿欧元收购瑞士 NVT AG 公司 100% 股权；恒大健康附属的恒大 NEVS 以总价 1.5 亿欧元收购瑞典柯尼塞格（Koenigsegg Automotive）母公司合计 20% 的股份；浙江海亮股份有限公司以 1.19 亿欧元收购德国 KME Germany GmbH & Co. KG 持有的 Kabelmetal Messing Beteiligungsges mbH、KME Brass Germany GmbH、KME Brass Italy SpA、KME Brass France SAS、KME Ibertubos S. A. U 5 家公司 100% 股权，并通过资产交易的方式收购德国 Menden 工厂铜管业务和铜管业务相关的资产等。

比较来看，中企对中东欧 17 国的并购交易数量相对较少、金额相对较小。根据公开披露信息①，2019 年中企对欧并购交易中涉及中东欧国家的有：2019 年 12 月 30 日披露的大自然家居全资附属 Boville Investments 拟以 1836.2 万欧元收购 Baltic Wood S. A. 100% 股权、2019 年 4 月 13 日披露的苏州巨峰电气绝缘系统股份有限公司以总价 200 万欧元收购 VUKI a s 公司 45.27% 股权、2019 年 9 月 28 日公开披露的中国外运拟以 3.86 亿欧元收购 KLG Europe Holding B. V. 下属 7 家物流公司（分别位于荷兰、英国、罗马尼亚三国）100% 股权。投资目的地为波兰（1836.2 万欧元）、斯洛伐克（200 万欧元）、罗马尼亚（加上荷兰、英国共 3.86 亿欧元）。

2019 年，中企对中东欧国家的行业整合主要是关于轮胎、地板的生产制造，以及物流、运输行业的战略整合，相比对西欧发达国家，对中东欧国家的并购标的技术含量相对不高，更侧重生产性投资（见表 4－9）。

表 4－9　2019 年部分中企在欧并购项目一览

首次披露日期	所属行业	标的所在国家	最新进度	并购目的	概况
2019 年 1 月 3 日	半导体产品	荷兰	签署转让协议	延伸产业链与布局，提升协同效应	晶方光电与荷兰 Anteryon 公司及其股东已完成收购协议的签署、资金与股权的交割等相关事宜。晶方光电整体出资 3225 万欧元收购荷兰 Anteryon 公司，并取得 Anteryon 公司 73% 的股权
2019 年 1 月 8 日	互联网软件与服务	德国	完成	横向整合	阿里巴巴以 9000 万欧元收购德国数据处理公司 Data Artisans
2019 年 1 月 9 日	机动车零配件与设备	德国	董事会预案	横向整合	宁波华翔电子股份有限公司拟向 NBHX AUTOMOTIVE SYSTEM GMBH（宁波华翔的全资子公司）增资不超过 4300 万欧元，其中现金 2500 万欧元，债转股方式 1800 万欧元
2019 年 1 月 14 日	电子元件	芬兰	完成	横向整合	广东领益智造股份有限公司通过间接持有的境外全资子公司 Hongkong Dijing Photovoltaic Technology Company Limited，以自有资金及银行融资所获得资金向 Salcomp Holding AB 收购其持有的 Salcomp Plc 100% 股份并替换其部分债务，其中股份转让对价为 0.88 亿欧元

① 不完全统计。

续表

首次披露日期	所属行业	标的所在国家	最新进度	并购目的	概况
2019 年 1 月 15 日	电动汽车制造	瑞典	完成	多元化战略	恒大健康以 9.3 亿美元成功收购瑞典电动汽车公司 NEVS 的 51% 股权并获得多数董事席位。公告显示，双方当天签订协议并完成交割
2019 年 1 月 17 日	服装	荷兰		横向整合	中国赫基集团（Trendy Group）宣布已正式签署股权购买协议，拟收购荷兰高端牛仔品牌集团 Denham Group（荷兰高端牛仔品牌 Denham the Jeanmaker 的母公司）的控制性股权，交易金额未被披露
2019 年 1 月 22 日	工业机械；房地产经营	瑞士	完成	横向整合	广州市昊志机电股份有限公司以 3340.38 万瑞士法郎收购 Infranor Holding SA 和 Bleu Indim SA（向 Infranor Holding SA 的子公司出租一栋房屋）的 100% 股份
2019 年 1 月 24 日	工业机械	德国	完成	横向整合	长荣股份境外全资子公司卢森堡 SPV 以每股 2.68 欧元的价格完成现金认购海德堡约 8.46% 的股份，价款合计为 6899.33 万欧元
2019 年 1 月 29 日	房地产服务业；铜	德国	完成	横向整合	浙江海亮股份有限公司收购 KME Germany GmbH & Co. KG 持有的 Kabelmetal Messing Beteiligungsges mbH、KME Brass Germany GmbH、KME Brass Italy SpA、KME Brass France SAS、KME Ibertubos S. A. U 5 家公司 100% 股权，并通过资产交易的方式收购德国 Menden 工厂铜管业务和铜管业务相关的资产。交易总价值为 1.19 亿欧元
2019 年 1 月 29 日	汽车制造	瑞典	签署转让协议	多元化战略	恒大健康附属的恒大 NEVS 以总价 1.5 亿欧元收购柯尼塞格（Koenigsegg Automotive）母公司合计 20% 的股份。并成立合资项目公司 Konev AB，该项目公司将致力于研发和生产制造世界顶级新能源汽车

续表

首次披露日期	所属行业	标的所在国家	最新进度	并购目的	概况
2019 年 2 月 19 日	航空	荷兰	完成	横向收购	广州航新航空科技股份有限公司通过位于爱沙尼亚的下属全资子公司 Magnetic MRO AS 收购 ACT INVESTMENTS 3 B. V. 所持有的 DIRECT MAINTENANCE HOLDING B. V. 全部股权。交易总价值为 794. 76 万欧元。标的公司成立于 1992 年，是专业从事航线维护服务的独立第三方 MRO
2019 年 2 月 27 日	电气部件与设备	比利时；爱尔兰	完成	多元化战略	西安蓝晓科技新材料股份有限公司向全资子公司蓝晓科技香港有限公司现金增资 550 万欧元用于收购位于比利时的 IonexEngineeringBVBA 及爱尔兰的 PuriTechLtd. 100% 的股权
2019 年 2 月 28 日	服装零售	德国	完成	多元化战略	上海豫园旅游商城股份有限公司联合控股股东复星国际共同投资收购 Tom Tailor，豫园股份投资收购 Tom Tailor 29. 99% 股份，即 12703438 股 Tom Tailor 股份，支付对价 2934. 49 万欧元
2019 年 2 月 28 日	轮胎	荷兰；塞尔维亚	完成	生产投资	山东玲珑轮胎股份有限公司对玲珑荷兰有限公司增资 1. 5 亿欧元用于在塞尔维亚投资建设年产 1362 万套高性能子午线轮胎项目
2019 年 3 月 5 日	新兴能源技术研发、应用	德国	签署转让协议	横向整合	赛晶电力电子附属公司赛晶亚太有限公司收购 MorEnergy GmbH 72. 21% 的股份，总现金代价为 146. 47 万欧元
2019 年 3 月 19 日	造纸	荷兰	完成	横向整合	山鹰纸业以总价 3827. 83 万欧元收购荷兰 WPT 公司 100% 股权
2019 年 4 月 3 日	汽车零部件	德国	完成	横向整合	万通智控科技股份有限公司以 4350 万欧元收购全球复杂组件供应商 WMHG，收购完成后，公司将在商用车汽车零部件领域和 WMHG 产生协同效应，通过对双方研发团队、营销团队和销售渠道的整合，更好地向商用车制造商提供综合性的零部件产品和服务

续表

首次披露日期	所属行业	标的所在国家	最新进度	并购目的	概况
2019 年 4 月 3 日	工业机械	德国	完成	多元化战略	海希通讯以总价 180 万欧元收购 LogoTek Gesellschaft für Informationstechnologie mbH 60% 的股份。LogoTek 主营业务为工业自动化及仓储管理系统的研发、销售及其他相关活动
2019 年 4 月 4 日	工业机械	瑞典	完成	横向整合	浙江银轮机械股份有限公司以总价 7000 万瑞典克朗收购 Setrab AB 公司 100% 股权。Setrab AB 公司主要设计、制造用于超级跑车、赛车、机械工业的中冷器和油冷器产品。此次收购对银轮股份进一步拓展欧洲乘用车市场产生积极影响
2019 年 4 月 11 日	房地产经营	意大利	转让协议签署	多元化战略	天盟香港控股有限公司收购 Cedro S. r. l. 的 100% 股权及相关物业和债权，总交易金额为 2013 万欧元。标的物业是位于 Borgo S. Frediano 5，Florence，50124，Italy 的历史性综合设施 Palazzo Magnani Feroni。该物业是一个住宅/商用物业，总建筑面积约为 5170 平方米
2019 年 4 月 13 日	信息科技咨询与其他服务	斯洛伐克	董事会预案	多元化战略	苏州巨峰电气绝缘系统股份有限公司以总价 200 万欧元收购 VUKI a s 公司 45. 27% 的股权
2019 年 5 月 17 日	消费品经销商	德国	董事会预案	横向整合	宁波前程家居股份有限公司以 6. 5 万欧元收购 Ribelli GmbH、Testrut（DE）GmbH、Testrut GmbH、Testrut DOO Novi Sad、Testrut Asia（HK）Limited 5 家公司各 100% 股权
2019 年 6 月 18 日	酒店、度假村与豪华游轮	法国	董事会预案	横向整合	北京塞尚国际旅行社股份有限公司以 8. 5 万欧元收购法摩领先旅行社的 100% 股权
2019 年 6 月 29 日	药品零售	意大利	完成	战略合作	山东赛托生物科技股份有限公司以自有资金通过协议受让方式收购 Laboratorio Italiano Biochimico Farmaceutico Lisapharma S. p. A.（以下简称 Lisa 公司）80% 股权，股权转让价款为 880 万欧元，同时，在股权转让交割当日，向标的公司增资 200 万欧元。本次股权转让及增资扩股后，公司将共计间接持有 Lisa 公司 83. 08% 股权

续表

首次披露日期	所属行业	标的所在国家	最新进度	并购目的	概况
2019年7月8日	医疗保健用品	英国	完成	横向整合	振德医疗全资子公司拟联合 Multigate Medical Products UK Limited 收购英国公司 Berendsen Healthcare 拥有的与医用耗材相关的部分经营性资产/负债及相关业务，以丰富手术感控领域。交易初始对价总共为1005.26万英镑（振德医疗占其中的55%）
2019年7月19日	电影与娱乐	西班牙	完成	横向整合	星辉互动娱乐股份有限公司增资控股孙公司皇家西班牙人获其13.05%的股份
2019年7月23日	汽车制造	德国	完成	横向整合	北汽集团通过其100%控股子公司 Investment Global Co. Ltd. 购买了戴姆勒约5%的股份。本次交易包含2.48%的直接持股以及获得额外等同于2.52%股份投票权的权利。据路透社报道，动用资金或超过200亿元人民币
2019年8月1日	通信设备		完成	横向整合	科信技术拟以350万欧元（根据双方协商确定的价格调整机制在交割时进行调整）的自有资金，现金收购 Efore Oyj 剥离的通信电源业务
2019年8月2日	汽车制造	德国	董事会预案	战略合作	浙江双环传动机械股份有限公司拟通过现金支付方式收购 Schmiedetechnik Plettenberg GmbH & Co. KG 和 Werkzeugtechnik Plettenberg GmbH & Co. KG 各81%的股权。交易价值3257.7万欧元
2019年8月19日	餐馆	英国	进行中	垂直整合	长实集团（01113）间接全资附属公司 CK Noble（UK）Limited 拟以27亿英镑要约收购英国英式酒馆营运商 Greene King plc. 目标公司为英国具有领导地位的酿酒厂及英式酒馆营运商，于英格兰、威尔士及苏格兰等地经营超过2700间英式酒馆、餐厅及酒店

续表

首次披露日期	所属行业	标的所在国家	最新进度	并购目的	概况
2019 年 9 月 25 日	汽车制造	德国	董事会预案	横向整合	北京威卡威汽车零部件股份有限公司拟以 75 万欧元收购 Marlok GmbH 持有的 Marlok Automotive GmbH 的 50% 股权，欲借助标的公司在汽车声音警报系统（AVAS）、车辆高级音响设备、高端乘用车顶灯模块产品的研发、制造、销售业务，进一步拓宽汽车电子产品产业链
2019 年 9 月 24 日	医疗保健技术	瑞士	董事会预案	多元化战略	蓝帆医疗股份有限公司拟通过公开发行可转换公司债券募集资金后以现金支付的方式收购卖方所持的瑞士 NVT AG 公司 100% 股权。交易总价值 1.78 亿欧元
2019 年 9 月 26 日	电子设备和仪器	德国	完成	多元化战略	中集天达以 3147 万欧元的总价协议收购德国齐格勒消防及救援车辆（集团）有限责任公司 100% 股权
2019 年 9 月 28 日	公路运输；海运；航空货运与物流	荷兰；英国；罗马尼亚	董事会预案	战略合作	中国外运拟以 3.86 亿欧元收购 KLG Europe Holding B. V. 下属 7 家物流公司 100% 股权
2019 年 10 月 15 日	生物科技	法国	进行中	横向整合	北京汉氏联合生物技术股份有限公司以 20 万欧元增资控股子公司法国汉氏联合有限责任公司 4.2% 的股权
2019 年 10 月 15 日	多领域控股	法国	完成	战略合作	深圳歌力思服饰股份有限公司以 8950 万欧元收购 ADON WORLD SAS 的 43% 股权，收购完成后公司将间接持有 ADON WORLD SAS 100% 的股权并实现对 iro 品牌的全球 100% 控制权
2019 年 10 月 17 日	机动车零配件与设备	德国	董事会预案	横向整合	江苏日盈电子股份有限公司拟以自有资金总计 177.68 万欧元通过收购及增资方式取得 EMS Elektromechanische Schaltsensoren GmbH 和 MST Mikroschalttechnik GmbH 各 49% 股权
2019 年 10 月 17 日	家用电器	芬兰	董事会预案	横向整合	浙江健仕科技股份有限公司拟以 16 万欧元收购 ASA Home Oy（芬兰有限公司）100% 股权。标的公司因除拥有 ASA 商标及注册资金外无其他资产

续表

首次披露日期	所属行业	标的所在国家	最新进度	并购目的	概况
2019 年 10 月 17 日	工业机械	德国	董事会预案	横向整合	苏州纽威阀门股份有限公司拟以自有资金 1130 万欧元收购德国 Econosto International-Holding (Deutschland) GmbH 100% 的股权。标的公司及其旗下控股子公司是德国石油、天然气、电力、船舶、空分和石油化工行业的工程总承包解决方案提供商
2019 年 10 月 31 日	机动车零配件与设备	德国	董事会预案	多元化战略	力世纪 (00860. HK) 拟购买目标公司 Ideenion Automobil AG (一家德国股份公司) 全部已发行股本，总代价最多约 3600 万欧元。目标公司主要从事汽车零部件及汽车配件的设计、开发及原型设计
2019 年 12 月 9 日	铝	法国	进行中	多元化战略	广东文灿压铸股份有限公司拟以 2. 513 亿欧元收购 Le Belier (BELI. PA) 100% 股份。标的公司的核心产品包括汽车制动系统、进气系统、底盘及车身结构件等产品领域的精密铝合金铸件产品，拥有在法国、匈牙利、塞尔维亚等全球 12 处制造基地
2019 年 12 月 30 日	住宅建筑	波兰	签署转让协议	横向整合	大自然家居全资附属 Boville Investments 拟收购 Baltic Wood S. A. 100% 股权，交易总价值为 1836. 2 万欧元。目标公司主要在欧洲及亚洲从事地板生产及销售业务

资料来源：根据公开资料整理。

值得注意的是，2019 年，中国上市公司还披露了 3 笔出售欧洲公司股权的交易，分别是：2019 年 3 月 12 日，山东赫达股份有限公司拟以 66 万欧元的价格出售 Shandong Head Europe B. V. 50% 的股权；2019 年 5 月 11 日，上工申贝（集团）股份有限公司以 3475 万欧元将持有的德国 H. Stoll Co. AG & KG 26% 的股权进行转让；2019 年 5 月 28 日，宁波华翔电子股份有限公司出售所持德国 NAFATEC 公司 75% 的股权。究其原因，主要是所售公司经营困难，业绩亏损且短期内改善无望。涉及的行业主要是工业机械（德国）和建筑产品（荷兰）。上述事项也表明中国公司对欧投资并购并不总是一帆风顺。

三、近年来中国企业在欧盟投资发展趋势[①]

（一）中国对欧盟投资规模下滑，但投资更加高效且多样化

由于部分欧洲国家政府正进一步加强外资审查，以及现阶段中国自身也在加强审查对外投资资金、限制非实体性投资，近年来中国企业对欧投资的发展不稳定。2018 年，中国企业对欧盟国家的投资规模出现下滑，达 88.66 亿美元，同比下降 13.6%。

细分来看，中国对欧盟的直接投资中，绿地投资发展更加稳健，国有资本占比下降，且行业发展与欧盟战略方向相契合。

从投资类型的角度来看，近年来中国对欧盟绿地投资仍维持相对稳定的水平，暂未因并购投资的限制受到太多的影响。欧盟对中国企业来说是最重要的战略市场之一，且根据罗兰贝格调查，绝大多数在欧进行业务拓展的中国企业对欧盟的业务及商业前景非常看好，预期仍将持续进行绿地投资。

从资本来源角度来看，相比于之前主要以国有资本作为主要来源，如今民营资本占比正在不断提升，从 2010 年时仅占 14% 上升至如今近 60%，明显超出国有资本占比，为欧盟国家经济注入更加多样性的活力。

从投资方向来看，中国对欧盟投资则呈现出多样化且契合欧盟国家发展方向的特点。近年间，中国企业在欧盟投资多样性显著提升：在 2013 年，传统的采矿业、金融业、制造业、租赁与商务服务业、批发和零售业五者合计就已占当年总存量的 88%，其余各产业投资布局较少。在过去的几年时间里，信息技术、文娱产业投资存量以逾 120% 的年均复合增长率快速上升，到今天，信息技术、文娱等高附加值新兴产业已在总投资存量当中占据了一席之地。

中国企业对信息技术与文娱产业的投资也与欧洲该产业发展政策趋势十分契合。在信息技术服务领域，欧盟国家制定了一系列政策指南，旨在提振产业发展，包括：2015 年提出的《单一数字市场》战略、2018 年发布的《欧盟产业政策》《欧盟人工智能发展政策》等，2019 年又相继推出《人工智能伦理指导》《欧盟 5G 安全战略》等；在文娱领域，欧盟近年来依托诸多政策规划的制定，旨在发扬欧洲创意文化，带动相关文娱产业发展，包括：2014—2020 年创意欧洲计划、2021—2028 年文化产业财政支持项目等。

值得注意的是，中国企业在欧盟国家的投资不仅仅关注于发展较为成熟的产业与公司，同时也为大量欧盟初创企业提供了宝贵的资金注入，以支持初创企业

---

① 欧盟中国商会，罗兰贝格．中国企业在欧发展报告 2019［R］．2019－10.

的长远发展。例如，高瓴资本于 2018 年与奥地利 Hookipa 投资近 6000 万美元，以支持其临床生物技术的发展；腾讯于 2017 年领投针对德国电动飞机研发企业 Lilium的 9000 万美元融资；复星资本于 2017 年投资逾千万欧元支持德国金融科技企业 NAGA Group 等。

（二）中国企业在欧盟经济产值增长迅猛，展现出强大的市场活力与发展潜能

整体来看，虽然目前中国在欧盟各主要国家的企业布局数量仍小于美、日等国，但近年来总体增速较快（见图 4－14）。2013—2018 年，美国在德国、意大利、荷兰等地的企业数量增速均不足 5%，中国企业数量则保持着远超 10% 的年复合增长率，甚至在德国高达 25%。由此可见，中国企业作为后起之秀正在加速入驻欧盟国家，预计将在未来的欧盟外商体系当中扮演关键性角色。

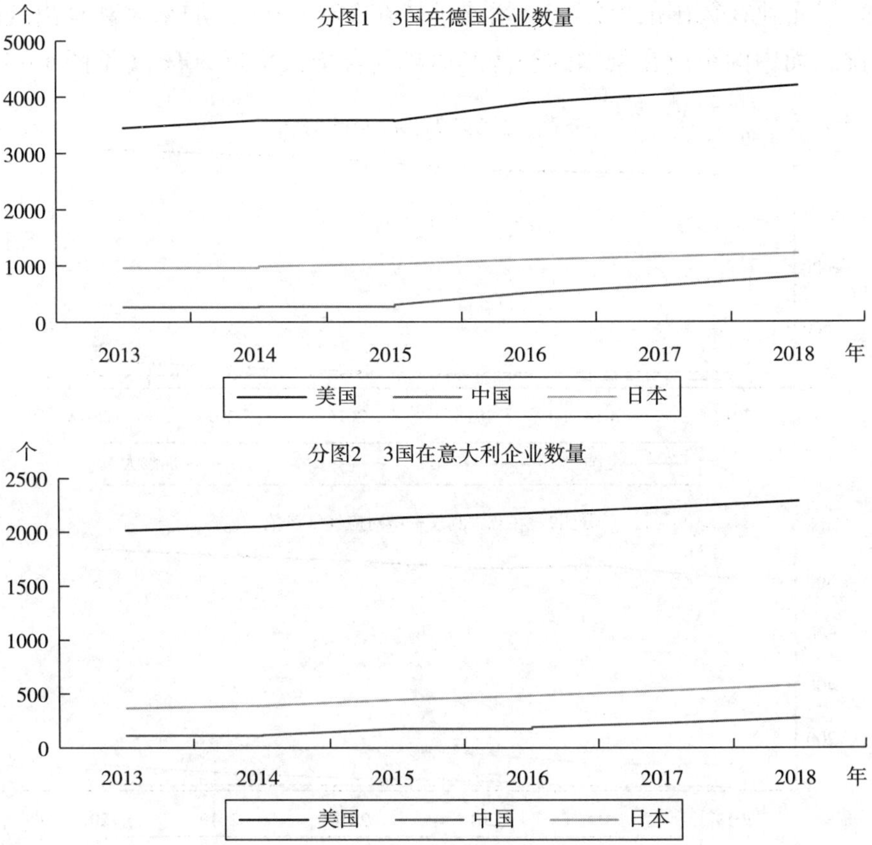

图 4－14　2013—2018 年中、美、日三国分别在德国、意大利、荷兰的企业数量

中国企业在欧盟经济产值总量发展迅猛。相较美、日等国，中国企业在欧盟国家实现的整体产值相对较低，但增长势头表现突出。当前在欧洲的外资市场

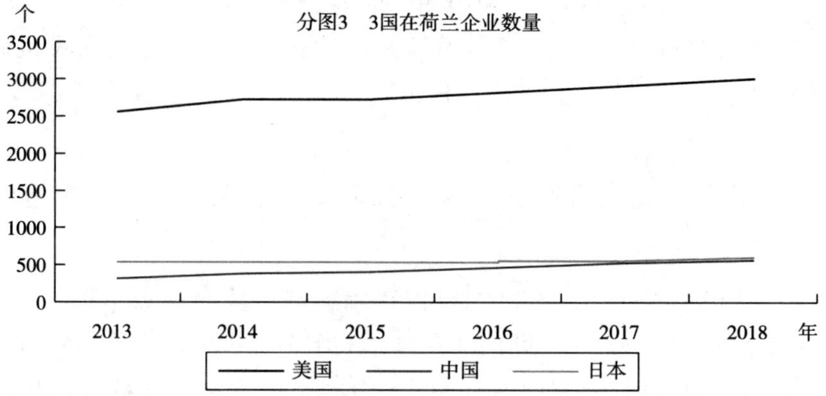

图 4－14　2013—2018 年中、美、日三国分别在德国、意大利、荷兰的企业数量（续）

（资料来源：欧盟中国商会）

中，美、日企业在德国的经济产值增速维持在 2%～3%，加拿大甚至出现持续下降的情况，而中国企业在德国的经济产值年复合增长率近 30%（见图 4－15）。

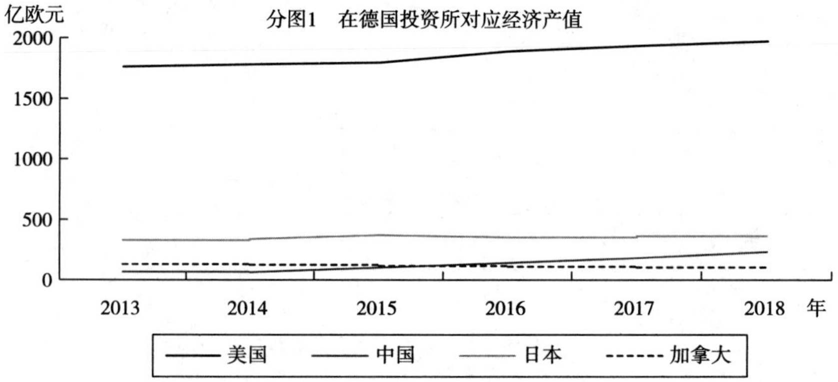

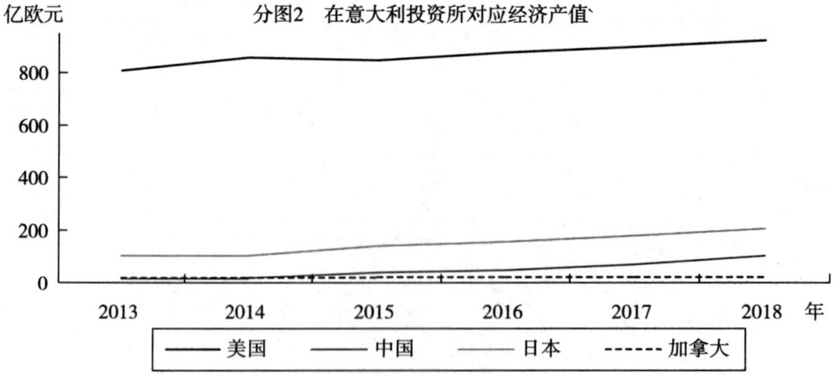

图 4－15　2013—2018 年中、美、日、加在德国、意大利投资所对应经济产值

（资料来源：欧盟中国商会）

（三）中国企业在欧盟设立诸多研发中心与工厂，且技术产出丰富

当下，许多中国企业在欧盟国家的发展已不再局限于财务投资和销售市场拓展，已有更多中国企业将欧盟列为业务拓展的战略关键，并开始进行前瞻性布局。

中国企业在欧研发中心设立情况：吉利汽车已在德国、瑞典等地建立了新能源汽车领域的研发中心，主要开展关键技术与零部件的研究；中车则在德国、英国建立了轨道交通技术研发中心，专门从事轨道交通装备轻量化相关技术研发。

中国企业在欧工厂设立情况：宁德时代于德国图灵根建立了动力锂电池的生产工厂，预计 2022 年实现 14GWh 的动力锂电池产能；三一重工于德国贝德堡建立了生产工厂，年产工程机械达 3000 台。

中国企业在欧盟的技术产出情况：技术产出领域，中国专利申请数与授权数持续上升，彰显创新能力。在欧洲的专利申请方面，中国已跻身欧洲之外的第三大申请国，2014 年至今，专利申请数量正以 19% 的年均复合增长率快速提升。截至 2018 年末，中国共有约 9400 个专利在欧洲提交申请，技术专利的增长速度远超美、日、韩等国，令人瞩目。与此同时，授权专利数亦在不断提升，近年来，中国授权专利数年均复合增长率高达 36%，实现了三倍的提升，彰显中国企业创新能力不断向好发展。

信息专题 9　2018 年中国对外投资政策文件名录①

日期	发文单位	文件名	文件号
2018 年 1 月 17 日	国务院	《关于加强质量认证体系建设促进全面质量管理的意见》	国发〔2018〕3 号
2018 年 1 月 24 日	国家税务总局	《关于发布出口退税率文库 2018A 版的通知》	税总函〔2018〕37 号
2018 年 1 月 29 日	原食品药品监管总局	《关于印发〈医疗器械标准规划（2018—2020 年）〉的通知》	食药监科〔2018〕9 号
2018 年 2 月 3 日	国家税务总局	《关于税收协定中“受益所有人”有关问题的公告》	国家税务总局公告 2018 年第 9 号
2018 年 2 月 9 日	国家税务总局	《关于税收协定执行若干问题的公告》	国家税务总局公告 2018 年第 11 号

① 中国商务部．中国对外投资发展报告 2018［R］．2018－12；中国商务部．中国对外投资发展报告 2019［R］．2019－12．

续表

日期	发文单位	文件名	文件号
2018年2月11日	原质检总局科技司	《关于印发〈2018年质检科技工作要点〉的通知》	质检科函〔2018〕9号
2018年2月13日	国家外汇管理局	《关于完善远期结售汇业务有关外汇管理问题的通知》	汇发〔2018〕3号
2018年3月1日	证监会	《上市公司创业投资基金股东减持股份的特别规定》	证监会公告〔2018〕4号
2018年3月5日	李克强总理代表国务院向第十三届全国人民代表大会第一次会议作报告	《政府工作报告》	
2018年4月10日	国家发展改革委	《关于引导对外投融资基金健康发展的意见》	发改外资〔2018〕553号
2018年4月11日	国家税务总局	《关于发布出口退税率文库2018B版的通知》	税总函〔2018〕142号
2018年4月19日	国家税务总局	《关于出口退（免）税申报有关问题的公告》	国家税务总局公告2018年第16号
2018年4月19日	科技部、国资委	《〈关于进一步推进中央企业创新发展的意见〉的通知》	国科发资〔2018〕19号
2018年4月22日	国家税务总局	《关于统一小规模纳税人标准有关出口退（免）税问题的公告》	国家税务总局公告2018年第20号
2018年5月8日	商务部办公厅	《关于做好2017年度对外直接投资统计年报等相关工作的通知》	商办合函〔2018〕163号
2018年5月8日	证监会	《证券公司和证券投资基金管理公司境外设立、收购、参股经营机构管理办法（征求意见稿)》	
2018年5月14日	国家税务总局	《关于外贸综合服务企业办理出口货物退（免）税有关事项的公告》	国家税务总局公告2018年第25号
2018年5月18日	科技部、全国工商联	《〈关于推动民营企业创新发展的指导意见〉的通知》	国科发资〔2018〕45号
2018年6月19日	工业和信息化部、应急管理部、财政部、科技部	《关于加快安全产业发展的指导意见》	工信部联安全〔2018〕111号
2018年6月25日	财政部、税务总局、科技部	《关于企业委托境外研究开发费用税前加计扣除有关政策问题的通知》	财税〔2018〕64号

续表

日期	发文单位	文件名	文件号
2018 年 6 月 27 日	中共中央办公厅、国务院办公厅	《关于建立"一带一路"国际商事争端解决机制和机构的意见》	
2018 年 7 月 9 日	国务院办公厅	《关于扩大进口促进对外贸易平衡发展意见的通知》	国办发〔2018〕53 号
2018 年 7 月 13 日	国有资产监督管理委员会	《中央企业违规经营投资责任追究实施办法（试行）》	国务院国有资产监督管理委员会令第 37 号
2018 年 7 月 28 日	国务院	《关于取消一批行政许可等事项的决定》	国发〔2018〕28 号
2018 年 8 月 9 日	国务院办公厅	《关于加强核电标准化工作的指导意见》	国办发〔2018〕71 号
2018 年 8 月 14 日	国家税务总局、国家外汇管理局	《关于做好出口退税与出口收汇信息共享及税务备案联合监管有关工作的通知》	税总发〔2018〕135 号
2018 年 9 月 10 日	国家税务总局	《关于发布出口退税率文库 2018C 版的通知》	税总函〔2018〕488 号
2018 年 9 月 13 日	农业农村部、山东省人民政府	《关于印发〈潍坊国家农业开放发展综合试验区总体方案〉的通知》	农外发〔2018〕3 号
2018 年 9 月 25 日	证监会	《证券公司和证券投资基金管理公司境外设立、收购、参股经营机构管理办法》	证监会第 150 号令
2018 年 9 月 26 日	中共中央、国务院	《乡村振兴战略规划（2018—2022 年）》	
2018 年 9 月 29 日	财政部、税务总局、国家发展改革委、商务部	《关于扩大境外投资者以分配利润直接投资暂不征收预提所得税政策适用范围的通知》	财税〔2018〕102 号
2018 年 10 月 12 日	证监会	《关于上海证券交易所与伦敦证券交易所互联互通存托凭证业务的监管规定（试行）》	证监会公告〔2018〕第 30 号
2018 年 10 月 15 日	国家税务总局	《关于加快出口退税进度有关事项的公告》	国家税务总局公告 2018 年第 48 号
2018 年 10 月 27 日	国家税务总局	《关于发布出口退税率文库 2018D 版的通知》	税总函〔2018〕549 号

续表

日期	发文单位	文件名	文件号
2018 年 10 月 29 日	国家税务总局	《关于扩大境外投资者以分配利润直接投资暂不征收预提所得税政策适用范围有关问题的公告》	国家税务总局公告 2018 年第 53 号
2018 年 11 月 7 日	国务院	《关于支持自由贸易试验区深化改革创新若干措施的通知》	国发〔2018〕38 号
2018 年 11 月 7 日	财政部、税务总局	《关于境外机构投资境内债券市场企业所得税、增值税政策的通知》	财税〔2018〕108 号
2018 年 11 月 7 日	商务部办公厅	《关于做好国内企业在境外投资开办企业（金融企业除外）核准初审取消后相关工作的通知》	商办合函〔2018〕286 号
2018 年 11 月 9 日	国有资产监督管理委员会	《关于印发〈中央企业合规管理指引（试行）〉的通知》	国资发法规〔2018〕106 号
2018 年 11 月 12 日	工业和信息化部	《关于工业通信业标准化工作服务于“一带一路”建设的实施意见》	工信部科〔2018〕231 号
2018 年 11 月 22 日	证监会	《中国证监会关于落实证明事项清理工作取消相关事项的决定》	证监会公告〔2018〕第 38 号
2018 年 11 月 28 日	工业和信息化部、国家发展改革委、财政部、国资委	《关于印发〈促进大中小企业融通发展三年行动计划〉的通知》	工信部联企业〔2018〕248 号
2018 年 12 月 19 日至 21 日	中央经济工作会议在北京举行，习近平、李克强作重要讲话，会议总结了 2018 年的成绩，确定了 2019 年七项重点工作		
2018 年 12 月 21 日	国务院	《关于加快推进农业机械化和农机装备产业转型升级的指导意见》	国发〔2018〕42 号
2018 年 12 月 22 日至 23 日	全国商务工作会议在京召开，钟山部长在工作报告中总结了 2018 年商务工作，分析形势，部署 2019 年工作会议审议了《2019 年商务工作要点》		
2018 年 12 月 26 日	国家发展改革委、外交部、商务部、人民银行、国资委、外汇局、全国工商业联合会	《企业境外经营合规管理指引》	发改外资〔2018〕1916 号
2018 年 12 月 27 日	商务部办公厅	《关于 2018 年度对外直接投资统计工作有关情况的通报》	商办合函〔2018〕460 号

第四节　金融合作近况对比

一、货币互换协议对比

2008 年国际金融危机爆发，全球金融体系出现严重的流动性困难，一些贸易和投资伙伴国家希望获得流动性支持。在此背景下，2008 年以来中国人民银行先后与 39 个[①]国家和地区的央行或货币当局签署了双边本币互换协议。双边本币互换安排是国家间经济金融领域合作深化的表现，有利于便利双方贸易投资中使用本币，规避汇率风险。中国人民银行公开资料显示，中国人民银行自 2009 年 3 月 11 日与白俄罗斯国家银行宣布签署规模为 200 亿元人民币/8 万亿白俄罗斯卢布的双边货币互换协议后，陆续已与冰岛、乌克兰、英国、欧洲央行等 10 个欧洲国家/地区的央行或货币当局签署了双边本币互换协议，总金额超过 1 万亿元人民币。其中，自 2018 年 12 月至 2020 年 2 月，中国人民银行分别与乌克兰、欧洲央行、匈牙利 3 个国家/地区续签了双边本币互换协议。

2018 年 12 月 10 日，中国人民银行与乌克兰国家银行续签了中乌双边本币互换协议，旨在促进双边贸易和投资以发展两国经济。协议规模为 150 亿元人民币/620 亿格里夫纳，协议有效期三年，经双方同意可以展期。

2019 年 10 月，中国人民银行与欧洲中央银行续签了双边本币互换协议，互换规模为 3500 亿元人民币/450 亿欧元，协议有效期三年，经双方同意可以展期。

2020 年 1 月 10 日，匈牙利国家银行宣布与中国人民银行续签三年的双边福林—人民币货币互换协议，货币互换规模从此前的 100 亿元人民币增加至 200 亿元人民币。[②]

表 4 – 10　　中国人民银行与欧洲国家/地区的中央银行或货币当局签署的双边本币互换一览表

序号	国家/地区	协议签署时间	互换规模	期限
1	白俄罗斯	2009 年 3 月 11 日 2015 年 5 月 10 日（续签）	200 亿元人民币/8 万亿白俄罗斯卢布 70 亿元人民币/16 万亿白俄罗斯卢布（续签）	3 年
2	冰岛	2010 年 6 月 9 日 2013 年 9 月 11 日（续签） 2016 年 12 月 21 日（续签）	35 亿元人民币/660 亿冰岛克朗 35 亿元人民币/660 亿冰岛克朗（续签） 35 亿元人民币/660 亿冰岛克朗（续签）	3 年

① 截至 2020 年 2 月底。

② 更多信息请参考：https：//baijiahao. baidu. com/s？ id = 1655349427381865435&wfr = spider&for = pc。

续表

序号	国家/地区	协议签署时间	互换规模	期限
3	乌克兰	2012 年 6 月 26 日 2015 年 5 月 15 日（续签） 2018 年 12 月 10 日（续签）	150 亿元人民币/190 亿乌克兰格里夫纳 150 亿元人民币/540 亿乌克兰格里夫纳（续签） 150 亿元人民币/620 亿乌克兰格里夫纳（续签）	3 年
4	英国	2013 年 6 月 22 日 2015 年 10 月 20 日（续签） 2018 月 11 月（续签）	2000 亿元人民币/200 亿英镑 3500 亿元人民币/350 亿英镑（续签） 3500 亿元人民币/350 亿英镑（续签）	3 年
5	匈牙利	2013 年 9 月 9 日 2016 年 9 月 12 日（续签） 2020 年 1 月 10 日（续签）	100 亿元人民币/3750 亿匈牙利福林 100 亿元人民币/4160 亿匈牙利福林（续签） 200 亿元人民币/9290 亿匈牙利福林（续签）	3 年
6	阿尔巴尼亚	2013 年 9 月 12 日 2018 年 4 月 3 日（续签）	20 亿元人民币/342 亿阿尔巴尼亚列克	3 年
7	欧洲央行	2013 年 10 月 8 日 2016 年 9 月 27 日（续签） 2019 年 10 月（续签）	3500 亿元人民币/450 亿欧元 3500 亿元人民币/450 亿欧元（续签） 3500 亿元人民币/450 亿欧元（续签）	3 年
8	瑞士	2014 年 7 月 21 日 2017 年 7 月 21 日（续签）	1500 亿元人民币/210 亿瑞士法郎 1500 亿元人民币/210 亿瑞士法郎（续签）	3 年
9	俄罗斯	2014 年 10 月 13 日	1500 亿元人民币/8150 亿俄罗斯卢布	3 年
10	塞尔维亚	2016 年 6 月 17 日	15 亿元人民币/270 亿塞尔维亚第纳尔	3 年

注：数据截至 2020 年 2 月底。

资料来源：中国人民银行。

从货币互换协议覆盖的国家来看，在过去的一年里，中国与整个欧洲各经济体之间并没有开创性的进展。从互换规模上来看，西欧发达地区国家依然明显高于中东欧 17 国，这也体现出中国与西欧发达国家/地区的双边贸易更为强劲。

二、双方银行在对方国家设立银行分支机构情况对比

（一）中国在欧洲发达国家、中东欧 17 国设立银行分支机构比较

截至 2019 年末，四大行境外机构覆盖超过 61 个国家，网点数量超过 1227 个。中国工商银行和中国银行是中国银行业走出去的主力军。中国银行海外机构覆盖全球 61 个国家和地区，工商银行 48 个，建设银行 30 个①，农业银行 17

① 截至 2019 年 6 月。

个[①]，中资银行亚太地区和欧洲地区覆盖的国家数量较多。其中，中国工商银行海外机构覆盖欧洲国家和地区数量达15个，覆盖中东欧国家数量为3个（捷克、波兰、希腊）；中国银行海外机构覆盖欧洲国家和地区数量达20个，覆盖中东欧国家数量为6个（匈牙利、捷克、波兰、塞尔维亚、希腊和罗马尼亚）；建设银行海外机构覆盖欧洲国家和地区数量达11个，覆盖中东欧国家数量为1个（波兰）；农业银行海外机构覆盖欧洲国家和地区数量达4个，暂未覆盖中东欧国家。

1. 中国工商银行在欧机构设立情况

2019年5月21日，中国工商银行奥地利有限公司在维也纳开业。2019年11月11日，中国工商银行希腊代表处正式获颁牌照。工商银行希腊代表处正式成立，使工商银行在欧洲的服务网络覆盖到15个欧洲国家，在德国设有5个海外分支机构，在英国、俄罗斯各有3个，在卢森堡、比利时、荷兰、意大利、西班牙各有2个，在法国、波兰、捷克、土耳其、瑞士、奥地利均设有1个分支机构，在希腊设有1家代表处（见表4-11）。

表4-11　　中国工商银行欧洲机构一览表（截至2019年）

国家	数量	分支机构/代表处
卢森堡	2	卢森堡分行
		工银欧洲
德国	5	法兰克福分行
		杜塞尔多夫分行
		慕尼黑分行
		柏林分行
		汉堡分行
法国	1	巴黎分行
比利时	2	布鲁塞尔分行
		安特卫普分行
荷兰	2	阿姆斯特丹分行
		鹿特丹分行
意大利	2	米兰分行
		罗马分行
西班牙	2	马德里分行
		巴塞罗那分行
波兰	1	中国工商银行（欧洲）有限公司华沙分行
捷克	1	布拉格分行

① 截至2019年6月。

续表

国家	数量	分支机构/代表处
英国	3	工银伦敦
		伦敦分行
		工银标准①
俄罗斯	3	工银莫斯科
		圣彼得堡分行
		格林伍德客户服务中心
土耳其	1	工银土耳其②
瑞士	1	苏黎世分行
奥地利	1	工银奥地利
希腊	1	工银希腊代表处

资料来源：中国工商银行。

信息专题 10　工商银行牵头成立“一带一路”银行间常态化合作机制（BRBR）

2017 年 5 月，在中国人民银行指导下，工商银行与巴基斯坦、乌兹别克斯坦、奥地利等国家主要银行共同发起“一带一路”银行合作行动计划，建立“一带一路”银行间常态化合作机制（BRBR 机制），该机制被列入首届“一带一路”国际合作高峰论坛成果清单。截至 2020 年 2 月，“一带一路”银行间常态化合作机制已覆盖 51 个国家和地区的 94 家金融机构。

“一带一路”银行间常态化合作机制以“共商、共建、共享”为行动指南，旨在提升金融支持“一带一路”建设水平，助力“一带一路”资金融通。

通过该机制，一是搭建沿线国家和金融机构合作新平台，完善跨境金融基础设施，消除影响合作的障碍和分歧；二是促进金融与产业的共同繁荣，助力“一带一路”建设和区域经济增长；三是推进本币结算和人民币国际化，促进经贸合作的便利化；四是帮助各参与国掌握金融自主权，提升金融竞争力；五是确立新兴市场国家在全球金融领域的影响力，并推动自身成为具备完善功能和广泛影响力的国际金融组织。

工商银行以“一带一路”建设为契机，积极推动沿线国家和地区的经贸投资合作。截至 2019 年 4 月，工商银行与机制成员合作落地“一带一路”沿线项

① 工银标准银行公众有限公司系中国工商银行在英国的控股子银行，拥有 9 个分支机构。

② 工银土耳其拥有 44 家分行及 20 家证券营业部。

目逾 55 个，总融资金额超过 430 亿美元。截至 2019 年 11 月 13 日，已累计承贷“一带一路”项目总金额超过 1000 亿美元，涵盖全球电力、制造业、基础设施、资源开发、园区建设、绿色产业等领域。

2. 中国银行在欧机构设立情况

2019 年 11 月 11 日，希腊银行（即希腊央行）向中国银行颁发信函，同意设立中国银行（卢森堡）有限公司雅典分行。

2019 年 12 月 16 日，中国银行布加勒斯特分行在罗马尼亚议会宫举行开业仪式，成为首家进入罗马尼亚市场的中资银行。由此，罗马尼亚成为中国银行境外机构覆盖的第 60 个国家和地区。

截至 2019 年底，中国银行在欧洲的服务网络覆盖到 20 个国家或地区。其中在英国设有 7 个海外分支机构，在德国设有 6 个，法国和俄罗斯各有 3 个，意大利[①]、匈牙利和卢森堡各有 2 个，瑞士、荷兰、比利时、瑞典、葡萄牙、波兰、捷克、爱尔兰、奥地利、土耳其、塞尔维亚、希腊、罗马尼亚均设有 1 个分支机构（见表 4－12）。[②]

表 4－12　　中国银行欧洲分支机构一览表（截至 2019 年 12 月）

国家	数量	分支机构
英国	7	中国银行（英国）有限公司
		中国银行（英国）有限公司伦敦中国城分行
		中国银行（英国）有限公司曼彻斯特分行
		中国银行（英国）有限公司格拉斯哥分行
		中国银行（英国）有限公司伯明翰分行
		中银国际（英国）有限公司
		伦敦分行
德国	6	法兰克福分行
		汉堡分行
		杜塞尔多夫分行
		柏林分行
		慕尼黑分行
		斯图加特分行
法国	3	巴黎分行
		十三区分行
		里昂分行

① 中国银行米兰分行九区支行（Montello 大街 8 号）已于 2018 年 9 月 18 日起撤并至米兰分行本部。

② 根据公开资料整理。

续表

国家	数量	分支机构
俄罗斯	3	俄罗斯中国银行
		中国银行（俄罗斯）哈巴罗夫斯克分行
		中国银行（俄罗斯）滨海分行
意大利	2	罗马分行
		米兰分行
匈牙利	2	中国银行（匈牙利）有限公司
		中国银行匈牙利分行
卢森堡	2	卢森堡分行
		中国银行（卢森堡）有限公司
荷兰	1	中国银行（卢森堡）有限公司鹿特丹分行
瑞士	1	中国银行（瑞士）有限公司
比利时	1	中国银行（卢森堡）有限公司布鲁塞尔分行
瑞典	1	中国银行（卢森堡）有限公司斯德哥尔摩分行
葡萄牙	1	中国银行（卢森堡）有限公司里斯本分行
波兰	1	中国银行（卢森堡）有限公司波兰分行
捷克	1	中国银行（匈牙利）有限公司布拉格分行
爱尔兰	1	中国银行都柏林分行
奥地利	1	中国银行维也纳分行
土耳其	1	中国银行（土耳其）股份有限公司
塞尔维亚	1	中国银行（塞尔维亚）有限公司
希腊	1	中国银行（卢森堡）有限公司雅典分行
罗马尼亚	1	中国银行布加勒斯特分行

资料来源：根据公开资料整理。

综上，欧洲发达国家政治经济环境稳定，法律监管体系完善，市场化运作成熟，以及国际金融中心区位和资源优势突出等特点是中资银行海外布局初期的重要参考。随着新兴市场国家整体实力不断提升，投资和贸易总量持续增长，以及“一带一路”倡议和“17+1 合作”框架的提出，中资银行海外布局的重心开始有所倾斜。2019 年，中国工商银行、中国银行在欧洲继续推进中东欧国家机构布局，业务范围首次覆盖希腊、罗马尼亚两国。

（二）欧洲发达国家、中东欧 17 国在中国设立银行分支机构比较

2019 年，我国加快金融领域的开放步伐，国务院、银保监会公布了一系列加快落实银行业对外开放举措。相关内容包括：2019 年 4 月 30 日，银保监会发布《商业银行金融资产风险分类暂行办法（征求意见稿）》。措施围绕坚持内外一致、

对境内外各主体公平对待、一视同仁而展开，内容主要涉及股权层面和业务层面。短期内，外资银行的监管放松有望促进其业务活动开展，也有望吸引更多境外金融机构来华开展业务。

2019 年 7 月 22 日，国务院金融稳定发展委员会办公室发布《关于进一步扩大金融业对外开放的有关举措》，推出 11 条金融业对外开放的进一步措施。从市场准入方面对外资机构全面放开，银行间交易市场和交易所市场将对外资评级机构全面放开；加速外资银行与国内区域性商业银行的合作步伐；允许外资进入养老金管理领域；加快推进取消外资持股证券公司比例上限的规定；外资机构在获得 A 类主承销非金融企业债务融资工具资质的同时，引进境外资金，为国内信用债市场添砖加瓦。

2019 年 10 月 15 日，李克强总理签署国务院令，公布《国务院关于修改〈中华人民共和国外资保险公司管理条例〉和〈中华人民共和国外资银行管理条例〉的决定》。银行业放开的内容主要有 4 个方面，包括降低准入门槛、扩大业务范围、简化业务开办条件等。

2019 年 12 月 26 日，银保监会发布《中华人民共和国外资银行管理条例实施细则》。该细则相应取消了人民币业务审批及来华设立机构的外国银行总资产要求的内容，并对经营人民币业务应符合的审慎性要求进行了明确。

在此背景下，截至 2019 年 6 月底，在中国的外资法人银行已达 41 家，其中外资股东背景为法国、德国、瑞士、英国的外资法人银行分别有 3 家、1 家、1 家、1 家。外国及中国港澳台地区银行分行共计 116 家，其中外资股东背景为奥地利、比利时、荷兰、法国、德国、瑞士、英国等欧洲国家的外资银行分行共有 26 家。欧洲各外资分行在中国的布局主要以北京和上海两地为中心。目前，还未有来自中东欧 17 国的外资法人银行，也未有中东欧 17 国银行分行。

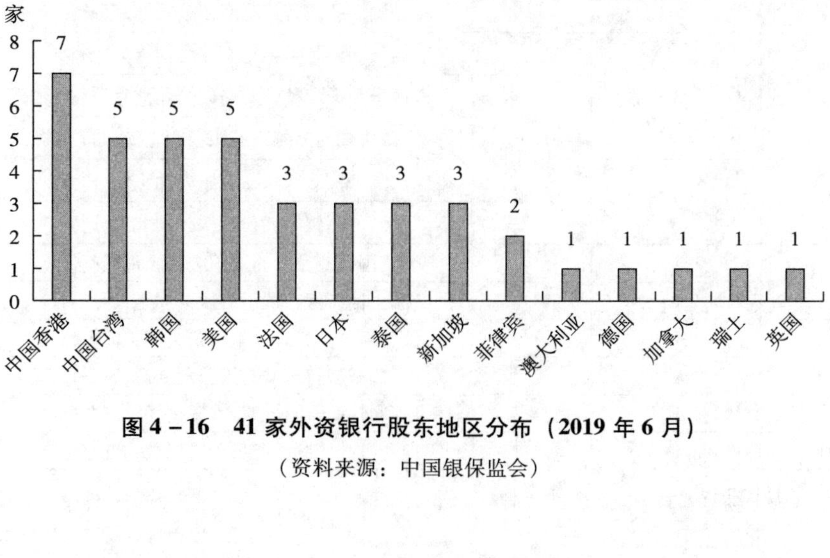

图 4－16　41 家外资银行股东地区分布（2019 年 6 月）

（资料来源：中国银保监会）

表 4－13　　欧洲法人银行的注册地与外资背景（截至 2019 年 6 月）

序号	名称	境内法人注册地	外资股东背景
1	法国巴黎银行（中国）有限公司	上海	法国
2	法国兴业银行（中国）有限公司	北京	法国
3	东方汇理银行（中国）有限公司	上海	法国
4	渣打银行（中国）有限公司	上海	英国
5	德意志银行（中国）有限公司	北京	德国
6	瑞士银行（中国）有限公司	北京	瑞士

资料来源：中国银保监会。

表 4－14　　来自欧洲的外资银行分行名单（截至 2019 年 6 月）

国家	数量	分行名称
荷兰	5	荷兰合作银行有限公司上海分行
		荷兰合作银行有限公司北京分行
		荷兰安智银行股份有限公司上海分行
		荷兰安智银行股份有限公司北京分行
		荷兰银行有限公司上海分行
瑞典	4	北欧银行瑞典有限公司上海分行
		瑞典北欧斯安银行有限公司上海分行
		瑞典银行有限公司上海分行
		瑞典商业银行公共有限公司上海分行
意大利	3	意大利裕信银行股份有限公司上海分行
		意大利联合圣保罗银行股份有限公司上海分行
		意大利西雅那银行股份有限公司上海分行
德国	3	德国北德意志州银行上海分行
		德国商业银行股份有限公司上海分行
		德国商业银行股份有限公司北京分行
西班牙	3	西班牙桑坦德银行有限公司上海分行
		西班牙桑坦德银行有限公司北京分行
		西班牙对外银行有限公司上海分行
法国	2	法国外贸银行股份有限公司上海分行
		法国外贸银行股份有限公司北京分行
英国	1	英国巴克莱银行有限公司上海分行
瑞士	1	瑞士信贷银行股份有限公司上海分行
俄罗斯	1	俄罗斯外贸银行公众股份公司上海分行
挪威	1	挪威银行公共有限公司上海分行
比利时	1	比利时联合银行股份有限公司上海分行
奥地利	1	奥地利奥合国际银行股份有限公司北京分行

资料来源：中国银保监会。

三、双边监管合作谅解备忘录和监管合作协议签订情况对比

在欧洲地区，中国与英国、德国、法国、意大利等主要欧洲发达国家金融监管合作较中国与中东欧国家时间更早。中国证监会最早在1996年10月7日与英国财政部、证券与投资委员会签署《证券期货监管合作谅解备忘录》，中国银监会于2004年12月6日与德国联邦金融监理署签署双边监管合作谅解备忘录，两者均早于中国与中东欧17国相关监管机构签署备忘录的时间（2002年6月与罗马尼亚签署《证券期货监管合作谅解备忘录》，2005年2月与波兰签署银行双边监管合作备忘录）。

2019年1月18日，中国证监会与德国联邦金融监管局在第二次中德高级别财金对话期间于北京签署了双边《证券期货监管合作谅解备忘录》。该备忘录的签署是对1998年中国证监会与德国联邦证券监管委员会签署的双边《证券监管合作谅解备忘录》的更新，对于进一步加强中国证监会与德国联邦金融监管局的监管合作，特别是做好双方在D股发行上市环节的监管协调和跨境证券及衍生品监管协作等方面具有重要意义。

2019年3月18日，中国证监会与德国联邦金融监管局在法兰克福签署了《关于衍生品监管合作与资讯交换的备忘录附函》。此次签署的附函是中德双边《证券期货监管合作谅解备忘录》的组成部分和重要补充，将为推进两国资本市场务实合作、促进中德合资交易平台“中欧国际交易所”健康发展提供监管合作保障，标志着中德两国证券期货监管机构的合作进入了一个新的阶段。

2019年3月25日，中国证监会与法国金融市场管理局签署了《金融领域创新合作谅解备忘录》，双方约定就金融科技领域的发展动态及相应的监管政策共享信息，加强合作。此次备忘录的签署对于中法双方及时就金融科技的发展和监管问题交换信息、加强监管合作具有重要意义。

截至2019年底，中国证监会与中东欧17国的罗马尼亚、立陶宛、波兰和希腊4国的证券（期货）监管机构签署了监管合作备忘录。中国证监会先后与英国、法国、德国、意大利、荷兰、比利时、爱尔兰、葡萄牙、西班牙等24个欧洲国家的证券（期货）监管机构签署了监管合作备忘录。

表4-15　1996—2019年中国证监会与欧洲地区证券（期货）监管机构签署备忘录一览

时间	境外机构	备忘录名称	签署地
1996年10月7日	英国财政部、证券与投资委员会	证券期货监管合作谅解备忘录	北京
1998年3月4日	法国证券委员会	证券期货监管合作谅解备忘录	北京
2019年3月25日	法国金融市场管理局	金融领域创新合作谅解备忘录	北京

续表

时间	境外机构	备忘录名称	签署地
1998 年 10 月 8 日 2019 年 1 月 18 日（更新签署） 2019 年 3 月 18 日	德国联邦证券监管委员会 德国联邦金融监管局 德国联邦金融监管局	证券监管合作谅解备忘录 证券期货监管合作谅解备忘录 关于衍生品监管合作与资讯交换的备忘录附函	法兰克福 北京 法兰克福
1999 年 11 月 3 日	意大利国家证券监管委员会	证券期货监管合作谅解备忘录	罗马
2002 年 6 月 27 日	罗马尼亚国家证券委员会	证券期货监管合作谅解备忘录	北京
2002 年 11 月 1 日	荷兰金融市场委员会	证券期货监管合作谅解备忘录	邮寄方式
2002 年 11 月 26 日	比利时银行及金融委员会	证券期货监管合作谅解备忘录	北京
2003 年 5 月 22 日	瑞士联邦银行委员会	证券期货监管合作谅解备忘录	邮寄方式
2004 年 10 月 26 日	葡萄牙证券市场委员会	证券期货监管合作谅解备忘录	蒙特利尔
2006 年 9 月 26 日	挪威金融监管委员会	证券期货监管合作谅解备忘录	奥斯陆
2008 年 1 月 15 日	列支敦士登金融管理局	证券期货监管合作谅解备忘录	北京
2008 年 10 月 23 日	爱尔兰金融服务监管局	证券期货监管合作谅解备忘录	北京
2008 年 10 月 30 日	奥地利金融市场管理局	证券期货监管合作谅解备忘录	邮寄方式
2009 年 10 月 6 日	西班牙国家证券市场委员会	证券期货监管合作谅解备忘录	巴塞尔
2010 年 1 月 26 日	马耳他金融服务局	证券期货监管合作谅解备忘录	瓦莱塔
2012 年 4 月 24 日	瑞典金融监管局	证券期货监管合作谅解备忘录	斯德哥尔摩
2012 年 5 月 17 日	卢森堡金融监管委员会	证券期货监管合作谅解备忘录	北京
2012 年 5 月 17 日	塞浦路斯证券交易委员会	证券期货监管合作谅解备忘录	北京
1997 年 12 月 22 日 2013 年 8 月 30 日（重新签署）	乌克兰证券与股市委员会 乌克兰国家证券和股市委员会	证券监管合作谅解备忘录 证券期货监管合作谅解备忘录	北京 邮寄
2013 年 9 月 13 日	立陶宛银行	证券期货监管合作谅解备忘录	维尔纽斯
2014 年 1 月 20 日	白俄罗斯共和国财政部	证券期货监管合作谅解备忘录	北京
2015 年 3 月 23 日	波兰金融监督管理局	证券期货监管合作谅解备忘录	华沙
2015 年 5 月 19 日	阿塞拜疆国家证券委员会	证券期货监管合作谅解备忘录	北京
2017 年 8 月 31 日	希腊证监会	证券期货及其他投资产品监管合作谅解备忘录	北京

资料来源：中国证监会。

2019 年 4 月 25 日至 27 日，第二届“一带一路”国际合作高峰论坛在北京举办，各国政府、地方、企业等达成一系列合作共识、重要举措及务实成果，其中，中国银保监会与塞尔维亚国家银行签署监管合作谅解备忘录。

截至 2019 年底，中国银保监会与中东欧 17 国的捷克、立陶宛、匈牙利、波兰、塞尔维亚 5 国的监管机构签署了双边监管合作谅解备忘录；与德国、波兰、法国、意大利、匈牙利、西班牙、瑞士、荷兰、卢森堡、比利时、爱尔兰、捷克、英国等 21 个欧洲国家的监管机构签署了双边监管合作谅解备忘录。

表 4－16　　2004—2019 年中国银保监会与欧洲主要国家监管机构签署的双边监管合作谅解备忘录和监管合作协议

机构名称	国家/地区	文件类型	生效时间
英国金融服务局	英国	MOU	2003 年 12 月 10 日
英国审慎监管局[1]			2015 年 10 月 21 日
德国联邦金融监理署	德国	MOU	2004 年 12 月 6 日
波兰共和国银行监督委员会	波兰	MOU	2005 年 2 月 27 日
波兰金融监管局[2]			2017 年 6 月 9 日
法兰西共和国银行委员会	法国	MOU	2005 年 3 月 24 日
意大利中央银行	意大利	MOU	2005 年 10 月 17 日
匈牙利金融监督署	匈牙利	MOU	2005 年 11 月 14 日
匈牙利中央银行[3]			2016 年 3 月 31 日
西班牙中央银行	西班牙	MOU	2006 年 4 月 10 日
乌克兰中央银行	乌克兰	MOU	2007 年 1 月 30 日
白俄罗斯国家银行	白俄罗斯	MOU	2007 年 4 月 23 日
冰岛金融监管局	冰岛	MOU	2007 年 6 月 11 日
瑞士联邦银行委员会	瑞士	MOU	2007 年 9 月 29 日
荷兰中央银行	荷兰	MOU	2007 年 12 月 25 日
卢森堡金融监管委员会	卢森堡	MOU	2008 年 2 月 1 日
比利时金融监管委员会	比利时	MOU	2008 年 9 月 25 日
爱尔兰金融服务监管局	爱尔兰	MOU	2008 年 10 月 23 日
捷克中央银行	捷克	MOU	2010 年 1 月 5 日
马耳他金融服务局	马耳他	MOU	2010 年 2 月 2 日
塞浦路斯中央银行	塞浦路斯	MOU	2011 年 7 月 15 日
瑞典金融监管局	瑞典	MOU	2014 年 6 月 25 日
立陶宛中央银行	立陶宛	MOU	2015 年 6 月 12 日
塞尔维亚国家银行	塞尔维亚	MOU	2019 年 4 月

注：1. 2013 年 4 月，英国金融服务局撤销，其职能由英国审慎监管局和英国行为监管局行使。2. 2008 年 1 月，波兰金融监管局与波兰银行监管委员会合并，负责全面监管波兰金融机构。3. 2013 年 10 月，匈牙利金融监管局银行监管职能并入匈牙利央行。

资料来源：中国银保监会、公开资料整理。

四、金融合作平台对比

近几年，随着“一带一路”与“中国—中东欧国家合作”的不断推进，以及欧盟“容克计划”的推出，中国—中东欧合作内容不断丰富、合作平台不断拓宽。合作领域从传统的经贸领域扩展到金融、能源、科技、城镇化、基础设施等领域，金融合作平台更是从老牌的欧洲复兴开发银行、欧洲投资银行扩展到亚洲基础设施投资银行、丝路基金、中国—中东欧银行联合体等多个新兴平台，各合作平台均有中国及欧洲各国的积极参与，中欧合作前景广阔。

表 4－17　　中欧金融合作平台一览表

合作平台	投资目标国家	成立日期	规模
欧洲投资银行集团	欧盟国家、中东欧、伙伴成员国	1958 年	2019 年的融资总额为 722 亿欧元，其中，欧盟内部融资总额为 634 亿欧元，欧盟外部融资总额为 88 亿欧元。支持了约 2800 亿欧元的投资
欧洲复兴开发银行	中东欧、高加索地区、中亚和地中海南部及东部地区的 38 个经济体	1991 年	2019 年的投资总额为 101 亿欧元。截至 2019 年，欧洲复兴开发银行在总共 5600 多个项目中投资了超过 1400 亿欧元
100 亿美元专项贷款	中东欧国家	2012 年 4 月	100 亿美元
中国与中东欧国家关系研究基金	中国和中东欧国家的专家、学者、智库等个人或研究机构	2013 年	自 2013 年起每年提供 200 万元人民币
中国—中东欧投资合作基金	包括但不限于中东欧国家	2013 年 11 月	一期 4.35 亿美元，二期 10 亿美元
丝路基金	“一带一路”沿线国家	2014 年 12 月	400 亿美元和 1000 亿元人民币
亚洲基础设施投资银行	亚洲、非洲、拉丁美洲、中东欧等地	2015 年 12 月	法定资本 1000 亿美元。截至 2020 年4 月 17 日，已批准 70 个项目，总投资额达 137.7 亿美元
中国—中东欧金融控股有限公司、中国—中东欧基金	定位中东欧国家，并适当延伸至欧洲及符合中国—中东欧国家利益的其他地区	2016 年 11 月	基金规模 100 亿欧元，计划撬动项目信贷资金 500 亿欧元
中国—中东欧银行联合体	中东欧国家	2017 年 11 月	中国国家开发银行拟在 5 年内向银联体成员行提供总额度为 20 亿等值欧元的开发性金融合作贷款
中欧共同投资基金	投资于欧洲私募基金和风险投资基金	2018 年 7 月	首期规模为 5 亿欧元

资料来源：根据公开资料整理。

（一）侧重于中欧及多区域的金融合作平台

1. 欧洲投资银行集团

欧洲投资银行集团由欧洲投资银行（European Investment Bank，EIB）和欧洲投资基金（European Investment Fund，EIF）两部分组成，后者专门为中小企业提供融资。

欧洲投资银行于 1958 年成立，总部设在卢森堡，是一个非营利性的区域多边金融机构，成员为 27 个欧盟国家。其核心业务包括两个方面：一是向欧盟成员国家和申请加入欧盟的中东欧国家提供长期项目融资，促进欧盟平衡发展和一体化建设；二是对在欧盟之外的欧洲投资银行伙伴国家提供项目融资，支持欧盟的援助和金融合作政策，促进非成员国的可持续发展。①

目前，欧洲投资银行在全球的伙伴国家（地区）超过 160 个，其中欧洲 17 个、地中海 10 个、拉美 17 个、亚洲 27 个、非洲 49 个、太平洋及加勒比海地区 32 个，其他地区 17 个。

欧洲投资银行在亚洲的伙伴国家包括阿富汗、孟加拉国、不丹、文莱、柬埔寨、中国（包括香港和澳门特别行政区）、印度、印度尼西亚、伊拉克、哈萨克斯坦、吉尔吉斯斯坦、韩国、老挝、马来西亚、马尔代夫、蒙古、尼泊尔、巴基斯坦、菲律宾、新加坡、斯里兰卡、泰国、塔吉克斯坦、土库曼斯坦、乌兹别克斯坦、越南、也门。

欧洲投资基金成立于 1994 年，总部位于卢森堡，其任务是向中小型企业提供资金协助，主要业务为创业投资和担保贷款。股东为欧洲投资银行（59.15%）；欧洲各大共同体，由欧盟执委会代表（30.00%）；34 家欧盟民间金融机构（10.85%）。②

2019 年，欧洲投资基金为 5.65 万家中小企业（包括 1 家中国企业）提供了 94.03 亿欧元的融资贷款。截至 2019 年底，欧洲投资基金共为世界各地超过 140 万家中小企业提供了超过 1725 亿欧元的资金支持。

2019 年新冠肺炎疫情的迅速蔓延给公共卫生和经济带来了沉重的压力。为了应对这一前所未有的冲击，欧洲投资银行集团提出了一套融资方案，其中包括过渡性贷款和其他旨在缓解中小企业和中市值企业流动性和营运资金紧张的措施。欧洲投资银行集团，包括专门支持中小企业的欧洲投资基金，将通过成员国的金

① 更多信息请参考：http://gjs.mof.gov.cn/pindaoliebiao/dhjz/gjjrzz/tzyh/jgjj17/201011/t20101126_357617.html。

② 更多信息请参考：https://baike.baidu.com/item/%E6%AC%A7%E6%B4%B2%E6%8A%95%E8%B5%84%E5%9F%BA%E9%87%91/19299556?fr=aladdin。

融中介机构，与各国银行合作。

2020 年 3 月 16 日，欧洲投资银行宣布为受新冠肺炎疫情影响的中小企业提供 400 亿欧元的融资计划，并向医疗保健领域提供 50 亿欧元的融资计划以及向欧盟以外的国家提供 50 亿欧元用于应对疫情。

2020 年 4 月 9 日，欧洲各国财政部长批准建立一个 250 亿欧元的欧洲担保基金，该基金将使欧洲投资银行集团通过与当地银行和国家促进机构合作，再为企业提供不超过 2000 亿欧元的融资，进一步加大对中小企业和实体经济企业及卫生部门的支持力度。

2. 欧洲复兴开发银行

欧洲复兴开发银行成立于 1991 年，总部设在伦敦，拥有来自五大洲的 69 个成员国和 2 个国际机构（欧盟和欧洲投资银行）①，主要任务是帮助欧洲战后重建和复兴，帮助和支持东欧、中欧国家向市场经济转化。2019 年，欧洲复兴开发银行总共投资了 101 亿欧元。截至 2019 年，欧洲复兴开发银行在总共 5600 多个项目中投资了 1400 多亿欧元。

2015 年 12 月，欧洲复兴开发银行批准了中国加入该行的申请，中国正式成为其一员。中国加入欧洲复兴开发银行，有力推动了“一带一路”倡议与“欧洲投资计划”对接，为中方与该行在中东欧、地中海东部和南部及中亚等地区进行多种形式的项目投资与合作提供了广阔空间。中国成为该行成员后，履行成员义务，积极参与该行事务，并加强与该行及其他成员在经验分享、联合融资和发展援助等领域的合作。与此同时，欧洲复兴开发银行还积极参与到“17 +1 合作”框架中，成为该框架迄今为止唯一一个组织观察员，积极推动中国和中东欧合作框架下中欧之间的互联互通。

为应对新冠肺炎疫情，欧洲复兴开发银行已于 2020 年 3 月 13 日批准了一项 10 亿欧元的一揽子援助计划。

3. 丝路基金

丝路基金是由中国外汇储备、中国投资有限责任公司、中国进出口银行、国家开发银行共同出资，于 2014 年 12 月 29 日在北京注册成立，规模为 400 亿美元。基金致力于为“一带一路”框架内的经贸合作和双边多边互联互通提供投融资支持。

2017 年 5 月 14 日，中国国家主席习近平在“一带一路”国际合作高峰论坛开幕式上宣布，中国将加大对“一带一路”建设的资金支持，向丝路基金新增资

① 截至 2020 年 4 月 17 日。

金1000亿元人民币。至此，丝路基金的资金规模达到400亿美元和1000亿元人民币。其中，中国外汇储备（通过梧桐树投资平台有限责任公司）、中国投资有限责任公司（通过赛里斯投资有限责任公司）、国家开发银行（通过国开金融有限责任公司）、中国进出口银行的出资比例分别为65%、15%、5%和15%。

截至2019年11月5日，丝路基金已签约34个项目，承诺投资金额累计约123亿美元[①]，投资覆盖俄、蒙、中亚、南亚、东南亚、西亚、北非及欧洲等地区的基础设施、资源开发、产业合作、金融合作等领域。此外，丝路基金还单独出资20亿美元设立了中哈产能合作基金，并于2019年4月29日与新加坡盛裕集团签署设立"中国—新加坡共同投资平台"的框架协议。

4. 亚洲基础设施投资银行

亚洲基础设施投资银行（Asian Infrastructure Investment Bank，AIIB，简称亚投行）成立于2015年12月25日，是一家旨在改善亚洲社会和经济成果的多边开发银行。重点支持基础设施建设，成立宗旨是促进亚洲区域的建设互联互通化和经济一体化的进程，并且加强中国与其他亚洲国家和地区的合作，是首个由中国倡议设立的多边金融机构，总部设在北京，法定资本1000亿美元。

2019年，比利时、希腊、塞尔维亚3国正式加入亚投行。至此，中东欧17国中有匈牙利（2017年6月16日）、波兰（2016年4月20日）、罗马尼亚（2018年12月28日）、塞尔维亚（2019年8月15日）、希腊（2019年8月20日）共5国加入了亚投行。欧盟28国中仅有8个国家（全部属于中东欧17国）未加入亚投行。

截至2020年3月10日，亚投行已有102个正式成员国，其中域内国家44个，域外国家34个，签约国24个。截至2020年4月17日，亚投行已批准了70个项目，总投资额为137.7亿美元。

2020年4月3日，亚投行宣布将推出初始额度为50亿美元的危机恢复基金，为受到新冠肺炎疫情严重冲击的公共和私营部门机构提供快速融资。

5. 中欧共同投资基金

为推动"一带一路"建设与欧洲"容克计划"对接，2015年中欧双方提出关于成立中欧共同投资基金的倡议。丝路基金与欧洲投资基金分别作为中方和欧方实施单位，于2018年4月签署《中欧共同投资基金共同投资协议》，正式设立中欧共同投资基金。中欧共同投资基金首期规模为5亿欧元，由丝路基金与欧洲投资基金等比例出资并共同进行投资决策。中欧共同投资基金遵循市场化原则，

---

① 更多信息请参考：https：//www.yidaiyilu.gov.cn/xwzx/gnxw/108547.html。

主要投资于欧洲私募基金和风险投资基金，投向对中欧合作具有促进作用，并且商业前景较好的中小企业，促进“一带一路”倡议与欧洲投资计划（“容克计划”）相对接，实现互利共赢。

2018 年 7 月，丝路基金与欧洲投资基金签署《关于中欧共同投资基金首单项目落地与继续深化合作的谅解备忘录》，宣布中欧共同投资基金投入实质性运作，并完成对首只子基金“凯辉并购基金二期（Cathay Midcap II）”的投资。

随后欧盟委员会于 2018 年 8 月 6 日发布公告称，凯辉基金为“凯辉并购基金二期”募集到首期 6 亿欧元资金，该基金由“容克计划”下的欧洲战略投资基金和中国国家开发银行、中国丝路基金等共同支持，目标是为中型企业融资 12 亿欧元。①

截至 2019 年 4 月 15 日，中欧共同投资基金所投项目覆盖法国、爱尔兰、奥地利、波兰、匈牙利等多个欧洲国家近十家中小企业。

6. 亚洲金融合作协会

亚洲金融合作协会（Asian Financial Cooperation Association，简称亚金协），成立于 2017 年 7 月 24 日，主要由亚洲国家和地区的金融机构、金融行业组织、相关专业服务机构以及金融领域的有关个人自愿结成，是在中国民政部登记注册的区域性国际非政府、非营利性社会组织。

协会宗旨为“联通合作　共治共享”，即一方面致力于搭建亚洲金融机构交流合作平台，加强区域金融机构交流和金融资源整合，共同维护区域金融稳定，避免再次发生大规模地区金融动荡，为区域实体经济发展提供更有力的支撑；另一方面通过治理结构制度安排，便利全体会员共同治理协会，共享协会服务及成果。截至目前，亚金协会员机构有 120 余家，来自亚洲、欧洲、美洲、大洋洲、非洲五大洲 31 个国家和地区，涵盖银行、证券、保险、基金资管、期货、国际金融中心、行业协会、金融科技及金融服务等领域。②

（二）侧重于中国—中东欧的金融合作平台

1. 100 亿美元专项贷款

在 2012 年 4 月中国与中东欧国家领导人华沙会晤上，时任国务院总理温家宝提出了推动中国和中东欧国家合作的 12 项举措，其中包括设立 100 亿美元专项贷款，其中配备一定比例的优惠性质贷款，重点用于双方在基础设施建设、高新技术、绿色经济等领域的合作项目。中东欧国家可向中国国家开发银行、中国进出

① 更多信息请参考：http：//www. xinhuanet. com/fortune/2018 －08/07/c _ 1123237089. html。

② 更多信息请参考：http：//cn. afca －asia. org/Portal. do？ method =detailView&contentID =61。

口银行、中国工商银行、中国银行、中国建设银行和中信银行提出项目申请。优惠贷款项目部分主要向进出口银行申请，优惠贷款利率为1%～3%，投资的目标国只能是中东欧国家，中国的公司需要参与执行项目，如果中国资助的基建项目比率较高，中国公司一般需要完成整个项目80%～85%的工作。资助的贷款不需要保险费，只要求受资助方提供较低的行政管理费用。中国公司在中东欧的投资项目如果涉及第三国将得不到此项融资资助。单个项目最大贷款资助额为整个项目的85%，贷款期限为15年，视情况也可延长到20年，需要被贷款国提供主权担保。①

2. 中国—中东欧投资合作基金

中国—中东欧投资合作基金是由中国进出口银行作为主发起人，连同国内外多家投资机构共同出资成立的离岸股权投资基金。中国—中东欧投资合作基金的投资领域包括但不限于中东欧17国的基础设施、能源、电信、特殊制造业、农业和金融等潜力行业，重点关注能够扩大和深化中国—中东欧国家双边经贸投资合作、便利双边市场准入的项目。

2012年4月，时任国务院总理温家宝在波兰出席首次中国—中东欧国家领导人会晤时正式提出中国政府将发起设立中国—中东欧投资合作基金（一期），并指定中国进出口银行为基金承办单位。中东欧基金（一期）于2013年11月正式成立，并于2016年在波兰华沙设立办公室。一期封闭金额4.35亿美元，于2014年初正式运营。基金采用有限合伙制形式在卢森堡注册成立，有限合伙人主要包括中国进出口银行和匈牙利进出口银行。

中国—中东欧合作基金二期于2017年11月成立，目的是进一步在中东欧地区的16个国家进行投资。基金二期计划规模10亿美元，截至2018年4月9日，二期已就12个项目完成了8亿美元的总投资额②。匈牙利进出口银行与中国进出口银行、中国丝路基金以及中东欧股权基金有限公司一起对该基金二期作出资金承诺。

3. 中国—中东欧金融控股有限公司和中国—中东欧基金

2015年11月，中国政府在第四次中国—中东欧国家领导人会晤期间倡议，由中国工商银行牵头，探讨以商业化的金融模式支持成员国之间的互联互通和产能合作。在中国工商银行和中外合作伙伴的共同努力下，在2016年11月里加举行的第五次中国—中东欧国家领导人会晤期间，李克强总理宣布中国—中东欧金

① 更多信息请参考：http://www.17plus1-thinktank.com/article/80.html?source=article_link。

② 更多信息请参考商务部网页：http://www.mofcom.gov.cn/article/i/jyjl/m/201804/20180402731549.shtml。

融控股有限公司正式成立。该公司发起设立的中国—中东欧基金规模将达 100 亿欧元，计划撬动项目信贷资金 500 亿欧元。中国—中东欧基金坚持“政府支持、商业运作、市场导向”的原则，目标市场定位中东欧国家，并适当延伸至欧洲及符合中国—中东欧国家利益的其他地区，重点关注基础设施建设、高新技术制造、大众消费等行业的投资合作机会。

在资金募集方面，波兰、捷克、匈牙利等中东欧国家，以及中外资企业、金融机构和各类社会资本均积极接洽入资。在投资管理方面，除中国工商银行外，还引入了中国人寿、复星集团、金鹰国际集团等合作伙伴。

2018 年，中国—中东欧基金联合锦江国际集团在中东欧及相关欧洲区域完成对全球领先酒店管理品牌丽笙酒店集团的收购。丽笙酒店是中东欧最主要的酒店管理品牌，旗下八大品牌以中高端酒店、轻资产运营为主，欧美市场布局均衡，可与中资品牌形成互补和协同，未来在中国、中东欧及相关新兴市场潜力巨大，并能带动旅游、商品采购等增长。

此外，在能源领域，基金已签约 50 兆瓦的太阳能项目。下一步还将以波兰和匈牙利市场为重点，计划于 2020 年完成 200 兆瓦新能源项目并网发电，实现 1000 兆瓦的新能源项目落地，累计完成等值 50 亿 ~ 100 亿元人民币的新能源领域相关投资。①

4. 中国—中东欧银行联合体

中国—中东欧银行联合体由中国国家开发银行与中东欧金融机构共同发起，于 2017 年 11 月 27 日正式成立。

目前中国—中东欧银行联合体共有 14 家成员行，均为各国政府控股的政策性银行、开发性金融机构和商业银行，包括中国国家开发银行、匈牙利开发银行、捷克出口银行、斯洛伐克进出口银行、克罗地亚复兴开发银行、保加利亚发展银行、罗马尼亚进出口银行、塞尔维亚邮储银行、斯洛文尼亚出口发展银行、波黑投资开发银行、北马其顿发展促进银行、黑山投资发展基金、拉脱维亚 ALTUM 金融公司和立陶宛公共投资发展署。

各成员行按照“自主经营、独立决策、风险自担”的原则，开展项目融资、同业授信、规划咨询、培训交流、高层对话、政策沟通、信息共享等领域合作，并配合开展中国—中东欧国家合作机制项下其他相关工作。

中国国家开发银行将在 5 年内向银联体成员行提供总额度为 20 亿等值欧元的开发性金融合作贷款，用于中国国家开发银行与其他银联体成员行和未来观察员

① 更多信息请参考：https：//www. yicai. com/news/100154858. html。

行开展同业合作，共同支持中国和中东欧国家企业参与的中东欧国家基础设施、电力、电信、园区、农业、中小企业、高新科技等领域项目的投资建设。

5. 中国与中东欧国家关系研究基金

2012年4月26日，首届中国—中东欧国家领导人会晤在华沙举行。时任国务院总理温家宝在会晤上宣布了"中国关于促进与中东欧国家友好合作的12项举措"，其中第11项内容是"设立中国与中东欧国家关系研究基金，中方自2013年起每年提供200万元人民币"。

研究基金的设立旨在鼓励和支持中国和中东欧国家的专家、学者、智库等个人或研究机构就中国—中东欧国家合作开展研究工作，促进合作与学术交流。研究基金由中国—中东欧国家合作秘书处负责组织实施。

第五节　基础设施互联互通合作近况对比

一、中东欧17国与欧盟基础设施对比

（一）基础设施建设竞争力比较：2019年，中东欧17国与欧盟28国同步提升

欧盟地区，尤其是欧盟传统发达国家的基础设施总体质量继续保持领先。根据世界经济论坛发布的《2019全球竞争力报告》（*The Global Competitiveness Report 2019*），在全球141个经济体中，欧盟28国的全球基础设施建设竞争力排名中位数为24，远高于中东欧17国排名的中位数（45）。欧盟28国中荷兰的全球基础设施排名最高，为第2名，随后是西班牙（7）、德国（8）、法国（9）、奥地利（10）等国家。中东欧17国中维谢格拉德四国排名最高（中位数26），其次为东南欧五国（排名中位数37）和波罗的海三国（排名中位数43），排名最后的为西巴尔干五国（排名中位数83），捷克系中东欧16国中基础设施建设竞争力最强的国家，位列第20名（见图4-17）。

2019年，欧盟28国与中东欧17国的基础设施竞争力排名均保持上升态势，平均排名各上升一位，其中西巴尔干五国的排名提升最快。

（二）铁路：中东欧17国与欧盟28国铁路密度基本相当

铁路网络方面，欧盟28国有约21万公里的总里程，除塞浦路斯和马耳他两国无铁路外，其余26国平均每个国家拥有8077公里，远高于中东欧17国平均铁路里程（4181公里）。欧盟28国中，德国以3.34万公里的铁路里程数排名第一，随后是法国（2.82万公里）、波兰（1.85万公里）、意大利（1.68万公里）等国

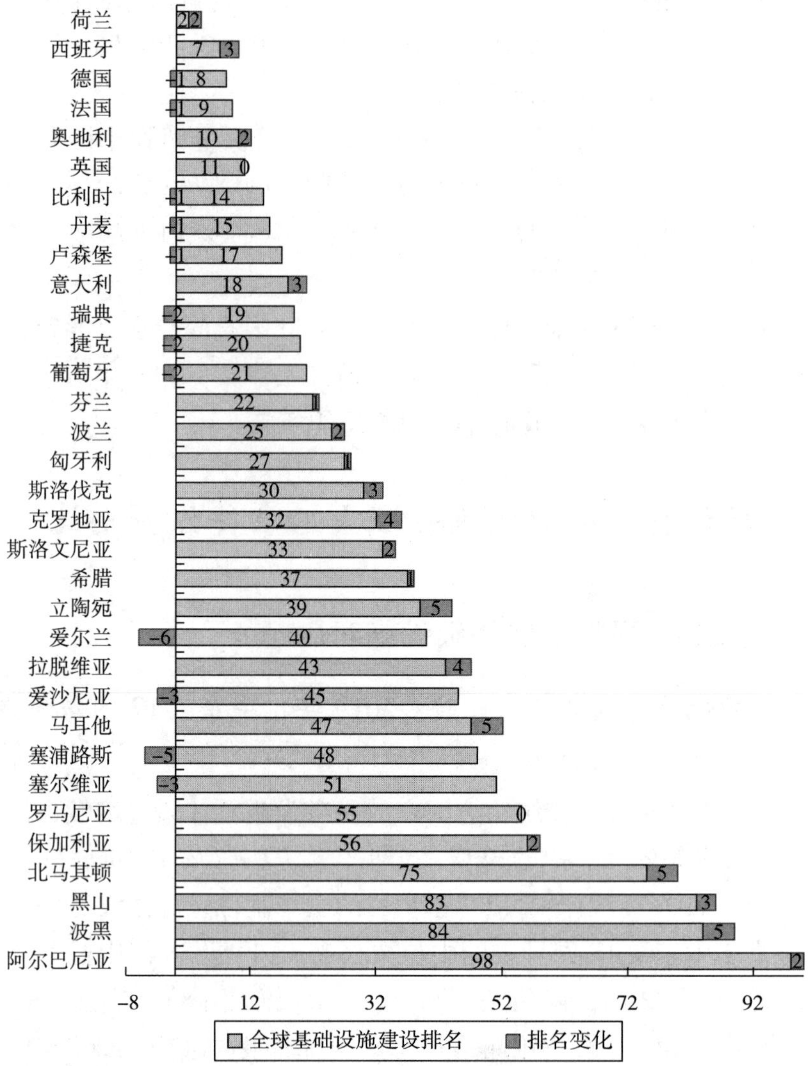

注：2019 年全球的 141 个经济体参与了排名。

图 4－17　2019 年欧盟 28 国及中东欧 17 国基础设施建设全球竞争力指数排名

［资料来源：《2019 全球竞争力报告》（*The Global Competitiveness Report* 2019）］

家。中东欧 17 国中维谢格拉德四国平均铁路里程最高（0.97 万公里），其次为东南欧五国（0.42 万公里）和波罗的海三国（0.20 万公里），排名最后的为西巴尔干五国（0.11 万公里），波兰系中东欧 17 国中铁路里程最多的国家（见图 4－18）。

铁路密度上，欧盟 28 国总计 446.37 万平方公里的面积，其铁路密度约为 47.03 公里/千平方公里，基本与中东欧 17 国的铁路密度相当（47.23 公里/千平

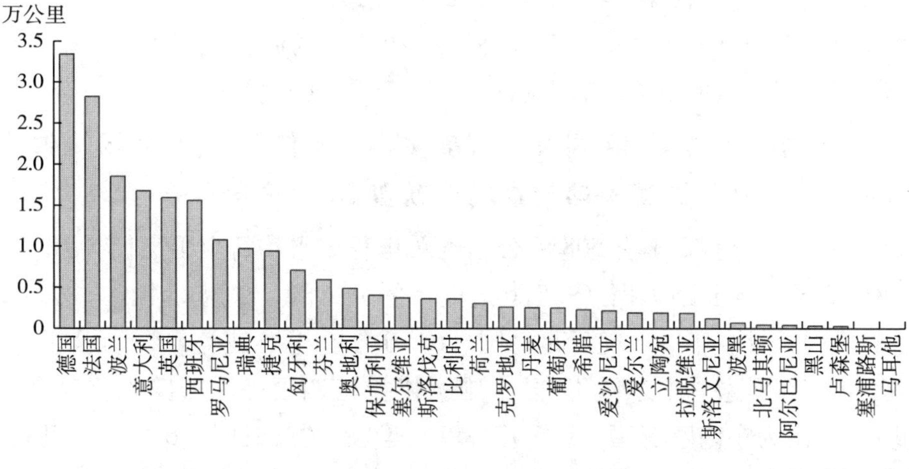

注：1. 黑山的数据截至2016年末；比利时、意大利、荷兰、爱尔兰、北马其顿、阿尔巴尼亚的数据截至2017年末；其余数据截至2018年末。2. 截至2018年底，塞浦路斯和马耳他境内无铁路。

图4－18　2018年欧盟28国及中东欧17国铁路里程

［资料来源：《对外投资合作国别（地区）指南欧盟及各国2019》、Wind资讯、世界银行（World Bank）、欧盟统计局（Eurostat）］

方公里）。其中，捷克的铁路密度以119公里/千平方公里居欧盟28国中的首位，其后为比利时（118公里/千平方公里）、卢森堡（111公里/千平方公里）、德国（94公里/千平方公里）、匈牙利（76公里/千平方公里）（见图4－19）。

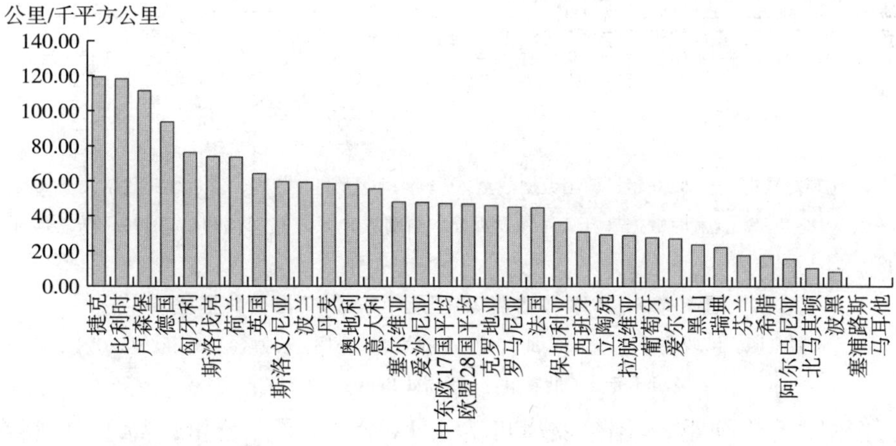

注：1. 黑山的数据截至2016年末；比利时、意大利、荷兰、爱尔兰、北马其顿、阿尔巴尼亚的数据截至2017年末；其余数据截至2018年末。2. 截至2018年底，塞浦路斯和马耳他境内无铁路。

图4－19　2018年欧盟28国及中东欧17国铁路密度

［资料来源：《对外投资合作国别（地区）指南欧盟及各国2019》、Wind资讯、世界银行（World Bank）、欧盟统计局（Eurostat）］

中东欧 17 国中，维谢格拉德四国铁路密度最大，约为 72 公里/千平方公里，其次为东南欧五国（37 公里/千平方公里）和波罗的海三国（34 公里/千平方公里），排名最后的为西巴尔干五国（24 公里/千平方公里）。

（三）公路：中东欧 17 国公路密度整体水平低于欧盟 28 国，但维谢格拉德四国、波罗的海三国公路密度高于欧盟 28 国平均水平

公路方面，欧盟 28 国有 508 万公里的总里程，平均每个国家拥有 18 万公里，是中东欧 17 国平均公路里程（9.5 万公里）的近 2 倍。欧盟 28 国中，法国以 112 万公里的里程数排名第一，随后是德国（64 万公里[①]）、波兰（43 万公里）、英国（42 万公里）等国家。中东欧 17 国中维谢格拉德四国平均公路里程最高（20.7 万公里），其次为东南欧五国（9.6 万公里）、波罗的海三国（6.9 万公里），排名最后的为西巴尔干五国（2.0 万公里），波兰系中东欧 17 国中公路里程最多的国家（见图 4－20）。

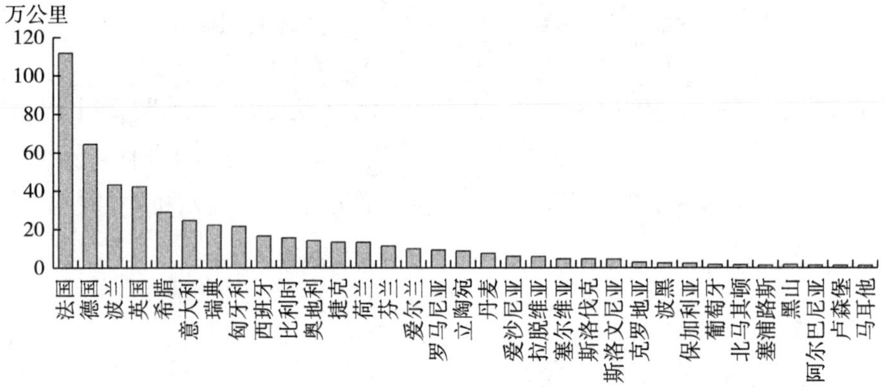

注：1. 比利时数据截至 2010 年；德国数据截至 2013 年；意大利、英国、塞尔维亚数据截至 2017 年；其余数据截至 2018 年。2. 比利时数据来自《对外投资合作国别（地区）指南比利时 2019》，未具体标示数据统计年份。

图 4－20　2018 年欧盟 28 国及中东欧 17 国公路里程

［资料来源：欧盟统计局（Eurostat）、《对外投资合作国别（地区）指南欧盟 2019》、Wind 资讯、世界银行（World Bank）、维基百科］

公路密度上，欧盟 28 国公路密度为 1.14 公里/平方公里，高于中东欧 17 国平均的 1.07 公里/平方公里；欧盟 28 国高速公路密度为 0.017 公里/平方公里，远高于中东欧 17 国的高速公路密度（中东欧 17 国高速公路密度为 0.009 公里/平方公里）。欧盟 28 国中，马耳他以 9.04 公里/平方公里的公路密度位列第一，其

① 德国公路总里程截至 2013 年，更多信息请参考：https：//zh.wikipedia.org/wiki/%E5%90%84%E5%9B%BD%E5%85%AC%E8%B7%AF%E9%87%8C%E7%A8%8B%E5%88%97%E8%A1%A8。

次为比利时（5. 08）和荷兰（3. 19）；中东欧 17 国中在公路密度上排在首位的是匈牙利（2. 32）。高速公路密度上，荷兰以 0. 066 公里/平方公里位列欧盟 28 国中的首位，其后为卢森堡（0. 064）、比利时（0. 058）、斯洛文尼亚（0. 037）、德国（0. 037）（见图 4－21）。

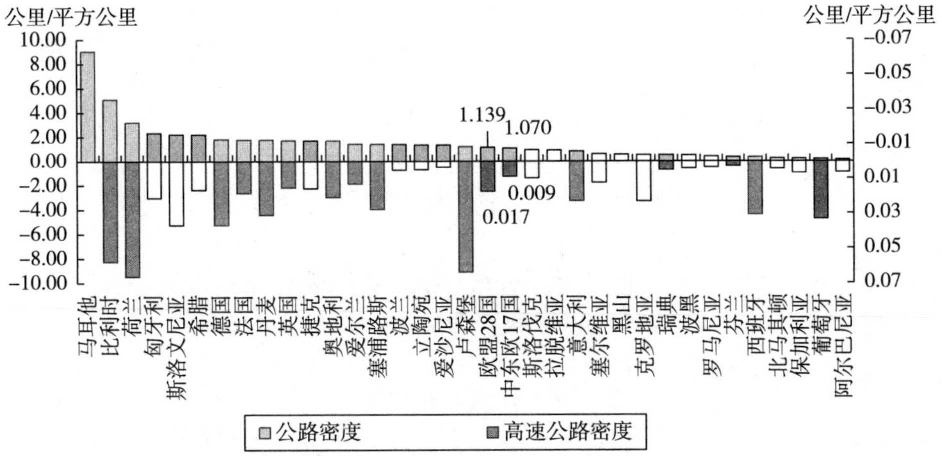

注：1. 公路密度数据各年份同前图；2. 高速公路密度数据英国、意大利、塞尔维亚截至 2017 年，其余国家截至 2018 年；3. 公路密度参照左坐标，高速公路密度参照右坐标。

图 4－21　欧盟 28 国及中东欧 17 国公路、高速公路密度

［资料来源：欧盟统计局（Eurostat）、Wind 资讯、世界银行（World Bank）、维基百科］

中东欧 17 国中，维谢格拉德四国公路密度（1. 55 公里/平方公里）及高速公路密度（0. 010 公里/平方公里）均为最大；波罗的海三国公路密度（1. 176 公里/平方公里）位列第二，但高速公路密度垫底，仅为 0. 003 公里/平方公里；东南欧五国公路密度（0. 858 公里/平方公里）位列第三，但高速公路密度以 0. 010 公里/平方公里位列第二，仅次于维谢格拉德四国（见图 4－22）。

（四）通信：欧盟国家普遍优于中东欧 17 国

欧盟 28 国在互联网技术发展和普及率上领先于中东欧 17 国。截至 2018 年，欧盟 28 国的宽带用户平均水平为 33 人/百人，高于中东欧 17 国 25 人/百人的宽带用户平均水平。欧盟 28 国中宽带用户普及程度最高的是法国（44 人/百人），中东欧 17 国中宽带用户普及程度最高的是爱沙尼亚，为 31 人/百人。西巴尔干五国的宽带普及程度最低，仅为 19 人/百人。值得注意的是，塞浦路斯和波兰的宽带用户水平较上年有所下降（其余国家均表现为正增长态势），且波兰的宽带用户水平在中东欧 17 国中列倒数第三位，仅优于阿尔巴尼亚和塞尔维亚（见图 4－23）。

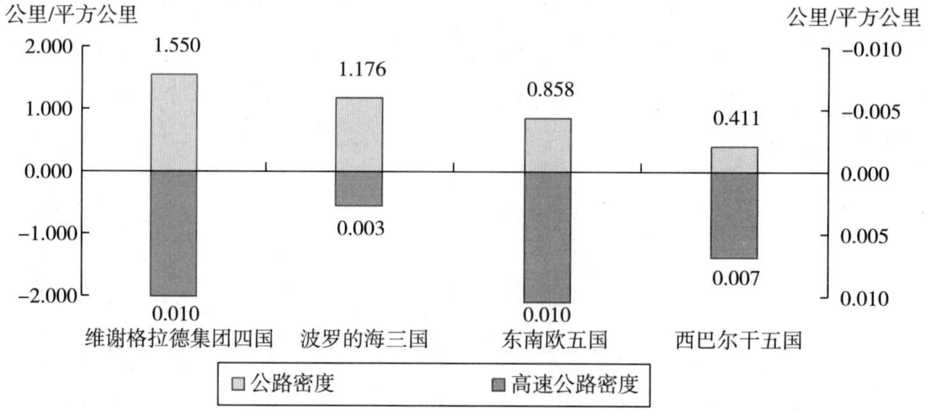

注：1. 数据截至 2018 年；2. 公路密度参照左坐标，高速公路密度参照右坐标。

图 4－22　2018 年中东欧 17 国公路密度、高速公路密度

［资料来源：欧盟统计局（Eurostat）、Wind 资讯、世界银行（World Bank）］

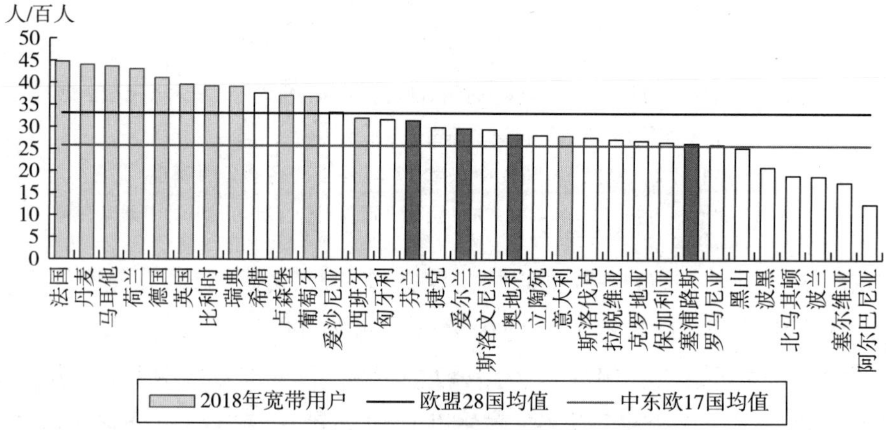

图 4－23　2018 年欧盟 28 国及中东欧 17 国宽带用户普及程度

（资料来源：Wind 资讯）

二、中国对欧洲工程承包概况

（一）欧盟工程项目承包商构成

欧盟承包商实力强大，欧盟 90% 的项目由自己的承包商占据。其中，西班牙和法国承包商占比超过 25%，意大利、奥地利和波兰的承包商也承担了大量建筑项目（见图 4－24）。欧盟以外的承包商以瑞士、美国和英国为主，约承担 3% 的项目。中国承包商占比还较小。

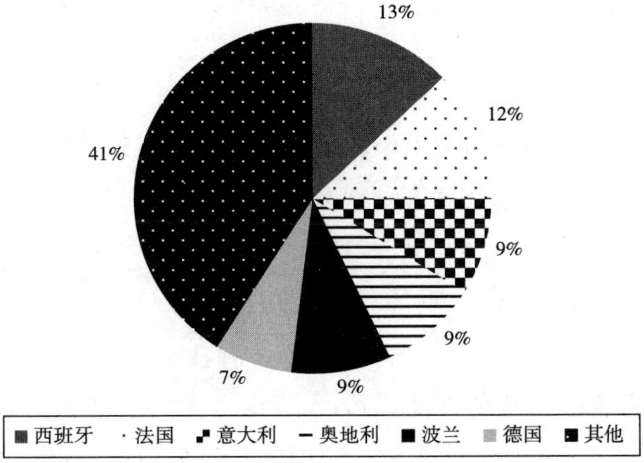

图 4－24　欧盟国家基建市场承包占比

（资料来源：中国对外承包工程商会，《国际工程观察》）

（二）欧盟工程项目融资结构①

欧盟本身提供的资金仍然是整个欧盟基础设施项目发展的关键。欧盟以及欧洲投资银行（EIB）提供的融资占欧盟基建项目融资的 60% 以上，在发展基础设施，特别是有利于区域和经济凝聚力的基础设施方面发挥着重要作用。欧洲复兴开发银行是整个欧盟项目的第三大融资者（见图 4－25）。跨境基础设施的发展一直是欧盟促进区域发展，增强成员国之间凝聚力的重要发展策略。

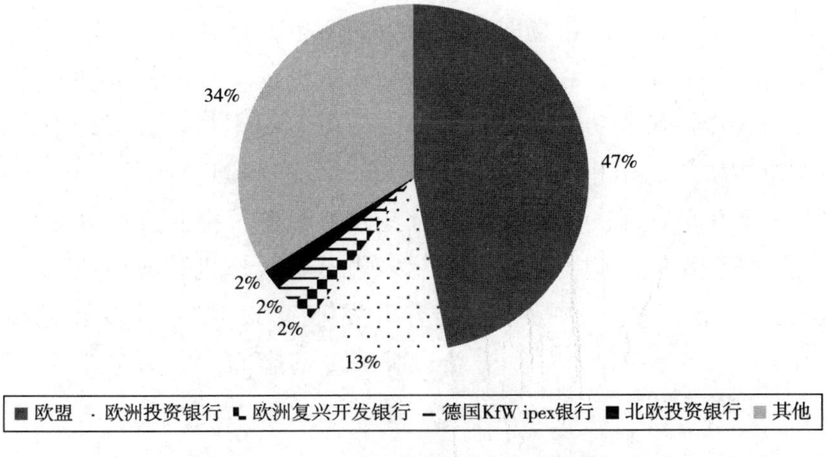

图 4－25　欧盟基建项目的投资组成

（资料来源：中国对外承包工程商会，《国际工程观察》）

① 中国对外承包工程商会，《国际工程观察》2020 年第 8 期，2020 年 4 月 27 日。

虽然欧盟基础设施建设的资金向东部成员国倾斜，以支持区域发展和提供经济凝聚力，但西方成员国在项目总价值方面还是数额巨大。法国、德国和西班牙执行的项目规模分别为 1840 亿美元、1240 亿美元和 1110 亿美元，合计占欧盟整个项目规模的 40%，使许多东部成员国的项目规模相形见绌。在东部成员国中，波兰拥有最大的项目规模，反映了波兰建筑业近年来的强劲增长。欧盟和欧洲投资银行在波兰的融资中发挥了重要作用，欧盟在该国的融资约占整个欧盟项目融资业务总量的 25%。

（三）疫情下的欧盟基建市场

中国对外承包工程商会的报告认为，受新冠肺炎疫情影响，德国、意大利和西班牙等市场的建筑行业将在 2020 年陷入衰退。人力限制和工地停工更是直接打击了该行业。如果疫情的影响持续到 2020 年下半年，那么恢复建筑工程并完成投资将变得困难重重。加上经济下滑，商业信心减弱，基建行业可能出现新项目投资延迟或取消，导致 2021 年建筑行业的增长前景也将受到不利影响。①

（四）中国对欧承包工程概况

欧洲市场是中国企业开展基础设施建设转型升级的目标市场。目前中国对外承包工程行业正处于转变发展方式、实现转型升级的关键时期，进入欧洲等高端市场，与欧洲企业开展合作，对于提高中国企业业务运作能力，提升境外 BOT、PPP、特许经营等项目的经营水平具有重要意义，有助于中国企业业务的转型升级和市场布局的优化调整。

据中国对外承包工程商会发布的报告，2019 年，中国对外承包工程行业取得了较好的成绩，其中在欧洲市场取得了很大的突破，新签合同额呈 3 位数增长②。另外，2019 年 11 月 11 日，在中希双方领导人的见证下，希腊 MINOS 50MW 光热发电项目多边合作协议成功签署。该项目由中国工商银行牵头安排中、希及区域性多边金融机构融资，由中国企业联合希腊、英国等国企业开发、建设、运营，项目总投资约 2.9 亿欧元。该项目的联合开发，开创了中西方金融机构及企业在希腊第三方市场合作的范例，并作为国际多边友好合作机制典型项目，成功入选《中希两国三年合作计划》《中英两国合作开发第三方市场》等多个政府间框架合作协议。③ 2020 年第一季度，尽管受新冠肺炎疫情影响，中国对外承包工程行业在欧洲的业务仍然取得新签合同额和完成额的双增长。④

---

① 更多信息请参考：http：//www.chinca.org/CICA/info/19091615454411。

② 更多信息请参考：http：//www.chinca.org/CICA/info/20020519453211。

③ 更多信息请参考：http：//projectinfo.bhi.com.cn/DynamicTopic/Construction_AbroadDetail.aspx？id=25750315。

④ 更多信息请参考：http：//www.chinca.org/CICA/info/20042714350111。

从国别市场业务来看，中国企业在法国、德国、英国等市场业务规模居欧盟28国前列。中国企业在欧洲市场对外承包工程业务以石油化工、通信工程建设、交通运输建设以及电力工程建设等领域为主。

表4-18 2019年部分中国对欧承包工程（新签）

日期	国家	概况
2019年2月11日	希腊	中国葛洲坝集团有限公司国际公司签约希腊MINOS 50MW塔式光热发电项目，是中国企业在希腊签约的首个电力绿地投资项目
2019年3月7日	西班牙	东方日升与西班牙光伏巨头Opdenergy就261MW项目开发签署合作协议。按照协议内容，东方日升将为后者承建的电站项目提供高效组件
2019年3月18日	英国	阳光电源签约英国34.7MW光伏+27MW/30MWh储能大型项目。据了解，该无补贴项目是英国目前最大的光储融合项目
2019年3月14日	波黑	中国国药集团承建波黑多博伊市“圣使卢卡”医院项目。项目建成后将配备现代化的医疗设备，改善当地医疗服务水平和民生，惠及多博伊市及周边33万民众
2019年4月18日	保加利亚	中国机械设备工程股份有限公司（CMEC）与保加利亚瓦尔纳中心物流港口公司签署合同，成为保加利亚瓦尔纳港口建设项目总承包商，合同金额约1.2亿欧元
2019年5月5日	塞尔维亚	中国路桥与塞尔维亚创新和技术发展部签署《贝尔格莱德中国工业园开发协议》和《SPV项目公司章程》。塞尔维亚中国工业园是塞尔维亚首个综合工业园项目，项目规划总用地面积约3.2平方千米。项目分三个子园区：加工制造园、商贸物流园、高新科技园，分三期建设开发，其中一期于2020年启动
2019年6月20日	波黑	市政建设集团有限公司与波黑穆克联邦高速公路公司签署了泊奇特利至兹维罗维奇高速公路项目二标段泊奇特利桥项目施工合同
2019年8月22日	波兰	中国电建市政公司签约波兰S14罗兹西部绕城快速路设计与施工项目。该项目是中国企业10年来首次在波兰获签的公路建设项目，这对中波两国基础建设合作意义重大
2019年10月31日	波兰	中国能建南方建投广东火电与MAXDEAL公司签署波兰波罗的海一揽子324.8兆瓦风电项目EPC合同，合同金额约为44亿元人民币。项目的成功签约，标志着广东火电在海外中高端市场新能源业务发展取得了又一重要突破
2019年11月11日	希腊	希腊MINOS 50MW光热发电项目多边合作协议成功签署。该项目由中国工商银行牵头安排中、希及区域性多边金融机构融资，由中国企业联合希腊、英国等国企业开发、建设、运营，项目总投资约2.9亿欧元。该项目由中国葛洲坝集团国际工程有限公司、浙江中控太阳能技术有限公司组成的联营体负责建设
2019年12月17日	瑞典	中铁隧道局与瑞典斯德哥尔摩市议会厅下属斯德哥尔摩地铁延长线项目经理部（SLL）签署协议，成功中标斯德哥尔摩地铁延长线项目的3座工程隧道施工，总价3.45亿瑞典克朗，约合人民币2.57亿元

资料来源：根据公开资料整理。

三、中国对中东欧 17 国、欧盟工程承包对比

近年来，中国企业在欧盟国家的工程承包项目发展迅猛。2015 年至 2017 年间，实现了从 469 个到 7749 个项目的飞速增长。然而，中国企业在欧承包项目的总金额却相对较为平稳，背后主要原因是我国现阶段正逐步摆脱过往“巨无霸项目”为主的承包模式，转而开始深度参与欧盟国家各行各业的发展，尝试为其中各类中小型工程承包项目提供支持。[①]

从对外承包工程完成额来看，2018 年，中国企业在欧盟 28 国完成营业额 44. 7 亿美元，同比下降 2. 1%。其中，排名前四位的是法国、德国、英国和西班牙，中国企业对这 4 国的承包工程完成营业额占对欧盟 28 国承包工程完成营业额的 69%。中东欧 17 国完成营业额 9. 5 亿美元，同比下降 33. 6%。其中，排名前四位的是塞尔维亚、希腊、北马其顿和罗马尼亚，中国企业对这 4 国的承包工程完成营业额占对中东欧 17 国承包工程完成营业额的 77%。在中东欧 17 国中，中国企业在西巴尔干五国的承包工程金额最高，其次为东南欧五国，中国企业在波罗的海三国的工程承包最少，除拉脱维亚略有涉及外，在爱沙尼亚和立陶宛从未承接过工程项目（见图 4 – 26 和表 4 – 19）。

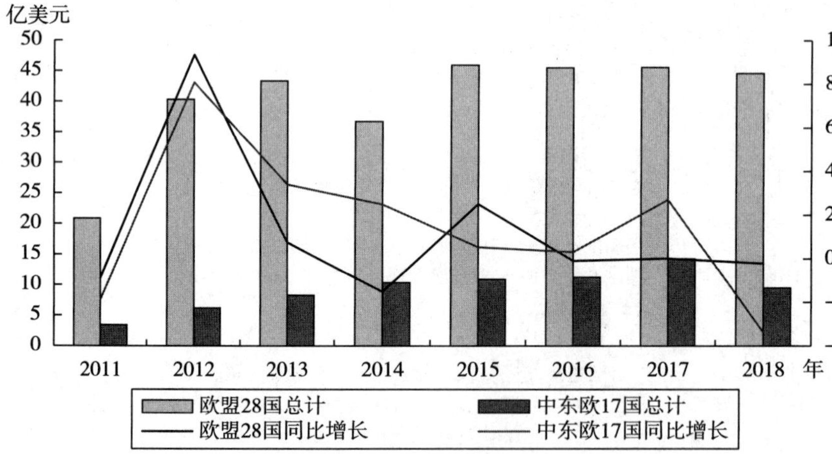

图 4 – 26　2011—2018 年中国对欧盟 28 国及中东欧 17 国承包工程营业额及增速

（资料来源：Wind 资讯）

① 欧盟中国商会，罗兰贝格．中国企业在欧发展报告 2019［R］．2019 – 10.

表4-19　　2007—2018年中国部分对外承包工程完成营业额　　单位：万美元

国家	2007年	2008年	2009年	2010年	2011年	2012年	2013年	2014年	2015年	2016年	2017年	2018年
比利时	12697	19298	7345	11322	2197	35075	7385	7002	3638	15389	14280	725
法国	32856	37861	20319	46848	86753	117932	145083	148177	184421	136049	144236	125834
德国	38408	41682	45887	34556	30255	87818	46660	38138	52252	59559	63631	81436
意大利	9971	3389	10678	7790	8263	9700	10874	6176	14498	20105	20105	27342
荷兰	31253	2685	10332	11927	9868	30436	41067	23173	24584	17588	16163	13420
丹麦	1245	491	4414	241	420	2957	2399	102	218	100	495	1283
爱尔兰	—	580	201	11	29	—	1173	713	—	—	—	—
英国	18324	17487	28525	43241	24078	37562	61519	48281	84736	71896	108268	57018
希腊	53928	32311	3970	3333	5491	8553	18018	3345	7632	29930	15973	19572
葡萄牙	2139	1080	5083	4377	2595	4481	4033	5044	6561	5645	4939	25610
西班牙	15975	11406	16109	22156	7984	10362	25225	8902	18809	29689	27916	44436
奥地利	1905	514	1059	1788	3765	12073	3304	1895	3041	4469	7490	10179
芬兰	199	370	53	105	82	306	5	—	2613	357	1676	218
瑞典	3806	1564	519	1291	1487	4416	8924	9284	11506	10528	6057	9667
捷克	744	1241	2569	6468	3753	4913	4730	4618	7754	5698	6003	5739
匈牙利	2981	2690	6503	4429	5647	4835	3272	3693	4650	3883	3390	3881
拉脱维亚	—	301	—	—	—	2	1205	467	399	—	—	64
马耳他	370	486	—	—	4	29	704	105	3443	31	213	—
波兰	7131	1239	3362	5898	3369	628	3484	12952	5037	5814	966	6267
斯洛伐克	34	46	114	75	880	700	—	—	—	—	201	—
斯洛文尼亚	2	172	202	3	—	19	37	76	194	688	826	640
保加利亚	1834	933	406	13209	2307	5969	20679	20894	8537	7758	3997	4984
罗马尼亚	7306	6595	5460	5727	5416	22498	18722	16331	14794	18457	9322	8218
克罗地亚	200	30	—	—	—	—	4415	85	213	471	138	12
北马其顿	—	—	—	57	4	—	287	16515	36906	20958	14071	10758
塞尔维亚		144	303	426	5114	13685	7975	23525	19801	17889	36897	34508
黑山	—	—	28	718	—	—	—	385	3107	—	50968	—
阿尔巴尼亚	2341	5063	8639	1945	2268	83	50	616	—	896	182	266

注：“—”表示暂无数据。

资料来源：Wind资讯。

信息专题 11　中企带动中东欧、欧盟基础设施升级案例[①]

基础设施建设是城市发展的基石，完善的基础设施能够为重点领域、人民生活、政府政务、企业经营提供多方面的重要保障。中国企业在欧洲基建领域、铁路建造以及网络设施等方面，积极输出先进技术，提高当地人民的生活与出行体验。

案例一：中铁主持匈塞高铁修建，便利两地交通往来，带动沿线国家共同发展

中国国家铁路主持修建匈牙利至塞尔维亚的高铁，为两国人民提供了更为便捷的交通方式。铁路全长共350千米，建成通车后，两地之间的旅行时间将从目前的8小时缩短至2.5小时，客运效率显著提高，两国间人民往来将更加便利。

匈塞铁路塞尔维亚段分三个标的，其中贝尔格莱德到旧帕佐瓦段长34.5千米，第二段旧帕佐瓦至诺维萨德段长40.5千米，第三段从诺维萨德到苏博蒂察段长108.1千米。贝旧段、诺苏段铁路由中国交建与中铁国际组成的联合体承建，旧诺段铁路则由俄罗斯铁路子公司俄铁国际负责。2017年11月28日，贝尔格莱德至旧帕佐瓦段铁路项目举行开工仪式，2018年6月这一路段正式开工，项目工期36个月。2020年5月30日，塞尔维亚总统武契奇宣布，塞尔维亚段最早将于2021年投入运营。

匈塞铁路匈牙利段长159.4千米。虽然在2015年，匈塞铁路就已经被纳入"一带一路"框架之中，但一直未有实质性进展。直至2019年5月，中匈企业联合体经公开招标成为匈牙利段项目的主承包商并签署EPC合同。2020年4月24日，中国进出口银行与匈牙利财政部签署匈牙利段贷款协议，标志着匈牙利段即将进入实施阶段。2020年5月19日，匈牙利国民议会以133票赞成、58票反对和3票弃权的结果通过了匈塞铁路升级改造工程法案。国会同时对中匈两国政府签署的《关于匈塞铁路项目匈牙利段开发、建设和融资合作的协议》表示支持。

匈塞铁路的意义不仅仅是三个国家合作完成一条铁路的现代化改造，更在于打造一条中欧贸易的国际大通道，带动沿线国家共同发展。

案例二：中国路桥公司承建佩列沙茨大桥，提高交通便利，带动经济发展

位于佩列沙茨半岛南部的杜布罗夫尼克是克罗地亚最大的旅游中心和疗养胜地，在亚得里亚海和东西方贸易中起着重要的中转站作用。虽然克罗地亚大

① 欧盟中国商会，罗兰贝格．中国企业在欧发展报告2019［R］．2019－10.

陆部分与佩列沙茨半岛有公路连接，但必须途经波黑境内，除此之外还可以乘坐渡轮横跨这一海域。而这两种方式都多少有些不便之处，因此克罗地亚计划建造一座跨海大桥，将大陆部分同佩列沙茨半岛连接起来，以进一步便利人员往来。

佩列沙茨大桥是一座设计长度超过 2400 米的四车道公路斜拉桥，将连接克罗地亚陆地南端和佩列沙茨半岛。该项目预估造价超过 4 亿欧元（约合 4.88 亿美元），是克罗地亚独立以来规模最大的战略性基建项目，欧盟基金将承担 85% 的项目建设支出。该项目于 2016 年开始资格预审，2017 年进入报价投标阶段。2018 年 1 月 12 日，由中国路桥公司牵头的中国企业联合体成功竞得该国佩列沙茨跨海大桥和连接线一期工程项目，中标工程涉及金额约 2.8 亿欧元，合同工期 36 个月。

佩列沙茨大桥位于佩半岛和克罗地亚本土之间，建成后将大大改善克罗地亚和巴尔干地区的交通情况。该项目招标过程透明公正，符合克罗地亚公共采购规则和欧盟标准，是中克与欧盟在“一带一路”框架下推进三方合作的旗舰项目，也是克罗地亚独立以来最大的基建项目和重点战略民生项目，提出以后一直得到中克两国政府和企业界的高度重视。

案例三：华为助力德铁改造，构建多业务、立体化通信网络

德国联邦铁路是欧洲较为先进的铁路运营商，随着铁路通信逐渐向融合、宽带、创新等方向发展，相对应的网络基建更新换代需求也随之产生。

2015 年华为参与了德国铁路位于德国北区的 GSM－R 网络改造项目。该项目中，华为为德国铁路提供了全套基站和控制器，协助德国铁路成功实现车辆调度、轨道运营、乘客体验的显著提升，并将网络宽带化以及融合通信等需求落到实处，助力德国整体铁路网络的多业务、立体化发展。据统计，该项目受益范围覆盖德国北部区域 12000 千米铁路，占德国全境铁路网络的 40%。

案例四：华为参与欧盟各国 5G 建设，提升网络体验

华为在欧洲已与西班牙、奥地利、德国、法国、葡萄牙、芬兰等十余个国家签署了 5G 合作协议，未来将为欧洲多国人民提供更流畅的网络与通信体验，比如随时随地使用高清视频，通过 VR 参与视频会议、实现智能办公与家居等。

华为作为全球第一大电信设备供应商，市场份额超过 28%，目前 5G 网络方面已经获得了全球 50 多个订单，5G 基站出货量超过 15 万部。①

① 中航证券，《电子行业周报》，2019 年 10 月 18 日。

第三篇

中东欧17国国别分析

第五章　中东欧—欧盟国家

第一节　爱沙尼亚

一、爱沙尼亚经济环境和政策

爱沙尼亚总体经济环境良好。2019 年，爱沙尼亚经济增速为 3.9%，在就业和实际工资大幅增长的支撑下，家庭消费仍是经济增长的主要驱动力。据维也纳国际经济比较研究所统计数据，2019 年，爱沙尼亚失业率为 4.4%，同比下降了 1 个百分点。2019 年实际工资总额同比增长 4%。考虑到预期的经济增速放缓，未来两年的劳动力市场形势可能并不乐观，失业率会略有上升。

作为一个小型开放经济体，爱沙尼亚的商品和服务出口占 GDP 的 75% 左右，欧洲贸易活动下滑可能对其 2020 年的经济造成重大影响。虽然对中国和意大利的直接出口影响不高（只有约 1.3% 的出口货物出口到中国，对意大利的出口更少），但北欧出口商需求的下降将严重影响该国经济，特别是电子行业，不仅可能面临需求下降，还可能受到亚洲零部件生产商的交货问题。若新冠肺炎疫情进一步蔓延，那么工业部门也将面临更多的生产和出口问题。此外，由于爱沙尼亚旅游业收入所占的比例很高，预计会大大减少住宿和饮食部门的收入。在经济环境不确定时期，耐用消费品支出也可能下降。①

统计数据显示，与 2019 年同期相比，2020 年 1 月爱沙尼亚的出口额为 11.4 亿欧元，进口额为 11.6 亿欧元，货物出口减少了 1%，进口减少了 9%。贸易逆差为 2000 万欧元，为过去 7 年中最小的逆差。具体来看，对美国（减少 3100 万

---

① wiiw. Uncertainty in Turbulent Times [R]. Forecast Report, Spring 2020.

欧元）、新加坡（减少 1600 万欧元）和德国（减少 1400 万欧元）的出口额降幅较大。此外，爱沙尼亚 2020 年 1 月的抵押贷款基准利率为 2.6%，明显高于经济实力强得多的芬兰（0.8%）和瑞典（1.52%）。较高的风险导致了爱沙尼亚较高的抵押贷款利率，表明爱沙尼亚面临较大的经济压力。①

洗钱丑闻继续影响爱沙尼亚。2018 年和 2019 年的洗钱丑闻冲击了波罗的海国家的金融体系，对爱沙尼亚金融市场的透明度、信用度和声誉造成了巨大打击。2018 年丹麦银行位于爱沙尼亚的一家分行涉嫌在 2007 年至 2015 年间洗钱，洗钱金额从最初爆料的 39 亿美元激增至超过 2290 亿美元。2019 年 2 月 19 日，爱沙尼亚金融监管局要求关闭该银行。丹麦银行在权衡之后，决定撤出波罗的海三国及俄罗斯，仅在立陶宛保留部分事务部门。

2019 年 3 月，连续多年保持了爱沙尼亚最大银行机构地位的瑞典银行（Swedbank）② 被曝在 2010 年至 2016 年间通过其爱沙尼亚分行，每年为高风险商业用户（主要是俄罗斯人）处理高达 200 亿欧元的交易。同年 6 月，瑞典银行对洗钱事件进行了内部调查，并解雇了其爱沙尼亚分行的首席执行官和财务总监。之后，爱沙尼亚政府决定在 2020 年额外向警察和边境管理局（Police and Border Guard Board）拨款 160 万欧元，向检察院拨款 30 万欧元，以提高其反洗钱能力。③

在战略能源资源方面，爱沙尼亚的油页岩占据了绝对主导地位，与油页岩相关的产业约占爱沙尼亚 GDP 的 4%。如今，在气候变化问题被提上讨论日程的同时，爱沙尼亚发现其油页岩产业存在环保方面的问题。如果爱沙尼亚放弃油页岩产业，温室气体的排放量将减少约 90%，但每年将损失约 10 亿欧元，减少1.3 万个工作岗位，同时还会造成电价上涨。因此，有关环境问题的辩论和欧盟到 2050 年实现碳中和目标将是爱沙尼亚 2020 年最重要的议题。④

二、中爱经贸关系发展近况

（一）中爱双边贸易近况⑤

据欧盟统计局统计，2019 年爱沙尼亚与中国双边货物进出口额为 9.22 亿美元，下降 10.7%。其中，爱沙尼亚对中国出口 1.93 亿美元，下降 11.6%，占其

---

① 详细信息请参考：https：//mp. weixin. qq. com/s/hepLV0XPtHSiPkS16u8nBg。
② 截至 2017 年 12 月 31 日，瑞典银行占爱沙尼亚本国市场份额的 40%。
③ 详细信息请参考：https：//mp. weixin. qq. com/s/GK3B0YUshE _ hOHy – D8ZvlQ。
④ 详细信息请参考：https：//mp. weixin. qq. com/s/GK3B0YUshE _ hOHy – D8ZvlQ。
⑤ 中国商务部．2019 年爱沙尼亚货物贸易及中爱双边贸易概况［R］. 2020.

出口总额的1.2%；爱沙尼亚自中国进口7.29亿美元，下降10.4%，占其进口总额的4.1%。爱方贸易逆差5.36亿美元，下降10%。

2019年爱沙尼亚对中国机电产品出口继续增长，为其对中国出口最多商品，出口额0.76亿美元，下降5.4%，占爱沙尼亚对中国出口总额的39.5%。木及制品出口0.42亿美元，下降20.5%，占出口总额的22%。此外，光学、钟表、医疗设备等出口0.21亿美元，下降36.5%，占爱沙尼亚对中国出口总额的10.9%（见表5-1）。

表5-1　　2018—2019年爱沙尼亚对中国出口的主要商品构成（类）

海关分类	HS编码	商品类别	2019年（亿美元）	2018年（亿美元）	同比（%）	占比（%）
类	章	总值	1.93	2.18	-11.6	100
第16类	84-85	机电产品	0.76	0.80	-5.4	39.5
第9类	44-46	木及制品	0.42	0.53	-20.5	22.0
第18类	90-92	光学、钟表、医疗设备	0.21	0.33	-36.5	10.9
第1类	01-05	活动物；动物产品	0.14	0.10	44.0	7.3
第15类	72-83	贱金属及制品	0.13	0.17	-26.8	6.5
第6类	28-38	化工产品	0.06	0.05	24.3	3.2
第2类	06-14	植物产品	0.06	0.06	0.3	3.0
第5类	25-27	矿产品	0.05	0.04	43.0	2.7
第11类	50-63	纺织品及原料	0.03	0.03	5.8	1.5
第20类	94-96	家具、玩具、杂项制品	0.03	0.02	4.5	1.3
第10类	47-49	纤维素浆；纸张	0.02	0.02	25.3	1.0
第17类	86-89	运输设备	0.01	0.01	-24.7	0.5
第4类	16-24	食品、饮料、烟草	0.01	0.01	-55.8	0.3
第7类	39-40	塑料、橡胶	0.01	0.01	-3.1	0.3

资料来源：中国商务部。

爱沙尼亚自中国进口的商品主要集中于机电产品，2019年进口4.08亿美元，下降19.1%，占爱沙尼亚自中国进口总额的56%。其中，电子类产品进口3亿美元，下降17.1%；机械类产品进口1亿美元，下降24.7%。此外，贱金属及制品进口0.72亿美元，微增0.6%，占爱沙尼亚自中国进口总额的9.9%；纺织品及原料进口0.61亿美元，下降13%，占自中国进口总额的8.3%（见表5-2）。在上述产品上，瑞典、德国和芬兰等是中国的主要竞争对手。

表 5－2　　2018—2019 年爱沙尼亚自中国进口的主要商品构成（类）

海关分类	HS 编码	商品类别	2019 年（亿美元）	2018 年（亿美元）	同比（%）	占比（%）
类	章	总值	7.29	8.14	－10.4	100
第 16 类	84－85	机电产品	4.08	5.05	－19.1	56.0
第 15 类	72－83	贱金属及制品	0.72	0.72	0.6	9.9
第 11 类	50－63	纺织品及原料	0.61	0.70	－13.0	8.3
第 20 类	94－96	家具、玩具、杂项制品	0.55	0.48	15.0	7.6
第 7 类	39－40	塑料、橡胶	0.37	0.38	－2.3	5.1
第 6 类	28－38	化工产品	0.22	0.18	21.2	3.0
第 18 类	90－92	光学、钟表、医疗设备	0.17	0.14	26.3	2.4
第 17 类	86－89	运输设备	0.14	0.12	15.5	1.9
第 13 类	68－70	陶瓷；玻璃	0.11	0.09	17.2	1.5
第 12 类	64－67	鞋靴、伞等轻工产品	0.09	0.08	6.1	1.2
第 8 类	41－43	皮革制品；箱包	0.06	0.06	3.5	0.8
第 9 类	44－46	木及制品	0.05	0.04	22.7	0.7
第 10 类	47－49	纤维素浆；纸张	0.04	0.03	21.2	0.5
第 4 类	16－24	食品、饮料、烟草	0.03	0.03	8.1	0.4
第 14 类	71	贵金属及制品	0.02	0.02	0.2	0.2
		其他	0.03	0.03	26.0	0.4

资料来源：中国商务部。

（二）中爱相互投资近况①

据中国商务部统计，2018 年中国对爱沙尼亚直接投资流量为 5322 万美元。截至 2018 年末，中国对爱沙尼亚直接投资存量为 5684 万美元。目前，中国在爱沙尼亚中资企业共有 6～7 家，多为当地华商经营的私营企业，主要集中在贸易、餐饮、旅游和中医保健等领域。华为公司在爱沙尼亚设有常驻代表处。

三、爱沙尼亚应对新冠肺炎疫情措施②

新冠肺炎疫情正在影响爱沙尼亚经济。截至 2020 年 5 月 7 日，登记的感染人数为 1720 人，死亡 56 人。政府实施了一系列措施，旨在遏制和减轻疫情对公众和企业的影响。这些措施包括旅行限制、保持社交距离、宣布紧急状态、学校远程教育、禁止公众集会和卫生检查。

① 中国商务部国际贸易经济合作研究院，中国驻爱沙尼亚大使馆经济商务参赞处，中国商务部对外投资和经济合作司．对外投资合作国别（地区）指南爱沙尼亚（2019 年版）[R]．2020.

② IMF，Policy Responses to COVID－19，Policy Tracker：https：//www. imf. org/en/Topics/imf－and－covid19/Policy－Responses－to－COVID－19#P.

爱沙尼亚政府在2020年4月27日批准了经济恢复计划。购物中心和餐馆将于5月11日开业；从5月14日起，爱沙尼亚和芬兰之间将允许与工作有关的交流；学校将于5月15日开学，大部分学习内容将通过网络；儿童游戏室、赌场、保龄球馆、台球厅和成人俱乐部等娱乐设施将继续关闭。早些时候，爱沙尼亚政府决定将紧急状态延长至2020年5月17日。

（一）财政政策

爱沙尼亚议会于2020年4月15日批准了一项补充预算。根据这一预算，政府正在考虑一项约20亿欧元（占GDP的7%）的财政支持计划，这将使名义财政赤字占GDP的比例超过9%。这一一揽子计划将帮助购买卫生设施用品，并支持工人和企业。该方案包括：向失业保险基金提供支持（2.5亿欧元）；向健康保险基金提供支持（2.13亿欧元）；通过农村发展基金向农村企业发放企业贷款（2亿欧元）；为银行贷款提供担保/担保品，以便重新安排付款时间（10亿欧元）；向企业提供流动性支持的商业贷款（5亿欧元）；对地方政府的支持（1.3亿欧元）；向公司提供投资贷款（5000万欧元）；取消文化和体育活动的直接费用补偿（300万欧元）。政府签署了一项命令，将爱沙尼亚可以发行的短期票据的最大发行量从之前的4亿欧元提高了6亿欧元，使总额达到10亿欧元。政府已与北欧投资银行签署了一项为期15年的7.5亿欧元的贷款。

（二）货币政策和宏观政策

欧洲央行提供以下货币政策支持：（1）到2020年底，在现有项目下，额外购买1200亿欧元资产；（2）将在2020年6月至2021年6月间以更低的利率实施长期定向再融资操作。最近，欧洲央行推出了一项新的贷款计划，其中包括疫情应对紧急长期再融资操作（PELTRO），以进一步支持经济增长。针对3月底开始实施的7500亿欧元的紧急资产购买计划，欧洲央行重申已做好充分准备，将在必要时进一步扩大紧急购债规模、延长购债时间。欧洲央行鼓励银行向企业和家庭放贷的计划最低利率将降至低于存款利率50个基点的水平，目前存款利率为-0.5%。而新的非定向工具的利率将比主要再融资利率低0.25%，目前主要再融资利率为0。作为欧元区的成员国，欧洲央行所实施的一系列措施同样适用于爱沙尼亚。另外，在2020年3月25日，爱沙尼亚银行（Eesti Bank）将商业银行的系统风险缓冲从1%降至0，以释放用于贷款损失或新贷款的资源。该措施预计将为银行释放约1.1亿欧元的资金。爱沙尼亚银行还宣布将其2019年的利润的3/4（相当于1890万欧元）在疫情之后最大可能地用于支持国家预算。

（三）汇率与国际收支

相关政策尚未披露。

第二节　保加利亚

一、保加利亚经济环境和政策

2019 年，保加利亚经济表现不均衡，在上半年稳健增长之后，下半年经济活动明显放缓，全年 GDP 增速为 3.5%，大部分经济部门均出现放缓迹象。2019 年，制造业产出增长不到 2%，而商品和服务的实际出口基本停滞，实际进口也如此，由此反映出保加利亚国内对中间产品和投资品的需求在减弱。若以欧元进行计算，2019 年保加利亚商品进口实际下降了 2%。此外，固定资本形成总额也有所下降，尤其是在 2019 年的下半年。在实际收入持续增长的推动下，保加利亚私人消费是推动本国 GDP 增长的主要动力。2019 年保加利亚的经常账户盈余创下了历史新高，达 59 亿欧元，其主要原因是商品贸易逆差缩小和服务贸易顺差进一步扩大的双重效应。①

2019 年 10 月 2 日，保加利亚内阁批准了《保加利亚公民法》修正案草案，该草案旨在消除通过短期投资的方式获得保加利亚永居权后，再轻易获得保加利亚公民权的可能性。保加利亚政府的一份声明说，实践表明，一些保加利亚公民身份申请者获得了永久居留权，这主要是因为他们投资了超过 100 万列弗的政府证券或持牌信托，当他们在相同条件下分别将投资增加到 200 万列弗后即可以申请成为保加利亚公民。在申请保加利亚公民身份时或在申请程序的任何后续阶段中，通常会发现由于购买的证券已被出售而无法达成投资要求。在某些情况下，当通过持牌信托进行投资时，该申请人没有银行账户，也没有在银行中注册为投资者，而申请人说该银行是以现金或其他金融资产形式进行投资的。②

2019 年保加利亚与欧盟关系中最重要的事件是，欧盟委员会建议取消对保加利亚内务和司法的监管。保加利亚在 2007 年加入欧盟，12 年后，欧盟于 2019 年 10 月底裁定保加利亚已满足法治和反腐败的要求。虽然欧盟理事会和欧洲议会尚未就此事作出正式决定，但结果不会出乎人们的意料。原则上，预计有几个国家会反对取消对保加利亚的监管，但它们只是少数而且最终会接受欧盟委员会的决定。③

---

① wiiw. Uncertainty in Turbulent Times [R]. Forecast Report, Spring 2020.

② 搜狐财经：https://m.sohu.com/a/346511526_120246358/? pvid=000115_3w_a，检索日期：2020 年 5 月 7 日。

③ 中国—中东欧研究院. 2019 年保加利亚外交政策的主要趋势及特点. 2019-12.

保加利亚仍然希望能尽早申请参加欧洲汇率机制 ERM II①。2019 年，欧洲央行进行了一项资产质量评估和压力测试，结果发现，在接受调查的 6 家保加利亚银行中，有 2 家出现了资本短缺。上述 2 家银行迅速采取措施，以弥补资本缺口。2020 年 2 月，议会通过了关于保加利亚国家银行的法律修正案，澄清了与保加利亚加入 ERM II 机制相关的一些技术细节。② 保加利亚财政部长在 2020 年 3 月表示，新冠肺炎疫情不会阻止保加利亚加入 ERM II 机制和欧元区的进程，但可能会导致延迟。目前虽然很难预测年底的财政赤字，但最初设定的收支目标将无法实现，预计收入损失约为 15 亿欧元。如增加必需的额外支出，赤字还将扩大。③

二、中保经贸关系发展近况

（一）中保双边贸易近况④

据欧盟统计局统计，2019 年保加利亚与中国双边货物进出口额为 25.75 亿美元，增长 4.9%。其中，保加利亚对中国出口 9.13 亿美元，增长 1.6%；自中国进口 16.62 亿美元，增长 6.8%。保加利亚与中国的贸易逆差为 7.49 亿美元。

贱金属及制品是保加利亚对中国出口的主力产品，2019 年出口额为 6.13 亿美元，下降 8.0%，占保加利亚对中国出口总额的 67.1%。在贱金属及制品中，最主要的出口产品是铜及其制品，出口 6.1 亿美元，下降 7.8%。机电产品是保加利亚对中国出口的第二大类商品，出口 0.97 亿美元，增长 24.2%，占保加利亚对中国出口总额的 10.6%。矿产品是保加利亚对中国出口的第三大类产品，出口 0.92 亿美元，增长 31.5%（见表 5－3）。

表 5－3　　2018—2019 年保加利亚对中国出口的主要商品构成（类）

海关分类	HS 编码	商品类别	2019 年（亿美元）	2018 年（亿美元）	同比（%）	占比（%）
类	章	总值	9.13	8.99	1.6	100
第 15 类	72－83	贱金属及制品	6.13	6.66	－8.0	67.1

① 欧洲汇率机制（European Exchange Rate Mechanism，ERM），是欧洲共同体于 1979 年 3 月 13 日开始运作的一个旨在约束欧洲货币汇率变动和实现欧洲货币稳定的体系，是欧洲货币体系（EMS）的组成部分。这一机制为建立经济与货币联盟和在 1999 年 1 月 1 日推出统一货币“欧元”打下了基础。在采用欧元以后，欧洲汇率机制的政策变为联系非欧元区欧盟国家的货币与欧元，以提高这些货币的稳定性，并成为对潜在欧元区成员的评价机制。这个取代 ERM 的机制称为 ERM II。截至 2015 年 1 月，只有丹麦处于 ERM II 机制下。2018 年，保加利亚申请加入该机制。2019 年 7 月，克罗地亚也提出同样的申请。

② wiiw. Uncertainty in Turbulent Times [R]. Forecast Report, Spring 2020.

③ 中华人民共和国商务部：http://www.mofcom.gov.cn/article/i/jyjl/m/202003/20200302947713.shtml，检索日期：2020 年 5 月 7 日。

④ 中国商务部. 2019 年保加利亚货物贸易及中保双边贸易概况 [R]. 2020.

续表

海关分类	HS 编码	商品类别	2019 年（亿美元）	2018 年（亿美元）	同比（%）	占比（%）
第 16 类	84 - 85	机电产品	0.97	0.78	24.2	10.6
第 5 类	25 - 27	矿产品	0.92	0.70	31.5	10.1
第 2 类	06 - 14	植物产品	0.36	0.04	871.7	4.0
第 6 类	28 - 38	化工产品	0.21	0.23	- 10.5	2.3
第 4 类	16 - 24	食品、饮料、烟草	0.11	0.09	16.2	1.2
第 7 类	39 - 40	塑料、橡胶	0.08	0.06	38.8	0.9
第 17 类	86 - 89	运输设备	0.08	0.04	120.1	0.9
第 18 类	90 - 92	光学、钟表、医疗设备	0.07	0.08	-5.0	0.8
第 20 类	94 - 96	家具、玩具、杂项制品	0.07	0.13	-44.3	0.8
第 11 类	50 - 63	纺织品及原料	0.06	0.08	-26.3	0.7
第 13 类	68 - 70	陶瓷；玻璃	0.01	0.02	-18.7	0.2
第 3 类	15	动植物油脂	0.01	0	476.8	0.2
第 9 类	44 - 46	木及制品	0.01	0.05	-74.4	0.2
第 12 类	64 - 67	鞋靴、伞等轻工产品	0.01	0	4506.6	0.1
		其他	0.01	0.03	-51.3	0.1

资料来源：中国商务部。

保加利亚自中国进口的主要商品为机电产品，家具、玩具、杂项制品和纺织品及原料，2019 年三类商品分别进口 6.44 亿美元、1.97 亿美元和 1.70 亿美元，合计占保加利亚自中国进口总额的 60.8%（见表 5 -4）。在劳动密集型产品上，中国继续保持优势，家具玩具等轻工产品占保加利亚同类产品进口总额的比例较高，德国、意大利、波兰、希腊等国家是中国的主要竞争对手。

表 5 -4　　2018 -2019 年保加利亚自中国进口的主要商品构成（类）

海关分类	HS 编码	商品类别	2019 年（亿美元）	2018 年（亿美元）	同比（%）	占比（%）
类	章	总值	16.62	15.56	6.8	100
第 16 类	84 - 85	机电产品	6.44	5.97	7.7	38.7
第 20 类	94 - 96	家具、玩具、杂项制品	1.97	1.63	21.1	11.9
第 11 类	50 - 63	纺织品及原料	1.70	1.42	20.0	10.2
第 15 类	72 - 83	贱金属及制品	1.36	1.37	-0.5	8.2
第 6 类	28 - 38	化工产品	1.21	1.26	-3.4	7.3
第 7 类	39 - 40	塑料、橡胶	0.94	0.85	10.1	5.7
第 17 类	86 - 89	运输设备	0.66	0.89	-26.0	4.0
第 18 类	90 - 92	光学、钟表、医疗设备	0.53	0.46	16.6	3.2
第 13 类	68 - 70	陶瓷；玻璃	0.37	0.38	-2.3	2.2
第 12 类	64 - 67	鞋靴、伞等轻工产品	0.32	0.31	4.7	1.9

续表

海关分类	HS 编码	商品类别	2019 年（亿美元）	2018 年（亿美元）	同比（%）	占比（%）
第 2 类	06 – 14	植物产品	0. 23	0. 19	23. 6	1. 4
第 9 类	44 – 46	木及制品	0. 21	0. 21	4. 2	1. 3
第 4 类	16 – 24	食品、饮料、烟草	0. 21	0. 24	– 13. 5	1. 3
第 10 类	47 – 49	纤维素浆；纸张	0. 2	0. 16	29. 2	1. 2
第 8 类	41 – 43	皮革制品；箱包	0. 13	0. 12	5. 4	0. 8
		其他	0. 13	0. 12	10. 5	0. 8

资料来源：中国商务部。

（二）中保相互投资近况①

据中国商务部统计，2018 年中国对保加利亚直接投资流量为 – 168 万美元。截至 2018 年末，中国对保加利亚直接投资存量为 1. 71 亿美元。在保加利亚开展投资、经营的主要中资企业有 20 余家。中国在保加利亚投资（含经过第三国）累计达 6 亿多美元，涉及领域从传统的农业、能源、汽车扩展到通信、金融、云平台、图像视觉细分技术等新兴行业。中国企业在保加利亚投资经营主要集中在以下四大领域：一是汽车，如销售情况良好的长城汽车项目、宇通中标索非亚市政 110 辆公交车项目；二是农业合作，如天津农垦在保加利亚农业项目、天世农饲料加工项目等；三是通信领域，如华为、中兴、中科创达在保加利亚项目；四是可再生能源项目，如伊赫迪曼光伏项目等。

2018 年中国企业在保加利亚新签承包工程合同 12 份，新签合同额 3955 万美元，完成营业额 4984 万美元。新签大型工程承包项目包括华为技术有限公司承包保加利亚电信等。2018 年 7 月，第七届中国—中东欧国家领导人在保会晤期间，在领导人见证下，济南锅炉集团与保 SVILOCELL 公司签署 16MW 生物质废弃物发电厂项目 EPC 总承包合同，金额约 1500 万美元。

三、保加利亚应对新冠肺炎疫情措施②

与欧盟核心国家相比，新冠肺炎疫情在保加利亚的传播程度相对较轻，截至 2020 年 5 月 7 日，确诊病例 1811 例，死亡 84 例。国民议会通过了《紧急状态法》，规定了防疫相关的措施。保加利亚政府实施了一系列措施以抑制疫情的传

① 中国商务部国际贸易经济合作研究院，中国驻保加利亚大使馆经济商务参赞处，中国商务部对外投资和经济合作司. 对外投资合作国别（地区）指南保加利亚（2019 年版）[R]. 2020.

② IMF. Policy Responses to COVID – 19, Policy Tracker: https: //www. imf. org/en/Topics/imf – and – covid19/Policy – Responses – to – COVID – 19#P.

播，包括社交距离和旅行限制。经济政策包括增加流动性供应、贷款延期偿还、支持就业以及推迟各种税收和公共事业付款期限。

此次疫情将对保加利亚的经济产生重大不利影响。自疫情爆发以来，在 2020 年 3 月 13 日至 4 月 30 日期间，登记的失业人数已超过 11 万人。2020 年前 4 个月，预算盈余同比下降 11 亿保加利亚列弗，这主要因为企业所得税的纳税期限推迟，增值税及其他税收的收入下降。

目前，保加利亚已经实施的放松措施包括取消旅行限制、放宽佩戴口罩的要求、增加开放场地和一些体育娱乐活动、重新开放露天餐馆（确保桌子之间的距离最小）。此外，保加利亚政府还表示，紧急状态于 2020 年 5 月 13 日解除。政府目前正在修改立法，允许卫生部长继续负责疫情防控，并在必要时采取遏制措施。政府还计划维持疫情期间引入的一些经济支持措施，包括 60/40 工资补贴措施（至 2020 年 6 月底）和向受影响的企业和家庭提供无息贷款（至 2020 年 9 月）。

（一）财政政策

按照修订后的 2020 年财政预算，保加利亚政府已经开始实施主要的税收政策和支出政策，允许预算赤字达 35 亿保加利亚列弗，将 2020 年新增公共债务上限提高至 100 亿保加利亚列弗。具体还包括：（1）在受影响较为严重的行业里（可能会被解雇）雇员工资的 60% 以及雇主应缴纳的社保由政府来支付（这部分支出占 2019 年 GDP 的 1.2% 以上）；（2）公司税缴纳日期延长至 6 月 30 日（约占 2019 年 GDP 的 0.5%）；（3）在卫生部、内政部和国防部的额外支出（占 2019 年 GDP 的 0.4%）；（4）为参与农业生产并签订劳动合同后，登记失业的人员提供失业救济金的可能性；（5）向医务和社会服务人员发放奖金和扩大社会资助服务；（6）支持各种弱势群体，如文化领域的自由职业者，向被迫无薪休假的父母提供一次性援助。此外，保加利亚国民议会投票决定，从 2020 年 4 月 1 日起，保加利亚国会议员、政府官员、政治办公室成员和国家机构负责人将无薪休假，直至新冠肺炎疫情全国紧急状态结束。

（二）货币政策和宏观政策

保加利亚国家银行实施了以下措施：（1）2019 年银行系统利润资本化（约占 2019 年 GDP 的 1.4%）；（2）通过减少商业银行的海外敞口，使银行系统的流动性增加 70 亿保加利亚列弗（占 2019 年 GDP 的 6%）；（3）取消 2020 年和 2021 年反周期资本缓冲增加的计划，原计划的增加金额为 7 亿保加利亚列弗（相当于 2019 年 GDP 的 0.6%）；（4）就银行贷款延期至多 6 个月达成协议（但不迟于 2020 年底）；（5）与欧洲央行建立 20 亿欧元的货币互换额度，期限至 2020 年底或根据需要延长，每次最长到期期限为 3 个月。

此外，保加利亚政府还利用国家和欧盟资金向金融体系注入流动性。具体措施包括：（1）保加利亚国有开发银行（Bulgarian Development Bank，BDB）增资7亿保加利亚列弗（2019 年 GDP 的 0.6%），其中的 5 亿保加利亚列弗用于向商业银行发行投资组合以保证其企业贷款规模可扩大，其余的 2 亿保加利亚列弗用于向被迫无薪休假的员工提供无息贷款；（2）向国有企业“基金中的基金”（the Fund of Funds）拨款 10.24 亿保加利亚列弗，用于对微型企业、个体工商户、弱势群体创业者、符合条件的中小企业和企业进行补贴；（3）向欧洲投资基金（European Investment Fund）和欧盟委员会（European Commission）联合发起的一个组织拨款 8 亿保加利亚列弗，目的是为中小企业提供担保/信贷；（4）向由“基金中的基金”所管理的“城市发展基金”（the Urban Development Funds）拨款 4.18 亿保加利亚列弗，目的是帮助受疫情影响严重的市政当局、公私合营企业、私营企业、旅游业和交通部门实施长期投资与提供流动资金。

（三）汇率与国际收支

相关政策尚未披露。

第三节 波兰

一、波兰经济环境和政策

近年来，波兰发展势头强劲，是中东欧地区经济增长的引擎。自 1990 年以来经济一直保持正增长，人均 GDP 由 4700 欧元提高到 2019 年的约 22900 欧元①。2015—2019 年，波兰政府实施“负责任的经济发展战略”，推行再工业化、鼓励创新、海外扩展、家庭 500 + 等经济社会政策。2019 年，波兰出现通货膨胀趋势，但整体程度较温和。若波兰政府在 2020 年继续大幅度提高能源关税，通胀可能会加速。波兰的货币政策在 2019 年也相对温和。波兰央行（Narodowy Bank Polski，NBP）表示，实施更严格货币政策对预防通胀意义不大，因为这有可能对投资以及消费的增长均无益。此外，2019 年波兰的汇率保持稳定，政府债务和不良贷款水平也偏低。

2019 年 1 月 1 日，波兰住房补贴法案生效，将为投资者与市政府合作协议涵盖的、符合收入等法定条件的新公寓租户提供 15 年住房补贴。此项政策主要针对无力在商业市场上租赁或购买公寓，或收入太高而无法申请市政住房的人。家庭

① wiiw. Uncertainty in Turbulent Times [R]. Forecast Report, Spring 2020.

收入是给予补贴的主要依据。单人家庭平均月收入不超过全国平均工资（中央统计局公布）的 60%，每增加一个家庭成员收入限额可提高 30%（即两人家庭不超过 90%、三人家庭不超过 120%），符合补贴收入标准。2019 年，政府将拨款 2 亿兹罗提（4630 万欧元）用于补贴，2020—2033 年间，每年补贴预算将在上年基础上增加 2 亿兹罗提，2034 年每年补贴将达到 32 亿兹罗提（7.41 亿欧元）。

2019 年 1 月 22 日，波兰投资贸易局表示，将吸引电动汽车领域投资作为其首要任务，正在为价值 27 亿欧元的电动汽车项目服务，该领域投资占其目前投资组合的近 40%。投资局代理局长 Krzysztof Senger 表示，电动汽车领域投资的增长不仅能促进经济结构调整，也可以提升波兰在中东欧地区的优势地位，2019 年共有 6 个电动汽车投资项目获批。投资局所服务项目的投资额约占波兰外资项目总额的 30%。

2019 年 2 月 7 日，《CEO 世界》杂志称，2018 年，波兰是全球投资或经商的最佳地点之一，遥遥领先于美国和英国等国，排在马来西亚之后。评选标准考察了 11 个同等重要的因素，包括腐败、自由（个人、贸易和货币）、劳动力、投资者保护、基础设施、税收、生活质量、繁文缛节和技术准备等。波兰 85.2 分，马来西亚 85.8 分，但在经济稳定和政府政策方面波兰得分高于马来西亚。菲律宾排在第三位，印度尼西亚和澳大利亚紧随其后，波兰成为排名前五的唯一欧洲国家。欧洲经济强国德国排名第 25，英国第 16，法国第 17。美国排在第 18 位，俄罗斯排在第 38 位。

2019 年 2 月 27 日，波兰参议院通过了修订后的电价法案，将电力消费税从 20 兹罗提降至 5 兹罗提（4.6 欧元至 1.2 欧元）/兆瓦时，将最终用户临时费用减少 95%，确定 2019 年最终用户价格锚定 2018 年 6 月 30 日电价，并将电价管理权从立法机构转移至波兰能源监管办公室（URE）。市场电价与最终用户价格间的差异将由价格差异监管基金承担，基金主要来源于二氧化碳排放权销售。

2019 年 3 月 24 日，华沙商业杂志报道，波兰企业发展局（PARP）将通过“市场研究”计划（Research for the Market），为计划生产新产品的中小企业提供总额 15 亿兹罗提的资金补助。补助资金可用于购买生产新产品所需的机器设备、资产以及咨询服务。

在波兰，未来养老金问题对波兰员工而言，仍然是巨大的挑战。对此，波兰政府有意进行一项名为“员工资本计划”（Employee Capital Plans）的养老金改革。该计划原定于 2019 年 7 月实施，但启动时间延长至 2020 年中期。波兰政府希望以这种方式使波兰的雇员开始独立储蓄养老金，因为目前的社保制度将无法满足老年人不断增长的财务需求。①

① 中国—中东欧研究院.2019 年波兰养老金改革.2019－12.

波兰政府在2019年继续向民众提供各种形式的资金转移。这些举措均受到了低收入和低技能社会阶层的高度赞赏，使得波兰执政党法律与公正党在2019年10月13日举行的议会选举中获得43.6%的选票，保持议会众议院第一大党地位。①

然而，随着新冠肺炎疫情对波兰经济带来的巨大冲击，波兰在2020年将遭受短暂的经济衰退，其财政指标暂时将变弱。总体而言，波兰健全的宏观经济框架得到了通货膨胀目标制、国家财政规则、灵活的汇率制度和稳定的金融部门的支持，与中东欧其他国家相比，波兰的经济对外抗风险能力较强，这使其不太容易受到外部需求波动的影响。

2020年3月18日，波兰政府提出了一系列措施，以支持波兰企业和就业，并遏制新冠肺炎疫情的负面影响。一天前，波兰央行将基准利率下调了50个基点至1.00%，降低了存款准备金率，增加了银行的流动性。这些联合措施旨在维护金融稳定，缓解疫情对波兰经济和银行的负面影响。政府估计其措施的价值约为2120亿兹罗提（473亿欧元），几乎占波兰GDP的10%。这些措施包括：共同资助员工工资的40%，最高可达全国平均工资，并支持自雇人员的收入达到最低工资的80%；社会保障金将推迟3个月发放，或者可以分期发放，不收取额外费用，但前提是雇主有正当理由向有关部门提出申请并获得批准。②

同样因为疫情，波兰执政党法律与公正党主席卡钦斯基在2020年5月6日晚发表声明称，由于波兰最高法院“预计将作出决定，使得原定于10日举行的总统选举无效”，因而波兰议会众议院推迟总统选举，众议院议长近日将公布推迟后的总统选举日期。此前，波兰执政党与在野党在是否于5月10举行总统选举的议题上进行了反复辩论，法律与公正党甚至一度决定将通过邮寄的方式进行总统大选。但由于疫情持续，邮寄投票的准备工作未能完成，且出台有关总统选举的法规可能分裂执政联盟，所以法律与公正党最终还是决定推迟总统选举。截至5月15日，尚不清楚波兰将于何时举行大选。波兰媒体民调显示，属执政党结盟的现任总统杜达可望在首轮投票囊括50%以上选票。反对党认为，在因疫情而采取隔离限制措施的情况下，自由、公平与安全的投票已无可能，因此要求延后举行选举。批评者也指出，疫情期间，民主辩论与竞选活动都不能正常举行，影响了提名人的政策说明。③

---

① wiiw. Uncertainty in Turbulent Times [R]. Forecast Report, Spring 2020.

② Moody's. Poland's credit profile balances a relatively resilient economy against a gradual erosion of institutional strength. 2020 - 04.

③ 人民网—国际频道：http://world.people.com.cn/n1/2020/0508/c1002 - 31700648.html，检索日期：2020年5月7日。

二、中波经贸关系发展近况

（一）中波双边贸易近况①

据欧盟统计局数据，2019 年，波兰与中国货物进出口额为 259.50 亿美元，增长 9.6%。其中，波兰对中国出口 29.66 亿美元，增长 19.4%，占波兰出口总额的 1.1%，增加 0.2 个百分点；波兰自中国进口 229.84 亿美元，增长 8.4%，占波兰进口总额的 8.8%，增加 1.0 个百分点。波方贸易逆差 200.18 亿美元，增长 7.0%，中国是波兰最大的逆差来源国。截至 2019 年 12 月，中国是波兰第二十大出口市场和第二大进口来源地。

机电产品、贱金属及制品和塑料、橡胶是波兰对中国出口的主要产品，2019 年三类产品出口额合计占波兰对中国出口总额的 63.7%，分别为 8.93 亿美元、7.65 亿美元和 2.31 亿美元，分别增长 21.6%、15.3% 和 11.7%，另外，木及制品的出口额增幅较多，为 112.4%（见表 5－5）。

表 5－5　2018—2019 年波兰对中国出口的主要商品构成（类）

海关分类	HS 编码	商品类别	2019 年（亿美元）	2018 年（亿美元）	同比（%）	占比（%）
类	章	总值	29.66	24.85	19.4	100
第 16 类	84－85	机电产品	8.93	7.34	21.6	30.1
第 15 类	72－83	贱金属及制品	7.65	6.64	15.3	25.8
第 7 类	39－40	塑料、橡胶	2.31	2.07	11.7	7.8
第 1 类	01－05	活动物；动物产品	1.70	0.93	82.5	5.7
第 9 类	44－46	木及制品	1.64	0.77	112.4	5.5
第 20 类	94－96	家具、玩具、杂项制品	1.58	1.93	－18.1	5.3
第 17 类	86－89	运输设备	1.37	1.2	13.9	4.6
第 6 类	28－38	化工产品	1.17	0.91	28.6	4.0
第 18 类	90－92	光学、钟表、医疗设备	1.16	1.06	9.4	3.9
第 13 类	68－70	陶瓷；玻璃	0.68	0.55	23.0	2.3
第 4 类	16－24	食品、饮料、烟草	0.53	0.45	18.5	1.8
第 5 类	25－27	矿产品	0.31	0.17	78.9	1.1
第 10 类	47－49	纤维素浆；纸张	0.22	0.32	－32.1	0.7
第 11 类	50－63	纺织品及原料	0.22	0.22	－0.2	0.7
第 2 类	06－14	植物产品	0.08	0.12	－31.4	0.3
		其他	0.11	0.16	－33.6	0.4

资料来源：中国商务部国别贸易报告。

① 中国商务部 . 2019 年波兰货物贸易及中波双边贸易概况［R］. 2020.

波兰自中国进口的主要商品为机电产品，家具、玩具、杂项制品和纺织品及原料，2019 年三类产品进口额合计占波兰自中国进口总额的 68.1%，分别为 115.85 亿美元、20.66 亿美元和 20.05 亿美元，分别增长 8.1%、2.6% 和 9.9%。这些产品在波兰进口市场中分别占有 50.4%、9.0% 和 8.7% 的份额。另外，波兰自中国进口的运输设备总额增幅较多，增长 25.4%（见表 5－6）。

表 5－6　　2018—2019 年波兰自中国进口的主要商品构成（类）

海关分类	HS 编码	商品类别	2019 年（亿美元）	2018 年（亿美元）	同比（%）	占比（%）
类	章	总值	229.84	212.01	8.4	100
第 16 类	84－85	机电产品	115.85	107.17	8.1	50.4
第 20 类	94－96	家具、玩具、杂项制品	20.66	20.14	2.6	9.0
第 11 类	50－63	纺织品及原料	20.05	18.25	9.9	8.7
第 15 类	72－83	贱金属及制品	18.87	17.39	8.5	8.2
第 6 类	28－38	化工产品	10.38	8.68	19.7	4.5
第 7 类	39－40	塑料、橡胶	8.55	8.02	6.5	3.7
第 18 类	90－92	光学、钟表、医疗设备	7.85	7.26	8.1	3.4
第 17 类	86－89	运输设备	7.19	5.73	25.4	3.1
第 12 类	64－67	鞋靴、伞等轻工产品	5.73	5.19	10.2	2.5
第 13 类	68－70	陶瓷；玻璃	4.39	4.06	8.2	1.9
第 8 类	41－43	皮革制品；箱包	2.97	2.88	3.1	1.3
第 1 类	01－05	活动物；动物产品	1.71	1.55	10.3	0.7
第 10 类	47－49	纤维素浆；纸张	1.52	1.23	23.4	0.7
第 9 类	44－46	木及制品	1.06	1.06	－0.2	0.5
第 2 类	06－14	植物产品	0.76	0.75	0.8	0.3
		其他	2.32	2.64	－12.2	1.0

资料来源：中国商务部国别贸易报告。

（二）中波相互投资近况①

据中国商务部统计，2018 年中国对波兰直接投资流量为 1.18 亿美元。截至 2018 年末，中国对波兰直接投资存量为 5.24 亿美元。据波方统计，截至 2017 年底，中国在波兰注册实体 524 个，其中 442 个实体雇佣人数 9 人以下，82 个实体雇佣人数在 10 人及以上，投资额在 100 万美元以上的实体 14 个。中国企业在波兰投资涉及生物医药、新能源、机械电子制造、信息通信、商贸服务、金融机构等多个领域。

① 中国商务部国际贸易经济合作研究院，中国驻波兰大使馆经济商务参赞处，中国商务部对外投资和经济合作司．对外投资合作国别（地区）指南波兰（2019 年版）[R]．2020.

中波轮船公司成立于1951年，是两国间第一家合资企业，也是新中国最早建立的中外合资公司。主要制造企业有广西柳工、湖北三环、TCL、同方威视、冠捷电子、胜利科技、运城制版、大连达伦特、中集车辆波兰公司、鸿博新能源、京西重工等；信息通信企业有华为、中兴；基础设施类企业有中国电建、平高、中国港湾、中土等；商贸中心有 GD 波兰华沙中国城、SCC 波兰国际贸易中心、新达商城等；金融机构有中国银行波兰分行、工商银行华沙分行、建设银行波兰分行、中国—中东欧投资合作基金等。

三、波兰应对新冠肺炎疫情措施[①]

截至 2020 年 5 月 7 日，波兰共报告新冠肺炎确诊病例 15047 例（死亡 755 例）。政府已经采取了遏制措施，包括关闭学校、大学、餐馆和所有非必要的零售贸易和服务网点，以及禁止大型集会、边境控制和旅行限制。公共机构的工作人员实行远程工作。2020 年 3 月的初步经济数据显示，3 月中旬实施的严格控制措施已产生影响。从 2 月到 3 月，零售额下降了 13%，工业生产较 2 月下降 7%（制造业下降幅度最大），3 月的建筑活动更具弹性。

2020 年 4 月 16 日，波兰政府公布了恢复经济的四个阶段计划。从 4 月 20 日开始，更多的人被允许进入商店和宗教集会，公园和森林重新开放。放宽封锁的第二阶段于 5 月 4 日启动，酒店和购物中心重新开业（对人员数量有限制），托儿所和幼儿园（截至 5 月 6 日）开业，以及放宽对跨境工人和学生的检疫规定。第三阶段将于 5 月 18 日启动，届时将重新开放餐馆、美发店和美容沙龙，并允许最多 50 人参加的户外运动项目在没有观众的情况下进行。这个阶段设想逐步开放教育，从小学的早期课程开始。在这一阶段重新开始的所有活动都必须遵守严格的卫生规则，允许最大人数限度的儿童进入课堂。第四阶段计划于 6 月 1 日启动，将允许健身俱乐部、按摩服务、剧院和电影院的活动，所有这些都将比正常情况下执行更为严格的卫生制度。

（一）财政政策

波兰政府应对疫情的新预算措施已经立法，预算总额达 930 亿波兰兹罗提（占 GDP 的 4.2%）。此外，进一步增加的预算预计为 26 亿波兰兹罗提（占 GDP 的 0.1%），此项预算正在等待波兰议会批准。政府还批准了为企业家提供的新的信贷担保和小额贷款，这些贷款总额约为 750 亿波兰兹罗提（占 GDP 的 3.3%）。

① IMF. Policy Responses to COVID – 19, Policy Tracker: https: //www. imf. org/en/Topics/imf – and – covid19/ Policy – Responses – to – COVID – 19#P.

另外，波兰发展基金（Polish Development Fund）将为企业提供1000亿波兰兹罗提（占GDP的4.5%）的流动资金计划。主要措施包括：（1）增加医院设备和用品的经费。（2）受业务影响的企业雇员及自雇人士的工资津贴。企业无论规模大小，在停工或缩短工作时间的情况下，都可以申请为期3个月的补贴。这项补贴涵盖了社会保险缴费，根据2020年员工流动率的下降情况，补贴范围从每位员工最低工资的50%到90%不等。补贴包括休假员工。（3）增加国家开发银行（National Development Bank，BGK）对企业的担保。设立新流动性担保基金，为大中型企业贷款提供担保。（4）微型企业新增贷款。（5）推迟或取消社会保险缴费。对于雇员人数不超过9人的微型企业，社会保险缴款将由预算支付3个月。对于雇用10~49名雇员的公司，50%的社会保险缴款由预算支付。可能的延期、分期付款或取消税款。个体经营者和从事民事法律合同工作的人员可以享受一次性福利。（6）扣除本年度2021年结税亏损（可调整2019年纳税申报表，从2019年收入中扣除2020年亏损）。（7）与学校停课有关的幼儿家长津贴。（8）建立一只新基金（COVID基金），专门用于抗击疫情大流行的负面影响和支持公共基础设施。（9）波兰发展基金为小、中、大企业提供流动性贷款和补贴。该计划的总价值为1000亿波兰兹罗提。若申请的流动贷款是被用于维持企业的基本就业以及经营活动，那么大约60%的企业贷款很可能是不用偿还的。

（二）货币政策和宏观政策

2020年3月17日，波兰央行（NBP）将政策利率下调50个基点，随后在4月8日政策利率又进一步下调了50个基点。波兰央行再次推出回购（微调）操作，以增强银行的流动性，还将存款准备金率从3.5%下调至0.5%，并将存款准备金利率提高到与政策利率相当的水平。波兰央行也已开始在二级市场购买波兰国债，并于4月8日将符合条件的证券扩大到包括由波兰财政部担保的证券。波兰央行还推出了一项计划，为银行向非金融私营企业贷款提供资金。截至4月30日，波兰央行购买了626亿波兰兹罗提（占GDP的2.8%）的国债和二级市场上的政府担保证券。

此外，3%的银行资本系统性风险缓冲已被废除。波兰金融监管局（Polish Financial Supervisory Authority，PFSA）宣布了有关向现有中小企业/微型企业提供和重新分类贷款的措施，以使信贷损失的影响能够在更长的时间内得到平缓。在银行如何满足资本和流动性要求方面给予了一定的灵活性，波兰金融监管局接受了以国家开发银行担保作为满足“特别担保”条件的处理。在《偿付能力监管标准II》（Solvency II）下，波兰金融监管局对保险业长期担保措施的审批过程采取了更为灵活的方式。波兰银行业协会已建议将受影响借款人的贷款自愿还款期限推迟至多 3 个月。银行也提高了非接触式信用卡的限额。

（三）汇率与国际收支

相关政策尚未披露。

第四节　捷克

一、捷克经济环境和政策

近几年，随着投资的下降，捷克国内资本形成疲软，GDP 增长已逐渐失去了动力。在 2018 年强劲增长之后，捷克的固定资本形成总额在 2019 年前三季度仅增长了 1.9%。其中，捷克商业部门的投资所受影响最大，2019 年前三季度，在机械、设备和交通工具领域的投资额下降幅度较为明显。相比之下，捷克在住宅和其他建筑相关领域的投资持续上升。整体来看，2019 年捷克的公共投资增长大幅放缓，该趋势主要是受到与欧盟基金共同资助的投资减缓的影响。①

2019 年 3 月 6 日，捷克总统泽曼签署了《欧洲经济货币联盟稳定、协调和治理条约》（TSCG，即欧盟财政契约）。该项条约于 2012 年 3 月由欧盟 25 国在布鲁塞尔签署，旨在加强欧盟财政纪律，当时只有英国和捷克未加入。条约的主要条款是要求缔约方政府保持预算平衡或有盈余，政府年度结构性赤字不能超过 GDP 的 0.5%。

2019 年 5 月 2 日，捷克央行宣布将基准利率从 1.75% 提高至 2%。捷克央行行长鲁斯诺克表示，加息是为应对通货膨胀率压力。2019 年第一季度捷克通胀率水平高于央行预期，同时捷克克朗也出现贬值。此外，捷克央行还将抵押贷款利率和贴现率均提高了 0.25 个百分点，分别达到 3% 和 1%。

2019 年 5 月 6 日，捷克政府当日批准了国家人工智能（AI）战略，致力将捷克打造为欧洲 AI 应用领域的样板国家。该战略的重点包括网络安全、保护工业和制造业，特别是保证人类在使用无人驾驶汽车、机器人、自动武器等方面的安全。该战略的短期目标将于 2021 年实现，包括创建一个总部位于布拉格的 AI 欧洲卓越中心。工贸部长哈弗利切克表示，捷克致力于跻身欧洲先进技术国家的行列，不仅表现在工业领域，同时也将成为建立全球网络安全的重要参与者，以应对数据盗窃等全球性挑战。哈弗利切克将直接负责此项战略的实施，他拟通过新成立的 AI 委员会来协调实施进程。该委员会成员包括相关部委、捷克技术署、科

① wiiw. Uncertainty in Turbulent Times [R]. Forecast Report, Spring 2020.

学院、贸易联盟、捷克投资局和国有担保和发展银行（CMZRB）。捷克目前的AI应用水平低于欧洲平均水平。大约有16%的捷克公司计划一年内使用AI技术，而欧洲使用AI技术的企业平均比例为40%。三年内计划使用AI技术的捷克公司比例为80%，欧洲的比例为87%，美国则为100%。此项AI战略属于捷克2019—2030年国家创新战略的一部分，该创新战略2020年初已获政府批准。

2019年9月6日，捷克第72/2000号法案《投资激励法修正案》获政府通过并于同日正式生效。新法案主要加强了对具有较高附加值项目的优惠待遇，特别是技术中心和商业支持服务中心。此外，在申请程序方面，规定所有投资补贴的申请都将由捷克政府进行评估和批准。

2019年10月4日，穆迪将捷克银行业前景评级从“正面”下调为“稳定”。下调的主要原因是经济增长放缓。该机构认为，捷克银行业在未来12～18个月的表现将保持健康和稳定。尽管银行信贷质量仍是中东欧最好的之一，但经过几年的快速信贷增长之后，信贷质量略有下降。

2019年12月9日，捷克政府当日批准，自2020年1月起，将最低工资标准提高至14600克朗（约合635美元），人均月增长1250克朗（约合54美元）。此次最低工资调整将惠及15万人，根据行业划分为8类，最低工资标准从此前的13350～26700克朗（约合580～1161美元）增加至14600～29900克朗（约合635～1300美元）。

2020年1月20日，捷克副总理兼工贸部长哈弗利切克在内阁会议之后的新闻发布会上表示，政府当日批准了一份至2030年国家经济战略要点的文件，而具体的国家经济战略将于2020年6月底提交。该经济战略侧重8个重点领域，包括工业、建筑和原材料，交通运输，能源，教育和劳动力市场，商业和贸易，研发、创新和数字化，地区、农村和农业，以及医疗保健。该战略的主要目标是，到2030年使捷克成为世界最具竞争力的20个经济体之一。根据世界经济论坛排名，2019年捷克排名第32位。上述被批准的文件提出，至2030年捷克经济发展目标包括：加强国内各部门发展、支持中小企业、推动劳动分工向国际价值链更高层次转移，以及提高引进外资质量等。该文件称，捷克经济应致力于降低原材料及能源消耗、支持创业创新和循环经济、发展低碳技术、自动化、数字化和高质量的弹性基础设施等。

二、中捷经贸关系发展近况

据中方统计，中捷双边贸易额持续增长，连续四年突破100亿美元。2019年双边贸易额达到189.62亿美元，同比增长5.3%。中国成为捷克第二大贸易伙伴，捷克是中国在中东欧地区的第二大贸易伙伴。截至 2018 年底，中国对捷克累计协议投资近 30 亿美元，是 2013 年的 10 倍。捷克在中国的投资达到 3 亿美元左右。多家中资银行在捷克首都布拉格设立分行，助力捷克将布拉格打造成中东欧地区的金融中心。随着布拉格与北京、上海、成都、西安之间 4 条直飞航线的开通，中捷两国间人员往来更加便利。2018 年中国赴捷克旅游人数超过 62 万人次，中国已成为捷克在欧盟外最大的外国游客来源国。此外，两列中欧班列从中国通达捷克。中国企业在布拉格建立了更多的海外仓库和物流中心，跨境电子商务发展势头强劲。

（一）中捷双边贸易近况①

据欧盟统计局统计，2019 年捷克与中国双边货物进出口额为 189.62 亿美元，增长 5.3%。其中，捷克对中国出口 24.01 亿美元，下降 4.5%；自中国进口 165.61 亿美元，增长 6.9%。捷克与中国的贸易逆差 141.60 亿美元。

捷克对中国出口的主要产品是机电产品，2019 年出口额为 11.31 亿美元，下降 14.0%，占捷克对中国出口总额的 47.1%。光学、钟表、医疗设备和纤维素浆、纸张是捷克对中国出口的第二和第三大类商品，分别下降 3.3% 和增长 0.2%（见表 5－7）。

表 5－7　2018—2019 年捷克对中国出口的主要商品构成（类）

海关分类	HS 编码	商品类别	2019 年（亿美元）	2018 年（亿美元）	同比（%）	占比（%）
类	章	总值	24.01	25.14	－4.5	100
第 16 类	84－85	机电产品	11.31	13.16	－14.0	47.1
第 18 类	90－92	光学、钟表、医疗设备	2.28	2.36	－3.3	9.5
第 10 类	47－49	纤维素浆；纸张	1.62	1.62	0.2	6.7
第 17 类	86－89	运输设备	1.53	1.89	－18.9	6.4
第 9 类	44－46	木及制品	1.50	0.29	410.1	6.2
第 7 类	39－40	塑料、橡胶	1.25	1.40	－11.2	5.2
第 20 类	94－96	家具、玩具、杂项制品	1.15	1.09	5.5	4.8
第 15 类	72－83	贱金属及制品	1.09	1.10	－1.3	4.5
第 6 类	28－38	化工产品	0.62	0.64	－3.8	2.6
第 4 类	16－24	食品、饮料、烟草	0.38	0.31	22.8	1.6
第 13 类	68－70	陶瓷；玻璃	0.36	0.32	12.8	1.5
第 8 类	41－43	皮革制品；箱包	0.34	0.33	2.4	1.4
第 2 类	06－14	植物产品	0.19	0.20	－5.2	0.8
第 5 类	25－27	矿产品	0.18	0.15	18.5	0.8
第 11 类	50－63	纺织品及原料	0.10	0.16	－34.8	0.4
		其他	0.12	0.13	－4.3	0.5

资料来源：中国商务部国别贸易报告。

① 中国商务部．2019 年捷克货物贸易及中捷双边贸易概况［R］．2020.

捷克自中国进口的主要商品也是机电产品，2019 年进口额为 134.21 亿美元，增长 7.6%，占捷克自中国进口总额的 81.0%，中国在该类产品上的主要竞争对手来自德国、荷兰、斯洛伐克、波兰和英国。贱金属及制品是捷克从中国进口的第二大类商品，2019 年进口 6.50 亿美元，增长 6.3%（见表 5－8）。

表 5－8　　2018—2019 年捷克自中国进口的主要商品构成（类）

海关分类	HS 编码	商品类别	2019 年（亿美元）	2018 年（亿美元）	同比（%）	占比（%）
类	章	总值	165.61	154.87	6.9	100
第 16 类	84－85	机电产品	134.21	124.69	7.6	81.0
第 15 类	72－83	贱金属及制品	6.50	6.12	6.3	3.9
第 20 类	94－96	家具、玩具、杂项制品	5.13	4.92	4.2	3.1
第 11 类	50－63	纺织品及原料	4.08	4.10	－0.4	2.5
第 17 类	86－89	运输设备	3.58	3.72	－3.8	2.2
第 7 类	39－40	塑料、橡胶	3.28	3.01	8.8	2.0
第 6 类	28－38	化工产品	1.98	1.89	5.0	1.2
第 18 类	90－92	光学、钟表、医疗设备	1.60	1.61	－0.7	1.0
第 12 类	64－67	鞋靴、伞等轻工产品	1.51	1.36	11.8	0.9
第 8 类	41－43	皮革制品；箱包	1.12	1.16	－3.2	0.7
第 13 类	68－70	陶瓷；玻璃	0.82	0.73	12.3	0.5
第 10 类	47－49	纤维素浆；纸张	0.49	0.34	42.6	0.3
第 4 类	16－24	食品、饮料、烟草	0.48	0.42	14.1	0.3
第 1 类	01－05	活动物；动物产品	0.26	0.23	15.1	0.2
第 9 类	44－46	木及制品	0.23	0.21	11.5	0.1
		其他	0.34	0.38	－11.6	0.2

资料来源：中国商务部国别贸易报告。

（二）中捷相互投资近况[①]

自 2013 年以来，中捷两国关系快速发展，带动双向投资迅猛增长。据中国商务部统计，2018 年中国对捷克直接投资流量为 1.13 亿美元。截至 2018 年末，直接投资存量为 2.79 亿美元。中国企业对捷克投资呈现以下特点：（1）绿地投资逐渐增多；（2）高科技领域投资稳步增长；（3）金融行业投资成为新热点；（4）传统行业投资焕发活力。

目前，在捷克投资的中国企业有近 40 家，主要投资领域及代表企业有：（1）电器制造：四川长虹电器股份有限公司、青岛海信欧洲控股有限公司、浙江正

① 中国商务部国际贸易经济合作研究院，中国驻捷克大使馆经济商务参赞处，中国商务部对外投资和经济合作司．对外投资合作国别（地区）指南捷克（2019 年版）［R］．2020.

泰电器股份有限公司等；（2）汽车制造：亚普汽车部件股份有限公司、宁波继峰汽车零部件股份有限公司、北京京西重工有限公司、延峰汽车内饰系统有限公司等；（3）其他制造业：西安陕鼓动力股份有限公司、大连橡胶塑料机械股份有限公司、万丰航空工业有限公司、万向集团、山西运城制版集团股份有限公司等；（4）信息技术：华为技术有限公司、中兴通讯股份有限公司、联洲技术有限公司（TP - LINK）等；（5）交通运输及仓储：中远集装箱运输有限公司、深圳市递四方科技有限公司、海南航空、中国东方航空、四川航空等；（6）金融业：上海华信集团、中国进出口银行、中国银行、工商银行等；（7）房地产及娱乐业。

三、捷克应对新冠肺炎疫情措施[①]

截至2020年5月7日，捷克共和国已发现确诊病例7900多例。政府已经宣布进入紧急状态，在全国范围内进行隔离，限制人员自由流动和国际旅行，以遏制病毒的传播并进一步实施了一系列政策措施。

（一）财政政策

捷克政府宣布了一项总额为2550亿捷克克朗（约94亿欧元，占GDP的4.7%）的财政计划。其中，捷克政府提供部分人员工资总额的80%的收入支持，这些人员包括被隔离的员工和因政府限制措施而被迫关闭经营的企业员工（如果雇主继续支付员工工资的100%）。在2020年3月12日至6月8日，自由职业者可一次性领取500捷克克朗/天的紧急援助款，同样的一次性援助款也适用于小型企业。捷克政府在要求企业租金降低30%后，将进一步承担50%的租金，而租户必须支付剩下的20%。企业若获得捷克国家开发银行（CMZRB，200亿捷克克朗）以及额外的非直接担保（9000亿捷克克朗，约333亿欧元，占GDP的16.5%）之后，政府在授予其信贷限额时将大幅放松限制条件。2020年第二季度，捷克个人所得税和企业所得税的预付款将暂停支付，未按时缴纳物业税和提交纳税申报表的罚金将被免除。政府批准银行贷款延期至多6个月（受某些标准和限制）。利息仍将计提，但贷款期限将延长。

（二）货币政策和宏观政策

2020年3月16日，捷克国家银行（The Czech National Bank，CNB）将政策利率下调50个基点，在3月26日和5月7日再次分别下调75个基点至0.25%。捷克国家银行还将回购操作的频率从每周1次提高到3次，并将反周期资本缓冲

① IMF. Policy Responses to COVID - 19, Policy Tracker: https://www.imf.org/en/Topics/imf - and - covid19/Policy - Responses - to - COVID - 19#P.

率降低 75 个基点至 1%，自 2020 年 4 月 1 日起生效。捷克国家银行为新的抵押贷款降低了信贷比率，建议将贷款价值比率（LTV）从 80% 放松至 90%，将偿债收入比率（DSTI）从 45% 放松至 50%，将债务收入比率（DTI）从其建议列表中删除。在一项新的捷克国家银行修正行动中，其权力范围将被扩大，在市场无序的条件下，若涉及证券类型，捷克国家银行可以介入二级市场。

（三）汇率与国际收支

相关政策尚未披露。

第五节　克罗地亚

一、克罗地亚经济环境和政策

2019 年，克罗地亚整体表现出色，GDP 实际增速达 3%，高于 2018 年，这主要得益于国内需求的大幅增长。消费和固定资本形成总额的涨幅均达到了自 2007—2009 年全球金融危机以来的最好水平。可支配收入的增加推动了私人消费。此外，克罗地亚的建筑业因严重依赖欧盟基金而在全球金融危机时受到重创，2019 年，该行业同样达到了危机后的最好水平，涨幅达 9%。①

与此同时，以德国为代表的欧盟核心国家的衰退趋势正蔓延到克罗地亚的制造业。与大部分中东欧国家类似，2019 年克罗地亚工业产出明显萎缩，2019 年仅增长了 0.5%，这其中包括大多数工业部门，如焦炭和精炼石油产品（下降 24%）、机械和设备制造（下降 11%）以及造船业（下降 1/3）。在此背景下，2019 年克罗地亚的商品和服务贸易表现相对较好。商品出口和进口分别增长了 6% 和 7%。服务贸易主要由旅游业推动，该领域的收入在 2019 年达到新高。经常账户盈余约占 GDP 的 2%，比前一年略有改善。②

2019 年 4 月，在杜布罗夫尼克召开“16 + 1”领导人会议，该会议旨在加强中国与中东欧国家之间的合作。该倡议在希腊加入后更名为“17 + 1 合作”。几乎所有与会国家的总理都参加了此次会议，包括中国国务院总理李克强。李克强表示，中克两国关系进入“钻石”发展期，他还在克总理普连科维奇的陪同下参观了由中国路桥公司承建的佩列沙茨大桥项目。③

---

① wiiw. Uncertainty in Turbulent Times [R]. Forecast Report, Spring 2020.

② wiiw. Uncertainty in Turbulent Times [R]. Forecast Report, Spring 2020.

③ 中华人民共和国商务部：http://www.mofcom.gov.cn/article/i/jyjl/m/202001/20200102928084.shtml，检索日期：2020 年 5 月 7 日。

克罗地亚正积极与其他国家对话，寻求支持其加入申根区。2019 年 10 月下旬，欧盟评估克罗地亚已达到加入申根区所需的技术标准。现在将由其他欧洲国家决定克罗地亚能否加入申根区，而斯洛文尼亚已经相对直接表示，斯方是否支持克加入申根区将取决于克是否执行国际法庭作出的关于两国边境争端的仲裁结果。此外，同保加利亚一样，克罗地亚同样正在积极寻求加入欧洲汇率机制 ERM II。克罗地亚在与欧洲中央银行、欧盟和成员国进行会谈之后，欧元区 10 月接受了克罗地亚加入欧洲汇率机制 ERM II 的意向书，这是加入欧元区之前必须要完成的一个步骤。[①] 目前欧洲央行和欧盟委员会正在对具有系统重要性的克罗地亚银行进行资产质量审查和压力测试。一旦它们提供了积极的评价，便对克罗地亚正式申请参加 ERM II 作出决定。2020 年 7 月 10 日，欧洲央行发布联合声明，宣布克罗地亚正式进入 ERM II。克罗地亚央行随之以非欧盟区央行的身份加入欧盟银行联盟。

克罗地亚于 2020 年 1 月 1 日起担任欧盟轮值主席国，这将是克自 2013 年加入欧盟以来最重要的外交活动。英国脱欧在克罗地亚担任欧盟轮值主席国期间完成，同时欧盟也将开始讨论新的预算框架。因此，2019 年克罗地亚大部分外交活动，特别是下半年的外交活动都与熟悉欧盟轮值主席国的日程并与其他欧洲国家共同对其进行调整有关。其中一个重要议题是东南欧局势及欧盟对西巴尔干国家扩员。克罗地亚于 2020 年 5 月在时隔 20 年后重新在萨格勒布举办欧盟向西巴尔干国家扩员峰会。[②]

2020 年 1 月 5 日晚，克罗地亚国家选举委员会公布总统选举第二轮投票结果，前总理佐兰·米拉诺维奇当选新总统。根据国家选举委员会公布的数据，代表社会民主党等中左翼政党参选的米拉诺维奇获得 52.7% 的选票，得到执政党克罗地亚民主共同体支持的现任总统基塔罗维奇得票率为 47.3%，基塔罗维奇未能连任。克罗地亚共 380 多万合法选民，本轮投票率近 55%。此次总统选举第一轮投票于 2019 年 12 月 22 日举行，11 名候选人中，米拉诺维奇和基塔罗维奇分别以约 30% 和约 27% 的得票率排名前两位。根据克罗地亚法律，总统选举首轮投票中如无人获得过半数选票，得票领先的两名候选人进入第二轮投票，获得简单多数票即可当选。[③]

---

① 中华人民共和国商务部：http：//www. mofcom. gov. cn/article/i/jyjl/m/202001/20200102928084. shtml，检索日期：2020 年 5 月 7 日。

② 中华人民共和国商务部：http：//www. mofcom. gov. cn/article/i/jyjl/m/202001/20200102928084. shtml，检索日期：2020 年 5 月 7 日。

③ 人民网：http：//world. people. com. cn/n1/2020/0106/c1002 – 31536127. html，检索日期：2020 年 5 月 7 日。

二、中克经贸关系发展近况

中国与克罗地亚1992年签署了政府间经贸协定，之后又签署了相互鼓励和保护投资协定、避免双重征税协定。中克政府间建有经贸混委会机制。2018年6月14日，中克经贸联委会第十二次例会在北京召开，双方签署会议纪要。2019年4月10日，在中国国务院总理李克强和克罗地亚总理普连科维奇共同见证下，中克双方签署《中华人民共和国商务部和克罗地亚共和国经济、企业和手工业部关于在经济合作联合委员会框架下建立投资合作联合工作组的谅解备忘录》。中克投资合作联合工作组是双方携手打造的投资合作新平台，旨在进一步扩大双向投资，推动两国经贸合作再上新台阶。①

（一）中克双边贸易近况

中国对克罗地亚长期保持贸易顺差。据中国海关统计，2019年，中国和克罗地亚双边贸易额为15.4亿美元，同比增长0.16%。其中，中国对克罗地亚出口14.0亿美元，同比增长5.23%；自克罗地亚进口1.45亿美元，同比下降31.56%。中方顺差12.5亿美元（见图5－1）。

中国对克罗地亚出口商品主要类别为机电产品、纺织品、服装及鞋类等。中国从克罗地亚进口主要商品类别为锯木板材、建筑用石材、牛皮及皮革制品、聚乙烯、橡胶或塑料成型机器等。

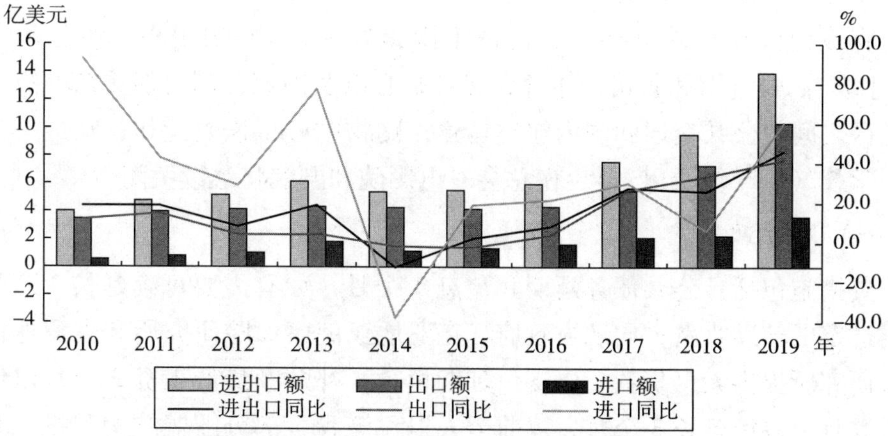

图5－1　2010—2019年中克双边贸易概况

（资料来源：中国海关、Wind资讯）

① 中国商务部国际贸易经济合作研究院，中国驻克罗地亚大使馆经济商务参赞处，中国商务部对外投资和经济合作司．对外投资合作国别（地区）指南克罗地亚（2019年版）[R]．2020.

（二）中克相互投资近况[①]

据中国商务部统计，2018 年中国对克罗地亚直接投资流量为 2239 万美元。截至 2018 年末，中国对克罗地亚直接投资存量为 6908 万美元。

截至 2016 年底，克罗地亚对华直接投资额为 596 万美元。2017 年，克罗地亚商会在上海设立代表处。2018 年末，克罗地亚旅游委在上海设立办事处。

三、克罗地亚应对新冠肺炎疫情措施[②]

克罗地亚对旅游业依赖极大，而且该国在欧盟境内最大的贸易伙伴是意大利。鉴于上述情况，新冠肺炎疫情预计将给克罗地亚经济带来严重的影响。在疫情爆发初期，克罗地亚国内就已经开始实施一系列遏制措施，如边境控制、关闭学校及室外开放市场、限制城市间旅行等。与此同时，克罗地亚迅速实施了 63 项不同的经济措施，并于 2020 年 4 月初宣布了更多的措施，以保护就业和减轻疫情影响。

2020 年 4 月 23 日，克罗地亚政府宣布分三个阶段逐步放松限制措施，但在每个阶段都要进行严格审查。从 4 月 27 日开始，一些零售商（除了购物中心）、图书馆、博物馆、画廊、不需要密切接触客户的服务活动（如裁缝、摄影店、锁匠）可能重新开业。城市和郊区的公共交通以及没有渡轮的岛屿的船只连接可恢复。从 5 月 4 日开始，不可避免与人密切接触的服务业（如美发师、美容师）可能重新开张。除流行病学家认为的特殊情况以外，所有的公共和私营卫生系统将全面恢复运作。操场和运动场可能重新开放。从 5 月 11 日开始，最多 10 人的公众集会将被允许在户外进行（目前的上限是 5 人）。购物中心、幼儿园和小学（1～4年级）、咖啡馆和餐馆、体育和健身中心以及国家公园可能重新开放。恢复较大地区之间的公共交通和国内航空运输；购物中心可恢复运作；在进一步通知之前，学校（五年级及以上）、夜总会、电影院和剧院将继续关闭。

（一）财政政策

主要措施包括：公共债务延期并免息 3 个月，如有需要可续延长 3 个月；暂停支付选定的辅助收费；向地方政府、克罗地亚健康保险研究所和克罗地亚养恤金保险研究所提供无息贷款，以支付延期付款；补贴净最低工资 3 个月以保住工作职位并且可以续延长 3 个月；提前个人退税流程。部分欧盟结构和投资基金的受益人将能够获得更多的预付款。欧盟资金的一部分已重新分配给小额贷款，同

---

① 中国商务部国际贸易经济合作研究院，中国驻克罗地亚大使馆经济商务参赞处，中国商务部对外投资和经济合作司．对外投资合作国别（地区）指南克罗地亚（2019 年版）［R］．2020：23．

② IMF. Policy Responses to COVID－19，Policy Tracker：https：//www. imf. org/en/Topics/imf－and－covid19/Policy－Responses－to－COVID－19#P.

时还引入了新的信贷额度，并采取措施，以更低的利率、更快的速度以及提供更大的风险担保提供贷款。政府还购买了农业、食品加工业、医疗设备和类似战略物资的未出售库存制成品。4 月 1 日，克罗地亚政府宣布了新的措施，包括：提高最低工资净额补贴；视营业额和亏损情况而定，拟减记或注销的公司的税务义务；在收到客户付款之前增值税不会到期；2019 年财务报告的截止日期将延长至 6 月 30 日。

（二）货币政策和宏观政策

克罗地亚国家银行（Croatian National Bank，CNB）提供了额外的流动性以支持政府证券市场，并暂时减轻了银行的监管负担。提高流动性的具体措施包括：（1）自 2018 年 12 月以来首次使用的结构性回购工具；（2）银行自 2017 年 12 月以来首次每周定期回购，回购利率已从 0. 30% 降至 0. 05%；（3）降低存款准备金率（从 12% 降至 9%）。克罗地亚国家银行已经两次支持国内债券市场（近 43 亿克罗地亚库纳）。欧洲央行和克罗地亚国家银行已经就 20 亿欧元的互换额度达成一致。克罗地亚国家银行第三次支持国内债券市场（138 亿克罗地亚库纳）。

对银行的债务延期 3 个月，在此期间，银行将不采取强制措施。克罗地亚国家银行已根据 3 月 12 日的欧洲银行管理局（EBA）声明临时调整了其监管实践，银行不会发放股息。

克罗地亚重建和发展银行（the Croatian Bank for Reconstruction and Development，HBOR）已宣布暂停偿债 3 个月，可以提供流动贷款、出口担保和重组债务。2020 年 4 月，欧盟委员会批准了高达 18 亿欧元的补贴贷款计划。

（三）汇率与国际收支

克罗地亚国家银行进行了干预，以减轻贬值压力。

第六节　拉脱维亚

一、拉脱维亚经济环境和政策

受固定资本投资总额和对外贸易增速大幅下滑的影响，拉脱维亚经济在 2019 年经历了软着陆，实际 GDP 从 2018 年的 4. 6% 下降至 2. 2%。全球经济活动的放缓导致拉脱维亚出口在 2018 年底下降，2019 年全年几乎停滞不前。投资经过两年的强劲增长后，由欧盟基金共同出资的投资已见顶，不再为投资增长提供额外提振。2019 年固定资本总额的增速由前两年的 11. 3% 和 15. 8% 大幅下降至 4. 5%。2019 年，建筑活动总体大幅放缓，同比仅增长 2. 9%（2017 年为 18. 7%，2018 年为

21.8%)。随着劳动年龄人口的稳步下降，2019 年失业率进一步下降到 6.5%。不过，劳动力市场的紧张局面不断凸显，雇主越来越需要熟练劳动力，熟练劳动力供应的减少也导致了工资总额的快速增长，2019 年工资增长率为 5%。工资大幅度上涨对拉脱维亚制造业的竞争地位造成压力。其结果是，尽管家庭消费仍在强劲增长，但 2019 年工业生产的实际增长率仅为 1%，相当疲弱。①

自拉脱维亚独立以来，居民人数每年都在下降。过去 30 年，有 45 万居民从拉脱维亚移居外国，占拉脱维亚总人口的很大一部分。同期，常住居民总数已减少了 70 万人，约占原来总人口的 28%。2019 年拉脱维亚人口数进一步下降至 190.9 万人，这也是导致其国内劳动力市场紧张的重要原因。2019 年，公共卫生部门成为拉脱维亚讨论的焦点。医生们继续游行，并以各种方式表达他们对当前医疗系统的不满，主要是医务人员对未来几年拨给医疗行业的预算不满。虽然 2018 年生效的《医疗卫生财务法》规定医务人员的收入应每年提高 20%，但实际加薪低于该水平。整体上维持和谐的社会环境最符合政治家的利益，因此，2020 年医务人员的薪资有望按照原计划增长 20% 左右。医疗保健行业的第二个变化将出现在制药业。在波罗的海国家中拉脱维亚的药品增值税最高，并以 12% 的增值税在欧盟成员国中位列第五。拉脱维亚药品批发商所加的差价在波罗的海国家中同样是最高的。2020 年，药品价格有望随增值税降低而下降。②

拉脱维亚已跻身全球 5G 网络技术引领者之列。拉脱维亚的网络覆盖范围领先于瑞典、挪威、立陶宛、法国和爱沙尼亚等欧洲国家。2019 年 7 月，拉脱维亚成为欧洲首批引入 5G 网络的国家之一。5G 网络的引入有助于拉脱维亚的信息和通信技术产业，极大地改善信息和通信技术产业的环境，从而加强它在通信基础设施建设方面的主导地位，使拉脱维亚更具备全球竞争性。信息和通信公司数量正在增加，这些公司引入了在全球市场具有竞争力的创新技术。例如，长颈鹿视觉公司（Giraffe Visual）是欧洲最早提供高质量可视互动情景的公司之一，该公司为拉脱维亚的家庭旅馆提供虚拟观光旅游（virtual tours）已有 2 年，已成为该行业在欧洲的佼佼者，且拥有来自 27 个国家/地区的客户。此外，商业孵化器和加速器正在积极地为拉脱维亚年轻企业家提供财务支持、工作空间和有助于自我提升的机会。信息和通信公司的能力建设尤其得到大力支持。拉脱维亚国家层面的支持及 5G 网络的覆盖将为技术公司提供更好的环境以发挥其潜力，从而为拉脱维亚经济发展作出贡献。③

---

① wiiw. Uncertainty in Turbulent Times [R]. Forecast Report, Spring 2020.

② 中国—中东欧研究院. 2020 年拉脱维亚社会发展趋势 [R]. 2020-03-25.

③ 中国—中东欧研究院. 拉脱维亚：首批引入 5G 网络 [R]. 2020-03-18.

健康旅游已成为拉脱维亚不断发展壮大的产业，最受外国人青睐的医疗保健服务包括牙科、妇科、泌尿科、美容和全科。2017—2023 年，该行业的年均增长率预计达到 15% 左右。外国人选择前往拉脱维亚，不仅是因为优质的医疗服务（包括现代化的医疗设备、亲民的价格、专业医生、舒适的环境等），还因为能够通过参加各种体育活动来改善身心健康。其中，自行车马拉松和跑步马拉松已成为拉脱维亚的传统赛事。①

不过受新冠肺炎疫情的影响，拉脱维亚旅游业出现停滞。2020 年 3 月的第一周，波罗的海国家最重要的航空公司——总部位于里加的波罗的海航空公司，不仅取消了飞往意大利的航班，而且还大幅削减了未来两个月的航班。再加上固定资本投资总额和对外贸易增速下滑、经济放缓劳动力市场进一步收紧等因素，预计 2020 年拉脱维亚的 GDP 增速将进一步下降到 0.6%。②

二、中拉经贸关系发展近况

（一）中拉双边贸易近况③

据欧盟统计局统计，2019 年拉脱维亚与中国货物进出口额为 7.50 亿美元，下降 2.7%。其中，拉脱维亚对中国出口 1.78 亿美元，下降 6.7%，占拉脱维亚出口总额的 1.1%，下降 0.1 个百分点；拉脱维亚自中国进口 5.72 亿美元，下降 1.4%，占拉脱维亚进口总额的 3.1%，增加 0.1 个百分点。拉方贸易逆差 3.94 亿美元，增长 1.2%。中国为拉脱维亚第十九大出口市场和第十一大进口来源地。

木及制品为拉脱维亚对华出口的第一大类产品，2019 年出口额为 0.92 亿美元，增长 8.1%，占拉脱维亚对中国出口总额的 51.7%。矿产品为拉脱维亚对中国出口的第二大类商品，出口额为 0.23 亿美元，下降 3.2%，占拉脱维亚对华出口总额的 13.0%。机电产品是拉脱维亚对中国出口的第三大类商品，出口额为 0.18 亿美元，下降 2.3%，占拉脱维亚对华出口总额的 10.2%（见表 5－9）。拉脱维亚自中国进口的主要商品前三位分别为机电产品，家具、玩具、杂项制品和塑料、橡胶。其中，机电产品进口额为 2.99 亿美元，下降 5.3%，占拉脱维亚自中国进口总额的 52.2%。家具、玩具、杂项制品进口额为 0.55 亿美元，增长 4.4%，占拉脱维亚自中国进口总额的 9.6%。塑料、橡胶进口额为 0.44 亿美元，下降 5.9%，占拉脱维亚自中国进口总额的 7.7%（见表 5－10）。

① 中国—中东欧研究院．拉脱维亚：越来越受欢迎的健康旅游目的地．2020－01－22.

② wiiw. Uncertainty in Turbulent Times [R]. Forecast Report, Spring 2020.

③ 中国商务部．2019 年拉脱维亚货物贸易及中拉双边贸易概况 [R]．2020.

表 5－9　　2018—2019 年拉脱维亚对中国出口的主要商品构成（类）

海关分类	HS 编码	商品类别	2019 年（亿美元）	2018 年（亿美元）	同比（%）	占比（%）
类	章	总值	1.78	1.91	-6.7	100
第 9 类	44-46	木及制品	0.92	0.85	8.1	51.7
第 5 类	25-27	矿产品	0.23	0.24	-3.2	13.0
第 16 类	84-85	机电产品	0.18	0.19	-2.3	10.2
第 2 类	06-14	植物产品	0.13	0.10	34.0	7.5
第 15 类	72-83	贱金属及制品	0.08	0.18	-56.5	4.5
第 18 类	90-92	光学、钟表、医疗设备	0.06	0.04	57.5	3.4
第 6 类	28-38	化工产品	0.04	0.06	-37.8	2.2
第 4 类	16-24	食品、饮料、烟草	0.04	0.03	13.1	2.0
第 20 类	94-96	家具、玩具、杂项制品	0.03	0.03	3.3	1.9
第 17 类	86-89	运输设备	0.03	0.13	-79.7	1.5
第 7 类	39-40	塑料、橡胶	0.02	0.02	-24.3	0.9
第 13 类	68-70	陶瓷；玻璃	0.01	0.01	-17.7	0.7
第 11 类	50-63	纺织品及原料	0.01	0.01	17.1	0.4
第 1 类	01-05	活动物；动物产品	0	0	-53.4	0.1
第 12 类	64-67	鞋靴、伞等轻工产品	0	0	0	0
		其他	0	0	-94.6	0

资料来源：中国商务部。

表 5－10　　2018—2019 年拉脱维亚自中国进口的主要商品构成（类）

海关分类	HS 编码	商品类别	2019 年（亿美元）	2018 年（亿美元）	同比（%）	占比（%）
类	章	总值	5.72	5.8	-1.4	100
第 16 类	84-85	机电产品	2.99	3.15	-5.3	52.2
第 20 类	94-96	家具、玩具、杂项制品	0.55	0.52	4.4	9.6
第 7 类	39-40	塑料、橡胶	0.44	0.46	-5.9	7.7
第 15 类	72-83	贱金属及制品	0.38	0.36	5.7	6.6
第 11 类	50-63	纺织品及原料	0.3	0.3	-0.5	5.3
第 6 类	28-38	化工产品	0.28	0.33	-16.7	4.9
第 18 类	90-92	光学、钟表、医疗设备	0.27	0.19	41.4	4.7
第 17 类	86-89	运输设备	0.10	0.07	47.6	1.8
第 13 类	68-70	陶瓷；玻璃	0.08	0.08	4.0	1.4
第 12 类	64-67	鞋靴、伞等轻工产品	0.06	0.06	10.3	1.1
第 10 类	47-49	纤维素浆；纸张	0.05	0.05	2.4	0.9
第 8 类	41-43	皮革制品；箱包	0.05	0.05	-1.8	0.9
第 2 类	06-14	植物产品	0.05	0.05	-11.9	0.8
第 4 类	16-24	食品、饮料、烟草	0.04	0.04	14.0	0.8
第 9 类	44-46	木及制品	0.03	0.02	4.7	0.5
		其他	0.07	0.06	10.7	1.2

资料来源：中国商务部。

（二）中拉相互投资近况[①]

据中国商务部统计，2018 年中国对拉脱维亚直接投资流量为 1068 万美元，拉脱维亚对中国直接投资流量为 4 万美元。截至 2018 年末，中国对拉脱维亚直接投资存量为 1170 万美元。根据拉脱维亚统计局数据，中国是拉脱维亚第二十七大直接投资来源国。中国对拉脱维亚主要投资领域为通信行业、木材加工、建筑、电气设备、房地产和酒店餐饮。中资企业主要有施丹兰公司、拉脱维亚华大智造有限责任公司、华为技术拉脱维亚子公司、通宇通讯（拉脱维亚）有限责任公司。同时，数十家从事食品工业、银行业、信息技术和高科技、翻译、化妆品、木材加工、物流、房地产、机械和矿产生产的拉脱维亚企业已进入中国市场。

中国在拉脱维亚尚未投资开发经贸合作区、工业园区，没有在建的大型工程项目。两国尚未签订产能合作协议及基础设施合作协议。拉脱维亚为欧盟成员国，中国与欧盟间尚未签署自由贸易协定（FTA）。

三、拉脱维亚应对新冠肺炎疫情措施[②]

拉脱维亚于 2020 年 3 月 2 日报告了第一例新冠肺炎病例。截至 5 月 7 日，新冠肺炎确诊病例 909 例，死亡病例 18 例，检测病例 71069 例。政府在宣布进入紧急状态后实施了严格的控制措施，包括从 3 月 17 日起关闭大部分国际客运服务、关闭学校、禁止 2 人以上在公共室内和室外区域集会。

波罗的海国家的边境计划于 5 月 15 日开放，允许居民自由流动。逐步取消其他限制的时间表尚未公布。

（一）财政政策

拉脱维亚政府宣布了一项约 20 亿欧元的财政刺激计划（占 2019 年 GDP 的 6%），以免税、病假和贷款担保的形式对企业和员工进行援助，如政府支付员工 75% 的工资，向每个员工每月最高支付 700 欧元。此外，所涵盖的工资将不需要缴纳个人所得税和社保。受疫情影响的纳税人可以申请将缴税期限延长至多 3 年。涉及生产和储存消毒剂、酒精的公司可以申请最高达 90% 的特许权折扣。约 800 万欧元被用于支付约 4500 名“一线”医务工作者 3 个月的工资增长。此外，大约 200 万欧元将被分配到民众，大约 1400 万欧元将用于三大医院，大约 4500 万欧元用于支持农业，大约 7500 万欧元支持公路建设部门和大约 1 亿欧元分配给大

① 中国商务部国际贸易经济合作研究院，中国驻拉脱维亚大使馆经济商务参赞处，中国商务部对外投资和经济合作司．对外投资合作国别（地区）指南拉脱维亚（2019 年版）［R］．2020.

② IMF. Policy Responses to COVID－19，Policy Tracker：https：//www. imf. org/en/Topics/imf－and－covid19/Policy－Responses－to－COVID－19#P.

型制造商。作为支持企业计划的一部分，约 9 亿欧元将用于 Altum 紧急计划：2 亿欧元的贷款融资计划，以帮助陷入困境的企业；大约 7 亿欧元用于政府担保计划。这些措施的部分资金来自 15 亿欧元的欧洲债券发行。此外，政府还与北欧投资银行签署了一项为期 10 年的 5 亿欧元的新冠肺炎缓解贷款。欧盟 5 亿欧元的资金将用于支持减轻疫情危机影响的措施。拉脱维亚总理发布了一项法令，要求所有部长审查公共机构的开支，从而释放 440 万欧元。

（二）货币政策和宏观政策

作为欧元区的成员国，欧洲央行所实施的一系列措施①同样适用于拉脱维亚。另外，其他措施包括：旅游业中小企业贷款利率下调 50%，大型企业贷款利率下调 15%；将金融发展机构 Altum 的储备资本增加 1 亿欧元，以提高其通过贷款和担保向企业提供支持的能力。

（三）汇率与国际收支

禁止在紧急状态下出口所需药品。

第七节　立陶宛

一、立陶宛经济环境和政策

2019 年，外部需求强劲使立陶宛出口好于预期，加上固定资本投资总额继续迅速增长，推动立陶宛经济在 2019 年同比增长 3.9%，达到 483 亿欧元②。在波罗的海三国中，立陶宛的货物和劳务出口占 GDP 比重最高，2018 年出口占 GDP 的 76%，2019 年进一步升高至 79%。不过，其生产与全球价值链的联系较少，对中国、德国和意大利的贸易依赖性较低。出口商品中，石油、石油产品和化学品等下游工业产品占主导地位，电子和电器产品的出口占比较少（相比爱沙尼亚和拉脱维亚）。受外部需求普遍放缓的冲击，预计运输行业将受到较大影响。总体贸易量下降和俄罗斯过境贸易量减少（这些过境贸易量不仅来自欧盟国家，而且来自世界各地，包括亚洲）将特别影响立陶宛各港口的货运量。③

立陶宛失业率呈现逐年下降的趋势。2019 年实际失业率为 6.3%，远低于 2015 年的 9.0%。降低失业率的同时，立陶宛还进一步提高了最低工资标准并降

---

① 更多信息请参考国别分析第一节。

② 立陶宛统计局数据，更多信息请参考：http://www.wingfor.com/gongsi/753.html。

③ wiiw. Uncertainty in Turbulent Times [R]. Forecast Report, Spring 2020.

低低收入者的实际所得税税率，使家庭购买力获得了显著增长。2018 年 1 月，立陶宛的最低月工资标准上调 5% 至 400 欧元，2019 年，立陶宛最低工资进一步提高 7%，居民收入继续强劲增长。[①] 不过，制造业的工资增速远远超过了劳动生产率的增长——这种趋势在未来很难持续下去，这可能会削弱家庭消费的增长动力。另外，由于立陶宛经济属能源密集型，且能源在家庭消费中占有很大份额，油价下跌将造成消费者价格紧缩，这可能导致在中期对私人投资的更大限制。[②]

2018 年，立陶宛成为欧洲核子研究组织（European Organization for Nuclear Research，CERN）的准成员国。2019 年 1 月 25 日世界经济论坛期间，欧洲核子研究组织和立陶宛政府联合宣布在立陶宛维尔纽斯和考纳斯建立两个技术转移和商业孵化器，这在中东欧尚属首次，此举有助于立陶宛通过参与开发先进技术的价值链从而增强本国的创新竞争力，并有助于其实现与欧盟创新趋同的长远目标。[③]

立陶宛首都维尔纽斯已成为外国直接投资金融科技的重要目的地。英国《金融时报》（*Financial Times*）旗下金融新闻和分析服务机构“外国直接投资情报”（FDI Intelligence）于 2019 年 10 月 17 日发布的报告显示，2016 年至 2018 年，立陶宛首都维尔纽斯从软件和 IT 服务业初创企业获得的人均“绿地投资的外国直接投资项目”（以下简称绿地投资 FDI 项目）数量排名第一[④]（每 10 万居民吸引了 1.006 个绿地投资 FDI 项目），超过伦敦（以 0.875 个排名第二）、阿姆斯特丹（0.802 个）、赫尔辛基（0.797 个）和新加坡（0.731 个）等全球金融中心。促成立陶宛金融科技行业崛起的原因主要是熟练劳动力的出现和立陶宛央行（Bank of Lithuania）对市场的推动。前者得益于斯堪的纳维亚银行（立陶宛的银行业由斯堪的纳维亚大型银行的子公司主导）对数字银行的布局，主要银行在 10 年间纷纷将后台迁至维尔纽斯，从而逐步培养并拥有了大量金融相关的 IT 熟练劳动力。此外，立陶宛央行早在 2016 年就开始实施积极的政策，为金融科技发展创造有利条件。2016 年 3 月，政府将对金融科技及其出口的支持确定为主要工作重点之一。2016 年至 2017 年，立陶宛央行效仿新加坡金融管理局（Monetary Authority of Singapore）采用的一项类似工具，致力于建立金融技术监管沙箱（sandbox）的法律框架。2018 年，启动区块链测试 LBChain 监管沙箱项目，LBChain 是全球首

① wiiw. Strong Growth amid increased negative Risks [R]. 2018 - 11.

② wiiw. Uncertainty in Turbulent Times [R]. Forecast Report, Spring 2020.

③ 中国—中东欧研究院．立陶宛在达沃斯论坛上宣布欧洲核子研究组织建立技术转移孵化器的决定．2019 - 04 - 03. 更多信息请参考：https：//mp. weixin. qq. com/s/YKrqku3ix5INvEC5DbdS7w。

④ 就项目的绝对数量而言，维尔纽斯还远远落后于主要金融中心。

个由金融市场监管机构开发的区块链平台，该平台原计划于 2020 年 3 月[①]推出。[②]

2019 年，中国—立陶宛政府间经贸合作混委会拟在维尔纽斯召开第十四次例会。自 2018 年起，中立经贸合作混委会由每两年一次改为每年一次。[③]

2019 年 9 月 18 日，立陶宛总统会见了首相及其内阁，以及参加三方理事会的（Tripartite Council）工会和雇主协会代表。三方理事会是协调就业和劳动力市场决策利益相关者的主要机构。在这次会议上，总统证实了总理的一些想法，包括制定 2020 年的预算时考虑建立福利国家和关注弱势社会群体问题。按照商定，第一步将通过修改税法改变税收结构，税收将不再根据不同类型的经济活动（像现在一样），而是根据收入水平的高低而定。[④]

2020 年 2 月的数据显示，新冠肺炎疫情对立陶宛的私人消费和投资计划产生了负面影响，使得立陶宛的消费者信心有所下降，但该影响可能是暂时的，且商业信心出现上升（除土耳其、拉脱维亚和立陶宛外，所有中东欧国家的商业信心都有所下降）。立陶宛的医疗保健支出，无论是人均还是占 GDP 的比例，都是欧盟中最低的。因此，卫生系统总体运转良好，即便出现新冠肺炎病例短期剧增的现象，也尚有余力从容应对。立陶宛相对较低的公共债务水平（占 GDP 的 35%）也保证了政府有足够的回旋余地，如通过公共投资和税收延迟来保障经济民生。[⑤]

2020 年 2 月 5 日，立陶宛政府向议会提交免税提案，以吸引大型投资。立陶宛政府批准了经济和创新部的提案，对在立陶宛投资 3000 万欧元以上，并将创造 200 个以上新工作岗位的立陶宛国内外公司，免征其公司税。立陶宛政府将把该提案交给立陶宛议会审议。这一关于《公司税法》的修正案将促进国内外投资者在立陶宛全国（包括自由经济区）开展大型投资项目。所吸引的大型项目可在立陶宛的任何地区投资，因此这一激励措施可以促进各地区发展。大型项目通过缴税，购买当地供应商的服务、商品以及创造高附加值的就业机会，可对立陶宛经济发展产生重大影响。大型项目还可以提高生产率，并产生更高附加值的产品，从而促进经济发展。[⑥]

---

① 截至 2020 年 5 月 6 日，立陶宛央行官网显示该项目仍处于项目测试登记阶段。更多信息请参考：https：//www. lb. lt/en/lbchain。

② 中国—中东欧研究院．维尔纽斯成为外国直接投资金融科技的首选目的地．2020 – 01 – 08. 更多信息请参考：https：//mp. weixin. qq. com/s/yUs8 _ 0xhtoMHn4HiFrNfdw。

③ 商务部国际贸易经济合作研究院，中国驻立陶宛大使馆经济商务参赞处，商务部对外投资和经济合作司．对外投资合作国别（地区）指南立陶宛（2019 年版）[R]. 2020.

④ 中国—中东欧研究院．立陶宛总统通过增加税收来建立福利国家．2019 – 11 – 12.

⑤ wiiw. Uncertainty in Turbulent Times [R]. Forecast Report, Spring 2020.

⑥ 中欧陆家嘴国际金融研究院、中东欧经济研究所，《中东欧视界》，2020（2）。

二、中立经贸关系发展近况

近年来，中立经贸关系保持平稳顺利，签订了多个经贸协定，且自2018年起，经贸合作混委会改为每年一次。2019年4月，中华人民共和国海关总署与立陶宛共和国农业部签署了《中华人民共和国海关总署与立陶宛共和国农业部关于立陶宛小麦输华植物检疫要求议定书》。

（一）中立双边贸易近况[①]

据欧盟统计局统计，2018年立陶宛与中国双边货物贸易额为12.32亿美元，增长8.8%。其中，立陶宛对中国出口2.23亿美元，增长10.2%，占其出口总额的0.7%，下降0.01个百分点；立陶宛自中国进口10.09亿美元，增长8.5%，占其进口总额的2.8%，下降0.1个百分点。立陶宛对中国贸易逆差7.86亿美元，增长8.1%。

立陶宛对中国出口的主要商品为家具、玩具、杂项制品，木及制品和机电产品三类，2018年的出口额分别为0.49亿美元、0.37亿美元和0.30亿美元，合计占立陶宛对中国出口总额的52.1%。2018年立陶宛对中国出口商品中增长最快的是贱金属及制品、纺织品及原料两类，分别增长216.5%和119.5%（见表5－11）。

表5－11　2017—2018年立陶宛对中国出口的主要商品构成（类）

海关分类	HS编码	商品类别	2018年（亿美元）	2017年（亿美元）	同比（%）	占比（%）
类	章	总值	2.23	2.02	10.2	100
第20类	94－96	家具、玩具、杂项制品	0.49	0.44	11.8	22.0
第9类	44－46	木及制品	0.37	0.43	－14.0	16.6
第16类	84－85	机电产品	0.30	0.35	－14.6	13.5
第18类	90－92	光学、钟表、医疗设备	0.25	0.22	17.0	11.3
第6类	28－38	化工产品	0.24	0.17	45.6	10.9
第15类	72－83	贱金属及制品	0.20	0.06	216.5	9.2
第5类	25－27	矿产品	0.14	0.14	3.7	6.4
第11类	50－63	纺织品及原料	0.10	0.04	119.5	4.3
第2类	06－14	植物产品	0.04	0.03	33.7	1.6
第7类	39－40	塑料、橡胶	0.03	0.02	17.9	1.2
第4类	16－24	食品、饮料、烟草	0.02	0.03	－49.9	0.7
第1类	01－05	活动物；动物产品	0.02	0.03	－51	0.7
第10类	47－49	纤维素浆；纸张	0.01	0.01	30.5	0.6
第17类	86－89	运输设备	0.01	0.03	－68.5	0.4
第8类	41－43	皮革制品；箱包	0.01	0.02	－67.0	0.3
		其他	0.01	0.00	211.7	0.4

资料来源：中国商务部。

① 中国商务部.2018年立陶宛货物贸易及中立双边贸易概况［R］. 2019.

机电产品是立陶宛自中国进口的第一大类商品，2018 年进口 3.12 亿美元，下降 1.3%，占立陶宛自中国进口总额的 30.9%（见表 5 - 12）。中国在立陶宛机电产品进口来源地中排名第六位，占立陶宛机电产品进口总额的 4.9%。排名前五位的国家分别为德国、波兰、拉脱维亚、意大利和荷兰，立陶宛自这 5 国进口的机电产品分别为 11.9 亿美元、6.0 亿美元、5.6 亿美元、5.6 亿美元和 4.5 亿美元，分别占立陶宛机电产品进口总额的 18.8%、9.5%、8.9%、8.9% 和 7.1%。

表 5 - 12　2017—2018 年立陶宛自中国进口的主要商品构成（类）

海关分类	HS 编码	商品类别	2018 年（亿美元）	2017 年（亿美元）	同比（%）	占比（%）
类	章	总值	10.09	9.30	8.5	100
第 16 类	84 - 85	机电产品	3.12	3.16	-1.3	30.9
第 15 类	72 - 83	贱金属及制品	1.18	1.09	7.7	11.7
第 11 类	50 - 63	纺织品及原料	1.16	0.96	21.2	11.5
第 20 类	94 - 96	家具、玩具、杂项制品	0.97	0.91	6.9	9.6
第 6 类	28 - 38	化工产品	0.80	0.62	28.6	7.9
第 7 类	39 - 40	塑料、橡胶	0.70	0.72	-3.0	6.9
第 18 类	90 - 92	光学、钟表、医疗设备	0.53	0.45	17.7	5.3
第 17 类	86 - 89	运输设备	0.53	0.42	25.4	5.3
第 13 类	68 - 70	陶瓷；玻璃	0.30	0.27	11.0	3.0
第 12 类	64 - 67	鞋靴、伞等轻工产品	0.29	0.24	22.7	2.9
第 4 类	16 - 24	食品、饮料、烟草	0.12	0.09	35.6	1.2
第 2 类	06 - 14	植物产品	0.10	0.10	3.7	1.0
第 10 类	47 - 49	纤维素浆；纸张	0.09	0.08	14.6	0.9
第 8 类	41 - 43	皮革制品；箱包	0.07	0.06	12.7	0.7
第 1 类	01 - 05	活动物；动物产品	0.06	0.06	10.8	0.6
		其他	0.08	0.08	-3.0	0.8

资料来源：中国商务部。

（二）中立相互投资近况①

目前中国在立陶宛的直接投资规模较小。据中国商务部统计，2018 年中国对立陶宛直接投资流量为 -447 万美元，立陶宛对中国直接投资流量为 20 万美元。截至 2018 年末，中国对立陶宛直接投资存量为 1289 万美元。投资主要分布在通信、电网设计、电子、纺织、金融、餐饮等领域。

中国在立陶宛投资呈现稳步发展的趋势，并不断拓展新的合作领域。除 70 多

① 中国商务部国际贸易经济合作研究院，中国驻立陶宛大使馆经济商务参赞处，中国商务部对外投资和经济合作司．对外投资合作国别（地区）指南立陶宛（2019 年版）[R]．2020.

家华人中餐馆之外，约有中资企业 10 余家，包括华为技术有限公司、华北电力设计院有限公司并购的立陶宛 ETI 公司、江苏林洋能源股份有限公司并购的立陶宛 ELGAMA 公司，以及多家金融科技（FinTech）公司等。

三、立陶宛应对新冠肺炎疫情措施①

截至 2020 年 5 月 7 日，立陶宛报告了 1433 例确诊病例和 49 例死亡病例。政府于 3 月 16 日开始实施一系列遏制措施，以减缓新型冠状病毒的传播，包括关闭边界、增加检测、关闭学校和取消公共活动，关闭非必要的商店、博物馆、电影院和类似机构。

2020 年 4 月 15 日，政府开始了第一阶段的放松控制措施，部分食品店和服务企业恢复营业。政府 4 月 27 日进一步放宽限制，解除禁止户外活动以及开放咖啡馆和餐厅、图书馆、博物馆，4 月 30 日允许更广泛的休闲活动和卫生服务。5 月11 日，立陶宛对与拉脱维亚、爱沙尼亚和波兰边境的人员流动开始放松限制。

（一）财政政策

2020 年 3 月 16 日，立陶宛政府宣布了一项总额为 25 亿欧元的财政计划（占 2019 年 GDP 的 5%）。其中，政府支出达 11 亿欧元（占 2019 年 GDP 的 2.3%），包括：（1）额外用于医疗体系和应急管理的资金（5 亿欧元）；（2）额外用于照顾病人和残疾人的资金，对在家照顾孩子的父母、自由职业者（2.5 亿欧元）的支持以及受疫情影响企业员工的工资补贴（2.5 亿欧元）；（3）气候变化投资项目联合融资（约占 2.5 亿欧元的 20%）。此外，政府还扩大了担保计划，包括对农业和中小企业提供约 13 亿欧元的贷款担保（占 2019 年 GDP 的 2.6%）。最后，政府将借款限额提高了 50 亿欧元（相当于 2019 年 GDP 的 10%）。

5 月 7 日，政府又增加了近 10 亿欧元的财政刺激计划（占 2019 年 GDP 的 2%），以支持企业和家庭的经济复苏，包括延长工资补贴（3.8 亿欧元），人均 200 欧元的求职津贴（2.65 亿欧元），增加社会福利、养老金（1.82 亿欧元），自由职业者和职业培训（1560 万欧元），增加失业救济金（42 欧元）。此外，在隔离期结束后的 6 个月内，政府将人均 60 欧元的儿童福利提高到 100 欧元。

（二）货币政策和宏观政策

作为欧元区的成员国，欧洲央行所实施的一系列措施②同样适用于立陶宛。

---

① IMF. Policy Responses to COVID – 19, Policy Tracker: https: //www.imf.org/en/Topics/imf – and – covid19/Policy – Responses – to – COVID – 19#P.

② 欧洲央行所实施的具体措施可参考第五章第一节。

另外，除了欧洲央行的政策，立陶宛央行已将其反周期资本缓冲从1%降至0，并鼓励银行灵活变通，在必要时（在现有监管框架内）与借款人进行贷款条款谈判。截至2020年4月16日，立陶宛央行通过二级市场和双边交易［包括通过紧急抗疫购债计划（PEPP）与欧洲央行的购买］购买了3.7亿欧元的政府债券。

（三）汇率与国际收支

相关政策尚未披露。

第八节　罗马尼亚

一、罗马尼亚经济环境和政策

在过去几年，罗马尼亚经济高速增长，然而这种趋势在2019年结束。2017—2019年，罗马尼亚GDP增长16%，实际净工资上涨幅度高达35%，而投资只增长了20%。整体来看，罗马尼亚GDP增长是由公共消费和家庭需求推动的，其固定资本形成总额直到2019年才开始出现上升势头，而对外贸易对本国经济增长产生了负面影响。2019年，罗马尼亚政府以增加公共部门工资和投资的形式对经济进行了财政刺激。这使得一般预算的现金赤字达到GDP的4.6%，与此同时政府支出增长了8%。2019年罗马尼亚的家庭消费增长虽然远低于前几年，但工资的快速增长使得消费仍然是推动GDP增长的主要动力之一。固定资本形成总额增长了17%，是2019年GDP增长的主要驱动力。罗马尼亚繁荣的国内需求促使进口增长，其增幅远远超过了出口，因此经常账户赤字扩大到GDP的5%。①

由于本国劳动力短缺，罗马尼亚政府开始实施一系列吸引外国劳工的措施。2019年初，欧盟将发放给非欧盟公民的工作许可数量从2018年的1万份增加到了2万份。截至2019年11月，罗马尼亚境内非欧盟公民持有工作许可的数量激增到近3万份（29681份）。尽管这一数据仅占罗马尼亚劳动力的0.035%，但是这部分国外劳工却占据了约30%的职位空缺。他们中的大部分来自中国、土耳其、菲律宾和越南，主要从事建筑和餐饮行业。自2019年初以来，罗马尼亚的雇主必须至少支付平均工资，而不是最低工资。因此，对于来自较不富裕经济体的临时移民，罗马尼亚已成为非常有吸引力的目的国。与此同时，离开罗马尼亚，移民到更富裕的欧盟核心国的民众数量并未降低，其主要原因仍然是罗马尼亚与发达欧盟国家的工资水平差距非常大。2020年初，罗马尼亚国家自由党将最低工

① wiiw. Uncertainty in Turbulent Times [R]. Forecast Report, Spring 2020.

资的提高方式与一个计算公式绑定在一起，该公式包括消费价格通胀和生产率指标，并根据预期的经济增长率进行调整。最后计算结果是本年度最低月工资为2230罗马尼亚列伊。政府还在公共部门启动了比以前幅度更低的工资调整政策，这意味着在未来罗马尼亚实际工资增长将会放缓，消费增长必然随之降低。①

自2020年初，罗马尼亚国内政治局势相当紧张。2020年1月29日，奥尔班领导的国家自由党政府以承担责任的方式，提出地方选举法修改法案，主要内容为将简单多数选出市镇等各级地方长官改为两轮投票产生，并决定从2020年6月地方选举时开始实施。根据罗马尼亚宪法，政府以承担政治责任方式提出法律草案后，议会政党可在3日内提出不信任投票。如果不信任案获得通过，政府即下台，反之法案即获通过。然而在2月5日，罗马尼亚议会对社会民主党提出的不信任案进行讨论并投票，参众两院共465名议员，出席会议423人，其中400名议员参加了投票，不信任案最终以261票对139票获得通过，执政仅3个月的国家自由党政府就此下台。②

二、中罗经贸关系发展近况

（一）中罗双边贸易近况③

据欧盟统计局统计，2019年罗马尼亚与中国双边货物进出口额为57.44亿美元，比上年下降3.3个百分点。其中，罗马尼亚对中国出口6.85亿美元，下降10.1%；自中国进口50.59亿美元，下降2.3%。罗马尼亚与中国的贸易逆差43.74亿美元。

罗马尼亚对中国出口的主要商品是机电产品、木及制品和光学、钟表、医疗设备，2019年出口额为2.67亿美元、1.37亿美元和0.67亿美元，分别下降9.4%、6.4%和1.7%，占罗马尼亚对中国出口总额的39.0%、20.0%和9.8%（见表5-13）。

表5-13　2018—2019年罗马尼亚对中国出口的主要商品构成（类）

海关分类	HS编码	商品类别	2019年（亿美元）	2018年（亿美元）	同比（%）	占比（%）
类	章	总值	6.85	7.62	-10.1	100
第16类	84-85	机电产品	2.67	2.95	-9.4	39.0
第9类	44-46	木及制品	1.37	1.47	-6.4	20.0

① wiiw. Uncertainty in Turbulent Times [R]. Forecast Report, Spring 2020.

② 新华社：http://www.xinhuanet.com/world/2019-04/01/c_1210096020.htm，检索日期：2020年5月7日。

③ 中国商务部．2019年罗马尼亚货物贸易及中罗双边贸易概况［R］．2020.

续表

海关分类	HS 编码	商品类别	2019 年（亿美元）	2018 年（亿美元）	同比（%）	占比（%）
第 18 类	90 - 92	光学、钟表、医疗设备	0.67	0.68	-1.7	9.8
第 7 类	39 - 40	塑料、橡胶	0.51	0.60	-13.7	7.5
第 5 类	25 - 27	矿产品	0.46	0.16	177.8	6.7
第 15 类	72 - 83	贱金属及制品	0.29	0.52	-43.4	4.3
第 17 类	86 - 89	运输设备	0.23	0.45	-48.9	3.3
第 6 类	28 - 38	化工产品	0.20	0.30	-33.3	2.9
第 20 类	94 - 96	家具、玩具、杂项制品	0.18	0.20	-7.7	2.6
第 11 类	50 - 63	纺织品及原料	0.15	0.17	-8.2	2.2
第 4 类	16 - 24	食品、饮料、烟草	0.05	0.06	-11.1	0.8
第 1 类	01 - 05	活动物；动物产品	0.02	0.02	-18.3	0.3
第 13 类	68 - 70	陶瓷；玻璃	0.02	0.02	5.9	0.3
第 8 类	41 - 43	皮革制品；箱包	0.01	0.02	-40.2	0.1
第 12 类	64 - 67	鞋靴、伞等轻工产品	0.01	0.01	-2.3	0.1
		其他	0	0.01	-65.5	0.1

资料来源：中国商务部。

罗马尼亚自中国进口的最主要商品是机电产品，2019 年进口 26.71 亿美元，增长 0.1%，占罗马尼亚自中国进口总额的 52.8%（见表 5 - 14）。中国的劳动密集型产品在罗马尼亚进口市场占有一定份额，家具、玩具、杂项制品，纺织品及原料分别占罗马尼亚同类商品进口市场份额的 12.8% 和 6.0%。在这些产品上，中国的主要竞争对手是意大利、德国以及土耳其等国家。

表 5 - 14　　2018—2019 年罗马尼亚自中国进口的主要商品构成（类）

海关分类	HS 编码	商品类别	2019 年（亿美元）	2018 年（亿美元）	同比（%）	占比（%）
类	章	总值	50.59	51.78	-2.3	100
第 16 类	84 - 85	机电产品	26.71	26.69	0.1	52.8
第 15 类	72 - 83	贱金属及制品	4.19	4.34	-3.5	8.3
第 11 类	50 - 63	纺织品及原料	3.37	3.73	-9.8	6.7
第 20 类	94 - 96	家具、玩具、杂项制品	3.17	3.06	3.4	6.3
第 18 类	90 - 92	光学、钟表、医疗设备	2.88	2.78	3.5	5.7
第 7 类	39 - 40	塑料、橡胶	2.35	2.39	-1.8	4.6
第 17 类	86 - 89	运输设备	2.11	2.5	-15.6	4.2
第 6 类	28 - 38	化工产品	1.41	1.35	4.2	2.8
第 12 类	64 - 67	鞋靴、伞等轻工产品	1.24	1.15	8.0	2.5
第 13 类	68 - 70	陶瓷；玻璃	1.04	1.03	1.1	2.1
第 9 类	44 - 46	木及制品	0.61	0.63	-2.6	1.2

续表

海关分类	HS 编码	商品类别	2019 年（亿美元）	2018 年（亿美元）	同比（%）	占比（%）
第 8 类	41 - 43	皮革制品；箱包	0.47	0.46	2.2	0.9
第 10 类	47 - 49	纤维素浆；纸张	0.45	0.37	22.1	0.9
第 2 类	06 - 14	植物产品	0.20	0.19	6.0	0.4
第 1 类	01 - 05	活动物；动物产品	0.19	0.16	16.3	0.4
		其他	0.21	0.94	-77.5	0.4

资料来源：中国商务部。

（二）中罗相互投资近况[①]

据中国商务部统计，2018 年中国对罗马尼亚直接投资流量为 157 万美元。截至 2018 年末，中国对罗马尼亚直接投资存量为 3.05 亿美元。中国在罗马尼亚规模较大的投资合作企业包括中烟国际欧洲有限公司、华为技术有限公司、中兴通讯罗马尼亚公司、东辉体育用品公司、运城制版（罗马尼亚）公司等。

据中国商务部统计，2018 年中国企业在罗马尼亚新签承包工程合同 16 份，新签合同额 1.30 亿美元，完成营业额 8218 万美元，年末在罗马尼亚劳务人员 54 人。新签大型工程承包项目包括华为技术有限公司承包罗马尼亚电信，中国电建市政建设集团有限公司承包罗马尼亚雅西公路周期性维护项目 5 标段——福克沙尼段，上海 ABB 工程有限公司承包雷诺罗马尼亚 DACIA 车身自动焊接系统 1285 等。

三、罗马尼亚应对新冠肺炎疫情措施[②]

截至 2020 年 5 月 7 日，新冠肺炎疫情已在罗马尼亚全国传播，确诊病例 14499 例，死亡 881 例。政府已经实施了一系列措施，以控制新冠肺炎疫情的蔓延，并支持本地劳动力就业和企业经营。这些措施包括宣布罗马尼亚全国进入紧急状态，增加病例测试，采取社会隔离措施，如关闭学校和娱乐设施、限制旅行、国内人员流动以及限制燃油和公用事业的价格。

罗马尼亚政府已宣布于 5 月 15 日解除限制措施。在第一阶段，理发店、图书馆、牙医诊所和博物馆将重新开放，人们将被允许外出，但购物中心、餐馆和酒吧将继续关闭。5 月 15 日以后，在封闭的公共场所，如商店和公共交通工具内，

① 中国商务部国际贸易经济合作研究院，中国驻罗马尼亚大使馆经济商务参赞处，中国商务部对外投资和经济合作司．对外投资合作国别（地区）指南罗马尼亚（2019 年版）[R]．2020.

② IMF. Policy Responses to COVID - 19, Policy Tracker: https://www.imf.org/en/Topics/imf - and - covid19/Policy - Responses - to - COVID - 19#P.

必须佩戴口罩。专业运动将在特殊情况下恢复。除了 8 年级和 12 年级面临毕业考试的学生外，学校将在本学年剩下的时间里继续关闭。

（一）财政政策

目前，罗马尼亚政府宣布的关键税收政策和政府支出措施（约占 2019 年 GDP 的 2%）包括：（1）为医疗系统提供额外资金；（2）因学校关闭而必须留在家里的父母的部分工资将由政府支付；（3）支持企业的一系列措施，包括政府支付部分自由职业者以及面临失业工人的工资等。此外，政府还为中小企业的流动资金和投资提供了 150 亿罗马尼亚列伊（占 GDP 的 1.5%）作为贷款担保和利息补贴。其他措施包括更快地退回增值税、暂停税务机关的控制、为缴纳企业所得税提供折扣，以及将房产税的征收时间推迟 3 个月等。

（二）货币政策和宏观政策

罗马尼亚央行实施的主要措施包括：（1）将货币政策利率下调 0.5 个百分点至 2.0%；（2）将货币政策利率附近固定资产利率区间由 ±1.0 个百分点缩小至 ±0.5 个百分点；（3）通过回购交易（政府证券的回购交易）向信贷机构提供流动性；（4）在二级市场上购买政府债券；（5）确保支付和结算系统顺利运作的业务措施。此外，政府还颁布了一项法案，要求银行将受新冠肺炎疫情影响的家庭和企业的贷款还款推迟至多 9 个月。

（三）汇率与国际收支

相关政策尚未披露。

第九节　斯洛伐克

一、斯洛伐克经济环境和政策

斯洛伐克在过去 10 年里是欧盟 28 个成员国中经济增长最快的国家之一。然而，随着全球经济下行压力增大，2019 年斯洛伐克经济增长主要得到家庭消费的支撑，GDP 增速仅维持在 2018 年的一半左右（2.3%）。斯洛伐克的工业生产在 2019 年几乎停滞，仅增长了 0.4%。其中，只有 5 个领域支持了制造业的增长，如电气设备（21.6%）、机械设备（12%）。据 wiiw 统计数据，2019 年斯洛伐克汽车产量增加了 7000 辆，累计超过 110 万辆，使斯洛伐克保持了“世界人均汽车产量最高”的头衔。尽管如此，从 2019 年 6 月开始，汽车制造业已不再是斯洛伐克经济增长的主要驱动领域。[①]

自 2019 年 1 月起，斯洛伐克最低工资标准从每月 480 欧元提高至 520 欧元，增长幅度为 8.33%。按小时工资计算，从 2.759 欧元/小时提高至 2.989 欧元。适用最低工资标准劳动者的净收入将增加 27.17 欧元，达到 403.35 欧元。

2019 年 3 月 30 日，斯洛伐克举行总统选举第二轮，即决胜投票，恰普托娃与谢夫乔维奇进行角逐。斯洛伐克统计局数据显示，恰普托娃获得 58.4% 的选票，最终恰普托娃击败职业外交官谢夫乔维奇，当选中东欧地区国家首名女总统。[②]

2019 年 9 月，斯洛伐克议会通过了有关税率的立法变更。自 2020 年 1 月起，对收入在 10 万欧元以下的企业实行减税，所得税税率将从 21% 降至 15%。斯洛伐克的企业所得税税率目前在欧盟的中东欧成员国中是最高的。[③]

2020 年 2 月 29 日，斯洛伐克举行议会选举。截至当地时间 3 月 1 日上午，全部选票的统计工作结束，结果显示：反对党“普通人与独立人格党”以 25.02% 的得票率获胜，取得了 53 个议席；目前执政的“方向党”以 18.29% 的得票率排名第二，获得 38 个议席；“我们是家庭党”以 8.24% 的得票率排名第三，获得 17 个议席。共有 6 个政党进入议会。本次选举的投票率为 65.8%。[④]

穆迪在 2020 年 4 月发布的一份报告中表示，虽然斯洛伐克的信贷实力包括强劲的经济和收入增长、适度的政府债务负担和高水平的债务负担能力，然而新冠肺炎疫情将导致斯洛伐克高度开放的经济大幅收缩，政府债务占 GDP 的比重将从 2019 年的 48% 大幅增加到 2020 年底的 57.2%。事实上，在疫情爆发之前，该国的财政指标已经在恶化。目前来看，斯洛伐克政府的财务平衡将进一步严重恶化，2020 年的赤字将达到 GDP 的 7.2%。[⑤]

二、中斯经贸关系发展近况

近年来，中斯经贸关系发展顺利。2017 年 4 月，政府批准了由斯经济部提交的《2017—2020 年斯洛伐克与中国发展经济关系纲要》。该纲要指出，斯拟重点在投资、商业、贸易、交通、旅游、科研及创新等领域与中国开展合作，强调要

---

① wiiw. Uncertainty in Turbulent Times [R]. Forecast Report, Spring 2020.

② 新华社：http://www.xinhuanet.com/world/2019-04/01/c_1210096020.htm，检索日期：2020 年 5 月 7 日。

③ 中国—中东欧研究院．斯有关营商环境立法的变化．2019-12.

④ 新华社：http://www.xinhuanet.com/world/2020-03/02/c_1210496439.htm，检索日期：2020 年 5 月 7 日。

⑤ Moody's. Slovakia's Credit Profile reflects robust Growth Record and moderate Debt; Coronavirus to have significant Impact, 2020-04.

增强两国政府间经济联委会对经贸合作的促进作用，其中特别提到“一带一路”倡议的实施。

（一）中斯双边贸易近况①

据欧盟统计局统计，2019 年斯洛伐克与中国双边货物进出口额为 51.39 亿美元，增长 3.9%。其中，斯洛伐克对中国出口 18.91 亿美元，增长 18.9%，占斯洛伐克出口总额的 2.1%，增长 0.4 个百分点；斯洛伐克自中国进口 32.48 亿美元，下降 3.3%，占斯洛伐克进口总额的 3.6%，与 2018 年持平。斯方贸易逆差 13.57 亿美元，下降 23.2%。中国是斯洛伐克排名第十二位出口目的地和第九位进口来源地。

运输设备、机电产品和木及制品是斯洛伐克对中国出口的主要商品，2019 年三类产品出口额合计占斯洛伐克对中国出口总额的 93.3%，分别为 14.78 亿美元、2.50 亿美元和 0.36 亿美元，其中，对运输设备和木及制品分别增长 31.9% 和 197.6%，对机电产品下降 20.8%（见表 5-15）。

斯洛伐克自中国进口的主要商品为机电产品、贱金属及制品和运输设备，2019 年三类产品进口额合计占斯洛伐克自中国进口总额的 82.5%，分别为 22.3 亿美元、2.5 亿美元和 2.0 亿美元，其中，对贱金属及制品增速下降 13.9%，对机电产品和运输设备分别增长 6.4% 和 24.3%。另外，斯洛伐克自中国进口的家具、玩具、杂项制品总额增幅较多，增长 27.5%（见表 5-16）。

表 5-15　2018—2019 年斯洛伐克对中国出口的主要商品构成（类）

海关分类	HS 编码	商品类别	2019 年（亿美元）	2018 年（亿美元）	同比（%）	占比（%）
类	章	总值	18.91	15.90	18.9	100.0
第 17 类	86-89	运输设备	14.78	11.20	31.9	78.2
第 16 类	84-85	机电产品	2.50	3.16	-20.8	13.2
第 9 类	44-46	木及制品	0.36	0.12	197.6	1.9
第 7 类	39-40	塑料、橡胶	49.77	54.87	-9.3	5.6
第 20 类	94-96	家具、玩具、杂项制品	0.36	0.42	-13.8	1.9
第 15 类	72-83	贱金属及制品	0.24	0.29	-18.8	1.3
第 18 类	90-92	光学、钟表、医疗设备	0.19	0.19	2.9	1.0
第 7 类	39-40	塑料、橡胶	0.18	0.23	-23.3	1.0
第 12 类	64-67	鞋靴、伞等轻工产品	0.15	0.15	2.3	0.8
第 11 类	50-63	纺织品及原料	0.09	0.08	15.0	0.5
第 13 类	68-70	陶瓷；玻璃	0.01	0.02	-10.7	0.1

① 中国商务部 . 2019 年斯洛伐克货物贸易及中斯双边贸易概况［R］. 2020.

续表

海关分类	HS 编码	商品类别	2019 年（亿美元）	2018 年（亿美元）	同比（%）	占比（%）
第 6 类	28 - 38	化工产品	0.01	0.01	1.0	0.1
第 4 类	16 - 24	食品、饮料、烟草	0.01	0.01	-29.2	0.1
第 8 类	41 - 43	皮革制品；箱包	0.01	0	113.4	0.1
第 10 类	47 - 49	纤维素浆；纸张	0	1	-39.7	0.0
第 5 类	25 - 27	矿产品	0	0	-3.7	0.0
		其他	0	0	-52.1	0.0

数据来源：中国商务部。

表 5 - 16　　2018—2019 年斯洛伐克自中国进口的主要商品构成（类）

海关分类	HS 编码	商品类别	2019 年（亿美元）	2018 年（亿美元）	同比（%）	占比（%）
类	章	总值	32.48	33.57	-3.3	100.0
第 16 类	84 - 85	机电产品	22.33	20.98	6.4	68.8
第 15 类	72 - 83	贱金属及制品	2.46	2.86	-13.9	7.6
第 17 类	86 - 89	运输设备	1.98	1.59	24.3	6.1
第 20 类	94 - 96	家具、玩具、杂项制品	1.57	1.23	27.5	4.8
第 18 类	90 - 92	光学、钟表、医疗设备	0.97	1.45	-33.3	3.0
第 7 类	39 - 40	塑料、橡胶	0.90	0.97	-7.6	2.8
第 11 类	50 - 63	纺织品及原料	0.74	1.85	-59.7	2.3
第 12 类	64 - 67	鞋靴、伞等轻工产品	0.46	1.18	-61.3	1.4
第 6 类	28 - 38	化工产品	0.36	0.33	8.9	1.1
第 13 类	68 - 70	陶瓷；玻璃	0.23	0.27	-12.8	0.7
第 8 类	41 - 43	皮革制品；箱包	0.12	0.34	-63.1	0.4
第 10 类	47 - 49	纤维素浆；纸张	0.08	0.10	-22.5	0.2
第 5 类	25 - 27	矿产品	0.07	0.17	-58.7	0.2
第 14 类	71	贵金属及制品	5	10	-44.6	0.2
第 9 类	44 - 46	木及制品	4	5	-12.1	0.1
		其他	10	10	-2.1	0.3

数据来源：中国商务部。

（二）中斯相互投资近况①

近年来，中斯相互投资快速增长，呈现出“规模扩大化，领域宽泛化，方式多样化”的特点，在电信、研发、机械、农业和新能源等诸多领域的合作取得积极进展。中国在斯洛伐克投资合作主要项目有联想欧洲、中东和非洲地区支持中

① 中国商务部国际贸易经济合作研究院，中国驻斯洛伐克大使馆经济商务参赞处，中国商务部对外投资和经济合作司．对外投资合作国别（地区）指南斯洛伐克（2019 年版）[R]．2020.

心、ZVL AUTO 汽车轴承厂、青岛软控欧洲研发和技术中心、中车集团控股博戈汽车零配件厂、海鹰集团控股 IEE 斯洛伐克公司及国新国际公司尼特拉物流园等。据中国商务部统计，2018 年中国对斯洛伐克直接投资流量为 1462 万美元。截至 2018 年末，中国对斯洛伐克直接投资存量为 9929 万美元。

三、斯洛伐克应对新冠肺炎疫情措施①

截至 2020 年 5 月 7 日，斯洛伐克有 1445 例确诊病例（26 例死亡）。自 3 月 13 日以来，政府实施了一系列措施来延缓新冠肺炎疫情的传播，包括保持社交距离，关闭学校、娱乐和酒店场所以及限制国际旅行。

2020 年 4 月 22 日，斯洛伐克启动了恢复经济的四个阶段中的第一个阶段，允许一些小商店、餐饮服务和户外市场进行营业。随着新的确诊病例数量的急剧下降，政府加快了重新开业的计划，并于 5 月 6 日同时启动了第二和第三阶段，所有商店、短期住宿、户外餐馆、旅游景点、出租车、教堂、康复服务、美容店、博物馆和图书馆都已开业。重新开放的最后阶段包括剧院、游泳池、购物中心、学校、体育赛事、所有餐厅和其余的住宿设施，这些将在 5 月 20 日前实施，前提是一周以内每天新增病例的中位数不超过 100 例。

（一）财政政策

斯洛伐克新的联合政府出台了两套措施来遏制疫情对本国经济的影响。2020 年 3 月 29 日，斯洛伐克宣布其主要举措：（1）对因遏制措施而被迫关闭或收入下降的企业的员工工资提供国家支持。（2）通过放宽社会保险计划的条件（例如将失业福利延长 1 个月、增加疾病和护理福利），增加对受影响工人和企业的支持。（3）暂时豁免因疫情而关闭的公司雇主医疗保险和社会保障供款。（4）减轻企业行政负担，放宽劳动法规要求。（5）对收入减少 40% 以上的企业，推迟支付工资和公司税。（6）允许公司计入自 2014 年以来的亏损结转。

这些措施总计需政府开支每月达 10 亿欧元（占 2019 年 GDP 的 1%）。斯洛伐克政府还将提供每月高达 5 亿欧元的贷款担保。4 月 14 日，政府通过一项新的短期工作计划（“kurzarbeit”）扩大了现有措施，根据该计划，雇主可以获得政府对员工工资的支持，每位员工最高可达 880 欧元，而无须记录销售额的下降。这些措施估计每月额外费用为 2.2 亿欧元。为了缓解流动性压力，政府还推出了两项针对中小企业和个体经营者的贷款计划（约 1.5 亿欧元），提供贷款担保和利

① IMF. Policy Responses to COVID－19, Policy Tracker: https: //www. imf. org/en/Topics/imf－and－covid19/Policy－Responses－to－COVID－19#P.

息支付。此外，个人、自由职业者及中小企的贷款还款亦可顺延 9 个月，而租金则可顺延至 6 月 30 日。

（二）货币政策和宏观政策

欧洲央行所实施的一系列措施[①]同样适用于斯洛伐克。作为与欧洲央行和欧洲银行管理局（European Banking Authority，EBA）协调行动的一部分，斯洛伐克国家银行（National Bank of Slovakia，NBS）实施了以下措施：（1）未达到一级资本（CET1）标准，可能部分满足第二支柱（Pillar 2）资本要求的银行允许使用相关资本工具；（2）银行可在适当合理的情况下，暂时在资本保存缓冲规定的资本水平以下经营；（3）银行亦会在有充分理由的情况下，获暂时豁免全面遵守《贷款条件说明》。斯洛伐克国家统计局还决定，自 2020 年 8 月 1 日起，将中央银行存款准备金率维持在 1.5% 不变，取消此前将存款准备金率提高到 2.0% 的决定。

（三）汇率与国际收支

相关政策尚未披露。

第十节　斯洛文尼亚

一、斯洛文尼亚经济环境和政策

整体来看，受到工业生产和出口增长放缓的拖累，斯洛文尼亚 2019 年第四季度经济增速有所放缓，导致其全年 GDP 实际增速仅为 2.6%，远低于 2018 年的 4.1%。这使得家庭消费和政府支出（同比分别增长 3.5% 和近 2%）成为斯洛文尼亚经济增长的唯一驱动力。此外，由于斯洛文尼亚政府收入降低，其一般预算盈余占 GDP 比重由 2018 年的 0.8% 下降至 2019 年的 0.2%。然而，在 2020 年 1 月初，斯洛文尼亚政府成功地为 2020 年 1 月 27 日到期的债券进行再融资，发行了 15 亿欧元的 10 年期债券，从而继续进行债务再融资和减少利息支付。[②]

2019 年 11 月，斯洛文尼亚消费贷款增长超过 10%，促使斯洛文尼亚银行对消费贷款施加限制，以遏制信贷过度增长，保护借款人避免过度负债（将以前的建议变成有约束力的工具）。因此，斯洛文尼亚的商业银行、储蓄银行和外国银行的分行将被要求对消费贷款的期限（最长 7 年），以及年度偿债成本与借款人净收入（DSTI）的比率（不得超过 67%）设定上限（后者也适用于住房贷款）。

---

① 欧洲央行所实施的具体措施可参考第五章第一节。

② wiiw. Uncertainty in Turbulent Times [R]. Forecast Report, Spring 2020.

自宣布这些措施以来，斯洛文尼亚央行一直承受着持续的压力。这些压力不仅来自银行业协会，还来自政界人士。他们认为，贷款限制将影响到大约 30 万个人（尤其是退休人员和低收入者）。银行业协会公布的初步结果显示，10 月至 12 月消费者贷款下降了约 40%，住房贷款下降了约 60%。①

2020 年 1 月 27 日，因无法在现有执政联盟内达成既定目标，满足人民的期待，斯洛文尼亚总理沙雷茨宣布辞职，并呼吁提前举行选举。斯洛文尼亚本届政府由 5 个中左翼政党组成，在 90 个议会议席中占 43 个。自 2019 年 11 月失去反对党的非正式支持后，联合政府在议会通过法案愈加困难。②

另外，值得特别注意的是，斯洛文尼亚政府债务比例始终处于一个较高的水平。鉴于经济整体处于衰退当中，同时受到 2020 年初新冠肺炎疫情的拖累，据穆迪报告，斯洛文尼亚的债务到 2020 年底将大幅上升至 74.1%。上述趋势将对斯洛文尼亚长期财政可持续性构成风险。③

二、中斯经贸关系发展近况

（一）中斯双边贸易近况

据欧盟统计局统计，2018 年斯洛文尼亚与中国的双边货物贸易额为 27.27 亿美元，增长 20.6%。其中，斯洛文尼亚对中国出口 6.29 亿美元，下降 1.1%，占其出口总额的 1.4%，下降 0.2 个百分点；斯洛文尼亚自中国进口 20.98 亿美元，增长 29.2%，占其进口总额的 5.0%，提高 0.5 个百分点。斯方贸易逆差 14.7 亿美元，增长 48.6%。

机电产品是斯洛文尼亚对中国出口的第一大类商品，2018 年出口额为 2.08 亿美元，增长 33.0%。纤维素浆、纸张和运输设备是对中国出口的第二和第三大类商品，2018 年出口额分别为 1.50 亿美元和 1.11 亿美元，分别增长 23.8% 和 17.7%（见表 5 - 17）。上述三类商品合计占斯洛文尼亚对中国出口总额的 74.5%。

斯洛文尼亚自中国进口的商品主要为机电产品，2018 年进口 9.38 亿美元，增长 34.9%，占斯洛文尼亚自中国进口总额的 44.7%。德国是中国在斯洛文尼亚机电产品进口市场中的最大竞争对手，其占斯洛文尼亚机电产品进口份额的 22.0%，高出中国近 10 个百分点。

---

① wiiw. Uncertainty in Turbulent Times [R]. Forecast Report, Spring 2020.

② 新华社：http://www.xinhuanet.com/world/2020-01/27/c_1125506280.htm，检索日期：2020 年 5 月 7 日。

③ Moody's. Slovenia's Credit Profile supported by strong Wealth Levels and Export Base; Coronavirus to weaken public Finances. 2020-04.

表 5－17　　2017—2018 年斯洛文尼亚对中国出口的主要商品构成（类）

海关分类	HS 编码	商品类别	2018 年（亿美元）	2017 年（亿美元）	同比（%）	占比（%）
类	章	总值	6.29	6.36	－1.1	100
第 16 类	84－85	机电产品	2.08	1.61	28.9	33.0
第 10 类	47－49	纤维素浆；纸张	1.50	1.51	－0.8	23.8
第 17 类	86－89	运输设备	1.11	1.67	－33.3	17.7
第 15 类	72－83	贱金属及制品	0.44	0.44	0.2	6.9
第 7 类	39－40	塑料、橡胶	0.27	0.35	－21.1	4.3
第 6 类	28－38	化工产品	0.23	0.08	197.8	3.7
第 9 类	44－46	木及制品	0.20	0.26	－23.9	3.1
第 18 类	90－92	光学、钟表、医疗设备	0.13	0.17	－24.3	2.0
第 20 类	94－96	家具、玩具、杂项制品	0.09	0.13	－29.1	1.4
第 2 类	06－14	植物产品	0.06	0.01	462.5	0.9
第 5 类	25－27	矿产品	0.05	0.05	7.3	0.8
第 13 类	68－70	陶瓷；玻璃	0.05	0.03	84.5	0.8
第 11 类	50－63	纺织品及原料	0.03	0.02	68	0.5
第 4 类	16－24	食品、饮料、烟草	0.03	0.02	4.8	0.4
第 1 类	01－05	活动物；动物产品	0.02	0.01	99.0	0.3
		其他	0.01	0.02	－49.0	0.2

资料来源：中国商务部。

表 5－18　　2017—2018 年斯洛文尼亚自中国进口的主要商品构成（类）

海关分类	HS 编码	商品类别	2018 年（亿美元）	2017 年（亿美元）	同比（%）	占比（%）
类	章	总值	20.98	16.24	29.2	100
第 16 类	84－85	机电产品	9.38	6.95	34.9	44.7
第 6 类	28－38	化工产品	2.97	2.14	38.4	14.1
第 15 类	72－83	贱金属及制品	2.04	1.63	24.8	9.7
第 20 类	94－96	家具、玩具、杂项制品	1.47	1.32	11.4	7.0
第 11 类	50－63	纺织品及原料	1.44	1.08	34.1	6.9
第 7 类	39－40	塑料、橡胶	0.85	0.74	14.4	4.1
第 12 类	64－67	鞋靴、伞等轻工产品	0.64	0.59	7.3	3.0
第 17 类	86－89	运输设备	0.45	0.40	13.8	2.2
第 13 类	68－70	陶瓷；玻璃	0.41	0.36	13.4	1.9
第 8 类	41－43	皮革制品；箱包	0.40	0.28	40.4	1.9
第 18 类	90－92	光学、钟表、医疗设备	0.39	0.28	36.9	1.9
第 10 类	47－49	纤维素浆；纸张	0.19	0.18	1.8	0.9
第 9 类	44－46	木及制品	0.10	0.08	29.2	0.5
第 2 类	06－14	植物产品	0.07	0.07	10.0	0.3
第 5 类	25－27	矿产品	0.06	0.03	74.3	0.3
		其他	0.13	0.10	33.8	0.6

数据来源：中国商务部。

（二）中斯相互投资近况[①]

据中国商务部统计，2018 年中国对斯洛文尼亚直接投资流量为 1328 万美元。截至 2018 年末，中国对斯洛文尼亚直接投资存量为 4009 万美元。

中国对斯洛文尼亚投资的主要项目有：2018 年，中国海信集团出资约 3 亿欧元收购了斯洛文尼亚家电制造商戈兰尼亚（Gorenje），持有该公司 100% 股权，目前正计划新建年产 100 万台电视机的工厂，将新增数百个就业岗位。斯洛文尼亚戈兰尼亚公司是在欧洲享有盛誉的家电制造商，成立于 1950 年，现拥有员工 11000 多名，每年制造大型家电超过 500 万台，年销售额超过 13 亿欧元。

据斯洛文尼亚央行统计数据，截至 2017 年底，斯洛文尼亚在华投资额累计 4530 万欧元，主要集中在制造业、批发零售业等领域。

三、斯洛文尼亚应对新冠肺炎疫情措施[②]

斯洛文尼亚人口虽然仅 210 万人，但此次新冠肺炎疫情给该国带来了严重影响。截至 2020 年 5 月 7 日，有 1400 多例确诊病例和至少 99 例死亡，总病例曲线继续趋平缓。斯洛文尼亚的实际 GDP 增长率预计将从 2019 年的 2.4% 下降到 2020 年的 -8%。政府已经采取了一系列措施来延缓冠状病毒的扩散，缓解对民众和企业的不利影响。这些措施包括边境检查，增加病例测试，限制大型集会，关闭学校、公共交通、餐馆和非必要商店，限制行动以及实施经济刺激政策。

随着控制新型冠状病毒传播和监测随机测试的进展，政府已经开始逐步重新启动安全规则。自 2020 年 4 月中旬开始，部分城市间旅行、维持本国工业生产所需的公共交通和部分服务业开始逐步恢复，公共交通和学校在 5 月全面重新开放。在此过程中，政府发布了详细的保护措施指南。

（一）财政政策

作为 2020 年 3 月 9 日宣布的 10 亿欧元经济刺激计划的一部分（占 GDP 的 2.2%），斯洛文尼亚政府已经采取了部分税收和支出措施，包括：（1）税收延迟至 24 个月或 24 个月分期缴税；（2）因疫情关闭、隔离等原因被停薪留职人员的工资补贴（约 5000 万欧元）；（3）政府为受影响企业特别是中小企业提供的金融支持、担保和信贷（6 亿欧元）。此外，政府还发布了一项法令，在未来 3 个月内降低电价，以减轻疫情的影响。一项刚刚通过的紧急法案也赋予了斯洛文尼亚政

---

① 中国商务部国际贸易经济合作研究院，中国驻斯洛文尼亚大使馆经济商务参赞处，中国商务部对外投资和经济合作司. 对外投资合作国别（地区）指南斯洛文尼亚（2019 年版）[R]. 2020.

② IMF. Policy Responses to COVID-19, Policy Tracker: https://www.imf.org/en/Topics/imf-and-covid19/Policy-Responses-to-COVID-19#P.

府在使用预算资金方面更多的自由裁量权，包括医疗支出。4 月 2 日，议会批准了一项新的 30 亿欧元的经济刺激计划（占 GDP 的 6.7%），这巩固了之前宣布的一些措施。这些措施包括有选择性地免税和共同资助社会贡献、增加工资补贴、对弱势群体给予临时收入支持、发放卫生工作者奖金，以及直接贷款和贷款担保。4 月 28 日，议会通过了另一项 20 亿欧元（占 GDP 的 4.5%）的经济刺激方案，重点是为企业提供担保，并对此前的方案进行修正，放宽了条件，扩大了受益人范围。政府也在考虑第三套支持经济复苏的方案。

（二）货币政策和宏观政策

作为欧元区的成员国，欧洲央行所实施的一系列措施①同样适用于斯洛文尼亚。此外，针对斯洛文尼亚的主要措施还包括：（1）受影响的公司和个人获准将银行贷款偿还推迟至多 12 个月；（2）斯洛文尼亚银行（Bank of Slovenia，BoS）将欧洲央行的所有措施扩大到斯洛文尼亚的所有银行和储蓄银行；（3）斯洛文尼亚银行限制银行和储蓄银行的利润分配；（4）斯洛文尼亚银行降低了银行账户收费的最高限额，对弱势群体的降幅更大。

（三）汇率与国际收支

相关政策尚未披露。

第十一节　希腊

一、希腊经济环境和政策

在经历了欧盟、欧洲央行和国际货币基金组织 10 年的救助以及多年严格的紧缩措施之后，希腊近年终于摆脱了经济危机的阴影，2019 年经济增速保持在 2% 左右，超过欧盟的平均水平（1.5%）。据希腊财政委员会报告，2019 年希腊已达到其政府基础预算盈余占 GDP 比重 3.5% 的这一目标，失业率也将从目前的 17.4% 降低到 15.6%。随着希腊经济好转，资本管制措施已经不断放松。在 2019 年 8 月 26 日，刚担任希腊总理 1 个多月的米佐塔基斯突然宣布取消所有资本管制措施。该消息的宣布时间比外界预期提早了 1 个月左右，令希腊民众和国际市场非常振奋。2019 年希腊股票市场是全球表现最佳的股票市场，在 2019 年表现最佳的前 10 只股指，雅典证交所综合指数以 48.79% 的涨幅位列榜首。在债券市场上，投资者对希腊信心满满。希腊国债收益率已经达到纪录低点。希腊在 2019 年

---

① 欧洲央行所实施的具体措施可参考第五章第一节。

3 月和 10 月曾两次发行价值分别为 25 亿欧元和 15 亿欧元的 10 年期债券，投资者认购额度均大幅超过初始发行计划。10 月发行的 10 年期国债收益率更创下历史新低值至 1.54%。①

尽管 2019 年希腊在经济领域取得了不俗表现，但是仍然在积极寻求地区发展的新起点。2019 年 4 月 12 日，李克强总理在克罗地亚杜布罗夫尼克出席第八次中国—中东欧国家领导人会晤。会议欢迎希腊作为正式成员加入“16 + 1 合作”。斯洛文尼亚总理在发言中表示，相信希腊的全面加入会为合作带来“更广阔的视角”。本年度峰会东道主克罗地亚总理普连科维奇说：“我们都在寻求改善合作模式。‘16 + 1’已成为加强政治与经济紧密关系的平台。”②

在 2019 年 3 月的一份评级行动报告中，穆迪表示希腊改革方案似乎已牢固确立，实施的改革已开始产生成果。与此同时，希腊政府与债权人监管相结合的形式，不仅保证其经济持续走强，还能进一步降低改革逆转的风险。此外，希腊相对强劲的财政表现记录也同样牢牢确立，并且很可能会继续保持下去，因为希腊大部分的财政改善是得益于结构性措施的实施。基于上述因素，穆迪上调了希腊主权评级，从“B3”上调至“B1”，经济前景展望为“稳定”。③

然而，2019 年希腊政坛却波澜迭起。2019 年 1 月 25 日，时任希腊总理齐普拉斯在联合政府小伙伴“独立希腊人党”极力反对的情况下，没有理会民意而把关于北马其顿国名问题的《普雷斯帕协议》提交议会，在精心计算之下最后以微弱多数得以通过。但这一议题严重撕裂希腊社会。几项民意调查显示，超过六成的希腊人不赞成这项协议。强推这份协议的齐普拉斯也为此付出沉重代价，他所领导的激进左翼联盟在 5 月 26 日希腊地方政府选举和欧洲议会选举中大败，随后不得不提前在 7 月 7 日举行全国大选。米佐塔基斯所领导的新民主党毫无悬念地获胜上台执政。2019 年 12 月初，希腊议会以大比数投票通过新税法，并为希腊家庭和企业带来总额达 12 亿欧元的减税。2019 年底的多份民意调查显示，希腊民众对现任政府的施政措施普遍认可，包括允许警察进入大学校园打击犯罪活动，出台严厉的禁烟法以及减税等施政措施均受到好评。民调公司 MRB 在 12 月公布的数据显示，40.9% 的受访者认为米佐塔基斯是一位优秀的总理。④

---

① 中国新闻网：https://m.chinanews.com/wap/detail/zw/gj/2019/12-31/9048159.shtml，检索日期：2020 年 5 月 8 日。

② 中国—中东欧国家合作：http://www.china-ceec.org/chn/zdogjhz/t1654370.htm，检索日期：2020 年 5 月 8 日。

③ Moody's. Moody's upgrades Greece's rating to B1, stable outlook, 2019-03.

④ 中国新闻网：https://m.chinanews.com/wap/detail/zw/gj/2019/12-31/9048159.shtml，检索日期：2020 年 5 月 8 日。

此外，希腊的难民问题在2019年再度升温。自2019年入夏以来，几乎每天都有多艘难民船穿越爱琴海从土耳其登陆希腊岛屿。不少媒体指出，难民登岸的情景令人想起2015年欧洲难民危机最严重时的画面。希腊政府向欧盟通报事态发展，外长也曾召见土耳其驻希腊大使表达强烈不满和担忧，但效果并不明显。面对不断涌至的难民以及拥挤不堪的难民营，希腊政府在11月出台关于难民和移民庇护权快速审批或遣返的法案，对难民和移民庇护权申请上诉的条件有更加严格的要求。另外还限制难民和移民在希腊的活动范围，如果难民和移民抗议或拒绝当局进行营地转移，或者反对其他相关安排，均会被视为违反庇护权的行为。该法案备受争议，全球15个人权组织也明确表示反对。另外，希腊政府还创建封闭式收容中心，暂时收容庇护申请被拒绝的难民和非法移民。同时加强边境管制措施，增加海岸警卫队在爱琴海域的巡逻密度，并辅以使用包括热摄像仪等在内的高科技装备来拦截偷渡船。①

2020年1月7日，希腊总理基里亚科斯·米佐塔基斯（Kyriakos Mitsotakis）在华盛顿与国际货币基金组织总裁克里斯塔利娜·格奥尔基耶娃（Kristalina Georgieva）举行会晤，随后即宣布关闭国际货币基金组织在雅典的办公室，以此为标志，希腊不再受国际货币基金组织的严格监管。②

二、中希经贸关系发展近况

（一）中希双边贸易近况③

据欧盟统计局统计，2019年希腊与中国的双边货物贸易额为55.45亿美元，增长8.3%。其中，希腊对中国出口9.99美元，下降5.4%，占希腊出口总额的2.6%，与上年持平；希腊自中国进口45.46亿美元，增长11.8%，占希腊进口总额的7.3%，提升0.9个百分点。希方贸易逆差35.47亿美元，增长17.9%。

矿产品是希腊对中国出口的首位产品，2019年出口7.61亿美元，下降10.4%，占希腊对中国出口总额的76.1%。其中，矿物燃料出口4.7亿美元，下降9.7%；盐、硫黄、土及石料、石灰及水泥等出口2.4亿美元，下降18.4%。机电产品和化工产品分别为希腊对中国出口的第二和第三大类商品，2019年分别出口0.96亿美元和0.51亿美元，分别占希腊对中国出口总额的9.6%和5.1%（见表5-19）。

① 中国新闻网：https：//m.chinanews.com/wap/detail/zw/gj/2019/12-31/9048159.shtml，检索日期：2020年5月8日。

② 中欧陆家嘴国际金融研究院、中东欧经济研究所，《中东欧视界》，2020（1）。

③ 中国商务部.2019年希腊货物贸易及中希双边贸易概况［R］.2020.

表 5 - 19　　2018—2019 年希腊对中国出口的主要商品构成（类）

海关分类	HS 编码	商品类别	2019 年（亿美元）	2018 年（亿美元）	同比（%）	占比（%）
类	章	总值	9.99	10.57	-5.4	100
第 5 类	25 - 27	矿产品	7.61	8.49	-10.4	76.1
第 16 类	84 - 85	机电产品	0.96	0.49	96.2	9.6
第 6 类	28 - 38	化工产品	0.51	0.38	32.1	5.1
第 11 类	50 - 63	纺织品及原料	0.24	0.48	-50.0	2.4
第 18 类	90 - 92	光学、钟表、医疗设备	0.12	0.08	49.7	1.2
第 4 类	16 - 24	食品、饮料、烟草	0.10	0.09	17.2	1.0
第 15 类	72 - 83	贱金属及制品	0.07	0.24	-72.1	0.7
第 2 类	06 - 14	植物产品	0.05	0.03	33.7	0.5
第 13 类	68 - 70	陶瓷；玻璃	0.04	0.05	-9.2	0.4
第 7 类	39 - 40	塑料、橡胶	0.04	0.02	52.1	0.4
第 1 类	01 - 05	活动物；动物产品	0.02	0.02	-9.2	0.2
第 3 类	15	动植物油脂	0.02	0.04	-45.2	0.2
第 10 类	47 - 49	纤维素浆；纸张	0.02	0.09	-82.3	0.2
第 20 类	94 - 96	家具、玩具、杂项制品	0.01	0.01	-6.2	0.1
第 8 类	41 - 43	皮革制品；箱包	0.01	0.03	-68.7	0.1
		其他	0.19	0.02	916.6	1.9

资料来源：中国商务部。

机电产品是希腊自中国进口的第一大类商品，2019 年进口 16.35 亿美元，占希腊自中国进口总额的 36.0%，下降 4.8%。其中，机械设备进口 10.9 亿美元，下降 5.6%；电机和电气产品进口 5.5 亿美元，下降 3.1%。纺织品及原料和家具玩具、杂项制品是希腊自中国进口的第二和第三大类产品，2019 年分别进口 8.84 亿美元和 4.59 亿美元，分别增长 103.3% 和 4.7%，分别占希腊自中国进口总额的 19.4% 和 10.1%。另外，贱金属及制品和鞋靴、伞等轻工产品也是希腊自中国进口占比超过 5% 的商品（见表 5 - 20）。中国是希腊机电产品，纺织品及原料，家具、玩具、杂项制品，鞋靴、伞等轻工产品和皮革制品、箱包最大进口来源国，分别占希腊同类产品进口市场份额的 20.0%、26.2%、33.7%、32.7% 和 26.6%，中国产品的主要竞争者是德国和意大利等国家。

表 5－20　　2018—2019 年希腊自中国进口的主要商品构成（类）

海关分类	HS 编码	商品类别	2019 年（亿美元）	2018 年（亿美元）	同比（%）	占比（%）
类	章	总值	45.46	40.64	11.8	100
第 16 类	84－85	机电产品	16.35	17.17	－4.8	36.0
第 11 类	50－63	纺织品及原料	8.84	4.35	103.3	19.4
第 20 类	94－96	家具、玩具、杂项制品	4.59	4.39	4.7	10.1
第 15 类	72－83	贱金属及制品	4.04	4.60	－12.1	8.9
第 12 类	64－67	鞋靴、伞等轻工产品	2.87	1.78	60.9	6.3
第 7 类	39－40	塑料、橡胶	1.83	1.73	5.6	4.0
第 6 类	28－38	化工产品	1.37	1.36	1.2	3.0
第 8 类	41－43	皮革制品；箱包	1.13	0.89	27.3	2.5
第 18 类	90－92	光学、钟表、医疗设备	1.01	0.87	16.6	2.2
第 13 类	68－70	陶瓷；玻璃	0.79	0.73	8.1	1.7
第 17 类	86－89	运输设备	0.66	0.93	－29.0	1.5
第 10 类	47－49	纤维素浆；纸张	0.66	0.60	10.0	1.5
第 9 类	44－46	木及制品	0.31	0.28	12.4	0.7
第 1 类	01－05	活动物；动物产品	0.28	0.29	－4.2	0.6
第 14 类	71	贵金属及制品	0.24	0.24	0.3	0.5
		其他	0.48	0.43	9.8	1.0

资料来源：中国商务部。

（二）中希相互投资近况[①]

据中国商务部统计，2018 年中国对希腊直接投资流量为 6030 万美元。截至 2018 年末，中国对希腊直接投资存量为 2.72 亿美元。

在希腊的主要中资企业包括中远海运（香港）有限公司、中兴通讯股份有限公司、华为技术有限公司、国家能源投资集团、三峡国际能源投资集团有限公司、中国新时代控股（集团）公司、国家电网等，经营范围主要集中于交通运输、信息技术服务业和电力行业。

三、希腊应对新冠肺炎疫情措施[②]

截至 2020 年 5 月 6 日，希腊已报告 2663 例阳性病例。政府已采取严格的控制措施延缓冠状病毒的传播，包括：（1）封锁限制基本运动和经济活动；（2）关

① 中国商务部国际贸易经济合作研究院，中国驻希腊大使馆经济商务参赞处，中国商务部对外投资和经济合作司．对外投资合作国别（地区）指南希腊（2019 年版）[R]．2020.

② IMF. Policy Responses to COVID－19，Policy Tracker：https：//www. imf. org/en/Topics/imf－and－covid19/Policy－Responses－to－COVID－19#P.

闭学校；（3）限制国内旅游；（4）对来自高风险国家的旅客实施旅行禁令；（5）为国际游客和回国的希腊公民提供检疫。目前，政府已经宣布了一个逐步开放的计划，期望自 7 月 1 日之后，希腊国内可以实现经济活动的全面正常化（大型公共活动除外）。

（一）财政政策

希腊政府已经宣布了一项财政刺激方案，约占本国 GDP 的 7.25%，资金来源于本国财政以及欧盟资金。主要措施包括：（1）增加卫生支出，包括新雇用 3300 多名医生和护士、采购医疗用品和向卫生部门工作人员发放现金奖励；（2）向弱势群体提供紧急援助，包括向在受严重冲击的公司工作的雇员和自由职业者提供现金津贴及全面支付退休金和健康福利，延长失业福利，向在家照顾子女的父母提供带薪假期；（3）通过贷款担保、利息支付补贴、税款和社会保障缴款的递延付款，向受到沉重打击的企业提供流动资金资助；（4）降低新冠肺炎防护所需关键产品的增值税税率。

（二）货币政策和宏观政策

在欧洲央行现有的规则之下，欧洲央行此前宣布的 2020 年底前额外增加 1200 亿欧元规模的资产购买计划中并未包括希腊，然而希腊可以享受欧洲央行的其他货币支持政策，包括：（1）对所有在 2020 年 6 月至 2021 年 6 月尚未完成的定向长期再融资操作（TLTRO Ⅲ操作）适用更为优惠的条款；（2）欧洲央行将购买 7500 亿欧元的公共和私营部门资产，之后可能继续购买（拟购买的资产将包括希腊国债，而欧洲央行此前的债券购买计划中不包括希腊国债）。

（三）汇率与国际收支

相关政策尚未披露。

第十二节　匈牙利

一、匈牙利经济环境和政策

在过去的 3 年里，匈牙利经济整体表现非常强劲。GDP 增速平均接近 5%，私人消费和固定资本形成总额上涨幅度较高。与此同时，其外部平衡却逐渐恶化，经常账户余额从 2016 年超过 50 亿欧元的盈余下滑到 2018—2019 年的赤字。[①]

① wiiw. Uncertainty in Turbulent Times [R]. Forecast Report, Spring 2020.

在这3年中，匈牙利实际净工资上涨了近30%（员工人数小于5人的小型公司除外）。2018年12月30日，匈牙利雇主和工会达成了最低工资增长协议，双方同意将技术工人和非技术工人的最低工资从2019年初提高8%，到2020年再提高8%。技术工人的最低月工资将增加到195000福林（1美元约兑283福林），而非熟练工人将从2019年1月1日起至少获得149000福林。从2020年起，熟练工人和非熟练工人的最低工资将分别攀升至210600福林和161000福林。匈牙利经济部长瓦尔高称，加薪将进一步改善匈牙利家庭的财务状况。他指出，政府通过家庭免税支持建立家庭和抚养子女，匈牙利现有超过100万个家庭符合资格。2021年，两孩家庭的免税额将增加5000福林，这样他们每月将能节省40000福林。

2019年3月3日，匈牙利总理维克托·欧尔班指示匈牙利国家银行（NBH）推出一项海外投资促进计划，以促进匈牙利公司在海外的投资。他表示："匈牙利公司在海外投资的收入，应该至少达到与外商在匈投资的收入水平，或争取与外商投资在匈牙利的收入对等。"

2019年3月22日，来自匈牙利创新和科技部、数字化繁荣计划、5G联盟的代表在数字化繁荣论坛上共同介绍，匈牙利已完成5G战略专业规划，旨在推动本国成为欧洲最先进的5G移动通信研究中心之一。创新与科技部主管信息通信的国务秘书卡洛伊表示，5G技术是创新的催化剂，将为率先引入的国家带来竞争优势。

2019年5月30日，匈政府通过了"13+1经济保护行动计划"。该计划旨在维持匈经济增长势头，维护匈经济成果，并进一步保证匈经济超过欧盟平均增长水平2个百分点。该行动计划主要包括简化税收、降低税率、税种合并等。降税方面，根据该行动计划，自2019年7月起，匈社会贡献税将由19.5%降为17.5%，此举可使企业2019年减少1440亿福林（约合4.98亿美元）、2020年减少1560亿~1600亿福林（约合5.4亿~5.54亿美元）的税负。自2020年1月底起，小型公司税将由13%降为12%，可为4万个缴纳该税种的企业节省50亿福林（约合1700万美元）税负。内阁还建议2020年底将广告税核心部分降为0。为实现旅游业进一步发展，将酒店服务增值税由18%降为5%。为促进小型居民区住宅建设和投资，将为住宅建设返还最高500万福林（约合1.73万美元）的增值税。私有企业还将获得员工住宅建设补贴。同时政府计划降低税种数量，可能取消简化营业税，还决定为税前扣除给予优惠。此外，2020年财政预算将多投入320亿福林（约合1.11亿美元），共投入1570亿福林（约合5.43亿美元）用于鼓励研发。2020年7月3日，政府将发行利率为3.5%的新国债，购买后第5年末利率将为6%。

2019 年，匈牙利国内政治在很大程度受到了 5 月欧洲议会选举和 11 月地方选举的影响。这两次选举对民主联盟（DK）和动量运动党（Momentum）十分重要，并使它们成为了 2019 年的主要赢家。与此同时，青民盟—基民盟（Fidesz - KDNP）也稳固了其执政基础，即积极的经济发展趋势，有利于家庭的激励措施，以及温和且可信的竞选口号。①

2019 年 12 月 11 日，匈牙利出台新社会保障法致力于减税。匈财政部税收事务国务秘书伊泽尔在新闻发布会上表示，新出台的社会保障法将简化税收系统，降低税负，避免逃税行为。伊泽尔将该法律称为“三合一”法，因为该法实现了匈政府三个税收政策目标。该法将于 2020 年 7 月 1 日生效。简化税收方面，在本财政周期结束前，匈财政部将取消 20 个税种，2022 年削减 1/3 的税种。自 2020 年 7 月 1 日起，纳税者将比 2018 年少缴纳 9 种税。新的减税法律将惠及企业、家庭和退休人员。

2020 年初，在新冠肺炎疫情冲击欧洲经济之际，匈牙利议会在 3 月 30 日通过了一系列减缓冠状病毒传播的措施，其中包括对传播错误信息和违反隔离措施的人处以监禁。尽管欧洲其他地方也实施了类似的措施，但法律允许政府在不确定的时间内通过法令事实管理统治。欧盟的公民权利组织、欧洲议会（European Parliament）和欧洲理事会（Council of Europe）都对该法律提出了批评，表达了对民主、言论自由和法治可能被掏空的担忧。最近，该法律促使欧盟委员会主席乌苏拉·冯德莱恩呼吁成员国在采取紧急措施抗击新型冠状病毒传播时，坚持欧洲价值观并尊重媒体自由。目前看来，匈牙利出台的该项法律可能会加速匈牙利与欧盟本已紧张的关系。事实上，自欧洲议会（European Parliament）于 2018 年 9 月要求欧洲理事会启动针对匈牙利的第 7 条程序以来，这种关系已经恶化。《里斯本条约》是欧盟所能采用的最严厉的惩罚程序，它的批准将为制裁铺平道路，可能包括暂停匈牙利的投票权或减少其欧盟基金。②

二、中匈经贸关系发展近况

中匈两国在金融、基础设施建设、经贸合作园区建设、高新技术等领域有着广阔的合作空间。目前，匈牙利是中国在中东欧地区最大投资目的国。③

---

① 中国—中东欧研究院 . 2019 年匈牙利政治回顾 . 2019 - 12.

② Moody’s. New Emergency Law raises Concerns about Rule of Law and will intensify Tensions with EU，2020 - 04.

③ 中国商务部国际贸易经济合作研究院，中国驻匈牙利大使馆经济商务参赞处，中国商务部对外投资和经济合作司 . 对外投资合作国别（地区）指南匈牙利（2019 年版）［R］. 2020.

（一）中匈双边贸易近况①

据欧盟统计局统计，2018 年匈牙利与中国的双边货物贸易额为 93.23 亿美元，增长 15.3%。其中，匈牙利对中国出口 17.69 亿美元，下降 0.5 %，占其出口总额的 1.4%，下降 0.2 个百分点；匈牙利自中国进口 75.54 亿美元，增长 19.8%，占其进口总额的 6.2%，增长 0.4 个百分点。匈方贸易逆差 57.8 亿美元，增长 27.7%。

机电产品是匈牙利对中国最主要的出口商品，2018 年匈牙利向中国出口机电产品 9.06 亿美元，下降 10.1%，占匈牙利对中国出口总额的 51.2%。光学、钟表、医疗设备和化工产品居匈牙利对中国出口商品的第二位和第三位，2018 年分别出口 2.04 亿美元和 1.88 亿美元，其中光学、钟表、医疗设备与 2017 年持平，化工产品增长 52.6%，分别占匈牙利对中国出口总额的 11.5% 和 10.6%（见表 5－21）。

表 5－21　2017—2018 年匈牙利对中国出口的主要商品构成（类）

海关分类	HS 编码	商品类别	2018 年（亿美元）	2017 年（亿美元）	同比（%）	占比（%）
类	章	总值	17.69	17.77	-0.5	100
第 16 类	84－85	机电产品	9.06	10.08	-10.1	51.2
第 18 类	90－92	光学、钟表、医疗设备	2.04	2.04	0	11.5
第 6 类	28－38	化工产品	1.88	1.23	52.6	10.6
第 20 类	94－96	家具、玩具、杂项制品	1.17	0.7	68.7	6.6
第 15 类	72－83	贱金属及制品	0.98	0.67	45.3	5.6
第 17 类	86－89	运输设备	0.88	1.3	-32.1	5.0
第 7 类	39－40	塑料、橡胶	0.74	0.59	26.3	4.2
第 1 类	01－05	活动物；动物产品	0.32	0.67	-52.7	1.8
第 4 类	16－24	食品、饮料、烟草	0.13	0.1	28.5	0.7
第 13 类	68－70	陶瓷；玻璃	0.11	0.09	14.5	0.6
第 9 类	44－46	木及制品	0.09	0.08	15.5	0.5
第 11 类	50－63	纺织品及原料	0.08	0.07	12.1	0.5
第 5 类	25－27	矿产品	0.08	0.06	36.7	0.4
第 8 类	41－43	皮革制品；箱包	0.07	0.03	100.2	0.4
第 10 类	47－49	纤维素浆；纸张	0.03	0.03	-0.8	0.2
		其他	0.04	0.04	4.0	0.2

资料来源：中国商务部。

① 中国商务部国际贸易经济合作研究院，中国驻匈牙利大使馆经济商务参赞处，中国商务部对外投资和经济合作司．对外投资合作国别（地区）指南匈牙利（2019 年版）[R]．2020.

匈牙利自中国进口的主要商品为机电产品，2018 年进口 52.95 亿美元，增长 12.9%，占匈牙利自中国进口总额的 70.1%（见表 5－22）。其中，电机和电气产品进口 35.2 亿美元，增长 8.4%，占自中国进口总额的 46.6%；机械设备进口 17.7 亿美元，增长 23.2%，占自中国进口总额的 23.5%。在匈牙利机电产品进口市场中，中国居匈牙利进口来源地的第二位，2018 年占匈牙利机电产品进口份额的 12.2%。而匈牙利最大的机电产品进口国为德国，2018 年匈牙利自德国进口机电产品 130.8 亿美元，占匈牙利机电产品进口份额的 30.2%，高出中国 18.0 个百分点。

表 5－22　2017—2018 年匈牙利自中国进口的主要商品构成（类）

海关分类	HS 编码	商品类别	2018 年（亿美元）	2017 年（亿美元）	同比（%）	占比（%）
类	章	总值	75.54	63.08	19.8	100
第 16 类	84－85	机电产品	52.95	46.89	12.9	70.1
第 11 类	50－63	纺织品及原料	4.18	2.03	105.6	5.5
第 15 类	72－83	贱金属及制品	3.10	2.78	11.5	4.1
第 6 类	28－38	化工产品	2.86	2.29	24.6	3.8
第 18 类	90－92	光学、钟表、医疗设备	2.5	2.02	23.7	3.3
第 7 类	39－40	塑料、橡胶	2.38	1.72	38.4	3.2
第 20 类	94－96	家具、玩具、杂项制品	2.16	1.73	25.4	2.9
第 17 类	86－89	运输设备	1.50	1.24	21.5	2.0
第 12 类	64－67	鞋靴、伞等轻工产品	1.30	0.46	183.5	1.7
第 8 类	41－43	皮革制品；箱包	0.73	0.59	23.9	1.0
第 13 类	68－70	陶瓷；玻璃	0.66	0.51	30.4	0.9
第 10 类	47－49	纤维素浆；纸张	0.21	0.16	30.3	0.3
第 2 类	06－14	植物产品	0.13	0.12	8.3	0.2
第 4 类	16－24	食品、饮料、烟草	0.12	0.09	26.3	0.2
第 1 类	01－05	活动物；动物产品	0.09	0.07	25.9	0.1
		其他	0.67	0.38	75.8	0.9

资料来源：中国商务部。

（二）中匈相互投资近况①

随着双边贸易的不断发展，中匈两国相互投资也稳步增长，匈牙利已成为中东欧地区中资企业最为集中的国家之一。据中国商务部统计，2018 年中国对匈牙

① 中国商务部国际贸易经济合作研究院，中国驻匈牙利大使馆经济商务参赞处，中国商务部对外投资和经济合作司．对外投资合作国别（地区）指南匈牙利（2019 年版）[R]．2020.

利直接投资流量为 9495 万美元。截至 2018 年末，中国对匈牙利直接投资存量为 3.21 亿美元。投资行业涉及金融、化工、通信设备等。据中国商务部统计，2019 年 1—6 月，匈牙利在华投资 1813 万美元，同比增长 1284%。截至 2019 年 6 月底，匈牙利在华投资 3.85 亿美元。

中国企业在匈牙利主要合作和投资项目有：

（1）万华集团收购匈牙利宝思德化学公司。山东烟台万华集团是亚太地区最大的异氰酸酯生产商，匈牙利宝思德化学公司是中东欧地区最大的异氰酸酯生产企业。2011 年 1 月，万华集团投资 12.6 亿欧元完成对匈牙利宝思德化学公司的收购，是目前中国在匈牙利最大的投资项目。收购完成后，万华集团从各方面对公司业务进行整合，并大力推进设备改造和技术升级，企业运营逐渐步入正轨。

（2）中国银行（匈牙利）有限公司。该公司于 2003 年 2 月在匈牙利首都布达佩斯开业，由中国银行全资控股，是中国银行在中东欧地区设立的第一家营业性金融机构。2014 年 12 月中国银行匈牙利分行正式对外营业，成为匈牙利第一家分子行双牌照的外资银行，进一步扩大在中东欧地区的金融服务能力和市场影响力。2015 年，匈牙利分行获准担任人民币清算行，成为中东欧首家人民币清算行。2018 年，匈牙利分行获得投资服务牌照，并成功发行了 20 亿元人民币熊猫债，实现了结构化票据在布达佩斯交易所上市。公司加强与主权机构合作，推动了人民币业务发展，截至 2018 年底，资产总额达到 70.6 亿美元。

（3）中匈商贸物流园区。2011 年山东帝豪国际集团收购布达佩斯“中国商城”，开始建立“中国商品交易展示中心”，2015 年 4 月获批为国家级“境外经济贸易合作区”。截至 2018 年底，总投资达 1.13 亿美元，开发面积 13.39 万平方米。园区以“一区多园、两地展销、双向代理、内外联动”发展模式，进一步建设完善匈牙利中国商品交易展示中心、切佩尔港物流园、德国不来梅港物流园。2018 年，海尔、格力、雷士照明、同方威视、敦煌网、环球易购等企业先后进入园区，目前园区入驻企业达到 172 家，其中中资控股企业 50 家。2018 年园区完成贸易额 57022.7 万美元，带动和拉动国内企业直接出口和间接出口达 8 亿美元。解决当地就业 1499 人，其中外籍人员 1412 人，园区自身实现利润 1300 万美元，上缴税金 78.75 万美元。已经建设完成商贸和物流两大公共服务平台以及匈牙利切佩尔港企业海外仓、德国不来梅港跨境电商海外仓。

（4）华为公司及其欧洲供应中心、欧洲物流中心项目。华为匈牙利公司成立于 2005 年 9 月。经过多年发展，华为逐步在匈牙利市场树立了品牌，与匈牙利电信、沃达丰、Telenor、GTS、Pantel、Invitel 等匈牙利及欧洲电信运营商、分销商建立了合作伙伴关系，与匈政府和企业部门建立并保持联系。2009 年，华为公司与匈牙利有关企业合作，建立欧洲供应中心，从国内进口通信设备零部件，在匈牙利组装后销往欧洲、中亚和北非等地。2013 年底，华为公司在匈牙利比奥托巴吉市建立欧洲物流中心，完善供应链建设，实现本地采购、制造、测试、组装、配送一条龙流程。截至 2018 年底，华为欧洲供应中心在匈牙利设有 2 个合作工厂和 1 个物流中心，共有生产及仓储面积 62000 平方米，为匈牙利创造近 2000 个就业岗位。

（5）中兴通讯匈牙利公司。中兴通讯匈牙利代表处成立于 2004 年，2010 年注册成立匈牙利子公司，目前子公司拥有员工近 50 人，员工本地化率近 60%。经过 15 年多的发展，中兴通讯在匈牙利电信市场取得了良好的成绩，已跻身匈牙利主流通信设备及方案提供商，与匈牙利主流运营商均建立业务合作关系。特别与匈牙利第二大电信运营商 Telenor 长期保持全面的战略合作伙伴关系，独家承建了全国 2G/3G/4G 无线网络，建设全国物理站点数量超过 4000 个，覆盖全国并服务匈牙利超过 320 万用户，市场占有率超过 30%。

（6）比亚迪匈牙利公司。公司在匈牙利累计投资 2000 万欧元，完成了西欧、北欧以及汉诺威展车等不同电动大巴项目，同时还新建了底盘车间，供货英国整车厂。2019 年比亚迪匈牙利工厂生产的纯电动客车投入使用，在欧洲建立了真正的中国企业欧洲制造的信誉和口碑，同时给当地制造业创造了 255 个就业岗位。截至 2019 年 4 月，比亚迪在欧洲纯电动客车市场占有率超过 20%，成为欧洲电动客车市场的领跑者之一。作为比亚迪在欧洲的首个工厂，匈牙利工厂也成为观察中匈两国实现优势互补、互利共赢的一个窗口。

（7）盈趣科技（匈牙利）有限公司。厦门盈趣科技股份有限公司成立于 2011 年 5 月，在中国厦门、加拿大、马来西亚等地拥有境内外 10 家全资或控股子公司，拥有企业技术中心、重点实验室、机器人研究中心，并在福州大学等高校设立产学研孵化基地。盈趣科技（匈牙利）有限公司（Intretech Hungary Kft.）作为公司的欧洲总部，项目选址匈牙利考普瓦尔市，2019 年建成并投入使用，预计将为匈牙利当地解决超过 400 人的就业问题。同时，也将世界最先进的智能制造技术和研发能力带入匈牙利。

（8）延锋汽车内饰系统有限公司。2015 年上海延锋汽车内饰有限公司正式控股（中方占股 70%，美方江森自控 JCI 占股 30%）建立当前的延锋汽车内饰系统有限公司。目前，该公司位于匈牙利帕波市（布达佩斯往西约 150 千米处），占地 3.8 万平方米，员工共 2400 人，主要为阿尔法罗密欧、宝马、玛莎拉蒂、保时捷、沃尔沃提供汽车内饰产品，生产自动化程度较高，2018 年产值 1.37 亿欧元。

（9）豪迈欧洲公司。公司成立于 2015 年 7 月，位于匈牙利塞克什白堡市。

目前，公司在职员工 53 人，其中匈籍员工 31 人，主营业务是轮胎模具零部件以及常规机械部件加工。豪迈欧洲是山东豪迈集团公司在欧洲的分公司，旨在为欧洲客户提供全方位的战略和快速服务。豪迈已与十多家世界 500 强企业展开了深度合作，包括与日本普利司通、法国米其林、美国固特异、德国马牌等开展轮胎模具业务方面的合作，与美国的通用电气（GE）、英格索兰、德国西门子、日本东芝、法国阿尔斯通以及中石油和中石化等开展零部件加工和油气业务合作。公司 7 次荣登福布斯排行榜，2015 年山东省委宣传部将豪迈集团作为“省重大宣传典型”。

（10）匈牙利丰原索尔诺克生化公司。匈牙利丰原索尔诺克项目于 2015 年 12 月获得匈牙利环评与规划许可，2018 年初完成了整体设计，占地 600 亩。2019 年 3 月 28 日，合资公司与蚌埠阳光签订总承包合同，由蚌埠阳光承建 6 万吨/年柠檬酸项目。

（11）中国机械进出口集团有限公司考波什堡 100 兆瓦太阳能电站项目。中国机械进出口（集团）有限公司（简称中机）董事长阮光和匈牙利创新技术部部长拉斯洛·鲍尔科维奇（László Palkovics）于 2019 年 4 月 25 日在北京签署协议，中机公司将在匈牙利投资 10 亿欧元，并设立一个区域办事处。这座太阳能园区价值 32 亿匈牙利福林（约 1100 万美元），建成后将是中欧地区最大的太阳能园区。项目的施工将最大化使用匈牙利当地资源，项目并网运行后每年可发电 1.3 亿千瓦时，节约 4.5 万吨标准煤，减少 12 万吨二氧化碳排放。[①]

三、匈牙利应对新冠肺炎疫情措施[②]

截至 2020 年 5 月 7 日，匈牙利新冠肺炎确诊病例 3150 例，死亡 383 例。由于全球供应链环环相扣，匈牙利经济受到了沉重的打击，尤其是制造业和旅游业。匈牙利政府在 3 月 11 日宣布国家进入紧急状态，并实施了各种遏制疫情措施，包括旅行和社交活动限制，以及强制中小学和大学进行远程教学。3 月 27 日，除了必要的商业和活动以外（如购买食品、医疗保健），匈牙利全国强制实施禁足。

从 2020 年 5 月 4 日起，匈牙利开始遵循逐步恢复其经济活动的计划表。目前，政府已经取消了一些限制，例如店铺、商场、博物馆等可以重新开业，餐馆允许露天就餐，高校学生可以返校，不过在进入商店和乘坐公共交通时需佩戴口

① 中欧陆家嘴国际金融研究院、中东欧经济研究所，《中东欧视界》，2019（5）。

② IMF. Policy Responses to COVID – 19, Policy Tracker: https://www.imf.org/en/Topics/imf – and – covid19/Policy – Responses – to – COVID – 19#P.

罩。普通卫生服务同样在逐步恢复。唯一的例外是布达佩斯和佩斯地区，由于感染率偏高，早期的各种限制，包括对人员流动的限制仍旧沿用。社交距离规则预计仍将在各地实施。预计在8月15日之前，所有的公共活动都被禁止，但个人训练及运动可能会被允许在封闭的室内进行。针对捷克、波兰、韩国、德国、奥地利、斯洛伐克等国公民的入境商务旅行禁令已经解除。12架国际航班已经恢复从布达佩斯机场起航。

（一）财政政策

在新冠肺炎疫情爆发初期，匈牙利政府就采取了第一轮财政措施，包括在收入方面采取减轻企业的财政负担措施：（1）受影响最严重的部门将取消雇主应缴纳的社会贡献。（2）降低医疗费用至6月30日。（3）约8万家中小企业（主要是服务业）将免征小企业营业税（受影响行业的其他企业将推迟到紧急状态结束时缴纳营业税）。（4）旅游业应缴纳的发展贡献将暂时取消。（5）对媒体服务提供商的广告收入损失给予税收减免。（6）在紧急状态下，暂停征收欠税。在支出方面，大约2450亿匈牙利福林（占GDP的0.6%）重新分配给了医疗保健部门。

2020年4月8日，在新设立的防疫基金（Anti－Epidemic Protection Fund）和经济保护基金（Economy Protection Fund）的支持下，匈牙利政府宣布了一系列新的应对措施。经济保护基金资金来源包括对私人活动征收新税、政府各部门开支再分配以及就业基金。其支出目标包括：（1）就业保护，特别是通过向公司提供工资补贴，补贴那些被缩短工作时间的工人（4月23日的规定变得更加灵活）。（2）支持总额达4500亿匈牙利福林的投资，以此创造更多的就业机会。（3）支持优先部门，包括旅游、保健、粮食、农业、建筑、后勤、运输、电影和娱乐工业。（4）向匈牙利公司提供有利息补贴和担保的信贷便利。（5）在2021—2024年，每年的第二个月将额外发放一周的养老金。

2020年4月16日，匈牙利政府通过国有进出口银行股份公司（Eximbank）推出了3项新的出口支持措施：（1）80万欧元用于出口公司的投资。（2）优先流动资金贷款。（3）新的担保和保险计划。

2020年4月23日，匈牙利国有开发银行（MFB）推出了一套规模为1.49万亿匈牙利福林的企业金融支持工具，包括3种贷款产品、2种担保工具和4个资本项目。5月7日，匈牙利政府宣布将购买银行发行的高达1500亿匈牙利福林（占GDP的0.3%）的债券，以支持危机期间的贷款，并确保金融稳定。

（二）货币政策和宏观政策

自疫情大爆发以来，匈牙利央行（MNB）通过以下方式增加现金流动性：（1）在定期拍卖中增加定期股票互换。（2）实行为期一周的每日流动性掉期供应。(3) 扩大合格担保品的范围。(4) 推出长期无限量抵押贷款工具。(5) 暂停对未满足准备金要求的处罚。

2020年4月1日，匈牙利央行以伦巴第利率（Lombard rate）[①] 推出了为期一周的存款招标，有效地收紧了整体流动性，缓解了匈牙利福林的贬值压力。4月7日，匈牙利央行宣布：(1) 将隔夜贷款利率上调95个基点至1.85%，使利率区间对称（隔夜存款利率为-0.05%，基本利率为0.9%，隔夜拆借利率为1.85%）。(2) 将一周贷款利率上调至1.85%。(3) 取消流动性投放或退出的目标数量，赋予货币政策更大的灵活性。

匈牙利央行也启动了量化宽松政策，包括在二级市场购买政府债券，抵押债券购买计划正在重新启动。这两个项目的细节将在稍后公布。

匈牙利央行还采取措施向家庭和公司借款者提供财政救助，包括：(1) 延长贷款偿还时间（向跨国公司资助的中小企业提供补贴贷款）。(2) 将企业短期贷款展期至6月30日。(3) 直至2020年底，暂停偿还所有现有贷款，包括公司贷款和零售贷款，并在其后重新安排债务偿还，以避免每月还款增加。(4) 将新的无担保消费信贷的平均年利率上限设定为中央银行基本利率（目前为0.9%）+5%。

2020年5月4日，作为加强货币政策传导的量化宽松策略的一部分，多国央行启动了政府证券和抵押债券购买计划。4月7日，匈牙利政府还宣布了一项新的中小企业贷款计划（FGS GO!），贷款金额和利率补贴均有所增加。公司债券购买计划（BFGS）仍保留，符合条件的债券期限延长，每个企业集团的金额均有所增加。匈牙利央行计划通过一项利率为4%的优惠存款机制来抵消一部分因实施FGS GO！和BFGS而增加的流动性。

在宏观审慎措施方面：(1) 外汇覆盖率（Foreign Exchange Coverage Ratio，FECR）从15%降至10%（限制了信贷机构外汇资产与负债之间的差额占总资产的比例）。(2) 从7月1日起，对具有系统重要性的银行的额外资本缓冲要求将暂时取消。

(三) 汇率与国际收支

匈牙利实施浮动汇率机制，央行予以持续灵活调整。

---

① 伦巴第利率通常是指由中央政府提供给银行的信贷利率。从最基本的意义上讲，伦巴第利率是为偿还中央银行向较小型贷款机构提供的贷款而设的。伦巴第利率通常由中央政府或银行设定，略高于标准利率。例如，如果将货币利率设置为5%，则伦巴第信用利率设置为6%。最受认可的使用伦巴第信用体系的两个国家是德国和美国。在德国，中央银行向许多金融机构发放贷款，通过为企业提供信贷来维护经济。更多信息请参考：https：//www. netinbag. com/cn/finance/what - are - lombard - rates. html。

第六章　中东欧—非欧盟国家

第一节　阿尔巴尼亚

一、阿尔巴尼亚经济环境和政策

2019 年阿尔巴尼亚的 GDP 增长 2.8% ~2.9%，较 2018 年的 4.2% 下滑明显。主要原因有以下三点。第一，降雨水平低。“电力、能源和水”类别是2018 年电力产量增长 4% 的主要动力，由于长期干旱，2019 年的电力生产急剧下降，电力和基本金属的制造与加工活动也相应减少了27.5% 和4.8%。第二，跨亚得里亚海管道项目（TAP）放缓，使得施工活动减少了 1.8%。第三，根据法律，赌博行业被禁止。从积极的趋势来看，服务业增长较快，信息通信增长 10.7%，金融保险业务增长 13.9%，房地产活动增长 8%。FDI 在 2019 年的 9 个月中增长了 7.3%，达到 8.1 亿欧元，是历史最高水平。截至 2019 年 11 月，贸易逆差与 2018 年同期相比增长了 14.3%。其中，出口总值同比下降 10.3%，进口总值同比增长 1.6%。2019 年平均年通胀率为 1.4%，反映了来自国内经济的通胀压力不足，进口的通胀压力也很疲软。其他生产成本仍处于较低水平，工资的增长也低于历史平均水平。此外，财政收入的增长受到 GDP 增速下降的限制，特别是由于增加了对增值税退税，预算赤字将扩大至 GDP 的 2.2%，而包括担保和欠款在内的公共债务降至 GDP 的 68.4%，或有负债和国有企业（SOE）带来的风险很高。根据金融稳定性的声明，金融系统资产在 GDP 中的份额下降了近 2.1%。下降的主要原因是：列克汇率的升值对银行业资产负债表的外币账面价值减少；在国外银行将分支机构转变为子公司后，银行部门资产的账面价值也出现减少。在财务稳健性方面，阿尔巴尼亚银行业的特点是资本水平和盈利水平较高。不良贷款总体保持稳定在630亿欧元，不良贷款率为11.2%，与2018年同期相比下降了约2%。[①]

劳动力持续流出对阿尔巴尼亚社会造成了沉重打击。2019年阿尔巴尼亚进行了一项名为“巴尔干公共意见晴雨表调查”（Balkan Barometer Public Opinion Survey）的调查。调查结果显示，50%的阿尔巴尼亚人想要移居国外，该比值高于西巴尔干地区其他国家的平均值（39%）。此外，在那些期望离开阿尔巴尼亚的人中，有10%已经有了具体的移民计划，另外22%的人正在积极寻求离开这个国家的方式，还有66%的人仍在考虑当中。占比66%的当地民众暗示着阿尔巴尼亚人民不满情绪逐渐高涨。[②]

2019年11月26日，阿尔巴尼亚发生毁灭性地震。总共有51人丧生，数千人受伤；数千栋建筑被毁，重建费用估计在10亿欧元左右。受地震影响最严重的地区是杜勒斯和地拉那，这两个地区集中了阿尔巴尼亚50%以上的经济。在法国的倡议下，一个以捐助救灾为主旨的会议于2020年2月17日在布鲁塞尔召开。国际社会的反应非常积极，通过捐款、赠款和软贷款为阿尔巴尼亚筹集了11.5亿欧元。这一基金无疑将有助于减轻地震给阿尔巴尼亚经济所带来的严重影响，例如在近期政府便可通过重建工作促进增长和就业。[③]

2019年12月2日，阿尔巴尼亚经济和财政部长阿尼拉·代纳伊（Anila Denaj）表示，将对2019年预算以及2020年预算草案进行审查，以便将资金转移到地震灾区的重建计划上。学校重建将成为重建阶段的首要任务。基础设施项目的资金及费用也将被削减。据媒体报道，此次阿国毁灭性地震造成的损失初步估计在5亿欧元左右。已有成千上万的市民无家可归，数十家教育机构需要政府资助。[④]

根据拟定的欧盟扩大新规则，阿尔巴尼亚加入欧盟的程序将变得更加严格。2020年2月5日公布修改“入盟”程序的提案。欧盟发言人表示，阿尔巴尼亚加入欧盟的条件不会有重大变化。在这项提案项目开始前，法国政府曾阻止了欧盟与北马其顿和阿尔巴尼亚的“入盟”谈判，激怒了许多其他欧盟成员国。以法国为首的部分欧盟成员国反对谈判，此举在巴尔干地区掀起一波失望的浪潮。[⑤]

---

① 更多信息请参考：https：//china - cee. eu/2020/01/28/albania - economy - briefing - anticipated - slowdown - unexpected - droughts - and - exposed - fragility/。

② wiiw. Uncertainty in Turbulent Times [R]. Forecast Report, Spring 2020.

③ wiiw. Uncertainty in Turbulent Times [R]. Forecast Report, Spring 2020.

④ 中欧陆家嘴国际金融研究院、中东欧经济研究所，《中东欧视界》，2019（12）。

⑤ 中国新闻网：http：//www. turrielectric. com/www. chinanews. com/gj/2020/02 - 05/9079347. html，检索日期：2020年5月8日。

2020 年 3 月 24 日，欧盟成员国在欧洲事务部长视频会议上达成一致，同意启动阿尔巴尼亚和北马其顿的“入盟”谈判。此次会议之前，欧盟委员会对阿尔巴尼亚和北马其顿的改革进展给出积极评估。欧盟委员会同时修改了“入盟”规则，增强“入盟”谈判的预见性、可逆性，赋予成员国在“入盟”事务中更多话语权，同时敦促潜在“入盟”国更好完成经济、司法等改革目标。①

二、中阿经贸关系发展近况②

为促进两国经贸合作，中国与阿尔巴尼亚签署了一系列协议，如《中华人民共和国政府和阿尔巴尼亚社会主义人民共和国政府关于建立中阿经济技术合作混合委员会的协定》(1989 年 11 月 23 日)、《中华人民共和国政府和阿尔巴尼亚共和国政府贸易协定》(1993 年 2 月 13 日)、《中华人民共和国政府和阿尔巴尼亚共和国政府关于鼓励和相互保护投资协定》(1993 年 2 月 13 日)、《中华人民共和国政府和阿尔巴尼亚共和国政府关于对所得和财产避免双重征税和防止偷漏税协定》(2004 年 9 月 13 日) 等。2013 年 9 月 12 日，中国人民银行与阿尔巴尼亚银行签署中阿双边本币互换协议（2018 年 4 月 3 日续签)。2017 年 5 月，在“一带一路”国际合作高峰论坛召开期间，中阿两国签署《中华人民共和国政府与阿尔巴尼亚共和国部长会议关于共同推进丝绸之路经济带与 21 世纪海上丝绸之路建设的谅解备忘录》。

（一）中阿双边贸易近况

据中国海关总署公布数据，2019 年，中阿双边贸易额为 7.04 亿美元（不含港澳台地区数据)，同比上涨 8.7%。其中，中方出口 6.01 亿美元，同比上升 11.3%；中方进口 1.03 亿美元，同比下降 4.6%（见图 6－1)。中国对阿尔巴尼亚贸易顺差 4.98 亿美元，同比上升 68.1%。

据阿尔巴尼亚国家统计局公布的数据，2018 年，阿中双边贸易额为 595.05 亿列克（约合 5.45 亿美元，不含港澳台地区数据)，同比上升 2.7%，占阿尔巴尼亚对外贸易总额的 6.3%。其中，阿方出口 56.93 亿列克（约合 0.52 亿美元)，同比下降 47.5%；阿方进口 538.12 亿列克（约合 4.93 亿美元)，同比增长 8%。阿尔巴尼亚对华贸易逆差 481.19 亿列克（约合 4.41 亿美元)，同比上升 14.6%。2018 年，中国是阿尔巴尼亚第四大贸易伙伴（排在意大利、希腊、德国之后)、

① 人民日报：http：//paper. people. com. cn/rmrb/html/2020 - 03/27/nw. D110000renmrb _ 20200327 _ 2 - 16. html，检索日期：2020 年 5 月 8 日。

② 中国商务部国际贸易经济合作研究院，中国驻阿尔巴尼亚大使馆经济商务参赞处，中国商务部对外投资和经济合作司. 对外投资合作国别（地区）指南阿尔巴尼亚（2019 年版）[R]. 2020.

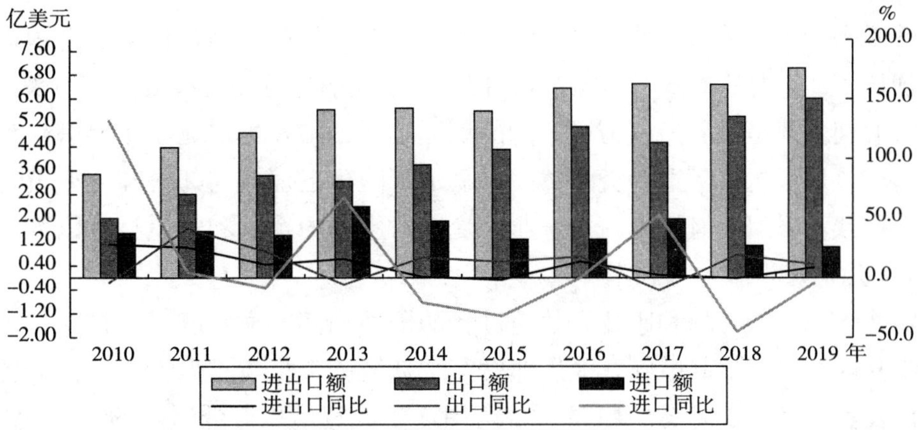

图 6 - 1　2010—2019 年中阿双边贸易概况

（资料来源：中国海关、Wind 资讯）

第三大进口来源地（排在意大利、土耳其之后）及第七大出口目的地（排在意大利、科索沃、西班牙、德国、希腊、北马其顿之后）。

从贸易结构上看，据阿尔巴尼亚国家统计局公布的数据，2018 年阿尔巴尼亚从中国进口商品主要为机械设备和零部件（占比 41.8%）、纺织品和鞋类（占比 20.2%）、建筑材料及金属（占比 13.3%）；阿尔巴尼亚对华出口商品主要为矿产品（占比 96%）。

（二）中阿相互投资近况

据中国商务部统计，2018 年中国对阿尔巴尼亚直接投资流量为 172 万美元。截至 2018 年末，中国对阿尔巴尼亚直接投资存量为 642 万美元。据阿尔巴尼亚银行（Bank of Albania）统计，截至 2018 年底，中国对阿尔巴尼亚累计直接投资存量为 800 万欧元（约合 896 万美元）。截至目前，尚无阿尔巴尼亚对中国的直接投资。

三、阿尔巴尼亚应对新冠肺炎疫情措施[①]

截至 2020 年 5 月 7 日，阿尔巴尼亚有 842 例确诊病例，31 例死亡。国际旅行已经停止，只有返航班继续进行，返回者将被隔离两周。如果疫情得到控制，逐步开放边境、允许游客乘坐包机等措施有望振兴阿尔巴尼亚经济。4 月 18 日，阿尔巴尼亚议会通过了刑法修正案，对违反封锁或隔离令者进行严厉惩罚。自 3 月

---

① IMF. Policy Responses to COVID - 19, Policy Tracker: https: //www. imf. org/en/Topics/imf - and - covid19/Policy - Responses - to - COVID - 19#P.

8 日发现第一例病例以来，由于阿尔巴尼亚与意大利地理位置非常接近以及经济上联系紧密，该国采取了欧洲最严厉的一些限制性措施。阿尔巴尼亚将国内紧急状态延长了 2 个月直到 6 月 23 日，这使得政府能够继续使用扩展的权力来应对疫情。意大利北部是世界上疫情最严重的地区之一，阿尔巴尼亚已派出医生和护士小组前往该地区抗击新冠肺炎疫情，这显示了阿尔巴尼亚与邻国和主要贸易伙伴的团结一致。根据政府规定，小企业、受疫情影响的个人和学生将可以推迟支付 4 月和 5 月的房租。

随着入院人数下降和康复人数超过新的阳性病例，阿尔巴尼亚自 4 月中旬开始逐步开放，放宽限制措施。卫生部发布了新冠肺炎疫情重启计划，根据新增病例、住院和重症监护患者的数量，每两周逐步放宽措施。低风险的“绿色区域”地图已经扩大到更多的中小城市，而大型城市地区仍然是“红色区域”，需要采取更严格的措施。牙医、发型师和购物中心将于 5 月 11 日开门营业，酒吧和餐馆将于 5 月 18 日开门营业，但必须遵守严格的社交距离和卫生措施。大型公共和体育赛事将继续被禁止。学校将只对参加 5 月 18 日大学入学考试的高中毕业生恢复招生，而一些大学将在夏季恢复，错峰开课，以确保每个班的学生更少。法院已于 4 月 27 日恢复工作。公共交通仍然关闭，但出租车已经恢复运营。

（一）财政政策

针对新冠肺炎疫情，阿尔巴尼亚政府采取了两项个人和企业的支持计划，总额为 450 亿阿尔巴尼亚列克（占 GDP 的 2.8%），包括预算支出、主权担保和税收延迟。2020 年 3 月 19 日政府通过第一个一揽子计划，通过重新分配支出、增加支出和提供主权担保等措施来支持受影响的企业，总额达 230 亿阿尔巴尼亚列克（占 GDP 的 1.4%）。这些措施包括：（1）额外资助卫生部门 35 亿阿尔巴尼亚列克；（2）因疫情被迫关闭的小型企业/个体，政府向它们支付最低工资、翻倍的失业救济和社会救助，共计 65 亿阿尔巴尼亚列克；（3）政府向弱势群体提供人道主义救援，共计 20 亿阿尔巴尼亚列克；（4）企业可通过主权担保基金在银行进行透支为其员工支付 3 个月工资，共计 110 亿阿尔巴尼亚列克（占 GDP 的 0.6%）。从 4 月开始，内阁部长和议员们将在未来 3 个月内薪水减半，其中节省下的开支的一部分将捐给“抗 COVID－19 社会支持基金”（Anti－COVID－19 social support fund）。4 月 15 日，阿尔巴尼亚政府实施了第二套财政刺激方案，包括：（1）向受疫情影响的小企业雇员（未包含在第一次援助计划里）、被解雇的大企业雇员和旅游部门的雇员一次性支付 4 万阿尔巴尼亚列克，共计 70 亿阿尔巴尼亚列克（占 GDP 的 0.4%）；（2）为旅游部门和加工出口企业提供主权担保贷款，共计 150 亿阿尔巴尼亚列克（占 GDP 的 0.9%），政府将承担利息成本。政府还采取了税收延迟措施，允许所有公司（银行、电信、公共企业和必需品供应链上的公司除外）将利润税的缴纳推迟到9月以后。旅游业、主动式处理和呼叫中心以及营业额不超过1400万阿尔巴尼亚列克的小企业，可以将利润税的缴纳推迟到2021年。

（二）货币政策和宏观政策

为了解决公司和个人的流动性瓶颈问题，阿尔巴尼亚银行宣布了一项临时性政策，自2020年3月12日至5月31日施行。在新政策下，客户可以向银行和其他金融机构要求延迟贷款付款而不受处罚。3月25日，阿尔巴尼亚银行将其关键政策利率——每周回购利率下调了50个基点，达到0.5%的历史最低水平。该行行长宣布，目前阿尔巴尼亚的银行部门流动性良好，资本金充足；只要有需要，央行随时准备提供无限量的流动性。

阿尔巴尼亚银行将2019年和2020年的银行股息分配暂停至2020年6月底，以在此期间增加资本金和支持贷款。在疫情爆发期间，央行还将监事会和最高管理层的薪酬减半。

为鼓励使用网上银行，减少银行营业场所内需要办理业务的人员数量，阿尔巴尼亚央行还免除了转账手续费。

（三）汇率与国际收支

阿尔巴尼亚实行浮动汇率。目前还没有宣布任何有关汇率市场的措施。

第二节　北马其顿

一、北马其顿经济环境和政策

整体来看，北马其顿国内的政治不确定性较高，但其经济在2019年仍然保持稳定。由于在2019年10月的欧盟峰会上，因法国等国家的反对，欧盟成员国未能就启动阿尔巴尼亚和北马其顿“入盟”谈判达成一致。这种政治上的不确定性使得国外投资者望而却步，最终北马其顿2019年上半年经济增长的积极趋势未能延续。然而，得益于私人和政府支出的刺激，2019年北马其顿GDP增速仍保持在3.4%的较高水平，较2018年的2.7%上涨0.7个百分点。近两年，失业率在北马其顿持续下降，从2018年的21.1%下降至2019年的17%，与此同时，实际工资却稳步上升，这极大地促进了私人消费的提升。[①]

① wiiw. Uncertainty in Turbulent Times [R]. Forecast Report, Spring 2020.

2019 年北马其顿 FDI 流量同比大幅下降，是其独立以来的最低水平，这引发了社会对政府在执行战略投资方面是否存在系统性失败的讨论。2019 年 8 月下旬，政府表示有兴趣加入保加利亚“贝琳”核电厂的投资人联合体，理由是这可能是确保该国未来能源安全的一种方式。该声明引起了批评，有两个理由：第一，政府不投资本国却投资保加利亚。第二，支持地区核能发展是危险的。另一个例子是北马其顿已逐步开放合法生产大麻的业务，因为“大麻业务是从世界各地吸引资金并在该国创造新工作的绝佳机会”。①

2019 年 5 月 5 日晚，北马其顿国家选举委员会发布的计票结果显示，北马其顿执政联盟候选人斯特沃·彭达罗夫斯基（Stevo Pendarovski）赢得了该国自更改国名以来的首次总统选举。彭达罗夫斯基以 51.66% 的选票击败反对党候选人戈尔达娜·斯利娅诺夫斯卡 - 达夫科娃（Gordana Siljanovska - Davkova），后者得票率为 44.73%，赢得此次总统选举。彭达罗夫斯基认为，选举结果有助于北马其顿成为欧盟和北约成员国以及跨入发达国家行列。②

2019 年 8 月，北马其顿政府提供了振兴国民经济的具体计划，以基建投资项目为主导启动投资周期，包括将在国家高速公路基础设施上投资约 10 亿欧元，在铁路基础设施（如与保加利亚的铁路连接路段）上投资超过 10 亿欧元，在水电和区域管线等能源容量方面（如北马其顿—希腊的天然气管道）投资超过 10 亿欧元，以及投资其他一些公共利益项目。值得注意的是，在多个由北马其顿政府启动的基础设施项目中，由中国电力建设集团有限公司承建的北马其顿基切沃—奥赫里德高速公路隧道段继 2018 年 11 月右洞贯通后，左洞也于 2019 年 3 月 15 日贯通，这标志着该项目施工难度最大的隧道段顺利全线贯通。基切沃—奥赫里德高速公路全长 56.6 千米，主要包括道路、桥梁、双向分离式隧道等。其中隧道段位于北马其顿山区，全线 4011 米，是目前北马其顿境内最长的隧道。该高速公路项目全面建成后，将大大改善北马其顿境内交通状况。北马其顿基切沃—奥赫里德高速公路项目是“中国—中东欧国家合作 100 亿美元专项贷款”的首批落地项目之一，也是“一带一路”倡议在巴尔干半岛落地的重要项目。③

二、中北马经贸关系发展近况

自 1993 年中北马建交以来，北马其顿和中国之间的双边贸易、经济合作均

① 更多信息请参考：https：//china - cee. eu/2019/10/21/north - macedonia - economy - briefing - the - pivot - to - the - economy - of - the - macedonian - government/。

② 中欧陆家嘴国际金融研究院、中东欧经济研究所，《中东欧视界》，2019（5）。

③ 人民日报：http：//paper. people. com. cn/rmrb/html/2019 - 03/17/nw. D110000renmrb _ 20190317 _ 6 - 05. htm，检索日期：2020 年 5 月 8 日。

持续增长。目前双方尚未签署自由贸易协定（FTA），但两国建立了中北马政府间经贸混委会机制，2015 年 4 月 22 日在北京召开了第七次会议，就加强两国在经贸、农业、基础设施、经济园区等领域的合作进行磋商，并达成诸多一致意见。

（一）中北马双边贸易近况

据中国海关统计，2019 年中北马双边贸易额为 2.82 亿美元，同比增长 80.8%。其中，中方出口 1.34 亿美元，同比增长 25.2%；从北马进口 1.48 亿美元，同比大幅增长 208.3%。中方逆差 0.14 亿美元。2018 年中北马双边贸易额为 1.56 亿美元，同比减少 5.2%。其中，中方出口 1.07 亿美元，同比增长 38.1%；从北马进口 0.48 亿美元，同比减少 44.2%（见图 6 - 2）。

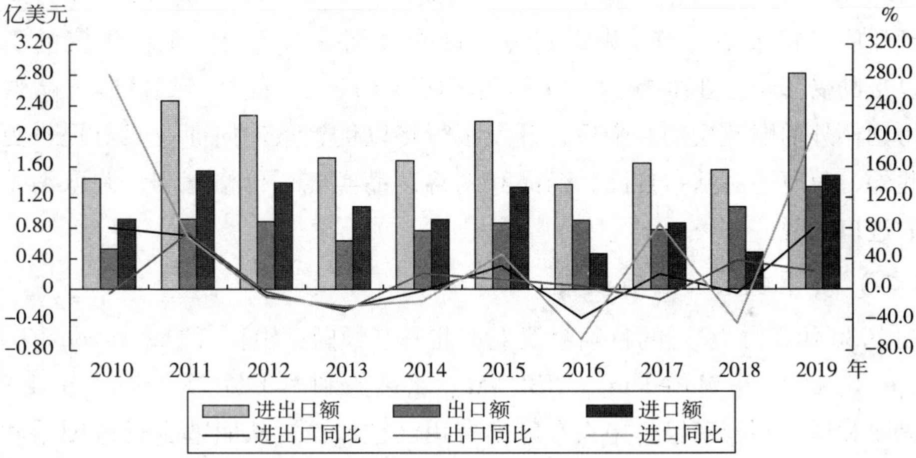

图 6 - 2　2010—2019 年中北马双边贸易概况

（资料来源：中国海关、Wind 资讯）

据中国海关统计，近年来，中国对北马其顿出口商品主要有手机、通信设备、便携式电脑等。中国从北马其顿进口商品主要有矿物、钢铁及其制品等。

（二）中北马相互投资近况[①]

据中国商务部统计，2018 年中国对北马其顿直接投资流量为 183 万美元。截至 2018 年末，中国对北马其顿直接投资存量为 3630 万美元。目前尚无北马其顿对中国的直接投资。

① 中国商务部国际贸易经济合作研究院，中国驻北马其顿大使馆经济商务参赞处，中国商务部对外投资和经济合作司. 对外投资合作国别（地区）指南北马其顿（2019 年版）[R]. 2020.

三、北马其顿应对新冠肺炎疫情措施[①]

截至 2020 年 5 月 7 日，北马其顿报告了 1572 例确诊病例和 89 例死亡病例。政府已经宣布国家进入紧急状态，关闭边境，并实施了重要的社会隔离限制，包括在全国范围内实施宵禁以减缓传染。

（一）财政政策

北马其顿政府于 2020 年 3 月实施了一项财政刺激计划（占 GDP 的 0.2%），以帮助解决企业的流动性问题并保护就业。从 4 月开始，将针对交通、酒店和餐饮业等受疫情影响严重的行业实施为期 3 个月的刺激计划。这些措施包括对维持就业的企业提供社会保障缴款补贴、推迟缴纳企业所得税，以及从开发银行（Development Bank）直接向企业提供财政援助，以零利率提供贷款。4 月 1 日北马其顿政府又宣布了一揽子财政措施。政府计划提供相当于最低工资的工资补贴，以帮助受影响企业维持就业（约占 GDP 的 1%）。此外，经济收入微薄的家庭将得到额外的财政援助。最后，开发银行将以优惠条件向商业银行提供更多资金。此外，政府还对基本食品、药品和消毒产品实施了价格管制，并取消了医疗用品的进口关税。

（二）货币政策和宏观政策

在 2020 年 3 月 16 日的特别会议上，北马其顿国家银行（The National Bank of the Republic of North Macedonia，NBRNM）将政策利率下调 25 个基点至 1.75%。现金提取和返还到国家银行中央金库的费用已被取消，从而减少通过硬币和纸币传播病毒的风险。此外，在 4 月 15 日的拍卖中，北马其顿国家银行向银行提供的转债票据数量减少了 1/3。在金融领域，北马其顿国家银行业监督管理委员会修订了信贷风险监管规定，鼓励银行暂时重组贷款，并放宽了不良贷款的贷款分类标准。

（三）汇率与国际收支

北马其顿实施“事实上盯住汇率制”（de facto peg），央行定期干预汇市。

① IMF. Policy Responses to COVID－19，Policy Tracker：https：//www. imf. org/en/Topics/imf－and－covid19/Policy－Responses－to－COVID－19#P.

第三节　波　　黑

一、波黑经济环境和政策[①]

2019 年，波黑经济增长 3.4%，失业率达到纪录低点 15.7%，平均净工资为 825 美元，维持了过去三年的增长趋势。尽管总体指标良好，但波黑经济仍然面临着长期问题，且这些问题在 2019 年没有任何进展的迹象，主要集中在四个方面。

第一，国有企业表现不佳。国际货币基金组织在关于“BIH 的国有企业”的工作文件中指出，BIH 的 550 家上市公司中，很少有公司可持续发展。国有企业拥有企业总资产的 40%，债务总额约占 GDP 的 26%，雇用雇员约 11%，但产出仅占增加值的 10%。而且，尽管生产率较低，但国有企业的平均工资仍比私营部门高 40%。这说明波黑的经济结构性问题很严重。伴随着腐败和有组织犯罪，波黑的公共部门效率低下，无法提供经济增长，造成了失业、贫困和人口迁移。2019 年 7 月，黑塞哥维那—内雷特瓦州最大的国有企业 Aluminij Mostar 被关闭可能只是一个开始。

第二，经商便利性很低。开办企业（平均 40 ~ 60 天）、获得建筑许可（可延长至几个月）、连接电网、注册所有权、获得融资、保护小投资者、纳税（对中小企业造成沉重负担）、对外贸易（税收和壁垒）、合同实现和破产解决（司法机构缓慢而腐败）等方面的恶劣的商业环境，助长了波黑的灰色经济提高至 GDP 的 1/4。

第三，人才流失和劳动力萎缩。从就业和失业人数双下降以及汇款的增加等间接来源看，波黑劳动力外流变得越来越严重，人口减少趋势处于 20 年的峰值。2019 年波黑政府公布的移民合作战略报告显示，仅 2017 年就有至少 200 万人居住在波黑边界之外，占当前总人口的 56.6%。房地产市场价格的差异随着当前的移民趋势和农村人口减少而加剧。2019 年新公寓平均价格为每平方米 1606 巴姆（约 821.47 欧元），比 2018 年（886 欧元）略低。

第四，运输基础设施不足。自战争结束以来，波黑仅修建了 130 千米的高速公路，在过去的五年中，没有新建任何高速公路。不仅是因为山地的恶劣条件，也由于先前商定的建设计划和项目的频繁变更和延误。就铁路基础设施而言，波

① 更多信息请参考：https：//china - cee. eu/2020/01/28/bosnia - herzegovina - economy - briefing - bih - economy - in - 2019/。

黑仍然是最不发达的地区国家之一。当前仅有航空运输取得了进展（萨拉热窝国际机场客运站扩建）。

近年来，波黑始终积极推动“入盟”进程。2016 年 2 月 15 日，波黑申请加入欧盟，但目前还没有获得欧盟候选国地位。自 2018 年 10 月 7 日举行大选后，波黑新政府迟迟没有组成。2019 年 11 月 19 日，波黑主席团达成协议，任命泰盖尔蒂亚为部长会议主席，这一任命得到波黑社会舆论的广泛好评，认为这标志着大选后长达一年多的政治危机即将结束。12 月 5 日，波黑议会当天召开紧急会议，批准了波黑主席团对泰盖尔蒂亚的任命。泰盖尔蒂亚随后在议会致辞时表示，他将从 12 月 6 日开始，就各部部长与副部长人选与各政党展开磋商，尽快组建新政府，通过改革推动民生改善。同时，新政府致力于法治建设，加快波黑加入欧盟的进程。①

二、中波经贸关系发展近况

（一）中波双边贸易近况

据中国海关统计，2019 年中国和波黑双边贸易额为 1. 92 亿美元，同比增长 2. 7%。其中，中国对波黑出口 1. 15 亿美元，同比增长 4. 5%；自波黑进口 0. 77 亿美元，同比下降 0. 5%。中方顺差 0. 38 亿美元（见图 6 – 3）。

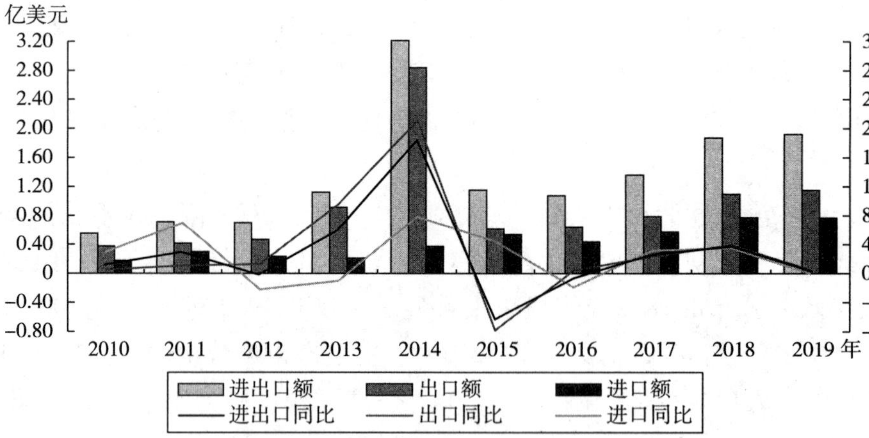

图 6 – 3　2010—2019 年中波双边贸易概况

（资料来源：中国海关、Wind 资讯）

① 新华社：http：//www. xinhuanet. com/world/2019 – 12/06/c _ 1125315620. html，检索日期：2020 年 5 月 8 日。

2018年中国和波黑双边贸易额为1.87亿美元，同比增长37.5%。其中，中国对波黑出口1.10亿美元，同比增长39.2%；自波黑进口0.77亿美元，同比增长35.2%。中方顺差0.33亿美元。

据中国海关统计，2018年中国对波黑出口商品主要商品包括电机、电气、音像设备及其零附件，锅炉、机械器具及其零件，钢铁，光学、成像、医疗设备等，浸渍、涂布、包覆或层压的纺织物，工业用纺织制品，家具、寝具、灯具等制品，活动房，车辆及其零附件，塑料及制品，橡胶及制品，蔬菜、水果、坚果及其他植物制品。

中国从波黑进口商品主要商品包括木及木制品、木炭，非针织或非钩编的服装及衣着附件，家具、寝具、灯具等制品，活动房，车辆及其零附件，鞋靴、护腿和类似品及其零件，纸及纸板，电机、电气、音像设备及其零附件，锅炉、机械器具及其零件，盐、硫黄，泥土及石料，石膏料、石灰及水泥，贱金属杂项制品。

（二）中波相互投资近况①

中波相互投资较少。山东对外经济技术合作集团有限公司以特许经营方式在波黑投资高速公路建设，此外有华商在波黑开办石材厂、酒店、小型贸易公司等。据中国商务部统计，截至2018年末，中国对波黑直接投资存量为434万美元。尚无波黑对中国的直接投资。

三、波黑应对新冠肺炎疫情措施②

截至2020年5月7日，波黑报告了2004例阳性病例，已有90人死亡。政府已经宣布全国进入紧急状态，关闭学校和大学，关闭餐馆和商店，暂停公共交通，禁止公众集会，并对人员流动实施严格限制。边界对非波黑公民关闭。入境的波黑公民将被隔离14天。

（一）财政政策

各实体政府已拨款约5000万波黑马克（占GDP的0.15%）用于应对新冠肺炎疫情，包括购买医疗设备和物资。比哈尔邦联邦（The Federation of BiH，FBIH）向医院拨款3000万波黑马克（占GDP的0.1%）。斯普斯卡共和国（The Republika Srpska，RS）宣布，医疗基金将覆盖所有患者的医疗费用，并已将营业

---

① 中国商务部国际贸易经济合作研究院，中国驻波黑大使馆经济商务参赞处，中国商务部对外投资和经济合作司．对外投资合作国别（地区）指南波黑（2019年版）［R］．2020.

② IMF. Policy Responses to COVID－19，Policy Tracker：https：//www.imf.org/en/Topics/imf－and－covid19/Policy－Responses－to－COVID－19#P.

税从 2019 年 3 月底推迟至 6 月底支付，同时加快了税收和社保费用（Social Security Contributions，SSC）的退款。斯普斯卡共和国决定为 3 月至 5 月因政府决定关闭的部门的约 4 万名工人提供个人所得税（Personal Income Tax，PIT）和 SSC 服务（5000 万波黑马克，占 GDP 的 0. 15%）。斯普斯卡共和国还宣布，政府将在 4 月为这些部门的所有员工支付最低工资（5300 万波黑马克，占 GDP 的 0. 16%），并计划增加向失业基金的注资（2500 万波黑马克，占 GDP 的 0. 08%）。比哈尔邦联邦计划为受疫情影响的公司的所有员工提供捐款和税收补贴，并支付最低工资；设立稳定经济专项资金（5 亿波黑马克，占 GDP 的 1. 5%）；在开发银行设立担保基金（最高 5 亿波黑马克，占 GDP 的 1. 5%），用于维持和改善企业流动性。

（二）货币政策和宏观政策

波黑银行金融机构宣布了一项为期 6 个月的贷款偿还延期，用于重组个人和法人单位的信贷计划。银行还被要求考虑对客户的额外援助，包括审查当前的服务费用，避免为处理风险敞口调整而收取费用。所有银行都被限制暂不发放股息或奖金。

（三）汇率与国际收支

相关政策尚未披露。

第四节　黑　　山

一、黑山经济环境和政策

2019 年，黑山各个季度的实际 GDP 增长率分别为 3. 0%、3. 2%、4. 7% 和 3. 1%。主要是旅游业的增长带动了贸易和运输部门的增长，其中贸易增长超过 6%，但货物贸易逆差较高，进口量比出口量高 1. 3 倍，且进口价值是出口价值的 6. 4 倍。机场的旅客运输量增长了 7%。建筑业的密集活动也促进了 GDP 增长，2019 年最重要的基础设施项目是高速公路建设，包括在海边建设旅游综合体。

2019 年黑山的重要经济问题之一是公共债务和公共财政。2019 年第三季度末，政府债务占 GDP 全年估计值的 2/3。为了支付 2020 年到期债务的基金，政府对公共债务进行再融资，这使黑山增加了 10 亿欧元的借款。这些基金主要用于最低工资的增加、失业保险金的增长、卫生部门支出的增长（药品的消费）。第二个问题是金融稳定性。由于财务状况不佳，在两次资本重组失败后，IBM 银行和 Atlas 银行在 2019 年相继破产。两者破产时的总存款额分别为 3990 万欧元和 1. 9 亿欧元，其中受存款保护基金支付的比例分别为 56% 和 47%（根据《存款保护法》，所有不超过50000欧元的款项均从该基金支付），其余的则从破产财产中偿还。由于Atlas银行和IBM银行在银行系统中的参与率低于10%，这表明整个银行系统的风险较低。2019年11月，全国存款水平高于2018年底和2019年初的水平；就结构而言，除住户部门外，所有部门的存款均录得增长；此外，贷款也有所增长。总的来说，根据黑山金融稳定委员会的估计，从2019年第三季度开始的金融稳定指标水平略高于2018年同期。[①]

总体来看，黑山国内政治局势仍然非常不稳定，这无疑给黑山的“入盟”进程带来很大的挑战。2019年底，黑山政府通过了一项新的宗教法律，可能会剥夺塞尔维亚东正教教堂在该国的数百个宗教场所。这项新法律还将在2020年与邻国塞尔维亚和黑山之间产生更多的争端。此外，黑山国内的腐败和缺乏新闻自由仍然是2025年正式加入欧盟的绊脚石。[②]

二、中黑经贸关系发展近况

中黑政府间建有经贸混委会和科技合作委员会机制，签有《中国中央电视台与黑山广播电视台合作协议》（2007年8月）、《关于中国旅游团队赴黑山旅游实施方案的谅解备忘录》（2007年9月）、《关于文化、教育、社会科学和体育领域合作协定》（2009年4月）、《铁路合作谅解备忘录》（2010年7月）、《关于卫生合作的谅解备忘录》（2011年4月）、《科学技术合作协定》（2011年5月）、《两国政府关于加强基础设施领域合作协定》（2011年6月）、《关于农业合作的谅解备忘录》（2012年3月）。2017年5月，首届“一带一路”国际合作高峰论坛期间，中黑签署《中华人民共和国政府与黑山政府关于共同推进丝绸之路经济带与21世纪海上丝绸之路的谅解备忘录》。[③]

（一）中黑双边贸易近况

中国对黑山长期保持贸易顺差。据中国海关统计，2019年中国和黑山双边贸易额为1.57亿美元，同比减少28.6%。其中，中国对黑山出口1.14亿美元，同比下降36.1%，自黑山进口0.43亿美元，同比增长3.58%。中方顺差0.71亿美元（见图6-4）。

（二）中黑相互投资近况

根据中国商务部和国家统计局数据，2018年中国对黑山直接投资流量为1272

① 更多信息请参考：https：//china-cee.eu/2020/01/28/montenegro-economy-briefing-montenegro-economic-summary/.

② wiiw. Uncertainty in Turbulent Times［R］. Forecast Report, Spring 2020.

③ 中华人民共和国外交部网站：https：//www.fmprc.gov.cn/web/gjhdq_676201/gj_676203/oz_678770/1206_679258/sbgx_679262/，检索日期：2020年4月13日。

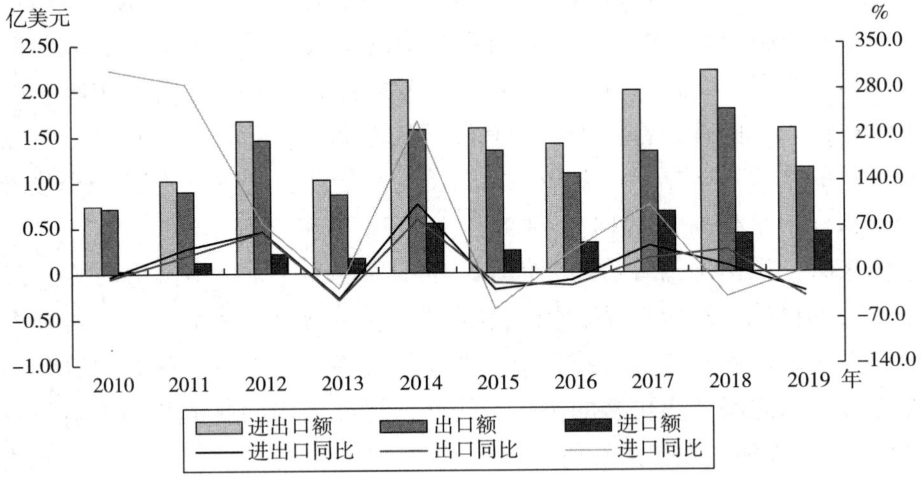

图 6－4　2010—2019 年中黑双边贸易概况

（资料来源：中国海关、Wind 资讯）

万美元，同比增长 59.3%。截至 2018 年末，中国对黑山直接投资存量为 6286 万美元。截至 2018 年底，黑山对中国的累计投资额为零。

三、黑山应对新冠肺炎疫情措施[①]

截至 2020 年 5 月 7 日，黑山有 324 例新冠肺炎登记病例、8 例死亡病例。政府实施了一系列遏制措施，包括旅行限制及边境、学校、餐馆和公共交通的关闭。

5 月 4 日，黑山开始分阶段重新开放经济。零售商店和服务（如发型师、健身房和健身中心、驾校等）被允许运营，市民允许去自己在其他城市的度假屋。没有活跃病例的城市恢复了公共交通和出租车运输。从 5 月 6 日起，体育活动也逐渐恢复。在第二阶段，即 5 月 18 日起，餐馆、咖啡馆、酒店露台、海滩酒吧、海滩和购物中心将重新开业。城际运输将于 6 月 1 日恢复。重新开放日期取决于仍在控制之中的流行病学情况。

（一）财政政策

2020 年 4 月 24 日，黑山内阁批准了第二套财政刺激措施，共计 7500 万欧元，包括：（1）4 月至 5 月，对因疫情而停工的企业员工、需要在家照顾 11 岁以下儿童而无法工作的父母、需隔离人员，政府补贴最低工资的 70%；（2）对因疫情被

① IMF. Policy Responses to COVID－19，Policy Tracker：https：//www. imf. org/en/Topics/imf－and－covid19/Policy－Responses－to－COVID－19#P.

强制关闭的部门职工发放最低工资标准的50%的补贴；(3) 中小企业新就业人员登记为失业人员的，按最低工资总额的70%给予6个月的补贴；(4) 国有企业因疫情而停止营业，可暂停执行6个月的赔偿要求；(5) 因疫情而停止营业的企业需支付的固定部分电费将免除；(6) EPCG国家公用事业公司将向困难家庭提供双倍的电力补贴；(7) 向农业和渔业部门提供援助，包括向渔民提供一次性援助和支付投保农业工人的缴款；(8) 向在黑山职业介绍所登记为失业者但未得到任何补偿的所有人提供50欧元的一次性援助。

先前宣布的措施包括：取消药房出售的医用酒精的消费税；推迟缴纳税款和社会保障缴款；设立一个新的投资发展基金（Investment Development Fund，IRF）以改善企业的流动资金状况，信贷限额为1.2亿欧元；延长国有房地产租赁付款期；预付承包商的基本建设项目费用；向低收入领取养恤金者和社会福利受益人提供一次性财政援助，每人50欧元（已拨出100万欧元）；将医疗工作者的工资提高15%（已拨出50万欧元）。

（二）货币政策和宏观政策

黑山中央银行宣布暂停还贷90天。银行被允许重组贷款并将其重新归类为新贷款，包括在借款人的财务状况受到疫情影响的情况下，将还款期延长至多2年，重组将提高借款人的信贷能力。这些措施也适用于租赁和小额信贷机构。另外，中央银行还宣布采取措施暂时禁止银行向股东支付股息（除了股权的形式）。5月7日，黑山央行决定将银行提取存款准备金的费用减半。

（三）汇率与国际收支

相关政策尚未披露。

第五节　塞尔维亚

一、塞尔维亚经济环境和政策[①]

2019年塞尔维亚GDP增长率为3.3%。主要出口伙伴国（德国、意大利、波黑、黑山和北马其顿）的经济下滑，对其工业部门形成了打击，第一、第二季度的经济增速非常低。但第四季度由于固定投资增速达29.6%，使其GDP同比增长6.2%，这是自2008年以来最强劲的GDP增速。

---

① 更多信息请参考：https：//china - cee. eu/2020/01/28/serbia - economy - briefing - summary - of - economic - results - for - serbia - in - 2019/。

2019 年塞尔维亚通过税收管理改革提高税收，使得政府预算赤字相对较小，仅占 GDP 的 0.5%。同时，公共债务占 GDP 的比例延续了自 2016 年开始的下降趋势，从 2018 年的 67.8% 降至 2019 年的 52%。虽然塞尔维亚失业率在 2019 年第二季度下降至 10.3%，但这并非仅仅是因为有大量的 FDI 流入创造了较多的工作机会，同时还因为塞尔维亚本国劳动力外流至西欧的现象越发严重。为了降低公共部门劳动力的（尤其是卫生部门）流失率，政府在 2019 年底将公共部门的工资提高约 9.5%，远远大于 IMF 建议的 5.0% ~5.5%。

根据塞尔维亚国家银行（NBS）的报告，2019 年 1—10 月的通货膨胀率继续以平均 1.9% 的速度上涨，符合国家统计局的预测。本币保持稳定，全年平均价约为 17.7 第纳尔（RSD）兑换 1 欧元。

至 2019 年 10 月，塞尔维亚贸易逆差为 5.9 亿美元，与 2018 年持平。在服务业、制造业和农业出口的推动下，2019 年商品和服务出口保持增长势头，1—9 月同比增长 10.9%。出口的最大问题是与科索沃的冲突尚未解决，这导致对科索沃的出口关税提高了 100%，使塞尔维亚一年内就损失了近 4 亿美元。

2019 年 1—9 月，塞尔维亚吸收的 FDI 再度创下新高（29 亿欧元）。FDI 来源国除了欧盟，更多地来自亚太地区和中东地区。更为重要的是，这些投资的结构正在发生变化。与前 10 年 FDI 用于贸易和服务不同，现在的增量体现在工业和农业领域。例如法国公司 Vansi 收购了机场尼古拉·特斯拉；紫金矿业购买了 63% 的铜冶炼厂 RTB Bor；中国山东玲珑将在兹雷尼亚宁市生产轮胎；德国 ZF Fridrichshafen 公司在潘切沃市开设了生产汽车零件的工厂。

塞尔维亚的银行业主要由外国银行组成。截至 2019 年 9 月末，银行不良贷款率下降至 4.7%，这是自 2008 年以来最低的不良贷款水平。同样，塞尔维亚的国际金融评级也进一步提高：惠誉和标普均将塞尔维亚的信用评级从 BB 提高到 BB +；穆迪将塞尔维亚信用评级的前景从“稳定”提升到“积极”。

与前几年相比，2020 年塞尔维亚的外交政策将面临更多的复杂问题。2020 年是议会选举年，各国外交政策都会在一定程度上受到选举的影响，因为外交政策执行者都十分关注竞选活动。塞尔维亚与科索沃的关系在近两年尤为紧张，这是因为 2018 年普里什蒂纳（Priština）违反了中欧自由贸易协定（Central European Free Trade Agreement，CEFTA），对来自塞尔维亚和波黑（Bosnia and Herzegovina）的商品加征进口关税。自此，双方的谈判陷入僵局。塞尔维亚坚称，降低关税是继续谈判的前提条件；而普里什蒂纳方面表示，在塞尔维亚承认科索沃独立之前不会降低关税。①

目前，塞尔维亚仍在加入欧盟的进程中。塞尔维亚决心在未来10年内加入欧盟。从政府的角度来看，这一战略目标从未改变，但支持塞尔维亚加入欧盟的人数正在减少，民众的怀疑情绪逐渐升级。此外，欧盟陷入“扩大疲劳”及法国总统马克龙认为“欧盟在完成内部改革之前不应进行扩大”，为塞尔维亚加入欧盟设置了额外的阻碍。在2020年3月24日，欧盟成员国在欧洲事务部长视频会议一致同意重启阿尔巴尼亚和北马其顿的“入盟”谈判，但此举对塞尔维亚的“入盟”进程的具体影响尚不明确。②

二、中塞经贸关系发展近况

（一）中塞双边贸易近况

塞尔维亚是中国在巴尔干地区重要的经贸伙伴之一。目前，中国是塞尔维亚第四大贸易伙伴。双边贸易中，中方长期处于顺差地位。

据中国海关统计，2019年，中塞双边贸易额为13.9亿美元，同比增长46.22%。其中，中国出口10.3亿美元，同比增长41.8%；中国进口3.6亿美元，同比增长6.0%。中方顺差6.7亿美元（见图6-5）。

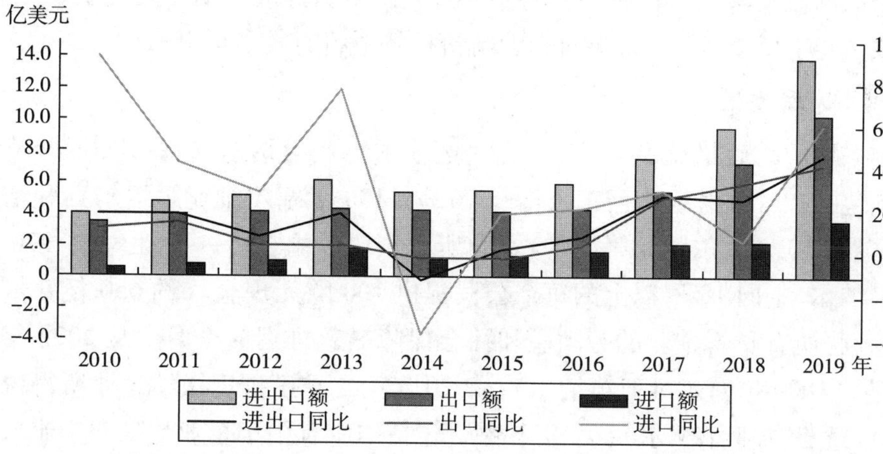

图6-5　2010—2019年中塞双边贸易概况

（资料来源：中国海关、Wind资讯）

据塞尔维亚统计局数据，2018年，塞中双边贸易额为22.6亿美元，同比增

① 华人头条：https：//www.52hrtt.com/gb/n/w/info/G1587723223353，检索日期：2020年5月8日。

② wiiw. Uncertainty in Turbulent Times［R］. Forecast Report, Spring 2020.

长23.5%。其中，塞尔维亚自中国进口21.7亿美元，同比增长22.6%；塞尔维亚对华出口0.9亿美元，同比增长47.6%。中方顺差20.7亿美元。[①]

（二）中塞相互投资近况

据中国商务部统计，2018年中国对塞尔维亚直接投资流量为1.53亿美元。截至2018年末，中国对塞尔维亚直接投资存量为2.71亿美元。目前尚无塞尔维亚对中国的直接投资。

三、塞尔维亚应对新冠肺炎疫情措施[②]

截至2020年5月7日，塞尔维亚报告了9848例阳性病例和206例死亡病例。政府于3月15日宣布全国进入紧急状态，并采取了相应遏制措施，其中包括关闭边境、在周末和工作日期间17时和5时之间禁止公民外出（全面禁止老年人外出）、暂停公共交通和所有活动、禁止在公园和公共场所娱乐和运动、关闭教育中心和购物中心（杂货店和药店除外）。

自4月21日以来，遏制措施已逐步放松，包括重新开放绿色市场、健身中心、发廊、公园、酒吧、咖啡馆和餐馆，允许户外运动和娱乐活动。5月4日，城际和城市公共交通逐步恢复。5月7日，紧急状态被解除，取消了包括老年人在内的公民的流动禁令。购物中心将于5月8日重新开放，幼儿园将于5月11日重新开放，5月15日至18日将对商业航班机场进行有控制的开放。

（一）财政政策

迄今采取的财政措施共计支出3530亿塞尔维亚第纳尔（占GDP的6.5%）。主要措施包括：公共医疗部门工资增长10%（130亿塞尔维亚第纳尔）和增加医疗支出（约260亿塞尔维亚第纳尔）；向所有领取养恤金者一次性付款（70亿塞尔维亚第纳尔）；向18岁以上的每个公民提供100欧元现金（约650亿塞尔维亚第纳尔）；将所有私营企业的劳动税和社会保障缴款推迟3个月，从2021年起分24期偿还（1000亿塞尔维亚第纳尔）；2020年第二季度推迟缴纳企业所得税预付款（210亿塞尔维亚第纳尔）；工资补贴，包括向所有中小企业员工和企业家支付3个月的最低工资（930亿塞尔维亚第纳尔），向大型私营企业员工和目前没有工作的员工支付3个月最低工资净额的50%（40亿塞尔维亚第纳尔）。政府已批准向中小企业提供银行贷款的国家担保计划（2400亿塞尔维亚第纳尔），以及发展

---

① 中国商务部国际贸易经济合作研究院，中国驻塞尔维亚大使馆经济商务参赞处，中国商务部对外投资和经济合作司．对外投资合作国别（地区）指南塞尔维亚（2019年版）［R］．2020.

② IMF. Policy Responses to COVID－19，Policy Tracker：https：//www. imf. org/en/Topics/imf－and－covid19/Policy－Responses－to－COVID－19#P.

基金向中小企业提供的新贷款（240 亿塞尔维亚第纳尔）。

（二）货币政策和宏观政策

2020 年 3 月 12 日，塞尔维亚国家银行（National Bank of Serbia，NBS）将基准政策利率从 2.25%下调至 1.75%，并将利率区间由基准政策利率的 ±1.25 区间缩小至 ±1 区间。4 月 9 日，塞尔维亚国家银行将政策利率从 1.75%下调至 1.5%，还通过额外的欧元/第纳尔互换拍卖、回购拍卖第纳尔政府债券以及降低外汇掉期利率等方式向银行体系注入流动性。此外，塞尔维亚国家银行还推出了 3 个月的银行贷款和融资租赁协议延期还款。

（三）汇率与国际收支

塞尔维亚国家银行继续对外汇市场进行干预，以平抑短期过度波动。

附录　中欧国际工商学院中东欧经济研究所与中东欧商学院学术合作成果[①]

1. China's Trade and FDI in Europe: Patterns and Potentials

China Europe International Business School (CEIBS)
Bin Xu, Bala Ramasamy
Open University of Hong Kong, Hong Kong SAR
Mathew Yeung

Introduction

In 2017, China was the third largest foreign investor, behind the US and Japan (UNCTAD, 2018). Outward FDI (OFDI) flow from China fell nearly 36% in 2017 to 125 billion due partly to the clamping down of "irrational investment" (like high profile hotels, cinemas and sports clubs) by the Chinese authorities in 2015 – 2016 on the one hand, and increasing scrutiny by host country governments to M&As involving Chinese companies, on the other. For instance, the Trump administration prohibited the acquisition of Lattice Semiconductor Corporation by a Chinese – backed private equity firm in September 2017, while in Poland, the Competition Authority blocked the purchase of Konsalnet Holding SA (Poland) by a Chinese security company, ZIMEN SP. Z O. O (UNCTAD, 2018). Despite this, China's OFDI stock has increased from a mere USD 28 billion in 2000 to nearly USD 1500 billion in 2017, making Chinese companies and their

① 本书附录仅收录了学术文章简介，详细内容请参考中欧国际工商学院官网信息：https://www.ceibs.edu/node/17577。

international activities as important as their counterparts in Germany, France and the United Kingdom.

Data from the Chinese authorities show that as at 2016, two thirds of Chinese OFDI stock went to Asia, with Hong Kong topping the list. Other Asian countries which are significant recipients are Singapore and Indonesia. Europe account for 6.4% of Chinese OFDI, with the Netherlands, United Kingdom, Germany and France listed among the top 20 recipients。The EU – China FDI Monitor (compiled by the Rhodium Group and the Mercator Institute for China Studies) lists the UK, Germany, Italy and France as the top recipients of Chinese OFDI① (Seaman, Huotari and Otero – Iglesias, 2017).

Among the developing regions of the world, China's OFDI is rather small. The flow and stock of China's OFDI to a few selected regions. Southeast Asia (SEA) takes the bulk of FDI due to the geographic proximity and the long – term relationship China has had with the region. As shown in Table 1 earlier, Singapore, Indonesia and more recently, Vietnam are popular locations. Sub – Saharan Africa (SSA) and the Middle East and North Africa (MENA) make up about 2.65% and 1.58% of total OFDI stock in 2016, respectively. China's OFDI stock to the 16 CEE countries make up only 0.12% of total OFDI stock, or 1.92% of total Chinese OFDI to Europe. Popular countries among Chinese investors, in terms of stock, are Romania (23.5%), Poland (19.3%), Hungary (18.8%), Czech Republic (13.7%) and Bulgaria (10.0%). These 5 countries make up more than 85% of total Chinese investments in the CEE. These five countries have also consistently received investments from Chinese companies throughout the 2003 – 2016 period. Not surprisingly, these are also the countries with the largest population and economic output in the region (McCaleb and Szunomar, 2017).

Despite the small proportion of OFDI flowing to the CEE countries, there are three strategic reasons why the region is important for China. First, the CEE lies along important economic corridors of the Belt Road Initiative (BRI). Poland and Hungary, for example, are the gateway to Western Europe for the new Eurasia Land Bridge Economic Corridor (which connects China to Europe through Russia, Kazakhstan and Belarus) while the Baltic States could act as another gateway for the China – Mongolia – Russia Economic Corridor. The Balkan Silk Road connects the Port of Piraeus to the rest of the EU through the Balkan states. The Greek port is considered an important

① It should be noted that based on the EU – China FDI Monitor the total cumulative Chinese investment in the EU between 2000 and 2016 was EUR 101 billion, compared to 58 billion that was reported by MOFCOM.

destination for many of the sea routes (Road) of the BRI that enters the Mediterranean Sea through the Suez Canal (Levitin et al., 2016). Kang et al. (2018) found that Chinese OFDI was about 40 percent higher in the BRI countries than non – BRI countries, not due to their membership in the BRI but rather because member countries have characteristics that are attractive to FDI inflow including natural resources, market size, infrastructure, institutional distance and cultural proximity. This leads us to the second strategic reason, the CEE region has a collective population of 120 million with rising income levels but relatively low wages compared to those in Western Europe. These alone could attract investors seeking for markets and production locations. However, from a political economy perspective, the CEE can act as the "spoiler" for greater scrutiny of Chinese investments in Europe. In recent years, there has been growing opposition to the increase in Chinese OFDI on the grounds of national security and imbalances in trade and investment (Tingley et al., 2015). While France, Germany and Italy are in favour of greater scrutiny of investment from third countries, CEE countries like Poland, in addition to pro – free trade countries like Netherlands and the Nordic countries, have rejected the idea of a European mechanisms that will regulate foreign M&As (Dekeyser, 2017). Third, the CEE countries are important to China for geo – political reasons since several CEE members are members of the EU or will soon obtain membership. The influence that China can exert on these countries can tilt the decisions of the EU in favor of China, particularly those decisions that require unanimous support.

Previous studies that considered China's OFDI to Europe have predominantly focused on the larger European countries like Germany and the UK (Seaman et al., 2017; Hanemann and Huotari, 2015, 2017). CEE countries are markedly different from their Western counterparts in many regards including labor cost, market size, technological levels and economic development. The attractions of a Chinese foreign investor to the CEE could be different from those offered by the larger and wealthier Western European countries. The mode of entry may also be different. M&A could be preferred to take advantage of the advanced technology in Western Europe while low – cost but skilled workforce in Eastern Europe may motivate foreign Chinese companies to attempt green – field investment (Dreger et al., 2015). These reasons motivate us to study Chinese investments in the CEE. In particular, we are interested to find out why Chinese companies choose to invest in the 16 countries of the CEE, and the challenges faced by these companies in carrying out their expansion strategies.

2. Mechanisms and Instruments of coping with Distance: A Study of Chinese MNEs in Poland

Kozminski University

Ilona Hunek, Mariola Ciszewska – Mlinaric, Mingchun Cao

Introduction

This research was inspired by the growing presence of Chinese direct investments in Poland over the last decade. Poland is a country with the second biggest Chinese investments (after Hungary) in CEE and it is still growing. In 2016 it reached 563 bln USD (Baker McKenzie, 2016). It is also the largest country in the whole region (with a population of nearly 38 million), which makes it very attractive. Our study aimed to shed light on strategies and management practices of Chinese multinational companies operating in advanced – emerging economy of Poland. In particular, it focused on identifying opportunities and challenges presented by the Polish institutional environment (business, economic, social and political institutions) and how they shape internationalization strategies and management practices in Chinese MNCs. By taking a combined institutional and organizational learning perspectives we investigated how Chinese MNCs respond to institutional pressures, what coping mechanisms they develop and use to effectively grow in Poland, and whether Poland can be used as a "springboard" for global development of Chinese MNCs. The research design involved multiple case studies of Chinese MNCs present in Poland, offering practical insights for doing business in a post – transition, medium – sized CEE economy.

The study findings reveal the differences between early and recent entrants related to the role of Polish investment in overall MNC's internationalisation strategy. The former represented the large flagship companies in consumer electronic and telecommunication services industries, did not target Poland as a particular location for investment, and their entry was a part (and in one case a by – product) of their large – scale global strategy. For those companies the main motivation to expand their operations to Poland was market and efficiency seeking. For the recent entrants, representing more infrastructure oriented industries: heavy construction equipment, power transmission and environmental protection, Poland was the key, and often the very first significant direct investment in

EU, and the first step of their planned European expansion. These investments were motivated by the search for strategic assets, in particularly knowledge and technology and legitimacy. Among major challenges we identified the following: cultural differences, employment institutions, legal institutions and perception of the country of origin. In order to face the challenges, researched Chinese MNCs adapted multiple measures, including: mixed top management team, relying on local knowledge and connections, improving quality standards, local image building and using Chinese embassy as an agent.

3. Income Dynamics and Structure in CEE Economies in the Context of deepening EU Integration

Kozminski University
Jacek Tomkiewicz

Introduction

The aim of the research is an analysis of the European integration process from the point of view of the income structure within the EU from different perspectives. On the one hand, it is a question of verification as to whether the fact of the creation of the EU and strengthening of the European cooperation leads to a so - called "real convergence" at the national level, i. e. whether the differences between the countries measured with the use of the mean income level decrease or increase. On the other hand, a progressing integration of labour, goods and service markets must have an impact on the changes in income distribution at the national economy level. An additional aim of the study is the assessment of the European labour market: to what extent it is flexible and above all to what extent the free movement of the workforce is able to absorb the so - called "asymmetric shocks", i. e. to alleviate differences in the course of national business cycles.

There is no doubt that the outbreak of the financial crisis in 2008 had a fundamental impact on the economic processes in the EU, including those that determine the income dynamics and in different aspects. Above all, it applies to the income convergence between countries. Until 2008, in the Southern European countries, i. e. in economies with a relatively lower development level, a somewhat dynamic GDP increase was observed which contributed to closing the income gap between Northern and Southern

Europe. The outbreak of the crisis inhibited and even reversed this process – the recession was clearly deeper in the South and, therefore, the differences were widening.

Another event that has significantly changed the face of the EU economy is the accession of Central and Eastern European countries that jointed the EU within the period from 2004 to 2013. The accession of economies with an essentially lower development level and significantly different historical experiences in the Community had to have consequences for the income distribution in the whole of the EU and in particular countries.

4. Trans – China Railway, New Silk Road and Maritime Silk Road: Trade Opportunities and Challenges in Central and Eastern Europe

University of Economics, Prague

Petr Kolar, Martin Jancalek, Radek Novak

Introduction

Global transportation of the containerized goods' exports and imports highly depends on maritime shipping. For containerized freight distribution, road haulage and rail (or air cargo for high – value goods) play a vital and complementary role of intermodal door – to – door transportation while using different cargo routings for different cargo beneficiaries.

Most transport research project and studies focus on the European intermodal transport markets with direct access to maritime ranges but completely neglect inland markets and hinterlands. However, in the case of landlocked markets such as the Czech Republic, beneficial cargo owners, transport providers and intermediaries such as freight forwarders face a different mix of additional constraints while participating in the global supply chains (Lam and Gu, 2015). The issues include for instance lack of economies of scale due to relatively smaller traffic volumes between seaports and Central and Eastern Europe (CEE) hinterland origins and destinations, involvement of a higher number of market players in the transport chain, more distant consumption and production centres together with lower competition levels for transport providers and intermediaries (Kolar, 2017, Kolar, 2019).

In recent years, Trans – Asia rail (TAR) started to act as a vital routing alternative for intermodal transportation between Far East Asia, namely the People's Republic of China (PRC) and European Union (EU) markets. Under the TAR, there are different existing classifications and routing descriptions that include (Song and Na, 2012):

Trans – Siberian Railway (TSR) together with additional connections via Baikal Amur Mainline (BAM), Trans Manchurian Railway (TMR) or Trans Mongolian Railway (TMGR) and Trans China Railway (TCR) connecting to New Eurasian Land Bridge (NELB) established in 1992.

In regard to intermodal transport between Far East Asia and Europe, container shipping via RR (and Suez Canal) with the length of 22, 000 km is the most dominant transportation mode covering almost all Twenty – foot – Equivalent Units (TEU) that are shipped on this route annually (UNCTAD, 2017a). The key Far East Asia hub container ports include Shanghai, Hong Kong, Tianjin, Ningbo, Pusan or Kobe. In Europe, the key container shipping origins and destinations are Rotterdam, Antwerp, Hamburg and Bremerhaven with a port – to – port transit time ranging from 26 to 35 days. Regarding TAR links, intermodal rail operators are primarily active within TSR and NELB connecting the People? s Republic of China (PRC) inland economics centres via Kazakhstan, Russia and Belarus with Poland and Germany (Arduino, 2016).

Table 1 provides numbers on the latest development and comparison of rail door – to – door (terminal – to – terminal) transit times for Forty – Foot Equivalent Unit (FEU) booked as Full Container Load (FCL) Freight – of – All – Kind (FAK) between PRC ports or inland destinations and the Czech Republic while comparing maritime shipping to TAR.

Table 1　Comparison of selected TAR routings and their door – to – door transit times

Routing	Transit time TAR (days)	Transit time including maritime shipping (dasys)
Zhenghou (PRC) via NELB – Frankfurt (DE)	19	30 – 37
Chongqing (PRC) via NELB – Duisburg (DE)	18	32 – 36
Shanghai (PRC) via NELB – Prague (CZ)	19	33 – 40

Source: DB Schenker, 2016, Rodrigue, 2017

5. Micro – Foundations of Corporate social Responsibility: Examining the Relationship between Employees' Perception of CSR and unethical Behavior, as mediated by Work Enjoyment and prosocial Motivation

University of Ljubljana

Metka Tekavčič, Darija Aleksić

Introduction

In the past 30 years, corporate stakeholders (e. g., consumers, governments, employees, investors) have become more interested in the contributions organizations can and should make to society (Skarmeas & Leonidou, 2013). Corporate social responsibility (CSR), defined as "context – specific organizational actions and policies that take into account stakeholders' expectations and the triple bottom line of economic, social, and environmental performance" (Aguinis, 2011, p. 858), thus prominently appears on the corporate agenda (Ong et al., 2018; Glavas, 2016). Consequently, it is not surprising that we witnessed the exponential growth of CSR literature, primarily examining the relationships between CSR and organizational performance (i. e., the macro level), such as financial and market outcomes (Glavas, 2016; Aguinis & Glavas, 2012).

However, recent research on CSR has highlighted the importance of examining the micro – level perspective of CSR (El Akremi et al., 2018; Rupp & Mallory, 2015; Jones, Newman, Shao, & Cooke, 2019). Micro – level CSR is defined as "the study of the effects and experiences of CSR (however it is defined) on individuals (in any stakeholder group) as examined at the individual level of analysis" (Rupp & Mallory, 2015, p. 216). Because employees are the ones who plan and advocate for, participate in, and witness CSR, scholars have begun to investigate how CSR affects the attitudes and behavior of employees (Rupp & Mallory, 2015; Lee, Park, & Lee, 2013; Jones, Willness, & Glavas, 2017).

Recent literature reviews, focusing on micro – level CSR literature, have revealed that employee CSR perception is related to a number of positive consequences, such as increased employee engagement, organizational citizenship behavior, improved employee relations, and job satisfaction (see Rupp & Mallory, 2015). However, our understanding of individual - level psychological mechanisms (mediators) and boundary conditions (moderators) of the CSR - employee outcome relationships still remains limited; thus, more research is needed to answer the questions of why, how, and when CSR has an effect on employees (Glavas, 2016) .

Our emphasis in this paper is thus on examining individual - level outcomes of employee CSR perception, as well as conditions under which they can be encouraged. Specifically, we argue that when the degree to which employees perceive a company supports the activities related to a social cause (i. e. , employees' perception of CSR; Lee, Park, & Lee, 2013) is high, employees will be less likely to engage in the behavior and actions that are perceived to be illegal or morally unacceptable to the larger community (i. e. , unethical behavior; Jones, 1991) . Building on the findings that CSR enables employees to find greater meaningfulness and purpose of work and facilitates work motivation (Glavas & Kelley, 2014; Aguinis & Glavas, 2019; Kim & Scullion, 2013), we further argue that employee CSR perception will promote work enjoyment and prosocial motivation, which will in turn decrease unethical behavior at work. Thus, we propose that the relationship between employees' perception of CSR and unethical behavior is mediated by a) work enjoyment and b) prosocial motivation. Finally, we propose that balance between skills and challenges will moderate the employees' CSR perception - unethical behavior link, as mediated by work enjoyment and prosocial motivation. When skills and challenges are balanced, the employee "feels more active, alert, concentrated, happy, satisfied and creative, regardless of the task being performed" (Csikszentmihalyi & LeFevre, 1989 p. 816) . Thus, a balance between skills and challenges may strengthen the impact of employee CSR perception on work enjoyment and prosocial motivation.

This paper extends existing micro - level CSR literature in four noteworthy ways. First, our paper offers a unique conceptual framework that advances our understanding of how CSR can reduce the occurrence of unethical behavior within an organization. Specifically, we propose and test the direct relationship between employees' CSR perception and unethical behavior. Second, we provide important insight into the conditions under which employees' CSR perception decreases the likelihood of unethical behavior. The paper answers the call to explore the mechanisms and boundary conditions of the CSR - employee outcome relationships (Glavas, 2016) by illustrating how employees' CSR perception, work enjoyment, and prosocial motivation (i. e. , mediators) and balance between skills and challenges (i. e. , moderator) interact in predicting unethical behavior. Third, the paper also intends to contribute to the micro – level CSR literature by providing a deeper understanding of the novel positive consequences of CSR on employees (i. e. , increasing work enjoyment), coworkers and other stakeholders (i. e. , promoting prosocial behavior and thereby benefiting others), and organizations (i. e. , decreasing the occurrence of unethical behavior) . Finally, the paper addresses the need to further research the consequences and mechanisms through which perceptions of CSR influence employees at work (Glavas & Kelley, 2014) by proposing and empirically assessing the novel positive consequences of employees' perception of CSR. Thereby, the paper adds to burgeoning literature focused on the effect of CSR on employees.

6. Trade and Investment Opportunities for Chinese Companies in the CEE Region – A systematic global Trade and Economy Approach

Corvinus University of Budapest
Lúszló Kacsirek

Introduction

In the past decades a very different global economy has developed. Traditional trade has partly been replaced by supply chain trade, and the old power structure with the dominance of the United States, leading EU member countries and Japan has been challenged by emerging countries. The biggest and strongest of emerging countries is without any doubts China. This raises a number of questions. Can China move away from being a traditional exporter and develop the production and trading patterns of leading economies? Or will China make efforts to change the global economic order and the rules of trade? Will China be able to build a wide scale of allies through its development policy and the Belt and Road Initiative or other projects?

Then came the opportunity CEIBS offered, with the China Central and Eastern European scope. The opportunity gave the questions a new focus: What role can Central and Eastern Europe have in China's global economic development? What are the investment opportunities for Chinese companies in Central and Eastern European countries? During the research the aims and scope were somewhat reduced and were limited to the macroeconomic level. Going down to the industry and company level could form a second part of the research.

Present paper consists of three major parts followed by conclusions. The first part gives an analysis of global economic trends with a focus on the global economic and trade environment of China's economic development. The second part analysis the European Union relevance of the topic and finally the third part gives an overview of Central and Eastern European implications. The very last part of the paper summarizes the conclusions.

参考文献

［1］安永 .2019 年全年中国海外投资概览［R］. 2020.

［2］联合国贸易和发展会议 .2019 年世界投资报告［R］. 2019.

［3］联合资信评估有限公司，联合信用评级有限公司 .2019 年度绿色债券运行报告［R］. 2020.

［4］麦肯锡全球研究院 . 变革中的全球化：贸易与价值链的未来图景［R］. 2019.

［5］欧盟中国商会，罗兰贝格 . 中国企业在欧发展报告 2019［R］. 2019.

［6］欧盟中国商会 .2020 年春季营商环境调查报告［R］. 2020.

［7］中国人民银行 . 中国绿色金融发展报告（2018）［R］. 2019.

［8］世界银行 .2020 年世界发展报告：在全球价值链时代以贸易促发展［R］. 2020.

［9］中国商务部国际贸易经济合作研究院，中国驻波兰大使馆经济商务参赞处，中国商务部对外投资和经济合作司 . 对外投资合作国别（地区）指南波兰（2019 年版）［R］. 2020.

［10］中国商务部国际贸易经济合作研究院，中国驻捷克大使馆经济商务参赞处，中国商务部对外投资和经济合作司 . 对外投资合作国别（地区）指南捷克（2019 年版）［R］. 2020.

［11］中国商务部国际贸易经济合作研究院，中国驻斯洛伐克大使馆经济商务参赞处，中国商务部对外投资和经济合作司 . 对外投资合作国别（地区）指南斯洛伐克（2019 年版）［R］. 2020.

［12］中国商务部国际贸易经济合作研究院，中国驻匈牙利大使馆经济商务参赞处，中国商务部对外投资和经济合作司 . 对外投资合作国别（地区）指南匈牙利（2019 年版）［R］. 2020.

[13] 中国商务部国际贸易经济合作研究院，中国驻爱沙尼亚大使馆经济商务参赞处，中国商务部对外投资和经济合作司．对外投资合作国别（地区）指南爱沙尼亚（2019 年版）[R]．2020.

[14] 中国商务部国际贸易经济合作研究院，中国驻拉脱维亚大使馆经济商务参赞处，中国商务部对外投资和经济合作司．对外投资合作国别（地区）指南拉脱维亚（2019 年版）[R]．2020.

[15] 中国商务部国际贸易经济合作研究院，中国驻立陶宛大使馆经济商务参赞处，中国商务部对外投资和经济合作司．对外投资合作国别（地区）指南立陶宛（2019 年版）[R]．2020.

[16] 中国商务部国际贸易经济合作研究院，中国驻罗马尼亚大使馆经济商务参赞处，中国商务部对外投资和经济合作司．对外投资合作国别（地区）指南罗马尼亚（2019 年版）[R]．2020.

[17] 中国商务部国际贸易经济合作研究院，中国驻保加利亚大使馆经济商务参赞处，中国商务部对外投资和经济合作司．对外投资合作国别（地区）指南保加利亚（2019 年版）[R]．2020.

[18] 中国商务部国际贸易经济合作研究院，中国驻斯洛文尼亚大使馆经济商务参赞处，中国商务部对外投资和经济合作司．对外投资合作国别（地区）指南斯洛文尼亚（2019 年版）[R]．2020.

[19] 中国商务部国际贸易经济合作研究院，中国驻克罗地亚大使馆经济商务参赞处，中国商务部对外投资和经济合作司．对外投资合作国别（地区）指南克罗地亚（2019 年版）[R]．2020.

[20] 中国商务部国际贸易经济合作研究院，中国驻阿尔巴尼亚大使馆经济商务参赞处，中国商务部对外投资和经济合作司．对外投资合作国别（地区）指南阿尔巴尼亚（2019 年版）[R]．2020.

[21] 中国商务部国际贸易经济合作研究院，中国驻塞尔维亚大使馆经济商务参赞处，中国商务部对外投资和经济合作司．对外投资合作国别（地区）指南塞尔维亚（2019 年版）[R]．2020.

[22] 中国商务部国际贸易经济合作研究院，中国驻北马其顿大使馆经济商务参赞处，中国商务部对外投资和经济合作司．对外投资合作国别（地区）指南北马其顿（2019 年版）[R]．2020.

[23] 中国商务部国际贸易经济合作研究院，中国驻波黑大使馆经济商务参赞处，中国商务部对外投资和经济合作司．对外投资合作国别（地区）指南波黑（2019 年版）[R]．2020.

[24] 中国商务部国际贸易经济合作研究院，中国驻欧盟使团经济商务参赞处，中国商务部对外投资和经济合作司．对外投资合作国别（地区）指南欧盟（2019年版）[R]．2020.

[25] 中国商务部国际贸易经济合作研究院、中国驻希腊大使馆经济商务参赞处、中国商务部对外投资和经济合作司．对外投资合作国别（地区）指南希腊（2019年版）[R]．2020.

[26] 中国商务部．2019年波兰货物贸易及中波双边贸易概况 [R]．2020.

[27] 中国商务部．2019年捷克货物贸易及中捷双边贸易概况 [R]．2020.

[28] 中国商务部．2018年匈牙利货物贸易及中匈双边贸易概况 [R]．2019.

[29] 中国商务部．2019年斯洛伐克货物贸易及中斯双边贸易概况 [R]．2020.

[30] 中国商务部．2019年罗马尼亚货物贸易及中罗双边贸易概况 [R]．2020.

[31] 中国商务部．2019年保加利亚货物贸易及中保双边贸易概况 [R]．2020.

[32] 中国商务部．2018年斯洛文尼亚货物贸易及中斯双边贸易概况 [R]．2019.

[33] 中国商务部．2019年希腊货物贸易及中保双边贸易概况 [R]．2020.

[34] 中国商务部．2018年立陶宛货物贸易及中立双边贸易概况 [R]．2019.

[35] 中国商务部．2019年拉脱维亚货物贸易及中拉双边贸易概况 [R]．2020.

[36] 中国商务部．2019年爱沙尼亚货物贸易及中爱双边贸易概况 [R]．2020.

[37] 中国商务部．2019年希腊货物贸易及中希双边贸易概况 [R]．2020.

[38] 中国商务部．2019年德国货物贸易及中德双边贸易概况 [R]．2020.

[39] 中国商务部．2019年英国货物贸易及中英双边贸易概况 [R]．2020.

[40] 中国商务部．2019年荷兰货物贸易及中荷双边贸易概况 [R]．2020.

[41] 中国商务部．2019年法国货物贸易及中法双边贸易概况 [R]．2020.

[42] 中国商务部．2019年意大利货物贸易及中意双边贸易概况 [R]．2020.

[43] 中航证券，《电子行业周报》，2019－10－18。

[44] 中国对外承包工程商会．国际工程观察 [R]．2020（8）．

[45] 中华人民共和国商务部．中国对外投资发展报告2018 [R]．2018－12.

[46] 中华人民共和国商务部．中国对外投资发展报告2019 [R]．2019－12.

[47] 中欧陆家嘴国际金融研究院、中东欧经济研究所，《中东欧视界》，2020（1）。

[48] 中欧陆家嘴国际金融研究院、中东欧经济研究所，《中东欧视界》，2020（2）。

[49] 中欧陆家嘴国际金融研究院、中东欧经济研究所，《中东欧视界》，2020（3）。

[50] 中欧陆家嘴国际金融研究院、中东欧经济研究所，《中东欧视界》，2019（4）。

[51] 中欧陆家嘴国际金融研究院、中东欧经济研究所，《中东欧视界》，2019（5）。

[52] 中欧陆家嘴国际金融研究院、中东欧经济研究所，《中东欧视界》，2019（10）。

[53] 中欧陆家嘴国际金融研究院、中东欧经济研究所，《中东欧视界》，2019（12）。

[54] 姜建清. 中东欧经济研究报告 2017 [M]. 北京：中国金融出版社，2018.

[55] 姜建清. 中东欧经济研究报告 2018—2019 [M]. 北京：中国金融出版社，2019.

[56] 中国对外承包工程商会，《国际工程观察》，2020（8）。

[57] 中国—中东欧研究院. 立陶宛在达沃斯论坛上宣布欧洲核子研究组织建立技术转移孵化器的决定. 2019-04-03.

[58] 中国—中东欧研究院. 维尔纽斯成为外国直接投资金融科技的首选目的地. 2020-01-08.

[59] 中国—中东欧研究院. 立陶宛总统通过增加税收来建立福利国家. 2019-11-12.

[60] 中国—中东欧研究院. 2019 年波兰养老金改革 [R]. 2019-12.

[61] 中国—中东欧研究院. 波兰视角下的 2019 年中国国际进口博览会. 2019-12.

[62] 中国—中东欧研究院. 2019 年匈牙利政治回顾. 2019-12.

[63] 中国—中东欧研究院. 斯洛伐克有关营商环境立法的变化. 2019-12.

[64] 中国—中东欧研究院. 2019 年保加利亚外交政策的主要趋势及特点. 2019-12.

[65] 中国—中东欧研究院. 2020 年拉脱维亚社会发展趋势. 2020-03-25.

[66] 中国—中东欧研究院. 拉脱维亚：首批引入5G网络. 2020 - 03 - 18.

[67] 中国—中东欧研究院. 拉脱维亚：越来越受欢迎的健康旅游目的地. 2020 - 01 - 22.

[68] ACEA. The Automobile Industry Pocket Guide 2019/2020. June 2019.

[69] CMS. Bridging Continents Infrastructure Index 2019. 2019.

[70] Deloitte. CEE Banking Consolidation perking up. November 2019.

[71] European Commission. European Economic Forecast. Autumn 2019.

[72] Friedrich Naumann Foundation. Freedom Barometer Europe Edition. 2019.

[73] Fitch Ratings. Fitch Ratings 2020 Outlook: Global Sovereigns. November 2019.

[74] Fitch Ratings. GlobalEconomic Outlook. March 2020.

[75] Fitch Ratings. GlobalEconomic Outlook - Crisis Update. April 2020.

[76] Fitch Ratings. CEE Banking Sector Outlooks Revised to Negative, March 2020.

[77] Gita Gopinath. The Great Lockdown: Worst Economic Downturn since the Great Depression. IMF Blog, April 2020.

[78] GHS INDEX. 2019 Global Health Security Index. October 2019.

[79] IMF. Europe's COVID - 19 Crisis and the Fund's Response. March 2020.

[80] IMF. World Economic Outlook—Growth Slowdown, Precarious Recovery. April 2019.

[81] IMF. World Economic Outlook. October 2019.

[82] IMF. Facing Spillover from Trade and Manufacturing, Regional Economic Outlook. November 2019.

[83] Koopman, Robert, Zhi Wang and Shang - Jin Wei. Tracing Value - Added and Double Counting in Gross Exports. American Economic Review, 104 (2), 2014: 459 - 94.

[84] Lithuania Free Market Institute. Employment Flexibility Index 2020. 2019.

[85] Legatum Institute. Central and Eastern Europe Prosperity Report: the Lived Experience. October 2019.

[86] Moody's. Global Macro Outlook 2020 - 2021: Global Growth will remain sluggish as large Engines of Economic Activity slow. November 2019.

[87] Moody's. Global Macro Outlook 2020 - 2021: Coronavirus will hurt Economic Growth in many Countries through first half of 2020. March 2020.

[88] Moody's. Emerging Markets—Global: Outlook negative as Political, Policy and Trade Uncertainties increase Risks. November 2019.

[89] Moody's. Financial Institute—Emerging Markets, 2020 Outlook negative as slower Growth Overshadows redeeming Credit Qualities. January 2020.

[90] Moody's. Infrastructure & Project Finance—Global: Coronavirus Effects immediate for Airports; other Sectors less imminently exposed. March, 2020.

[91] Moody's. Poland's credit profile balances a relatively resilient economy against a gradual erosion of institutional strength. April 2020.

[92] Moody's. New Emergency Law raises Concerns about Rule of Law and will intensify Tensions with EU. April 2020.

[93] Moody's. Slovakia's Credit Profile reflects robust Growth Record and moderate Debt; Coronavirus to have significant Impact. April 2020.

[94] Moody's. Slovenia's Credit Profile supported by strong Wealth Levels and Export Base; Coronavirus to weaken public Finances. April 2020.

[95] Moody's. Moody's upgrades Greece's rating to B1. stable outlook, March 2019.

[96] OECD. Mapping of Investment Promotion Agencies in OECD Countries. 2018.

[97] Poul M. Thomsen. Europe's COVID – 19 Crisis and the Fund's Response. IMF Blog, March 2020.

[98] PwC. IPO Watch Europe 2019. 2019.

[99] PwC. Central and Eastern Europe private Business Survey 2019. 2019.

[100] Polish Economic Institute. The Automotive Industry in the Visegrad Croup Countries. Warsaw, August 2019.

[101] Raju Huidrom, Nemanja Jovanovic, Carlos Mulas – Granados, Laura Papi, Faezeh Raei, Emil Stavrev, and Philippe Wingender. Trade Tensions, Global Value Chains, and Spillowvers – Insight for Europe. October 2019.

[102] Rui Mano, Carolina Osorio Buitron, Luca A Ricci, Mauricio Vargas. The Level REER Model in the External Balance Assessment (EBA) Methodology. IMF Working Papers, Sep 2019.

[103] Raiffeisen Bank International. CEE Fintech Atlas 2018. 2018.

[104] S&P Global Ratings. Economic Research: COVID – 19 Macroeconomic Update: The Global Recession is here and now. March 2020.

[105] S&P Global Ratings. Economic Research: COVID – 19 Deals A larger, Longer Hit to Global GDP. April 2020.

[106] S&P Global Ratings. EMEA Emerging Markets Sovereig Rating Trends 2020. January 2020.

［107］ Skanska. CEE Investment Report 2019. 2019.

［108］ Sustainable Development Solutions Network, Bertelsmann Stiftung. SDG. Index and Dashboards Report 2019—Implementing the Goals Global Responsibilities. August 2019.

［109］ UNCTAD. Global Trade Impact of the Coronavirus (COVID－19) Epidemic. March 2020.

［110］ World Economic Forum. Global Competitiveness Report 2019. October 2019.

［111］ wiiw. Strong Growth amid increased negative Risks. November 2018.

［112］ wiiw. Handbook of Statistics 2019. November 2019.

［113］ wiiw. Uncertainty in Turbulent Times. Forecast Report, Spring 2020.

［114］ wiiw. Implications of Foreign Direct Investment, Capital Formation and its Structure for Global Value Chain. Working Paper 170, November 2019.

［115］ wiiw. Braced for Fallout from Global Slowdown. Forecast Report, Autum 2019.

后　记

《中东欧经济研究报告 2019—2020》是在主编姜建清先生和副主编盛松成先生、陈进女士的主导和策划下完成的，同时也是中欧陆家嘴国际金融研究院、中东欧经济研究所集体研究的成果。具体撰写人员如下：前言由陈玺撰写；第一章由孙丹撰写；第二章由陈玺撰写；第三章由于卫国撰写；第四章由蒋雪云撰写；第五章和第六章由陈玺、孙丹、于卫国和蒋雪云共同撰写。全书初稿完成后，主编和副主编进行了多次修订。

我们还要向支持这项课题研究及其成果发布的所有领导、专家和机构表示感谢。这份报告得以顺利完成，尤其要感谢中欧国际工商学院院长李铭俊教授、副院长兼教务长丁远教授、副院长兼中方教务长张维炯教授以及中国—中东欧基金对课题研究的大力支持。在出版过程中，我们也得到了中国金融出版社的鼎力支持。本书责任编辑王效端、张菊香为本书的出版和发行付出了很多努力，在此一并诚致谢忱。

在编写本书过程中，我们参阅了中国政府有关部门、国内和国际各大研究、评级机构的公开信息，特此说明并致谢意。由于时间仓促及能力所限，其中一些研究还较为肤浅，不当之处在所难免，恳请有关专家、读者批评指正为盼。

编者

2020 年 6 月